Klinische Psychologie
Trends in Forschung und Praxis: 4

Klinische Psychologie

Trends in Forschung und Praxis

4

herausgegeben von
Urs Baumann
Heinrich Berbalk
Gerhard Seidenstücker

Verlag Hans Huber
Bern Stuttgart Wien

CIP-Kurztitelaufnahme der Deutschen Bibliothek

Klinische Psychologie: Trends in Forschung
u. Praxis. - Bern; Stuttgart; Wien: Huber
Erscheint jährl.

4. (1981) -
ISBN 3-456-81002-4

Herstellung: Satzatelier Paul Stegmann Bern
Druck: Lang Druck AG Liebefeld-Bern
Printed in Switzerland

Inhaltsverzeichnis

B. Methodik

C. Diagnostik

D. Therapie

E. Klinische Gruppen

Mitarbeiterverzeichnis

Amelang, M., Prof. Dr.rer.nat., Dipl.-Psych.
Psychologisches Institut der Universität Heidelberg
Hauptstrasse 47–51, D–6900 Heidelberg

Baumann, U., Prof.Dr.phil., Dipl.-Psych.
Institut für Psychologie der Universität Kiel
Olshausenstrasse 40/60, D–2300 Kiel

Berbalk, H.,Dr.phil., Dipl.-Psych.
Institut für Psychologie der Universität Kiel
Olshausenstrasse 40/60, D–2300 Kiel

Clement, U., Dipl.-Psych.
Abteilung für Sexualforschung der Psychiatrischen und Nervenklinik des Universitätskrankenhauses Eppendorf
Martinistrasse 52, D–2000 Hamburg 20

Cohen, R. Prof.Dr.phil., Dipl.-Psych.
Sozialwissenschaftliche Fakultät der Universität Konstanz, Fachgruppe Psychologie
Postfach 5560, D–7750 Konstanz

Frese, M., Dr.phil., Dipl.-Psych.
Fachgebiet «Berufliche Sozialisation» der Technischen Universität Berlin
Salzufer 12, D–1000 Berlin 10

Heil, F.E., Dipl.-Psych.
Fachgebiet Psychologie der Universität Trier
Schneidershof, D–5500 Trier

Kächele, H., Prof.Dr.med.
Abteilung für Psychotherapie der Universität Ulm
Am Hochsträss 8, D–7900 Ulm

Krauth, J., Prof.Dr.rer.nat., Dipl.-Math.
Psychologisches Institut der Universität Düsseldorf
Universitätsstrasse 1, D–4000 Düsseldorf

Minsel, W.-R., Prof.Dr.phil., Dipl.-Psych.
Abteilung Pädagogik der Universität Trier
Tarforst, D–5500 Trier

Nährer, W., Dr.phil.
Psychologisches Institut der Universität Heidelberg
Hauptstrasse 47–51, D–6900 Heidelberg

PFÄFFLIN, F., Dr. med.
Abteilung für Sexualforschung der Psychiatrischen und Nervenklinik des Universitätskrankenhauses Eppendorf
Martinistrasse 52, D-2000 Hamburg 20
PLAUM, E., Dr. rer. nat., Dipl.-Psych.
Sozialwissenschaftliche Fakultät der Universität Konstanz
Postfach 5560,, D-7750 Konstanz
SCHELLER, R., Prof. Dr. phil., Dipl.-Psych.
Fachgebiet Psychologie der Universität Trier
Schneidershof, D-5500 Trier
SCHMITZ, H., Prof. Dr. phil.
Philosophisches Seminar der Universität Kiel
Olshausenstrasse 40/60, D-2300 Kiel
SCHORS, R., Dr. med.
Abteilung für Psychotherapie der Universität Ulm
Am Hochsträss 8, D-7900 Ulm
SEIDENSTÜCKER, G., Dr. phil., Dipl.-Psych.
Fachgebiet Psychologie der Universität Trier
Schneidershof, D-5500 Trier
STRAUCH, INGE, Prof. Dr. phil., Dipl.-Psych.
Psychologisches Institut der Universität Zürich
Zürichbergstrasse 43, CH-8044 Zürich

Einleitung

In der Reihe «Klinische Psychologie-Trends in Forschung und Praxis» werden neuere Entwicklungen auf dem Gebiet der Klinischen Psychologie dargestellt[1]. Die Beiträge sind zum einen gruppenübergreifend konzipiert und je nach Schwerpunkt den Bereichen Grundlagen, Methodik, Diagnostik und Therapie zugeordnet. Zum andern finden sich Artikel zu einzelnen klinischen Gruppen.

In Abschnitt A der gruppenübergreifenden Themen (Grundlagen) stellt STRAUCH neue *Ergebnisse der experimentellen Traumforschung* dar (Kapitel I). Als Traum werden dabei alle kognitiven und emotionalen Erscheinungen betrachtet, an die sich jemand nach dem Aufwecken erinnert und die er dem vorangegangenen Schlafzustand zuordnet. Im Unterschied zur klinisch orientierten Traumpsychologie beschäftigt sich die experimentelle Traumforschung mit systematisch gesammelten und nicht nur spontan erinnerten Träumen. Fragestellungen der neueren experimentelle Traumforschung beziehen sich u.a. auf dominante inhaltliche und formale Charakteristika von Träumen, entwicklungspsychologische Merkmale von Träumen sowie Zusammenhänge zwischen Schlafstadien (Einschlafphase, REM-Stadien, Nicht-REM-Stadien) und Träumen. Quantität und Qualität von Traumerinnerungen hängen von einer Vielzahl von Faktoren ab, deren Zusammenwirken noch nicht abgeklärt ist. Wegen der geringen Aussenweltvariabilität bietet sich der Schlafzustand für psychophysiologische Untersuchungen an: hier werden Untersuchungen zu tonischen und phasischen Merkmalen des Träumens erörtert. Unter dem Gesichtspunkt einer Bedingungsanalyse des Traumvorgangs wird über experimentelle Beeinflussungsmethoden im Vorschlafstadium und während des Schlafs berichtet, wobei auch auf die Möglichkeit der Selbstkontrolle des Träumens eingegangen wird. Nach der Darstellung von Klassifikationsansätzen von Träumen diskutiert die Autorin abschliessend neuere physiologische und psychologische Theorien des Traums.

Arbeit gehört zu den Grundkategorien menschlichen Lebens. Fragestellungen der industriellen Psychopathologie werden aber erst seit kurzem in der deutschsprachigen psychologischen Forschung untersucht. FRESE stellt in seinem Beitrag *Arbeit und psychische Störungen* Ergebnisse und Trends in diesem Forschungsfeld dar (Kapitel II). Für die korrelati-

[1] Das Konzept der Reihe ist im ersten Band ausführlich dargestellt: BAUMANN, U., BERBALK, H., SEIDENSTÜCKER, G. (Hrsg.): Klinische Psychologie – Trends in Forschung und Praxis. Band 1. Bern/Stuttgart/Wien: Huber, 1978. Am Schluss des vorliegenden vierten Bandes sind die Inhaltsverzeichnisse der ersten drei Bände abgedruckt.

ven Zusammenhänge zwischen Arbeitssituation und psychischen Störungen werden drei Rahmenhypothesen vorgestellt: 1. Psychisch gestörte Personen geraten durch Selektion in schlechtere Arbeitssituationen. 2. Psychisch gestörte Personen sind weniger durchsetzungsfähig und können daher ihre Arbeitssituation in geringerem Masse beeinflussen. 3. Bessere Arbeitsbedingungen kompensieren psychische Probleme. Schliesslich lassen sich auch Gründe für einen Verursachungszusammenhang von negativen Einflüssen der Arbeitssituation und psychischen Störungen anführen. Vor dem Hintergrund dieser Hypothesen werden neuere Untersuchungen zu personen- und arbeitsplatzabhängigen Merkmalen dargestellt (z.B. Autonomie des Arbeitenden, Rollenkonflikt, soziale Stressoren, Schichtarbeit, Rationalisierungsmassnahmen), die zur Entstehung psychischer Störungen beitragen. Aus methodenkritischen Bemerkungen zu diesen Untersuchungen werden Vorschläge für aussagekräftigere Untersuchungspläne abgeleitet, bei denen vor allem auf die Notwendigkeit von Längsschnittuntersuchungen hingewiesen wird. Abschliessend zieht der Autor Schlussfolgerungen für die Berücksichtigung der Arbeitssituation als auslösende oder aufrechterhaltende Einflussgrösse bei der Prävention und Therapie psychischer Störungen.

In der Psychologie werden Begriffe verwendet, die ihre Wurzeln in der Philosophie haben. SCHMITZ setzt sich in seinem Beitrag *Herkunft und Zukunft der Seelenvorstellung* mit solch einem Begriff auseinander, insbesondere mit der fragwürdigen Annahme, dass Menschen so etwas wie Seelen haben (Kapitel III). Der Autor will darüber informieren, wie und warum es im Laufe der Geschichte zur Deutung des für die Psychologie spezifischen Gegenstandsbereichs als einem seelischen gekommen ist, welche Einseitigkeiten dadurch ausgelöst wurden und welchen Aspekten der historischen Seelenvorstellungen unter phänomenologischem Aspekt für die Psychologie noch etwas abzugewinnen sein könnte. In seiner teils historischen, teils systematischen Darstellung berichtet er über animistische und dynamistische Seelenvorstellungen, über die Entwicklung metaphorischer Seelenvorstellungen und über Widersprüche in den historischen Auffassungen von der Seele. Abschliessend wird als weiterführend das phänomenologische Konzept der persönlichen Situation eingeführt, das nach Auffassung des Autors vielleicht an die Stelle eines überholten sphären- oder substanzbezogenen Seelenbegriffs treten könnte.

Im Abschnitt B (Methodik) behandelt KRAUTH *Methoden der Veränderungsmessung* einer oder mehrerer Variablen bei einem Individuum an aufeinanderfolgenden Zeitpunkten (Kapitel IV). Nach einer Klärung von Grundbegriffen werden Probleme der Veränderungsmessung (z.B. Abhängigkeit der Messwerte, Regressionseffekt), Klassifikationsgesichtspunkte für die einzelnen Verfahren und Fragen der Versuchsplanung angesprochen. Bei der Auswahl der Verfahren wird der Schwerpunkt auf verteilungsfreie Methoden der Veränderungsmessung gelegt. In seiner Darstellung der statistischen Ansätze zur Veränderungsmessung unterscheidet der Autor nach mehreren Gesichtspunkten: vom Versuchsplan her (Einzelfallpläne vs. Gruppenpläne mit oder ohne Kontrollgruppe), von den Messzeitpunkten (zwei vs. mehr Messzeitpunkte), von der Anzahl der Variablen her (univariat vs. multivariat) und von der Abhängigkeitsstruktur her (bekannt vs. unbekannt). Die einzelnen Ansätze werden innerhalb dieses Klassifikationsschemas bewertet. Anhand von Datenbeispielen werden mehrere Lösungsansätze exemplarisch vorgeführt.

Im Abschnitt C (Diagnostik) stellen AMELANG und NÄHRER neue Forschungsergebnisse im Bereich der *apparativen Tests* dar (Kapitel V). Darunter werden mechanische Vorrichtungen oder Instrumente verstanden, die der Darbietung von Wahrnehmungsvorlagen und/oder der Einbindung von Pbn in spezifische Aktivitäten vorwiegend motorischer Art dienen und zu individuellen Kennwerten in den Funktionsbereichen der Sensorik, zentralen Informationsverarbeitung und/oder Motorik führen. Im Anschluss an methodische Überlegungen werden Ergebnisse mit einzelnen Verfahren und Testbatterien nach übergeordneten diagnostischen Fragestellungen (Testen vs. Inventarisieren, Status- vs. Prozessdiagnostik, Normen- vs. Kriterienorientierung und Messung vs. Behandlungsorientierung) dargestellt und diskutiert: u.a. Anordnungen zur Bestimmung der Flimmerverschmelzungsfrequenz, Tachistoskop, Tapping Probe. Theoretisch sind die Verfahren nach wie vor dem Eigenschaftsmodell verpflichtet, eher statusdiagnostisch, normenorientiert und kaum auf Behandlung bezogen. Den praktisch-diagnostischen Wert sehen die Autoren v.a. im Bereich der Eingrenzung und Differenzierung hirnorganischer und psychotischer Störungen.

Im Abschnitt D (Therapie) werden Entwicklungstendenzen bei der Integration von Psychotherapie und auf dem Beratungssektor sowie die Befundlage der Psychoanalyse dargestellt. MINSEL setzt sich in seinem Beitrag «*Modelle zur Integration von Psychotherapie*» mit der Frage auseinander, was die Integrationsbemühungen bisher an faktischem Gehalt vorzuweisen haben bzw. inwieweit hier eher von Fiktionen gesprochen werden muss (Kapitel VI). Einleitend unterscheidet er drei Ebenen des Therapiebegriffs: Psychotherapie als psychologische Dienstleistung, als Handeln im Rahmen von Psychotherapieschulen und als spezifisches Interventionselement. Integration ergibt sich dann begrifflich als vertikale und/oder horizontale Verknüpfung von Elementen dieser drei Betrachtungsebenen. Der Autor zeichnet die bisherigen Entwicklungslinien zu integrativen Therapiemodellen nach und stellt sie in Form von fünf Trends dar: als deskriptives Systematisieren von Psychotherapie, als Suche nach psychotherapeutischen Wirkmechanismen, als Verabsolutieren von therapeutischen Prozeduren zu Interventionen, als Entwicklung neuer psychotherapeutischer Interventionen unter festgelegter Zielsetzung und schliesslich als Auseinandersetzung mit dem Elektizismus. Es werden exemplarische Ansätze innerhalb dieser Trends vorgestellt und kritisch bewertet. Abschliessend werden Konsequenzen der bislang noch überwiegend unbefriedigenden Integrationsbemühungen aus praktischer und forscherischer Sicht gezogen.

HEIL und SCHELLER diskutieren *Entwicklungsmöglichkeiten der gegenwärtigen Beratungspraxis* (Kapitel VII). Sie gehen von der Annahme aus, dass Menschen in nahezu allen Lebensbereichen auf Rat und Anleitung angewiesen sind. Beratung wird als ein die Disziplinen der Angewandten Psychologie übergreifendes Interventionskonzept verstanden. Als Ansatzebenen beratender Intervention können Individuen, Interessengruppen und Institutionen bzw. Gemeinden unterschieden werden. Als Interventionsziele von Beratung werden Prävention, Behandlung und Entwicklungsförderung akzentuiert. Die Interventionsmethoden schliesslich umfassen direkte Beratung, Konsultation bzw. Training und Beratung mit Hilfe von Medien. Ausgehend von einer Klärung des Verhältnisses von Beratung und Therapie werden die Entwicklungsdeterminanten im Beratungssektor nachgezeichnet. Vertieft dargestellt werden Möglichkeiten und Probleme, die mit einer präventiven Akzentuierung hinsichtlich des Beratungsziels und einer stärkeren Umweltorientierung der Ansatzebene von Beratung einhergehen. Die Diskussion der Methodenebene beschränkt sich auf Überlegungen zur Brauchbarkeit von Problemlöseansätzen und handlungstheoretischen Konzepten. Spezifisch wird diese Brauchbarkeit anhand einer handlungstheoretischen Bestimmung des Begriffs der Beratungsfähigkeit belegt. Abschliessend werden Folgerungen aus den vorgestellten Perspektiven für Praxis, Ausbildung und Forschung gezogen.

KRÄCHELE und SCHORS stellen *Ansätze und Ergebnisse psychoanalytischer Therapieforschung* dar (Kapitel VIII). Sie heben als Trend hervor, dass in der psychoanalytischen Therapieforschung die therapeutische Praxis selbst in systematischer Weise untersucht und in ihren bestimmenden Strukturen durchschaubar gemacht wird. Die Autoren beginnen mit einer Diskussion von Fallstudien als Informationsquelle zur Analyse des interaktionellen Therapiegeschehens. Hier liegt eine Parallele zu der auch neuerdings in anderen Therapieschulen zu beobachtenden Betonung von Einzelfallforschung. Ein weiterer Trend wird darin gesehen, dass der Analytiker selbst in den Mittelpunkt der Forschung gerückt ist: die Autoren berichten über Studien zum Analytiker als teilnehmendem Beobachter sowie zum Analytiker als verbal Handelndem. Nach einer Darstellung von Prozessuntersuchungen zu zentralen theoretischen Konzepten wie Abwehr, Übertragung und Widerstand werden neuere Ergebnisse der psychoanalytischen Erfolgsforschung diskutiert: die Autoren stellen Ansätze zur Dokumentation, Indikation und therapieschulen- sowie methodenvergleichender Evaluation vor. Als generelle Tendenz der psychoanalytischen Therapieerfolgsforschung wird der Trend zur Entwicklung flexibler und effektiver Kurzzeitbehandlungen herausgestellt.

Im Abschnitt E (Klinische Gruppen) werden mit unterschiedlicher Akzentsetzung ätiologische, diagnostische und therapeutische Konzepte und Befunde zu schizophrenen Störungen und Sexualstörungen dargestellt. Der Beitrag von COHEN und PLAUM beschreibt neuere Entwicklungen zur Diagnostik und Ätiologie auf dem Gebiet der *Schizophrenie* (Kapitel IX). Die Autoren behandeln zunächst Fragen der Diagnose schizophrener Störungen und berichten dabei u.a., dass die Ergebnisse transkultureller Längsschnittstudien inzwischen die Definition einer in allen Kulturen anzutreffenden Kerngruppe schizophrener Patienten erlaubt. Das Problem der Differentialdiagnose gegenüber anderen psychotischen oder hirnorganischen Störungen erscheint dagegen schwer lösbar, da hier - wie die Autoren zeigen - inhaltliche und methodische Erfordernisse in Widerstreit geraten. Anschliessend werden Ergebnisse zur Ätiologieforschung der Schizophrenien diskutiert: der Trend in jüngerer Zeit geht zur Erprobung allgemeinpsychologischer Gedächtnismodelle (v.a. unter der Fragestellung, an welcher Stelle des Informationsverarbeitungsprozesses die schizophrenen Störungen lokalisierbar sind) und zu differenzierteren psychophysiologischen Untersuchungen. Abschliessend gehen die Autoren auf methodische und inhaltliche Zukunftsperspektiven der Schizophrenieforschung ein; dazu zählen sie u.a. die Erforschung von Leistungsstärken Schizophrener, Untersuchungen der sog. Basisstörungen und der affektiven Seite der Schizophrenie (Anhedonie) sowie Erforschung der intraindividuellen Variabilität der Symptomatik über kürzere und längere Zeitspannen.

PFÄFFLIN und CLEMENT setzen sich in Kapitel X mit Ätiologie- und Therapiekonzepten von *Sexualstörungen* auseinander. Sie beziehen sich dabei auf die sexuellen Funktionsstörungen, ohne auf die sog. Perversionen einzugehen. Anstatt die vielfältigen Einzeltechniken aufzuzählen und nachzuzeichnen beschreiben und diskutieren die Autoren die in jüngerer Zeit vorherrschenden Sexualitäts- und Therapiekonzepte. Im einzelnen unterscheiden sie das Konzept der verschütteten Triebe, der trainierbaren Erregung, der defizitären Körperlichkeit, des optimierten Lustkonsums und des Konfliktfeldes Sexualität. In ihrer abschliessenden Diskussion kritisieren die Autoren die Sexualtherapien und weisen auf überschiessende Tendenzen zur Technisierung und Therapeutisierung von Sexualität hin, die mit einem Verlust an Intimität und Sinnlichkeit einhergehen. Insbesondere halten sie Sexualtherapie ohne breiteren therapeutischen Hintergrund für nicht vertretbar.

Abschliessend danken die Herausgeber der Autorin und den Autoren dafür, dass sie mit ihren Beiträgen zum Gelingen dieses Bandes beigetragen haben. Den Damen des Sekretariats des Instituts für Psychologie der Universität Kiel (Frau Krüger, Frau Rinza) und der Universität Trier (Frau Beyer) sei für ihre Mithilfe bei der Redaktion gedankt. Dem Verlag Hans Huber, insbesondere Frau M. Hochreutener und Herrn Verlagsleiter H. Weder, danken wir für die gute Zusammenarbeit in allen Phasen dieses Werkes.

Kiel und Trier, Juni 1981

URS BAUMANN
HEINRICH BERBALK
GERHARD SEIDENSTÜCKER

A. Grundlagen

I. Neue Ergebnisse der experimentellen Traumforschung

I. Strauch

1. Einleitung

Über 25 Jahre sind vergangen, seit Aserinsky und Kleitman das periodische Auftreten schneller Augenbewegungen während des Schlafs beobachteten und durch systematische Weckversuche einen Zusammenhang mit dem Traumerleben nachwiesen [4]. Die experimentelle Schlafforschung, die sich von diesem Zeitpunkt an rasch entwickelte, ging zunächst von einer psychophysiologischen Fragestellung aus. Aufgrund der ersten eindeutig erscheinenden Ergebnisse hoffte man, physiologische Indikatoren des Traums zu finden und die Funktion der Träume aufzudecken, die aufgrund ihres zyklischen Auftretens einen grösseren Stellenwert zu haben schienen als man bisher annahm. So glaubte etwa Roffwarg 1962 den Nachweis erbracht zu haben, dass die Augenbewegungen im REM-Schlaf dem Blickverhalten des Träumers in seiner halluzinierten Traumwelt entsprechen [68], und Dement gab 1960 seiner ersten Arbeit über den experimentellen Entzug des *REM*-Schlafs noch den Titel «The effect of dream deprivation», weil er der Auffassung war, eine Unterdrückung der Träume des *REM*-Schlafs führe zu einer Beeinträchtigung des psychischen Gleichgewichts [20].

In den nachfolgenden Jahren erwiesen sich jedoch bald diese Ergebnisse der ersten Stunde als wenig haltbar. Träume wurden nicht nur nach dem Aufwecken aus einer *REM*-Phase berichtet, sondern auch aus den Stadien des Nicht-*REM*-Schlafs. Traumvorgänge schienen, wenn auch mit mehr oder weniger quantitativ und qualitativ fassbaren Unterschieden, den gesamten Schlaf zu begleiten [26], wobei man ausserhalb des *REM*-Schlafs keine physiologischen Indikatoren für das Schlaferleben fand. Auch der Zusammenhang zwischen physiologischen Markiervariablen und Traummerkmalen im *REM*-Schlaf erwies sich als wenig spezifisch [87], und die psychischen Folgen eines *REM*-Schlafentzugs liessen sich nicht eindeutig replizieren [22, 52].

Die notwendige Relativierung der ersten psychophysiologischen Befunde mag dazu beigetragen haben, dass in den siebziger Jahren die experimentelle Untersuchung der Träume zurücktrat gegenüber der Erforschung der Physiologie und Biochemie des Schlafs. Die Schlafforschung entwickelte sich zu einer breit gefächerten interdisziplinären Forschungsrichtung, während die Traumforschung weniger systematisch betrieben wurde. In den jährlich erscheinenden Bibliographien der experimentellen Schlafforschung finden sich unter den Kategorien, die das Schlaferleben einschliessen, nur 3–5% der gesamten Veröffentlichungen. Im Band von 1978 hatten nur 49 von insgesamt 1706 Arbeiten die Traumvorgänge zum Gegenstand [13].

Auch wenn der Traum nur einen geringen Anteil an der gesamten experimentellen Schlafforschung hat, so ist doch das Wissen über die Traumvorgänge wesentlich erweitert worden, allein schon deshalb, weil die physiologische Registrierung des Schlafverlaufs eine systematische Bestandsaufnahme der Traumphänomene ermöglicht hat. Auch in der experimentellen Traumforschung ist man nach wie vor auf die Erinnerungsfähigkeit des Träumers angewiesen, doch man kann ihn gezielt aus verschiedenen Schlafstadien aufwecken, ein umfangreicheres Traummaterial erheben und den Einfluss situativer Faktoren besser kontrollieren.

Der nachfolgende Überblick beschränkt sich auf die jüngsten Ergebnisse der experimentellen Traumforschung und setzt Akzente bei den Fragestellungen, die für die zukünftige Forschung vielversprechend zu sein scheinen. In der englischsprachigen Literatur sind auch bereits einige Arbeiten über den aktuellen Stand der Traumforschung erschienen [3, 21, 28, 84, 86], doch sind dort die Publikationen nach 1978 nicht einbezogen. Nicht berücksichtigt wird in diesem Überblick die umfangreiche Literatur über den Traum, die aus der klinisch-psychologischen Anwendung hervorgegangen ist und die sich nur in den seltensten Fällen auf die Ergebnisse der experimentellen Traumforschung bezieht [50].

Experimentelle Traumforschung und klinisch orientierte Traumpsychologie gehen bisher weitgehend getrennte Wege, und auch in den neuesten Handbüchern werden die Ergebnisse gesondert dargestellt [86]. Lediglich in den verschiedenen Theorien zur Funktion des Traums werden integrative Ansätze deutlich.

2. Qualitative Merkmale des Traums

2.1 Definition des Traums

Die Traumberichte, die nach dem Aufwecken aus den verschiedenen Schlafstadien gegeben werden, sind qualitativ so vielfältig, dass eine allgemeine Definition des Traums nach phänomenologischen Gesichtspunkten nicht umfassend genug wäre. Als Traum wären vielmehr alle kognitiven und emotionalen Phänomene zu bezeichnen, an die sich jemand nach dem Aufwecken erinnert und die er dem vorangegangenen Schlafzustand zuordnet.

2.2 Dominante Merkmale der Träume

Systematisch gesammelte Träume sind in ihren Inhalten und in ihrer Struktur viel alltäglicher als jene Träume, an die man sich selektiv spontan erinnert. Am häufigsten findet man geordnete und zusammenhängende Berichte über realistische Situationen, in denen sich der Träumer erlebend und handelnd mit anderen Personen befindet [74]. Rechtschaffen [67] betont die Eingleisigkeit der Traumphänomene, die sich in vier Merkmalen spiegelt: die im Traum auftretenden Ereignisse werden vom Träumer selten reflektiert; der Träumer hat keine parallel zum Traum ablaufenden Gedanken oder Vorstellungen; der Traum verfolgt nur ein Thema zur gleichen Zeit; während des Traums markiert der Träumer nicht die Vorgänge, an die er sich erinnern will.

Intraindividuell sind die Inhalte von Traumserien sowohl wiederkehrend als auch wechselnd. Kramer und Roth [57] holten von 14 Probanden in jeweils 20 aufeinanderfolgenden Nächten die REM-Schlafträume ein und führten eine Inhaltsanalyse durch. Die mittleren Häufigkeiten der Inhaltskategorien korrelierten von Nacht zu Nacht .46, wobei jedoch nur 21% der Varianz aufgeklärt wurde. Dabei wurde ein Anpassungseffekt nach Ende der ersten Woche deutlich.

2.3 Entwicklungspsychologische Merkmale der Träume

In eindrucksvoller Weise hat Foulkes mit Längsschnittuntersuchungen die Entwicklung des Träumens dargestellt, wie sie sich in den Berichten von Kindern spiegelt [27, 29]. Über eine Zeitspanne von 5 Jahren schliefen die Kinder 8–9 Nächte pro Jahr im Laboratorium und wurden aus verschiedenen Schlafstadien geweckt. Die zusammenfassende Darstellung der Ergebnisse, die überwiegend im Laboratorium von Foulkes gewonnen wurden, basiert auf den Traumberichten von 150 Kindern im Alter von 3–15 Jahren, die in insgesamt 1500 Nächten insgesamt über 4000mal aufgeweckt wurden. Die Entwicklung der Traumberichte läuft parallel mit der kognitiven und emotionalen Entwicklung im Wachzustand, wobei hier die Frage offenbleiben muss, inwieweit sich der Traumbericht mit dem Traumvorgang deckt. Die Traumberichte 3–4jähriger Kinder sind kurz, eher statisch und affektneutral. Handlungen werden von anderen Personen ausgeführt und Tiere kommen häufiger vor als Personen, besonders in anthropomorphisierter Form. Die Traumberichte der 5–6jährigen Kinder sind länger, dynamischer und interpersonell aktiver, wobei der Träumer sich meist noch in einer passiven Rolle befindet. In dieser Altersstufe werden schon Geschlechtsunterschiede deutlich: Mädchen berichten angenehmere Träume mit positiven Sozialkontakten, während Knaben konfliktbesetztere Träume erzählen mit negativen Affekten, fremden Personen und wilden Tieren. Im Alter von 7–8 Jahren wird für beide Geschlechter eine grössere Aktivität des Traumichs deutlich, und die auftretenden Personen spiegeln die Sozialisierung der Geschlechtsrolle, wobei erwachsene männliche Personen gehäuft auftreten. Im Alter von 9–10 Jahren vermehrt sich weiterhin die Aktivität des Träumers, allerdings werden aggressive Handlungen meistens anderen Traumpersonen zugeschrieben, die auch die negativen Folgen tragen müssen. Im Alter von 11–12 Jahren träumen Mädchen mehr von Freundinnen und Knaben von gleichaltrigen Freunden, wobei aggressive Themen bei Knaben häufiger werden, während bei den Mädchen weiterhin positive Affekte überwiegen. Im Alter von 13–14 Jahren werden Konfliktthemen bei Knaben wieder häufiger, Entstellungen treten auf, doch überwiegen insgesamt die positiven sozialen Interaktionen, und in zwei von drei Fällen nimmt der Traum ein gutes Ende.

Die interessanten Ergebnisse von FOULKES berichtigen frühere Auffassungen, dass die Träume von Kindern besonders angstbesetzt sind, vorwiegend eine direkte Wunscherfüllung spiegeln und durch starke Symbolisierung gekennzeichnet sind. Solche Träume stellen wohl eher die Ausnahme als die Regel dar. Stattdessen steht im Vordergrund eine realistische gleichnisartige Darstellung der aktuellen Lebenssituation, wie sie aufgrund des kognitiven und emotionalen Entwicklungsstands erfahren wird.

2.4 Zusammenhänge zwischen Schlafstadien und Träumen

Die Unterscheidung zwischen Träumen, die aus den verschiedenen Schlafstadien erinnert werden, wurde weiterhin beibehalten, obwohl der Zusammenhang zwischen EEG-Stadium und qualitativen Traummerkmalen nicht eindeutig ist. Zwar ist eine signifikante Zuordnung möglich, doch auch die Überschneidungen sind beträchtlich. Interindividuelle Differenzen spielen eine Rolle und vor allem die Zeitvariable, da unabhängig von den Schlafzyklen die Traumerinnerungen mit zunehmender Schlafzeit detaillierter und intensiver werden [73].

2.4.1 Träume der Einschlafphase

Schacter hat kürzlich eingehend die vorliegenden Untersuchungen über Träume in der Einschlafphase diskutiert [72]. Er kommt zu dem Schluss, dass eine präzisere Phänomenologie dieser Traumvorgänge und systematischere Experimente notwendig sind, besonders, da nach den üblichen Kriterien die Träume der Einschlafphase den REM-Träumen sehr ähnlich sein können. In der Arbeit von Vogel et al. [82] wurden 25% der Einschlafträume fälschlich dem REM-Zustand zugeordnet, und jeder zweite Traum aus dem REM-Schlaf wurde der Einschlafphase zugeschrieben.

Vogel [80] hat erneut seine Auffassung begründet, dass in der Einschlafphase die Ichfunktionen spezifische Zustandsänderungen durchlaufen, die zeitlich nicht eng mit den bekannten physiologischen Veränderungen gekoppelt sein müssten. Neue Experimente zur Überprüfung dieser Hypothese stehen allerdings noch aus.

2.4.2 Träume der Nicht-REM-Stadien

Die quantitativen Unterschiede zwischen REM-Schlaf-Träumen und Träumen, die aus den übrigen Schlafstadien (EEG-Stadien 2–4) stammen, sind eindeutiger als die qualitativen, wobei wiederum innerhalb dieser Nicht-REM-Stadien die Gemeinsamkeiten gross sind. Tracy und Tracy [79] erhielten Traumberichte nach 50% der Weckungen aus Stadium 4 und nach 54% aus Stadium 2. Die mittlere Wortlänge lag bei 38 resp. 46 Wörtern, d.h. auch in dieser Untersuchung waren die Erinnerungen an Nicht-REM-Träume seltener und kürzer als die üblichen REM-Schlaf-Berichte. Eine Einstufung der Traumberichte auf der Traumphantasieskala von Foulkes, die 7 Stufen umfasst, ergab mittlere Skalenwerte von 2.4 (Stadium 4) und 2.8 (Stadium 2), d.h. die erinnerten Inhalte lagen überwiegend in dem Skalenbereich ‹gedankenartig›, sei es in realistischer oder entstellter Form. Allerdings fand man auch hier einen nicht geringen Prozentsatz von bildhaften Traumerinnerungen: 20% und 27% der Berichte aus Stadium 4 und 2 enthielten halluzinatorische Elemente mit teilweise bizarren Ausprägungen.

2.5 Zusammenhang zwischen Wachzustand und Träumen

In mehreren Arbeiten wurde die Frage untersucht, ob Träume sich formal und inhaltlich von den kognitiven und emotionalen Vorgängen im Wachzustand unterscheiden, d.h. ob die in der Traumpsychologie vertretene

Kontinuitäts- oder Kompensationshypothese zutrifft [86]. STARKER [75] fand einen Zusammenhang zwischen Tagtraumstilen und spontan erinnerten Träumen. Pbn mit positiven Tagträumen hatten affektpositive realistische Nachtträume, Pbn mit schuldbesetzten Tagesphantasien erlebten negativere und verschlüsseltere Nachtträume, Pbn mit stark angstbesetzten Tagträumen hatten die bizarrsten Nachtträume und die häufigsten Albträume.

BARRET [6] verglich Tagträume mit Phantasien in tiefer Hypnose und spontan erinnerten Morgenträumen und fand in dieser Reihenfolge eine Zunahme des Affektausdrucks und der Entstellungen.

Mehrere andere Arbeiten sprechen ebenfalls zugunsten der Kontinuitätshypothese. Patienten, die im Verlauf einer Psychotherapie ihre Fähigkeit verbesserten, Gefühle auszudrücken, berichteten parallel zu ihrem Fortschritt gefühlsbesetztere Träume [44]. Patienten mit angstbesetztem Wachverhalten hatten konfliktbesetztere Träume als eine Vergleichsgruppe mit niedrigen Angstwerten [34]. Pbn, die während des Tages Stress bewältigen können, zeigen vergleichbares Verhalten im Traum [35].

Widersprüchliche Ergebnisse fanden HARRIS und RAY [43]. Zwar hatten Pbn, die sich im Wachen extern kontrolliert fühlten, passivere Träume als Pbn mit interner Kontrolle, doch eine im Wachen erlebte Ambivalenz in verschiedenen Lebensbereichen fand keinen linearen inhaltlichen Ausdruck im Traum.

KRAMER et al. [58] verglichen die Motivationsstruktur von *TAT*-Geschichten mit *REM*-Schlafträumen, die von 40 Pbn in jeweils drei Labornächten gesammelt wurden. Die Auswertung mit der need-press Analyse von MURRAY ergab insgesamt eine signifikante Beziehung zwischen den beiden Phantasieproduktionen, vor allem in bezug auf die Intensität der dargestellten Bedürfnisse. Allerdings zeigen sich Geschlechtsunterschiede für einzelne Bedürfnisklassen: bei Männern fand sich eine negative Korrelation zwischen Tag- und Nachtphantasien für Leistungsstreben, Aggression und Dominanz, die in den TAT-Geschichten stärker zum Ausdruck kamen, bei Frauen dagegen eine positive Korrelation in bezug auf die Bedürfnisse Nachgeben, Widerstehen und Dominanz. Aus diesen ersten Befunden ist zu folgern, dass eine Entscheidung für die Kontinuitätshypothese noch sehr voreilig wäre, da der Zusammenhang zwischen Tages- und Nachtphantasien komplex ist.

Ein Problem dieser Untersuchungen liegt in der jeweiligen Selektion der verglichenen Kategorien. Gerade in bezug auf diese Fragestellung fehlen multivariate Experimente, mit denen die Gemeinsamkeiten oder Unterschiede differenzierter erfasst werden könnten.

2.6 Spontane Träume und Laborträume

Die Frage, inwieweit die in der experimentellen Situation erinnerten Träume für einen Pb repräsentativ sind, beschäftigt die experimentellen Traumforscher schon seit vielen Jahren. Kürzlich hat Foulkes [30] die vorliegenden Untersuchungen diskutiert und eigene Ergebnisse dargestellt. Demnach sind früher berichtete Unterschiede zwischen den Inhalten von spontanen und Laborträumen im wesentlichen auf die Selektion der spontanen Traumerinnerung zurückzuführen. Werden Zeitpunkt der Erinnerung und Methode der Aufzeichnung konstant gehalten, treten die Gemeinsamkeiten der Trauminhalte in den Vordergrund. Foulkes variierte in vier Experimenten mit Kindern die Bedingungen. Die Trauminhalte waren nicht verschieden, wenn man Kinder zu einer festgesetzten Zeit morgens entweder im Labor oder zu Hause weckte und sie mit einem standardisierten Interview befragte oder die Träume jeweils selbst aufschreiben liess. Unterschiede traten nur dann auf, wenn man die Laborträume mit den gelegentlich spontan erzählten Träumen verglich.

3. Traumerinnerung

Quantität und Qualität der spontanen wie der experimentell provozierten Traumerinnerung scheinen von einer Vielzahl von Faktoren abzuhängen, wie Schlafstadium, Gedächtnis, bewusste und unbewusste Motivation, Persönlichkeit und Beschaffenheit des Traums selbst [15, 36].

Auch in den letzten Jahren wurden die verschiedenen Hypothesen in vorwiegend univariaten Experimenten untersucht. Da man aber ein Zusammenwirken vieler Faktoren annehmen muss, erklären solche mosaikartigen Ergebnisse nur einen Bruchteil der Varianz, wie z.B. die positiven Korrelationen zwischen visuellem Gedächtnis und Häufigkeit der Traumerinnerung [18], zwischen affektbesetzten, bizarren Inhalten und Häufigkeit der Traumerinnerung [16], oder der fehlende Zusammenhang zwischen emotionaler Ausdrucksfähigkeit im Wachzustand und Häufigkeit der Traumerinnerung [88].

Besonders interessant und unbeantwortet ist die Frage, warum nach dem Aufwecken aus den Nicht-REM-Stadien die Erinnerung an Traumerlebnisse so stark variiert. Brown und Cartwright [9] haben kürzlich gezeigt, wie man die Erinnerung an Nicht-REM-Vorgänge verbessern kann. Die Pbn wurden instruiert, während des Schlafs durch Druck einer in der Innenhand befestigten Taste das Auftreten eines Traums zu signalisieren. Gaben sie ein solches Signal, wurden sie von dem Versuchsleiter (Vl) aufgeweckt.

In 79% der selbst angezeigten Träume in Nicht-REM-Phasen stellte sich nach dem Aufwecken die Erinnerung ein, während allein von dem Vl bestimmte Aufweckversuche nur in 46% von Traumerinnerungen gefolgt wurden. Aus diesem Experiment geht allerdings nicht eindeutig hervor, ob der Schlafverlauf unter der Instruktionsbedingung nicht durch häufigeres Arousal beeinträchtigt war.

Die Fähigkeit, sich an Vorgänge aus den Nicht-REM-Stadien erinnern zu können, steht auch unter dem Einfluss von Erwartungshaltungen. HERMAN et al. [47] manipulierten die Erwartung von Träumen, indem sie Vl und Pbn unterschiedlich informierten. In der einen Gruppe glaubten sowohl Vl als auch Pbn, bei einer eingenommenen Tablette handele es sich um eine Droge, die die Traumtätigkeit beträchtlich verstärke. In zwei anderen Gruppen erhielten diese Information entweder nur der Vl oder nur die Pbn. Tatsächlich wurde allen Pbn nur ein Placebo verabreicht. Häufigkeit und Qualität der REM-Schlaf-Träume zeigten in den verschiedenen Gruppen keine Unterschiede, die Nicht-REM-Berichte jedoch vermehrten sich unter der positiven Erwartungshaltung. Dabei war dieser Effekt am stärksten, wenn sowohl der Vl als auch der Pb einen Anstieg der Traumerinnerungen erwarteten.

Obwohl in diesem Experiment die Ausgangswerte bei den einzelnen Gruppen nicht genau genug kontrolliert wurden, scheinen diese Ergebnisse für einen starken Einfluss der Erwartungshaltung auf Nicht-REM-Schlaferinnerungen zu sprechen. Nicht zu entscheiden ist jedoch aufgrund dieses Experimentes, ob eine positive Erwartung die Traumvorgänge selbst stimulierte, die Erinnerungsfähigkeit verstärkte oder nur für suggestive Einflüsse empfänglicher machte.

Untersuchungen des Erinnerungsprozesses zeigten, dass aus REM-Phasen erinnerte Träume einige Minuten später syntaktisch weitgehend genau repliziert werden [14]. SALZARULO und CIPOLLI [71] analysierten REM- und Nicht-REM-Berichte nach den Regeln der transformativen generativen Grammatik. Der Erinnerungsprozess verläuft sequentiell und zeigt bei beiden Traumarten eine korrekte syntaktische Organisation. Die längeren Pausen im Prozess der Nicht-REM-Erinnerungen deuten auf unterschiedliche Konsolidierungsvorgänge hin.

Die Erinnerung an Träume unterliegt Veränderungen, da nach mehrfachem Nacherzählen sekundäre Bearbeitungen auftreten. BOSINELLI et al. [7] liessen nachts erzählte REM-Träume am nächsten Morgen, drei Tage später und eine Woche danach noch einmal berichten. Unabhängige Beurteiler identifizierten unter den gemischten Berichten nur in 75% der Fälle die erste Erinnerung, und nur in 30% der Fälle gelang es ihnen, die genaue Reihenfolge der vier Berichte herzustellen. Berichte über Erlebtes im Wachzustand unterliegen bei wachsendem Zeitabstand natürlich auch solchen Veränderungen. Hier wäre es interessant zu untersuchen, ob die Veränderungen beim Nacherzählen von Träumen formale und inhaltliche Besonderheiten aufweisen.

Das Persönlichkeitsmerkmal der Feldabhängigkeit differenziert unter normalen Bedingungen nicht zwischen unterschiedlichen Häufigkeiten der spontanen Traumerinnerung [17]. Im Anschluss an einen angstinduzierenden Film hatten feldabhängige Pbn jedoch nach REM-Schlafweckungen häufiger das Gefühl geträumt zu haben, ohne sich an den Inhalt erinnern zu können [38]. Dieses Ergebnis könnte für die Verdrängungshypothese sprechen, aber auch Ausdruck eines Interferenzeffekts sein, der durch die vorangegangene Stress-Situation hervorgerufen wurde.

Die Angaben geträumt zu haben, ohne sich an den Inhalt erinnern zu können, vermehren sich bei Ablenkung der Aufmerksamkeit. Cohen und Wolfe [17] wiesen eine Gruppe von Pbn an, nach dem morgendlichen Aufwachen gleich den Wetterdienst anzurufen, die Tagestemperatur zu erfragen und dann erst erinnerte Träume aufzuschreiben. Die Vergleichsgruppe hingegen sollte sich sofort nach dem Aufwachen auf die Träume besinnen und sie dann notieren. Der Einfluss der Instruktion war deutlich: die abgelenkte Gruppe erinnerte Trauminhalte nur in 33% der Fälle und hatte bei weiteren 43% nur das Gefühl geträumt zu haben. Die Kontrollgruppe hatte in 63% der Fälle inhaltliche Traumerinnerungen und nur in 18% inhaltslose Träume.

Koulack und Goodenough [55] haben in einem Modell die verschiedenen Faktoren integriert, die das Erinnern von Träumen hemmen oder fördern können. Das direkte Aufwecken aus einer REM-Phase, das die häufigsten Erinnerungen zur Folge hat, erschliesst den Zugang zum Kurzzeitgedächtnis, reduziert durch seine Unmittelbarkeit den Einfluss der Verdrängung und kann lediglich hemmend wirken durch die Ablenkung, die im Aufwachprozess selbst liegt.

Für das spontane Erinnern von Träumen wird dagegen ein kurvilinearer Zusammenhang zwischen Traumerinnerung und Traumaffekt angenommen. Affektneutrale Träume unterliegen stärker der Interferenz durch den Wachzustand, während stark affektbesetzte Träume Verdrängungsprozesse aktivieren können. Es sind demnach die Träume mit einer mittleren Affektbesetzung, die am ehesten erinnert werden, weil sie einerseits noch eindrücklich genug sind, um Aufmerksamkeit zu erregen und andererseits nicht bedrohlich genug sind, um verdrängt werden zu müssen.

Eine differenzierte Überprüfung dieses Modells steht noch aus. Erste indirekte Hinweise auf einen möglichen kurvilinearen Zusammenhang zwischen Traumerinnerung und Affektintensität seiner Inhalte liefern eine Untersuchung von KOULACK [54]. Pbn notierten morgens ihre Träume und stuften ihre emotionale Befindlichkeit ein. Die wenigsten Träume wurden spontan erinnert, wenn die Affektlage an den extremen Polen eingestuft wurde. Allerdings müssten bei einer Interpretation dieser Ergebnisse stärker motivationale Faktoren berücksichtigt werden, die bekanntlich eine wichtige Rolle für das Erinnern von Träumen spielen.

KOUKKOU und LEHMANN [53] erklären in einem komplexen Zustands-Wechsel Modell die unterschiedliche Erinnerbarkeit von REM- und Nicht-REM-Träumen. Die verschiedenen Funktionszustände des Gehirns sind im Schlaf mit verschiedenen Gedächtnisspeichern verbunden, die im Sinne des zustandsabhängigen Lernens die Abrufbarkeit aus dem Wachzustand erschweren können. Der REM-Zustand mit seinem wachheitsähnlichen EEG Muster entspricht am ehesten dem notwendigen Grad von Aktivierung, der eine Speicherung ermöglicht, die dem Wachzustand zugänglich ist. Beim Wecken aus einer Nicht-REM-Phase dagegen kann nur erinnert werden, was zufällig aus dem Speicher aktiviert wird oder sich noch gerade im Kurzzeitspeicher befindet. Die Hypothese ist einleuchtend für jene Nicht-REM-Schlaf-Erinnerungen, die kurz und fragmentarisch sind. Längeren, kohärenten Nicht-REM-Träumen müsste dann eine stärkere Aktivierung vorausgehen.

Ein weiterer Befund von LEHMANN et al. [60] charakterisiert den besonderen physiologischen Zustand des REM-Schlafs. Während in früheren Untersuchungen bereits die grössere Aktivierung der rechten Hemisphäre des Gehirns im REM-Schlaf nachgewiesen wurde (Übersicht bei BAKAN [5]), konnten die Autoren kürzlich eine hohe Kohärenz der elektrischen Aktivität zwischen den beiden Hemisphären nachweisen, die bei allen Frequenzbändern auftrat. Im REM-Schlaf scheint demnach ein erhöhter Transfer von Informationen stattzufinden, d.h. Vorgänge in der rechten Hemisphäre sind der sprachlichen Wiedergabe zugänglich, die in der linken Hirnhemisphäre lokalisiert ist.

Klinisch angewandte Fragestellungen zur Traumerinnerung wurden bisher fast völlig vernachlässigt. Eine erste interessante Arbeit stammt von CARTWRIGHT et al. [12]. Patienten, die vor Beginn einer Psychotherapie als potentielle Abbrecher eingestuft wurden, weckte man mehrere Nächte aus ihren REM-Phasen, um den Zugang zu ihrem Traumerleben zu erweitern. Im Vergleich zu einer Kontrollgruppe zeigte diese Therapievorbereitung einen positiven Effekt sowohl im Hinblick auf die Verweildauer in der Therapie als auch auf das Einbringen emotionaler Inhalte.

FISS [25] berichtete über vorläufige Ergebnisse seiner Methode der Traumverstärkung. Die Pbn werden in mehreren Schritten zu einer stärkeren Beachtung ihrer Träume angeleitet. Sie sollen versuchen, ihre Konflikte im Traum zu lösen, ihre im Laboratorium gesammelten Träume werden ihnen vorgespielt, und sie werden angehalten, über die Bedeutung der Träume nachzudenken, ohne dass ihnen spezifische Interpretationen angeboten werden. Diese intensive Beschäftigung mit den Träumen habe zu grösserer Einsicht und Konfliktminderung geführt.

4. Physiologische Indikatoren des Traums

Der Schlafzustand scheint in besonderem Masse geeignet, psychophysiologische Zusammenhänge zu untersuchen, da die Variabilität physiologischer Zustände und psychischer Phänomene gross und der Einfluss der Aussenwelt herabgesetzt ist. RECHTSCHAFFEN [66] hat die eher bescheidene Bilanz der Forschung zu dieser Frage bis zu Beginn der siebziger Jahre gezogen. Er hält es für vordringlich, nach kurzfristigen Kovariationen psychophysiologischer Vorgänge zu suchen, da sich der globale Zusammenhang, z.B. zwischen vegetativen Funktionen und Traummerkmalen als wenig aussagekräftig erwiesen hat. Auch die Einteilung der Träume aufgrund der EEG-Stadien, aus denen sie erinnert wurden, hat nicht zu einer eindeutigen Klassifikation geführt.

Die seit GROSSER und SIEGAL [41] vorgenommene Unterscheidung zwischen tonisch langdauernden und phasisch kurzfristigen Schlafvorgängen, hat in der Folgezeit zu einigen Untersuchungen über Erlebniskorrelate phasischer Vorgänge geführt, obwohl die Forschung hier nicht besonders intensiv betrieben wurde [65]. Ein Grund dafür mag darin liegen, dass eine Kovariation nur dann überprüft werden kann, wenn die Erinnerung an spezifische kurzfristige Traumphänomene mit einer zeitlichen Zuordnung gelingt.

4.1 Vegetative Merkmale des Traums

In zwei weiteren Untersuchungen bestätigten sich frühere Befunde, dass die Variabilität einer vegetativen Funktion eher mit dem Traumaffekt zusammenhängt als ihre mittlere Ausprägung, d.h. die phasischen Schwankungen sagen besser emotionale Vorgänge im Traum voraus. HAURI und VAN DE CASTLE [46] fanden eine Kovariation zwischen Pulsfrequenzschwankungen und Affektstärke in Traumberichten, die aus REM- und Nicht-REM-Phasen stammten, wenn sie die letzten Minuten vor dem Aufwecken analysierten. Sie beziehen in ihre Diskussion auch zum ersten Mal das Konzept der individuellen Reaktionsspezifität ein.

GOODENOUGH et al. [37] fanden in ihrer Untersuchung über den Einfluss eines angstbesetzten Films auf den nachfolgenden Schlaf, dass irreguläre Atmung und hohe Affektbesetzung von REM-Träumen nur bei solchen Pbn festzustellen waren, die schon im Wachzustand auf den Film mit unregelmässiger Atmung reagiert hatten.

4.2 Phasische Merkmale des Traums

Der von Pessah und Roffwarg [64] aufgezeigte interessante Zusammenhang zwischen der Mittelohrmuskelaktivität und akustischen Traumphänomenen wurde nur in einer weiteren Arbeit überprüft [70], vielleicht weil die Ableitungsmethode für den Schläfer besonders behindernd ist.

Vorläufiger Natur sind auch die gefundenen Beziehungen zwischen periorbitalen phasisch integrierten Potentialen (PIPs) und bizarren Traumelementen. Rechtschaffen [66] muss bei der Darstellung seiner Ergebnisse offen lassen, ob diese über den Augenmuskel ableitbaren elektrischen Entladungen ein Äquivalent der in Tierversuchen gemessenen PGO-spikes (EEG-Spitzen im Pons-Geniculatum-Occipitalbereich) sind oder ob sie im Augenmuskel entstehen. Immerhin scheinen die PIPs auch ausserhalb der REM-Phasen bizarre Traumvorstellungen anzuzeigen. Ein Aufwecken nach PIP-Aktivität zeigte in 50% der Fälle bizarre Traumelemente im Vergleich von nur 5% nach Kontrollweckungen. Auch im REM-Schlaf war der Anteil der bizarren Vorgänge am höchsten, wenn PIPs mit oder ohne Augenbewegungen registriert wurden.

Auch die Augenbewegungen des REM-Schlafs sind weiterhin kein spezifischer Indikator von halluzinatorischen Traumvorgängen. Foulkes und Pope [31] fanden in ihrer zweiten Untersuchung nur noch ein relatives Überwiegen visueller Traumerinnerungen im Anschluss an Augenbewegungen. Firth und Oswald [23] zeigten, dass die Beziehung zwischen Augenbewegungen und visueller Traumaktivität nicht mehr signifikant bleibt, wenn man den Faktor des zeitlichen Auftretens innerhalb der Schlafzyklen kontrolliert.

Bosinelli et al. [8] haben die Frage aufgeworfen, ob es nicht angemessener sei, phasische Merkmale mit ganzheitlicheren psychischen Phänomenen in Beziehung zu setzen. Sie weckten die Schläfer aus REM-Phasenabschnitten mit oder ohne Augenbewegungen und liessen den Traum auf einer Skala einstufen, die verschiedene Grade der Beteiligung des Traumichs am Traumgeschehen erfasste. Es zeigte sich zwar eine signifikante aber nicht eindeutige Beziehung zwischen erhöhter Augenaktivität und Beteiligtsein am Traum.

Gardner et al. [32] untersuchten die kleinen Bewegungen der Extremitäten während des REM-Schlafs. Die Schläfer wurden geweckt, wenn Bewegungen der Arme, der Beine oder beides registriert wurden. Es zeigten sich Hinweise für einen Zusammenhang zwischen tatsächlichen und geträumten Bewegungen, doch wird damit nur ein kleiner Teil der Varianz aufgeklärt.

Die vorliegenden Ergebnisse über physiologische Korrelate der Traumvorgänge sind insgesamt unbefriedigend. Es fehlt eine systematischere Untersuchung dieser Fragestellung mit verfeinerten Methoden.

5. Experimentelle Beeinflussung des Traums

In der traditionellen Traumpsychologie gehören die Eindrücke des Vortags zu den Quellen des Traummaterials. Doch erst systematische Untersuchungen können zeigen, nach welchen Regeln eine Selektion der Tagesreste stattfindet. Eine Einflussnahme auf den Traum kann durch unterschwellige Stimulation während des Schlafs oder durch eine indirekte oder direkte Manipulation der Vorschlafsituation erfolgen. Obwohl eine Stimulation während des Schlafs methodisch besonders geeignet erscheint, Merkmale der Traumvorgänge zu erfassen, wurde in den letzten Jahren nur eine Arbeit zu dieser Fragestellung publiziert. Daher beziehen sich auch neuere Sammelreferate immer wieder auf die ältere Literatur [2, 83], in der die grundsätzliche Frage positiv beantwortet wird, dass eine experimentelle Beeinflussung des Traumgeschehens möglich ist. Allerdings fehlen bislang spezifische Kriterien, um eine Voraussage machen zu können, ob und in welcher Weise eine solche Einflussnahme stattfinden wird. Das in Fallbeispielen beobachtete breite Spektrum von formalen und inhaltlichen Verarbeitungen wurde bisher erst in Ansätzen untersucht.

Die methodischen Probleme, die sich bei Experimenten zur Beeinflussung von Träumen stellen, hat Tart kürzlich differenziert dargestellt [77]. Er sieht in den Erwartungshaltungen der Pbn einen besonders wichtigen Faktor, der meist vernachlässigt wird, obwohl gerade die bewussten und unbewussten Bewertungen der Versuchssituation eine entscheidende Rolle spielen.

5.1 Beeinflussung des Traums während des Schlafs

De Koninck und Koulack [19] zeigten vor dem Einschlafen einen angstinduzierenden Film über Unfälle am Arbeitsplatz und erfassten die Wirkung des Films mit einer Stimmungsskala. Nachts wurden die Schläfer aus den REM-Phasen aufgeweckt und nach ihren Träumen gefragt. Bei einem Teil der Pbn wurde zusätzlich die Tonspur des Films unterschwellig während der REM-Phasen eingespielt. Eine andere Gruppe bekam in der ersten Nacht nur die Tonspur und sah den Film erst am zweiten Abend. Die doppelte Beeinflussung vor und während des Schlafs führte zu signifikant häufigeren Einarbeitungen von Filmelementen und angstbesetzten Inhalten im Vergleich zu den übrigen Bedingungen.

5.2 Indirekte und direkte Beeinflussung der Vorschlafsituation

Stern und Saayman [76] sammelten von 12 Pbn spontane Traumerinnerungen sowie Träume nach experimentellen Weckversuchen. Die eine Gruppe musste jeweils im Anschluss an einen Traumbericht einen Fragebogen ausfüllen, in dem einseitig danach gefragt wurde, ob der Traum sich im Freien abgespielt hatte. Die andere Gruppe hingegen wurde befragt, ob der Traum in einer städtischen Umgebung stattfand. Die in den Träumen berichtete Szenerie wurde global signiert und auch nach relevanten Wörtern ausgezählt. Die durch den Fragebogen jeweils indirekt nahegelegten Umgebungen traten in den Traumberichten vermehrt auf. Dabei hatten die Pbn, wie eine Nachbefragung zeigte, die Absicht der Versuchsanordnung bewusst nicht durchschaut.

In drastischer Weise veränderten Roffwarg et al. [69] die Farbwahrnehmung ihrer Pbn im Wachzustand, um den Einfluss auf die halluzinatorischen Traumelemente festzustellen. Die Pbn mussten den ganzen Tag über festsitzende Brillen tragen, die nur für die Lichtwellen im rot-orange Bereich durchlässig waren. Durch diese Filter wurde die Umwelt in rötlichen Tönen gesehen, die Helligkeit entsprach einem bewölkten Tag und die Farben der Gegenstände wirkten verwaschen. Erst für das Schlafexperiment wurden jeden Abend die Brillen gegen eine schwarze Augenbinde ausgetauscht. Die Pbn wurden mehrfach aus dem REM- und Nicht-REM-Schlaf geweckt und im Anschluss an den spontanen Traumbericht nach den Farbtönungen der Traumelemente befragt. Das Experiment dauerte für die neun Pbn jeweils 10–22 Tage. Auf 3–4 Basisnächte folgten 3–5 Tage, an denen ungefilterte Brillen getragen wurden, dann kamen 5–8 Tage mit dem Tragen der roten Brillen und anschliessend 3–4 Erholungstage ohne Brillen. Der Schlaf wurde im gesamten Zeitraum im Laboratorium registriert.

Die Träume aller Versuchsabschnitte wurden auf ihren Farbanteil hin signiert und verrechnet. Gegenüber den Basiswerten war in den Nächten nach veränderter Farbwahrnehmung der Anteil der Trauminhalte mit Tönungen im rot-orange Bereich dreieinhalb mal höher. Interessante Verlaufseffekte waren zu beobachten: einmal war der rote Farbanteil in der ersten REM-Phase am höchsten und zum anderen stieg die Häufigkeit nach dem dritten Tag mit roten Brillen steil an. Hingegen kehrte schon in der ersten Nacht, die auf einen Tag mit normaler Wahrnehmung folgte, das normale Farbspektrum in den Träumen zurück. Die visuellen Traumelemente werden demnach stark beeinflusst von den unmittelbar vorangegangenen visuellen Eindrücken des Wachzustands.

Eine Interpretation dieser Ergebnisse muss natürlich berücksichtigen, inwieweit der beobachtete Effekt auf die veränderte Wahrnehmung oder auf Suggestionen und Erwartungen zurückzuführen ist. Die Erwartungen der Pbn wurden durch Befragungen erfasst und in einigen vorläufigen Kontrollversuchen experimentell manipuliert. So hatte z.B. die Suggestion, im Traum sei das Auftreten von Komplementärfarben zu erwarten, keinen Anstieg der Grünanteile zur Folge.

Differentielle Aspekte der Auswirkung von Vorschlafstimulationen berücksichtigten GOODENOUGH et al. [37]. Sie zeigten vor dem Einschlafen affektneutrale Landschaftsfilme und angstauslösende Filme über einen Beschneidungsritus und eine Geburt. Vor und nach der Darbietung eines Films wurden von den Pbn verschiedene Stimmungsparameter eingestuft. Die affektbesetzten Filme verstärkten die Angstinhalte der REM-Träume. Wichtig war der differentielle Aspekt, da die Angstinhalte im Traum bei denjenigen Pbn besonders stark anstiegen, die bereits im Wachzustand stimmungsmässig stärker auf die Filme reagiert hatten.

5.3 Selbstkontrolle des Traums

In der Traumpsychologie wird der Traum als ein Vorgang aufgefasst, der sich einer bewussten Kontrolle entzieht. In einem eher populär geschriebenen Buch stellt GARFIELD [33] dagegen die Behauptung auf, man könne durch intensive Selbstinstruktion lernen, den Traum in gewünschter Weise zu beeinflussen. Sie beruft sich in erster Linie auf ethnologische Untersuchungen des Senoivolkes auf Malaysia und auf eigene Erfahrungen.

Die wenigen experimentellen Untersuchungen, die zur Selbstkontrolle des Träumens vorliegen, kommen allerdings zu widersprüchlichen Ergebnissen. Schläfern direkt gegebene Instruktionen, affektintensive oder affektneutrale Träume zu erleben, brachten keine signifikanten Unterschiede in physiologischen Schlafparametern oder affektbesetzten Traumerinnerungen [62]. In einer Arbeit von GRIFFIN und FOULKES [40] versuchten 29 Pbn zehn Nächte lang ihre Träume zu beeinflussen, indem sie GARFIELDS Technik anwandten. Für jeden Pb wurde am Vorabend aus einer Liste von 6 Themen, die entweder er selbst oder eine Beziehungsperson hergestellt hatte, durch Zufall ein Thema ausgewählt, auf das er sich vor dem Einschlafen konzentrieren sollte. Die spontanen Traumerinnerungen wurden von unabhängigen Beurteilern der Themenliste zugeordnet.

Es gelang nicht in überzufälliger Weise. Da man hier allerdings nur die spontanen Traumerinnerungen erfasste, bleibt offen, ob die Autosuggestion in den übrigen Träumen wirksam war.

Experimentell kontrolliert wurden die Träume nach Selbstinstruktion von CARTWRIGHT [10]. Vor dem Traumexperiment stuften 19 Pbn ihr Real- und Idealselbstbild auf einer bipolaren Eigenschaftsliste ein. Als Traumthema wurde eine Eigenschaftsdimension ausgewählt, die eine grosse Diskrepanz in der Selbstbeurteilung aufwies. Die Pbn sollten sich vornehmen, von der gewünschten Eigenschaft zu träumen. Die Auswertung der REM-Träume umfasste die Auftretenshäufigkeit der Zieleigenschaft mit ihrem entgegengesetzten Pol im Vergleich mit zwei Eigenschaftspaaren, die als Kontrolle dienten. Das Eigenschaftspaar der bewussten Vornahme trat in den Traumberichten signifikant häufiger auf als die Kontrolleigenschaften, allerdings nicht in der spezifischen Richtung der Selbstinstruktion, da die dem Realselbst zugeschriebene Ausprägung häufiger in den Traum Eingang fand.

Im Vergleich zu einer indirekten Beeinflussung des Traums stellt sich bei diesen Experimenten das Problem, inwieweit durch die beabsichtigte Selbstkontrolle der Erzählstil und die Selektion der Erinnerung beeinflusst wird. Ein Zielmaterial, das weniger anfällig für nachträgliche kognitive Elaborationen ist, wäre wahrscheinlich besser geeignet, den Erfolg der Selbstkontrolle in Träumen zu überprüfen.

Eine besondere Variante der Selbstkontrolle stellt das auch von GARFIELD [33] beschriebene Phänomen der luziden Träume dar. Hier beschränkt sich die Traumbeeinflussung nicht nur auf die bewusste Vornahme vor dem Eintritt des Schlafs, sondern man versteht darunter eine fortlaufende Kontrolle des Traumvorgangs selbst [77]. Es wird behauptet, man könne durch Übung die Häufigkeit luzider Träume steigern, die spontan nur selten auftreten. HOFFMAN und MCCARLEY [49] stuften 104 REM-Träume auf einer Luziditäts-Skala ein. Nur in einem einzigen dieser Träume war sich der Träumer seines Traums bewusst und in 16 weiteren Träumen zeigten sich Anzeichen für eine Reflexion über einzelne Traumphänomene. Diese reflektiven Traumvorgänge korrelierten mit dem Auftreten von bizarren Traumelementen.

Solange nicht experimentelle Schlafaufzeichnungen vorliegen, liegt allerdings nahe anzunehmen, dass eine solche Lenkung des Traumgeschehens oder eine Reflexion über den Traum nur in einem Stadium zwischen Wachen und Schlaf oder in eingestreuten Wachmomenten möglich ist. Könnte man den Gegenbeweis erbringen, läge hier die Möglichkeit einer klinisch-psychologischen Anwendung, indem man beispielsweise eine Selbstkontrolle von Angstträumen lernen könnte.

6. Klassifikation von Träumen

Charakteristische Merkmale des Traums fallen zwar oft im globalen Eindruck auf, doch können erst systematische Analysen von Trauminhalten zeigen, wie typisch solche Merkmale wirklich sind. Unabhängig davon, ob die Zuordnung der Träume zu verschiedenen EEG-Schlafstadien sinnvoll ist, ist eine genaue phänomenologische Klassifikation der Träume notwendig, um unterschiedliche Traumarten zu definieren.

Die zahlreichen Ansätze zur Klassifikation von Traumvorgängen haben WINGET und KRAMER [85] kürzlich zusammengestellt. Die in den letzten Jahrzehnten entwickelten Skalen werden einzeln dargestellt. In tabellarischer Form werden fast 400 Untersuchungen, davon mehr als 150 Laborexperimente, mit ihren wesentlichen Ergebnissen aufgeführt. Die Skalen reichen von einfachen Bestandsaufnahmen der Trauminhalte bis zur Einschätzung von komplexeren Konstrukten. Einmal entwickelte Skalen wurden relativ selten von anderen Forschern übernommen. Eine Ausnahme stellt das von HALL und VAN DE CASTLE 1966 [42] publizierte deskriptive Kategoriensystem dar, das in der Folgezeit am häufigsten angewandt wurde [6, 7, 19, 34, 43, 57].

Die Vielzahl der Skalierungen verdeutlicht die geringe Koordination innerhalb der Traumforschung, die einen Vergleich der Ergebnisse sehr erschwert. Verschiedene Methodenprobleme, besonders in bezug auf die Reliabilität und Validität von Traumskalierungen hat HAURI [45] diskutiert. Er liess 100 zufällig ausgewählte REM-Träume, die aus verschiedenen Laboratorien stammten, auf 20 Skalen einstufen. Beurteiler waren die Autoren der jeweiligen Skalen. Ergebnisse einer Faktorenanalyse zeigten starke Überschneidungen zwischen verschiedenen Traumskalen, d.h. viele der angewandten Skalen messen ähnliche Dimensionen, vor allem im Bereich der traumartigen Qualität und der Feindseligkeit. Der Zusammenhang ist allerdings nicht so eng, dass man aufgrund einer Skala das Ergebnis der anderen voraussagen könnte. Es fanden sich sogar schwache Korrelationen zwischen Skalen, die die gleiche Bezeichnung trugen. Unterschiedliche Operationalisierungen der Konstrukte mögen hierfür verantwortlich sein.

Die bei WINGET und KRAMER gesammelten Skalen gehen vom manifesten Traumtext aus und berücksichtigen nicht den Zusammenhang des Traums mit dem assoziativen Kontext des Wacherlebens. Erst in jüngster Zeit wurde von FOULKES ein neuer bemerkenswert einfallsreicher Beitrag zur Kodierung und Entschlüsselung von Traumtexten geleistet [28]. In seiner ‹Grammar of Dreams› entwickelt FOULKES auf dem Hintergrund der Traumtheorie FREUDS einen kognitiv-linguistischen Zugang zum Traum. FOULKES betont die kognitive Struktur des Traums gegenüber seinem halluzinatorischen Charakter und versucht aufzuzeigen, dass die Übersetzung latenter Traumgedanken in manifeste Trauminhalte grammatischen Regeln folgt. Er hat ein komplexes Signierungssystem für diese latente Struktur des Traums entwickelt, das auf den Traumtext und die dazugehörenden Assoziationen angewandt wird.

Ausgangspunkt der Signierung ist die Zerlegung des Traumtextes in einzelne Sätze, die jeweils eine Beziehung ausdrücken, indem zwei Substantive mit einem Verb verbunden sein müssen. Es gibt vier interaktive Kategorien von Verben und drei Verben assoziativer Art. Interaktive Sätze werden kodiert, wenn das Subjekt sich einem Objekt zuwendet, wenn es sich von einem Objekt abwendet, wenn es sich gegen ein Objekt stellt oder wenn es ein Objekt kreiert. Assoziative Sätze hingegen können ein Identischsein mit dem Objekt, ein Mittel zur Aufrechterhaltung der Beziehung oder lediglich ein Zusammensein mit dem Objekt ausdrücken. Die Substantive werden auf neun Klassen reduziert: Vater, Mutter, Geschwister, gegengeschlechtlicher Partner, Freund, Freundin, Kinder, das Ich und Symbolfiguren.

Mit den Verben und den Substantivkategorien können sämtliche Sätze kodiert werden. Zusätzlich wird nur noch durch Modifikatoren der dynamische Aspekt kodiert, und der spezifische Inhalt des Traums wird gesondert durch Aufschlüsselung der Substantivkategorien in lexikalischen Klassen erfasst.

Das Kodierungssystem von Foulkes erfordert allerdings einen komplizierten Satz von Zusatzregeln, die alle möglichen Fälle berücksichtigen. Da für jeden interaktiven Satz die Bedingung gilt, dass das Ich als Subjekt oder Objekt enthalten sein muss, sind Transformationen notwendig, die das Ich dekodieren.

Nach Auffassung von Foulkes liegt den interaktiven Sätzen die Motivstruktur des Traums und den assoziativen Sätzen die konnotative Bedeutung der Traumelemente zugrunde. Im Anschluss an die Kodierung von Traumtext und Assoziationen werden die einzelnen Sätze mit Hilfe einer Assoziationspfadanalyse in einen logischen Zusammenhang gebracht, in einer graphischen Struktur dargestellt und nach der Diagraphtheorie verrechnet.

Die ‹Grammar of Dreams› stellt ein überaus anspruchsvolles Auswertungssystem dar. Man muss sich in das System von Regeln einarbeiten, ehe man einen Traum verlässlich kodieren kann. Der Aufwand, den diese differenzierte Kodierung erfordert, scheint aber gerechtfertigt im Hinblick auf die Möglichkeit, die Grundlagenforschung über den Traum einen Schritt weiter zu bringen. Foulkes hält seinen Ansatz für geeignet, um eine Konfliktanalyse von Träumen und den kognitiven Prozess selbst genauer zu erfassen als es mit den bisher vorliegenden Methoden der Fall war.

7. Funktion der Träume

Obwohl in der experimentellen Schlafforschung häufiger Hypothesen über die Funktion des REM- und Nicht-REM-Schlafs aufgestellt worden sind, werden auch immer wieder verschiedene Modelle für die möglichen Funktionen der Traumvorgänge aufgestellt. Diese den empirischen Befunden oft voraneilenden Theorien lassen sich in erster Linie ordnen hinsichtlich ihrer mehr physiologischen oder mehr psychologischen Orientierung.

In jüngster Zeit wurde die neurophysiologische Theorie von Hobson und McCarley [48, 61] heftig diskutiert. Sie erregte vor allem deshalb Widerspruch, weil sie den Traum nachdrücklich auf die Aktivierungsmuster neuronaler Strukturen reduziert. Ihre Aktivierungs-Synthese Hypothese geht allein von dem physiologischen Zustand des REM-Schlafs aus. Generator der Traumvorgänge sind die zyklisch auftretenden elektrischen Entladungen von Zellverbänden, die im Hirnstamm lokalisiert sind. Die elektrischen Impulse werden an höhere Hirnzentren weitergeleitet und dort mit kognitiven und affektiven Inhalten zu einer Synthese gebracht. Der Traum entsteht demnach nicht aufgrund psychischer Prozesse, sondern er bringt Gedächtnisinhalte zum Ausdruck, die jeweils der wechselnden Aktivierung der motorischen und sensorischen Systeme entsprechen. Formale Merkmale des Traums, wie Entstellung, Bizarrheit und Szenenwechsel spiegeln nur den Versuch höherer Hirnzentren, die zufälligen Aktivierungen von Neuronengruppen zu integrieren.

Kritiker dieser Hypothese betonen, eine Isomorphie von physiologischen und psychischen Vorgängen sei nicht erwiesen, daher könne man aufgrund neurobiologischer Befunde auch keine Rückschlüsse auf die Funktion der Träume ziehen [59]. Ausserdem sei der Traumvorgang keineswegs auf den REM-Schlaf beschränkt, der REM-Schlaf selbst werde nicht allein im Hirnstamm ausgelöst, und die formalen Merkmale des Traums sind nicht eindeutig mit phasischen Hirnstammaktivierungen korreliert [81].

Eine biologisch-genetische Theorie, die auch nur den REM-Schlaf berücksichtigt, hat Jouvet [51] aufgestellt. Die Funktion des REM-Schlafs liegt seiner Auffassung nach in der Organisation und Programmierung instinktiven Verhaltens. Die in Tierexperimenten gewonnenen Ergebnisse überträgt Jouvet auf den Menschen, indem er den Träumen die Funktion zuschreibt, angeborenes Triebverhalten zu reprogrammieren.

Am häufigsten wurde in den letzten Jahren die Hypothese aufgegriffen, dass die Träume des REM-Schlafs der Informationsverarbeitung und Gedächtniskonsolidierung dienen und somit eine adaptative Funktion haben [24, 63, 78].

Der differenzierteste Ansatz stammt von KOUKKOU und LEHMANN [53], die in einem Zustands-Wechsel-Modell das Zustandekommen von Träumen aller Schlafphasen erklären, ohne spezifische traumbildende Prozesse anzunehmen. Ausgangspunkt des Modells sind die verschiedenen funktionellen Zustände des Gehirns, die von jeweils spezifischen EEG-Mustern begleitet sind. Mit den EEG-Mustern korrelieren verschiedene Arten von Kognitionen. Entsprechend den Beobachtungen über zustandsabhängiges Lernen und Erinnern, wird in diesem Modell jedem funktionellen Zustand ein besonderer Gedächtnisspeicher zugeordnet, der an spezifische angeborene oder erworbene Denkstrategien gekoppelt ist. Der Schlaf des Erwachsenen mit seinen langsamen und schnelleren Wellen, die länger dauern oder kurzphasig auftreten, zeigt eine funktionelle Ähnlichkeit mit den Wachzuständen der Kindheit. Diese Ähnlichkeit führt zu der Annahme, dass während des Schlafs wiederholt funktionelle Regressionen stattfinden, die den Zugang zu altem Gedächtnismaterial eröffnen. Die aktivierten früheren Erfahrungen werden für die Integration und Bearbeitung neuer Informationen benutzt. Die Verwendung von Denkregeln und Gedächtnisinhalten der Kindheit, die durch die häufig wechselnden funktionellen Zustände ermöglicht wird, verursacht auch die formalen Charakteristika der Träume. Die Zustandswechsel treten entweder spontan auf oder werden durch Alarmreaktionen auf affektiv besetztes Gedächtnismaterial ausgelöst. Obwohl kognitive Vorgänge den gesamten Schlaf begleiten, ist nach einem Zustandswechsel das Kontextmaterial der alarmauslösenden Erinnerungen nicht mehr verfügbar, und die Erinnerung muss mit anderen zustandsspezifischen Denkregeln reorganisiert werden.

ANTROBUS [1] geht auch von der Annahme aus, die Funktion des Traums liege in der Informationsverarbeitung, doch sei es heute noch weitgehend unklar, welche Informationen ausgewählt werden und welchen Regeln die Verarbeitung folgt. Er betont die metaphorische Funktion des Traums, die bedeutsame affektive Veränderungen bewirken kann, indem sie Elemente der Wacherfahrung in einen anderen Kontext setzt. Nach seiner Auffassung gehen zwar viele Traumelemente auf Wahrnehmungen oder Vorstellungen im Wachzustand zurück, sie werden aber aus dem Umfeld der Wacherfahrung herausgelöst und erscheinen im Traum metaphorisch in einem neuen Kontext. Das Material für die Bildung der Traummetaphern kann aus dem Kurzzeit- oder auch aus dem Langzeitspeicher des Gedächtnisses entnommen werden. Es ist in einem assoziativen Netzwerk verbunden. Die Organisation der Knotenpunkte, die durch rezente Ereignisse aktiviert werden können, ist bestimmend für die Bildung verschiedener Metaphern. ANTROBUS schlägt vor, seine Hypothese experimentell zu überprüfen, indem man verschiedene Attribute visueller Stimuli im Wachzustand mit einem akustischen Reiz konditioniert, der dann allein im Schlaf präsentiert wird. Man kann dann anhand der Traumberichte überprüfen, in welcher Weise die Attribute des visuellen Stimulus verarbeitet wurden.

Psychologisch orientierte Hypothesen über die Funktion der Traumvorgänge sind in letzter Zeit nur in bezug auf einzelne Aspekte aufgestellt worden. Cartwright [11] sieht eine Funktion des Traums in der Aufrechterhaltung des Selbstwertgefühls, Greenberg und Pearlman [39] schreiben dem Traum Problemlösungsfähigkeiten zu und Fiss [25] hält es für wichtig, dass der Traum zu Ende geträumt werden kann, damit Unerledigtes aufgearbeitet wird. Die von Kramer und Roth [56] aufgestellte Hypothese, dass eine stimmungsregulierende Funktion des Schlafs auch mit den Trauminhalten zusammenhängt, wurde in bezug auf diesen Aspekt nicht weiterverfolgt.

8. Schlussbemerkungen

Die Ergebnisse der experimentellen Traumforschung sind insgesamt betrachtet recht bescheiden. Die grundlegenden Fragen über die Gesetzmässigkeiten der Traumbildung und die Funktion des Traums sind heute noch unbeantwortet. Vielleicht hat auch die langjährige Suche nach physiologischen Korrelaten der Traumvorgänge zu einer eingeengten Sichtweise und einer Unterbewertung der psychologischen Aspekte geführt. Schon vor einigen Jahren betonten Dement und Mitler [21], es sei an der Zeit, dem Traum seinen Status als psychisches Phänomen zurückzugeben.

Unter diesem Gesichtspunkt wird auch deutlich, in welche Richtungen sich die zukünftige Forschung bewegen kann. Notwendig wäre eine differenziertere Phänomenologie der Traumvorgänge, die zunächst vom Traum selbst ausgeht und nicht von dem EEG-Stadium, aus dem ein Traumbericht stammt. Die bisher übliche Aufteilung in Traumklassen verschiedener physiologischer Funktionszustände stellt zwar eine Möglichkeit dar, die kognitiven Vorgänge während des Schlafs zu differenzieren, sie könnte aber durch andere Ansätze ergänzt werden.

Die zukünftige Forschung wird sicherlich stärker interindividuelle Differenzen berücksichtigen müssen. Im Vergleich zu den gefundenen Gesetzmässigkeiten des physiologischen Schlafverlaufs ist die individuelle Variabilität psychischer Phänomene weit grösser. Für die Untersuchungen der Traumvorgänge ist aber nicht nur der differentielle Aspekt von Bedeutung, sondern auch der Einsatz multivariater Methoden. Das wird vor allen Dingen deutlich an den Untersuchungen, die bisher zum Problem der Traumerinnerung durchgeführt wurden.

Die experimentelle Traumforschung war bisher Grundlagenforschung und führte zu wenigen Anwendungen im klinisch-psychologischen Bereich. Im Gegensatz dazu hat die intensive Erforschung von Schlafstörungen gerade in den letzten Jahren viele Erkenntnisse für ihre Diagnose und Therapie gebracht. Es ist wohl auch in Zukunft nicht zu erwarten, dass die bewährte Praxis der Trauminterpretation der verschiedenen psychotherapeutischen Schulen durch die Ergebnisse der Traumforschung beeinflusst wird, da der Traum im therapeutischen Prozess seinen eigenen Stellenwert hat, auch wenn etwa die zugrundeliegenden Traumtheorien modifiziert werden müssten.

Die Relevanz der Traumforschung für den Alltag kann wohl auch erst dann bestimmt werden, wenn man weiss, welche Funktionen der Traum und die Traumerinnerung für das Erleben und Verhalten im Wachzustand haben.

Literatur

[1] Antrobus, J.S. The dream as metaphor: An information-processing and learning model. Journal of Mental Imagery, 1977, 2, 327–338.

[2] Arkin, A.M., Antrobus, J.S. The effects of external stimuli applied prior and during sleep on sleep experience. In A.M. Arkin, J.S. Antrobus, S.J. Ellman (Eds.) The Mind in Sleep: Psychology and Psychophysiology. New York: John Wiley, 1978, Pp.351–391.

[3] Arkin, A.M., Antrobus, J.S., Ellman, S.J. (Eds.) The Mind in Sleep: Psychology and Psychophysiology. New York: John Wiley, 1978.

[4] Aserinsky, E., Kleitman, N. Regularly occurring periods of eye motility, and concomitant phenomena, during sleep. Science, 1953, 118, 273–274.

[5] Bakan, P. Dreaming, REM sleep and the right hemisphere: A theoretical integration. Journal of Altered States of Consciousness, 1978, 3, 285–307.

[6] Barret, D. The hypnotic dream: Its relation to nocturnal dreams and waking fantasies. Journal of Abnormal Psychology, 1979, 88, 584–591.

[7] Bosinelli, M., Cicogna, P., Bianchi, A., Reale, N. Experimental research on secondary revision process. Waking and Sleeping, 1978, 2, 195–199.

[8] Bosinelli, M., Cicogna, P., Molinari, S. The tonic-phasic model and the feeling of self-participation in different stages of sleep. Giornale Italiano di Psicologia, 1974, 1, 35–65.

[9] Brown, J.N., Cartwright, R.D. Locating NREM dreaming through instrumental responses. Psychophysiology, 1978, 15, 35–39.

[10] Cartwright, R.D. The influence of a conscious wish on dreams: A methodological study of dream meaning and function. Journal of Abnormal Psychology, 1974, 83, 387–393.

[11] Cartwright, R.D. Night Life. Explorations in Dreaming. Englewood Cliffs: Prentice Hall, 1977.

[12] Cartwright, R., Lloyd, S., Weiner Tipton, L., Wicklund, J., Brown, J. Effects of lab training in dream recall on psychotherapy. Sleep Research, 1977, 6, 125.

[13] Chase, M.H., Mitler, M.M., Walter, P.L. (Eds.) Sleep Research. Los Angeles: Brain Information Service/Brain Research Institute UCLA, 1978, Vol.7.

[14] Cipolli, C., Salzarulo, P. Sleep and memory: Reproduction of syntactic structures previously evoked within REM sleep-related reports. Perceptual and Motor Skills, 1978, 46, 111–114.

[15] Cohen, D.B. Sleep and Dreaming. Oxford: Pergamon, 1979.
[16] Cohen, D.B., MacNeilage, P.F. A test of the salience hypothesis of dream recall. Journal of Consulting and Clinical Psychology, 1974, 42, 699–703.
[17] Cohen, D.B., Wolfe, G. Dream recall and repression: Evidence for an alternative hypothesis. Journal of Consulting and Clinical Psychology, 1973, 41, 349–355.
[18] Cory, T.L., Ormiston, D.W., Simmel, E., Dainoff, M. Predicting the frequency of dream recall. Journal of Abnormal Psychology, 1975, 84, 261–266.
[19] De Koninck, J.M., Koulack, D. Dream content and adaptation to a stressful situation. Journal of Abnormal Psychology, 1975, 84, 250–260.
[20] Dement, W. The effect of dream deprivation. Science, 1960, 131, 1705–1707.
[21] Dement, W., Mitler, M. An overview of sleep research: Past, present and future. In American Handbook of Psychiatry (Revised Edition Vol.VI). New York: Basic Books, 1975. Pp.130–191.
[22] Ellman, J.S., Spielman, A.J., Luck, D., Steiner, S.S., Halperin, R. REM deprivation: A review. In A.M.Arkin, J.S.Antrobus, S.J.Ellman (Eds.) The Mind in Sleep: Psychology and Psychophysiology. New York: John Wiley, 1978. Pp.419–457.
[23] Firth, H., Oswald, I. Eye movements and visually active dreams. Psychophysiology, 1975, 12, 602–606.
[24] Fishbein, W., Gutwein, B.M. Paradoxical sleep and memory storage processes. Behavioral Biology, 1977, 19, 425–464.
[25] Fiss, H. Current dream research: A psychobiological perspective. In B.B.Wolman (Ed.) Handbook of Dreams. New York: Van Nostrand, 1979, Pp.20–75.
[26] Foulkes, D.W. Dream reports from different stages of sleep. Journal of Abnormal and Social Psychology, 1962, 65, 14–25.
[27] Foulkes, D.W. Children's dreams: Age changes and sex differences. Waking and Sleeping, 1977, 1, 171–174.
[28] Foulkes, D. A Grammar of Dreams. New York: Basic Books, 1978.
[29] Foulkes, D. Children's dreams. In B.B.Wolman (Ed.) Handbook of Dreams. New York: Van Nostrand, 1979. Pp.131–167.
[30] Foulkes, D. Home and laboratory dreams: Four empirical studies and a conceptual reevaluation. Sleep, 1979, 2, 233–252.
[31] Foulkes, D., Pope, R. Primary visual experience and secondary cognitive elaboration in state REM: A modest confirmation and an extension. Perceptual and Motor Skills, 1973, 37, 107–118.
[32] Gardner, R., jr., Grossman, W.I., Roffwarg, H.P., Weiner, H. The relationship of small limb movements during REM sleep to dreamed limb action. Psychosomatic Medicine, 1975, 37, 147–159.
[33] Garfield, P. Creative Dreaming. New York: Ballantine, 1974.
[34] Gentil, M.L., Lader, M. Dream content and daytime attitudes in anxious and calm women. Psychological Medicine, 1978, 8, 297–304.
[35] Gerber, G.L. Coping effectiveness and dreams as a function of personality and dream recall. Journal of Clinical Psychology, 1978, 34, 526–532.
[36] Goodenough, D.R. Dream recall: History and current status of the field. In A.M.Arkin, J.S.Antrobus, S.J.Ellman (Eds.) The Mind in Sleep: Psychology and Psychophysiology. New York: John Wiley, 1978. Pp.113–140.
[37] Goodenough, D.R., Witkin, H.A., Koulack, D., Cohen, H. The effects of stress films on dream affect and on respiration and eye-movement activity during rapid-eye-movement sleep. Psychophysiology, 1975, 12, 313–320.
[38] Goodenough, D.R., Witkin, H.A., Lewis, H.B., Koulack, D., Cohen, H. Repression, interference, and field dependence as factors in dream forgetting. Journal of Abnormal Psychology, 1974, 83, 32–44.

[39] GREENBERG, R., PEARLMAN, C. A psychoanalytic dream continuum: The source and functions of dreams. International Review of Psychoanalysis, 1975, 2, 441–448.
[40] GRIFFIN, M.L., FOULKES, D. Deliberate presleep control of dream content: An experimental study. Perceptual and Motor Skills, 1977, 45, 660–662.
[41] GROSSER, G.S., SIEGAL, A.W. Emergence of a tonic-phasic model for sleep and dreaming: Behavioral and physiological observations. Psychological Bulletin, 1971, 75, 60–72.
[42] HALL, C.S., VAN DE CASTLE, R.L. The Content Analysis of Dreams. New York: Meredith, 1966.
[43] HARRIS, M.E., RAY, W.J. Dream content and its relation to self-reported interpersonal behavior. Psychiatry, 1977, 40, 363–369.
[44] HARTSHORN, K., CORRIERE, R., KARLE, W., SWITZER, A., HART, J., GOLD, S., BINDER, J. A reapplication of the process scoring system for dreams. Journal of Clinical Psychology, 1977, 33, 844–848.
[45] HAURI, P. Categorization of sleep mental activity for psychophysiological studies. In G.C.Lairy, P.Salzarulo (Eds.) The Experimental Study of Human Sleep: Methodological Problems. Amsterdam: Elsevier, 1975. Pp.271–281.
[46] HAURI, P., VAN DE CASTLE, R.L. Psychophysiological parallels in dreams. Psychosomatic Medicine, 1973, 35, 297–308.
[47] HERMAN, J.H., ELLMAN, S.J., ROFFWARG, H.P. The problem of NREM dream recall re-examined. In A.M.Arkin, J.S.Antrobus, S.J.Ellman (Eds.) The Mind in Sleep: Psychology and Psychophysiology. New York: John Wiley, 1978. Pp.59–92.
[48] HOBSON, J.A., MCCARLEY, R.W. The brain as a dream state generator: An activation-synthesis hypothesis of the dream process. The American Journal of Psychiatry, 1977, 134, 1335–1348.
[49] HOFFMAN, E., MCCARLEY, R.W. Bizarreness and lucidity in REM sleep dreams: A quantitative evaluation. Abstr. 20th Annual Meeting of the Association for the Psychophysiological Study of Sleep. Mexico City 1980.
[50] JONES, R.M. The New Psychology of Dreaming. New York: Grune & Stratton, 1970.
[51] JOUVET, M. Does a genetic programming of brain occur during paradoxical sleep? In P.A.Buser, A.Rougeul-Buser (Eds.) Cerebral Correlates of Conscious Experience. Amsterdam: North Holland, 1978. Pp.245–262.
[52] KALES, A., HOEDEMAKER, F.S., JACOBSON, A., LICHTENSTEIN, E.L. Dream deprivation: An experimental reappraisal. Nature, 1964, 204, 1337–1338.
[53] KOUKKOU, M., LEHMANN, D. Psychophysiologie des Träumens und der Neurosentherapie: Das Zustands-Wechsel Modell. Fortschritte der Neurologie und Psychiatrie, 1980, 48, 324–350.
[54] KOULACK, D. Dream affect and dream recall. In P.Levin, W.P.Koella (Eds.) Sleep 1974. Basel: Karger, 1975. Pp.980–981.
[55] KOULACK, D., GOODENOUGH, D.R. Dream recall and dream recall failure: An arousal - retrieval model. Psychological Bulletin, 1976, 83, 975–984.
[56] KRAMER, M., ROTH, T. The mood-regulating function of sleep. In W.P.Koella, P.Lewin (Eds.) Sleep. Basel: Karger, 1973. Pp.563–571.
[57] KRAMER, M., ROTH, T. The stability and variability of dreaming. Sleep, 1979, 1, 319–325.
[58] KRAMER, M., ROTH, T., PALMER, T. The psychological nature of the REM dream. I. A comparison of the REM dream report and T.A.T. stories. The Psychiatric Journal of the University of Ottawa, 1976, 1, 128–135.
[59] LABRUZZA, A.L. The activation-synthesis hypothesis of dreams: A theoretical note. American Journal of Psychiatry, 1978, 135, 1536–1538.
[60] LEHMANN, D., DUMERMUTH, G., MEIER, C.A. High interhemispheric EEG coherence during REM periods in all-night analysis of human EEG. Sleep Research, 1979, 8, 28.

[61] McCarley, R.W., Hobson, J.A. The form of dreams and the biology of sleep. In B.B. Wolman (Ed.) Handbook of Dreams. New York: Van Nostrand, 1979. Pp.76–130.

[62] Ogilvie, R., Belicki, K., Nagy, A. Voluntary control of dream affect? Waking and Sleeping, 1978, 2, 189–194.

[63] Palombo, S.R. Dreaming and Memory. New York: Basic Books, 1978.

[64] Pessah, M.A., Roffwarg, H.P. Spontaneous middle ear muscle activity in man: A rapid eye movement sleep phenomenon. Science, 1972, 178, 773–776.

[65] Pivik, R.T. Tonic states and phasic events in relation to sleep mentation. In A.M. Arkin, J.S. Antrobus, S.J. Ellman (Eds.) The Mind in Sleep: Psychology and Psychophysiology. New York: John Wiley, 1978. Pp.245–271.

[66] Rechtschaffen, A. The psychophysiology of mental activity during sleep. In F.J. McGuigan, R.A. Schoonover (Eds.) The Psychophysiology of Thinking. New York: Academic Press, 1973. Pp.153–205.

[67] Rechtschaffen, A. The single-mindedness and isolation of dreams. Sleep, 1978, 1, 97–109.

[68] Roffwarg, H.P., Dement, W.C., Muzio, J.N., Fisher, Ch. Dream imagery: Relationship to rapid eye movements of sleep. Archives of General Psychiatry, 1962, 7, 235–258.

[69] Roffwarg, H.P., Herman, J.H., Bowe-Anders, C., Tauber, E.S. The effects of sustained alterations of waking visual input on dream content. In A.M. Arkin, J.S. Antrobus, S.J. Ellman (Eds.) The Mind in Sleep: Psychology and Psychophysiology. New York: John Wiley, 1978. Pp.295–349.

[70] Roffwarg, H., Herman, J., Lamstein, S. The middle ear muscles: Predictability of their phasic activity in REM sleep from dream recall. Sleep Research, 1975, 4, 165.

[71] Salzarulo, P., Cipolli, C. Linguistic organization and cognitive implications of REM and NREM sleep-related reports. Perceptual and Motor Skills, 1979, 49, 767–777.

[72] Schacter, D.L. The hypnagogic state: A critical review of the literature. Psychological Bulletin, 1976, 83, 452–481.

[73] Schwartz, D.G., Weinstein, L.N., Arkin, A.M. Qualitative aspects of sleep mentation. In A.M. Arkin, J.S. Antrobus, S.J. Ellman (Eds.) The Mind in Sleep: Psychology and Psychophysiology. New York: John Wiley, 1978. Pp.143–241.

[74] Snyder, F. The phenomenology of dreaming. In L. Madow, L.H. Snow (Eds.) The Psychodynamic Implications of the Physiological Studies on Dreams. Springfield, Ill.: Charles C. Thomas, 1970. Pp.124–151.

[75] Starker, S. Daydreaming styles and nocturnal dreaming. Journal of Abnormal Psychology, 1974, 83, 52–55.

[76] Stern, D.A., Saayman, G.S., Touyz, S.W. A methodological study of the effect of experimentally induced demand characteristics in research on nocturnal dreams. Journal of Abnormal Psychology, 1978, 87, 459–462.

[77] Tart, C.T. From spontaneous event to lucidity: A review of attempts to consciously control nocturnal dreaming. In B.B. Wolman (Ed.) Handbook of Dreams. New York: Van Nostrand, 1979. Pp.226–268.

[78] Tilley, A.J., Empson, J.A. REM sleep and memory consolidation. Biological Psychology, 1978, 6, 293–300.

[79] Tracy, R.L., Tracy, L.N. Reports of mental activity from sleep stages 2 and 4. Perceptual and Motor Skills, 1974, 38, 647–648.

[80] Vogel, G.W. Sleep-onset mentation. In A.M. Arkin, J.S. Antrobus, S.J. Ellman (Eds.) The Mind in Sleep: Psychology and Psychophysiology. New York: John Wiley, 1978, Pp.97–108.

[81] VOGEL, G.W. An alternative view of neurobiology of dreaming. American Journal of Psychiatry, 1978, 135, 1531–1535.
[82] VOGEL, G.W., BARROWCLOUGH, B., GIESLER, D.D. Limited discriminability of REM and sleep onset reports and its psychiatric implications. Archives of General Psychiatry, 1972, 26, 449–455.
[83] WALKER, P.C., JOHNSON, R.F.Q. The influence of presleep suggestions on dream content: Evidence and methodological problems. Psychological Bulletin, 1974, 81, 362–370.
[84] WEBB, W.B., CARTWRIGHT, R.D. Sleep and dreams. Annual Reviews of Psychology, 1978, 29, 223–252.
[85] WINGET, C., KRAMER, M. Dimensions of Dreams. Gainesville: University Presses Florida, 1979.
[86] WOLMAN, B.B. (Ed.) Handbook of Dreams. New York: Van Nostrand, 1979.
[87] WOLPERT, E.A. Psychophysiologic parallelism in the dream. In L.E.Abt, B.F.Riess (Eds.) Progress in Clinical Psychology. New York: Grune & Stratton, 1969. Pp.76–90.
[88] WOODS, D.J., COLE, S., FERRANDEZ, G. Dream reports and the test of emotional styles: A convergent-discriminant validity study. Journal of Clinical Psychology, 1977, 33, 1021–1022.

II. Arbeit und psychische Störungen

M. FRESE

1. Einleitung

Der Bereich «Arbeit» wird in der klinischen Psychologie traditionellerweise ausgeklammert. BAUMANN, BERBALK und SEIDENSTÜCKER [4] stellen in der Einleitung zu dieser Buchserie einige Lehrbücher der Klinischen Psychologie dar. Eine Durchsicht einiger dieser Bücher [17, 19, 47, 82, 94, 107, 113] ergibt, dass 6 von 7 Textbüchern den Begriff «Arbeit» nicht einmal in ihrem Index erwähnen, und wenn sie dies tun, dann nur im Zusammenhang mit der Arbeitsteilung im Krankenhaus oder im Zusammenhang mit Testverfahren. Dies gilt auch für modernere Textbücher [17, 113]. Auch auf Kongressen für Klinische Psychologie wurde der mögliche Einfluss der Arbeitsbedingungen erst in allerneuester Zeit thematisiert [26, 40, 85].

Während Arbeitsfähigkeit als Therapie-Ziel innerhalb der Klinischen Psychologie akzeptiert wird (vgl. das berühmte «Arbeiten und Lieben» von FREUD), werden die stabilisierenden und die deformierenden Auswirkungen der Arbeit nicht weiter in die Überlegungen mit einbezogen. Dies gilt trotz der Tatsache, dass KORNHAUSER schon 1965 [67] dargestellt hat, dass zwar 75% der Angestellten, aber nur 10% der Arbeiter, die eine repetitive unqualifizierte Arbeit ausführen mussten, psychische Gesundheit aufwiesen.

In diesem Kapitel[1] sollen einige theoretische Überlegungen im Bereich der industriellen Psychopathologie zu den möglichen Vermittlungsmechanismen zwischen Arbeitsbedingungen einerseits und psychischen Störungen andererseits diskutiert werden. Dies geschieht auf dem Hintergrund der beruflichen Sozialisation, also des Einflusses der Arbeitssituation auf die Persönlichkeit [39, 41, 114]. In einem zweiten Teil werden empirische Ergebnisse dargestellt und in einem dritten Teil einer methodischen Kritik unterworfen. Nach einer «Zwischenbilanz» werden schliesslich im letzten Teil Schlussfolgerungen für die Praxis gezogen.

[1] Dieser Artikel bezieht sich sehr stark auf Anregungen und Diskussionen im Projekt «Psychischer Stress am Arbeitsplatz», insbesondere mit S. Greif, N. Semmer und G. Mohr. Besonders der Abschnitt 3 (Methode) gibt Diskussionsresultate des Projekts wieder. Darüber hinaus möchte ich W. Volpert und D. Kleiber für Anregungen und Kritik danken.

2. Der Zusammenhang von Arbeit und psychischen Störungen: Ausgangsüberlegungen

In diesem Abschnitt sollen mögliche Vermittlungsmechanismen für den in allen Studien zu diesem Thema gefundenen Zusammenhang zwischen Arbeit und psychischen Störungen diskutiert werden.

Zunächst ist es allerdings notwendig, in aller Kürze auf den Gebrauch des Begriffs «psychische Störungen» in der industriellen Psychopathologie einzugehen. Es soll hier nicht die Kontroverse um diesen Begriff wiederholt werden (vgl. z.B. [62]). Ein Resultat dieser Kontroverse ist die Erkenntnis, dass soziale Prozesse bei der Entstehung von psychischen Störungen eine Rolle spielen. Wenn wir im folgenden von psychischen Störungen sprechen, dann versteht es sich von selbst, dass damit nicht ausschliesslich stark ausgeprägte Krankheiten, wie wir sie etwa in psychiatrischen Krankenhäusern antreffen, gemeint sind. Denn die für unser Thema relevanten Untersuchungen werden ja üblicherweise an Personen durchgeführt, die noch arbeitsfähig sind. Die bei diesen Personen anzutreffenden psychischen Störungen sind zwar nicht so dramatisch ausgeprägt, bedeuten aber doch grosses menschliches Leiden, dessen Entstehungsbedingungen zu untersuchen von eigener Wichtigkeit ist. Im übrigen entspricht dies auch dem von der Weltgesundheitsorganisation entwickelten Begriff der «Gesundheit», worunter psychisches, physisches und soziales Wohlbefinden verstanden wird. Darüber hinaus sind wir der Meinung, dass die Entstehungsgesetzmässigkeiten von psychischen Störungen für leichte und schwere Fälle gleichermassen gelten, auch wenn sich stärker ausgeprägte psychische Störungen gegenüber den Umgebungsbedingungen z.T. noch verselbständigen (vgl. [25]).

Die im folgenden zu diskutierenden Überlegungen sollen die möglichen Vermittlungsmechanismen zwischen der Arbeitssituation und der Entwicklung von psychischen Störungen besonders betonen. Leider sind die entsprechenden empirischen Belege noch nicht genau genug, um den empirischen Gehalt der Überlegungen abschätzen zu können. Deshalb hat dieser Abschnitt notwendigerweise auch spekulativen Charakter. Andererseits ist es gerade für die klinische Psychologie notwendig, zumindest die verschiedenen Möglichkeiten der Vermittlung von Arbeit und psychischen Störungen zu diskutieren.

Wenn wir eine Korrelation von psychischen Störungen und Arbeitssituation finden, dann gibt es vier mögliche Interpretationen für diesen Zusammenhang:

1. Psychisch gestörte Personen geraten durch Selektion in schlechtere Arbeitssituationen.

2. Psychisch Gestörte können die Arbeitsbedingungen weniger positiv beeinflussen, während besonders sozial durchsetzungsfähige Personen ihre Arbeitsbedingungen verbessern können.
3. Bessere Arbeitsbedingungen kompensieren mögliche psychische Probleme, so dass günstige Arbeitsbedingungen dazu beitragen, sonstige ungünstige psychische Bedingungen auszugleichen.
4. Schlechtere Arbeitsbedingungen verursachen psychische Störungen.

Wahrscheinlich haben alle vier möglichen Prozesse ihren jeweiligen Anteil am Zustandekommen der Korrelation, wenn auch in unterschiedlicher Gewichtung.

2.1 Die Selektionshypothese

Die Selektionshypothese hat innerhalb der Sozialepidemiologie eine Rolle als «Drift-Hypothese» gespielt. Der höhere Anteil der psychisch Gestörten in der Unterschicht wird demzufolge durch das «Abgleiten» (drift) der gestörten Personen in die Unterschicht verursacht. Diese Hypothese hat sehr wohl ihre Berechtigung, denn es ist bekannt, dass psychisch gestörte Personen nur schwer eine Arbeitsstelle auf dem Arbeitsmarkt erhalten, und deshalb wohl auch mit den schlechtesten Arbeitsbedingungen vorlieb nehmen müssen [88]. Darüber hinaus hängt geringe Leistungsfähigkeit, häufige Krankheit usw. mit psychischen Störungen zusammen. Personen, die häufig krank sind oder deren Leistungsfähigkeit nachlässt, werden oftmals nach unten (in häufig schlechtere Arbeitsbedingungen) versetzt oder sogar entlassen. Arbeitslose müssen bei Wiedereinstellung oft schlechtere Arbeitsbedingungen in Kauf nehmen, um überhaupt noch einen Arbeitsplatz zu erhalten. Andererseits kann man mit dem Selektionsfaktor wohl kaum den Zusammenhang von psychischen Störungen und Arbeitssituation völlig erklären. Die soziale Schichtmobilität zwischen den Generationen etwa weist keinen Zusammenhang zu psychischen Störungen auf (vgl. [49, 68]), und die Mobilität von Einzelpersonen ist nicht eindeutig interpretierbar. Personen, die abwärts mobil sind, werden ja auch gleichzeitig dem höheren Stress schlechterer Arbeitsbedingungen ausgesetzt. D.h. Abwärtsmobilität kann auch aufgrund beruflicher Einflüsse zu psychischen Störungen führen. Darüber hinaus zeigen Längsschnittuntersuchungen [57], dass Veränderungen im Job auch zu Veränderungen in der psychischen Gesundheit führen. Und schliesslich werden an den meisten Arbeitsplätzen Arbeitspersonen wegen ihrer allgemeinen Gesundheit ausgewählt. Trotzdem zeigen sie aber nach einiger Zeit die für den Arbeitsplatz charakteristischen Verschlechterungen in der psychischen Gesundheit [35]. Aus diesen Gründen meinen wir, dass man mit dem Selektionsfaktor wohl kaum die Korrelation von Arbeit und psychischen Störungen vollständig erklären kann.

2.2 Die Beeinflussung der Arbeitssituation durch den Arbeitenden

Selbst innerhalb ein und derselben Arbeitssituation kann ein Individuum bzw. eine Gruppe von Personen eine Veränderung von Arbeitsbedingungen bewirken. Assertives Verhalten kann dazu beitragen, daß man bestimmte Rechte am Arbeitsplatz erhält oder behauptet, z.B. flexiblere Ablösungsregeln, günstigere Pausenzeiten, verbesserte Akkordbedingungen usw. Darüber hinaus können Einzelpersonen innerhalb einer Gruppe durch entsprechendes sozial-assertives Verhalten günstigere Arbeitsbedingungen erreichen, etwa bessere Raumbedingungen für eine Sekretärin oder die Möglichkeit, eine bessere Maschine zu bedienen, mit der der Akkord leichter geschafft werden kann. Psychisch gestörte Personen sind oft durch besondere Nichtassertivität gekennzeichnet. Sie müssen deshalb eher unter schlechteren Arbeitsbedingungen arbeiten, weil sie sich nicht genügend durchsetzen können. Dieser Faktor dürfte zur Korrelation von psychischen Störungen und Arbeitsbedingungen beitragen. Allerdings ist der Grad der Veränderbarkeit der Arbeitsbedingungen selbst wieder *ein Aspekt der Arbeitssituation.* Auch das beste assertive Verhalten kann am Fließband nur geringfügige Veränderungen bewirken. Hingegen wird ein höherer Angestellter mit einem eigenen Zimmer seine Arbeitssituation, z.B. wieviele Überstunden er arbeiten muss, ob er unangenehme Aufgaben delegieren kann usw., durch assertives und sozial geschicktes Verhalten beeinflussen können. Die Beeinflussung der Arbeitsbedingungen durch geschicktes individuelles Verhalten wird also erst unter Bedingungen objektiver Kontrolle, d.h. vermehrter Weg-Ziel-Optionen (vgl. [91]) relevant.

Bei kollektiven Vorgehensweisen dürfte der Spielraum auch unter ungünstigeren Arbeitsbedingungen von vornherein grösser sein, d.h. selbst Arbeiter am Fließband können unter bestimmten Umständen kollektiv Veränderungen durchsetzen, z.B. Verhinderung der Beschleunigung des Fließbandes oder verbesserte personelle Besetzung usw. Diese kollektiven Veränderungen dürften allerdings durch psychische Probleme von Einzelpersonen nur im Extremfall behindert oder verstärkt werden.

2.3 Die Arbeitssituation als stabilisierendes Moment

Die Arbeitssituation kann eine kompensierende und stabilisierende Funktion für ein Individuum erhalten, wenn Probleme, die ausserhalb der Arbeitssphäre bestehen, durch positive Ereignisse innerhalb der Arbeitssituation ausgeglichen werden. Jede - auch die schlechteste - Arbeitssituation hat bis zu einem gewissen Grad eine kompensierende und stabilisierende Funktion. BROWN und HARRIS [9] fanden z.B., dass Frauen, die schwere negative Lebensereignisse erlitten und keine gute Partnerbeziehung hatten, vor allem dann depressiv wurden, wenn sie *nicht* arbeiteten. Ähnliche Ergebnisse berichten auch FINLEY-JONES und BURVILL [20]. Noch deutlicher wird die prophylaktische Wirkung der Arbeit aus der Literatur über die psychischen Auswirkungen der Arbeitslosigkeit (vgl. [31]). Arbeitslosigkeit führt in verstärktem Masse zu psychischen Störungen. Die stabilisierende Wirkung der Arbeit ist also auf keinen Fall zu vernachlässigen. Je nach Arbeitsbedingungen ist dieser Effekt aber grösser oder geringer.

Spezifische Arbeitsbedingungen können u.a. aus folgenden Gründen kompensierend und stabilisierend wirken:

(1) Die Arbeit gibt dem Tag, der Woche, dem Jahr und sogar dem Leben eine bestimmte Struktur. Diese Struktur bleibt auch dann bestehen, wenn die gesamte sonstige Lebenssituation einer Person zusammengebrochen ist, etwa wenn sich der Ehepartner von jemand getrennt hat. Diese Struktur - die unter bestimmten Bedingungen auch durchaus als unangenehm und hemmend empfunden werden kann - bietet unter schwierigen sonstigen Lebensumständen eine gewisse Stabilität und verhindert so möglicherweise den vollständigen Zusammenbruch einer Person.

(2) Die Arbeit bietet Ablenkung, wenn andere Probleme allzu drängend sind, da in der Arbeit üblicherweise eine erhöhte Aufmerksamkeit gefordert wird. Bestehen schwer belastende Probleme ausserhalb der Arbeitssituation - etwa bei schweren Eheschwierigkeiten - so kann man in der Arbeit diesen Problemen zumindest vorübergehend entkommen. Aufmerksamkeitsverlagerung ist aber eine stressreduzierende Bewältigungshandlung [71].

(3) Aktivität an sich führt schon zu Stressreduktion. In einem Überblicksartikel haben GAL und LAZARUS [32] deutlich gemacht, dass insbesondere langfristige Stresseffekte verringert wurden, wenn die Personen unter Stress Aktivität zeigen konnten. Dies gilt auch für physiologische Messungen. Die Aktivitäten, die die tägliche Arbeit verlangt, können möglicherweise so andere ausserhalb der Arbeit gelagerte Stressbedingungen kompensieren bzw. deren Effekte verringern.

(4) Durch die Arbeit wird das Selbstwertgefühl wesentlich beeinflusst.

Man erhält (möglicherweise) Anerkennung in der Arbeit bzw. gesellschaftliche Anerkennung durch die Arbeit (Prestige). In der Arbeit erweist sich die eigene gesellschaftliche Nützlichkeit. Die Karriere in der Arbeit kann das Selbstwertefühl verstärken (wie auch entsprechende Rückschläge in der Arbeit das Selbstwertgefühl schwächen können). THARENOU [108] hat in einem Überblicksartikel dargestellt, dass spezifische Arbeitsbedingungen mit erhöhtem Selbstwertgefühl zusammenhängen, z.B. Arbeitskomplexität, Autonomie usw. Das Selbstwertgefühl wird also durch die Möglichkeit, seine Fähigkeiten voll einsetzen zu können, verstärkt. Selbstwertgefühl wirkt als effektiver Moderator für allgemeine Lebensprobleme. Personen mit höherem Selbstwertgefühl dürften bei leichten Problemlagen in geringerem Ausmass psychische Störungen als Personen mit geringem Selbstwertgefühl entwickeln. Das durch die Arbeit beeinflusste Selbstwertgefühl dürfte also kompensierende Wirkung für Probleme ausserhalb der Arbeit entfalten.

(5) Einer der wesentlichsten positiven Einflüsse der Arbeitssituation dürfte allerdings in der sozialen Unterstützung liegen, die man möglicherweise von Kollegen und von Vorgesetzten (und evtl. Untergebenen) erhält. COBB [13] hat in einem Überblicksartikel festgestellt, dass soziale Unterstützung sowohl bei psychischen wie auch physischen Krankheiten positive Effekte entfaltet. Soziale Unterstützung in der Arbeit dürfte also die Effekte von Stressbedingungen ausserhalb der Arbeit abmildern. Umgekehrt gilt dies natürlich auch: Soziale Unterstützung am Arbeitsplatz und durch den Partner verringert die Stresseffekte durch die Arbeit [50, 60].

(6) Die soziale Situation am Arbeitsplatz ermöglicht das Erlernen und Aufrechterhalten von sozialen Fertigkeiten. Diese sind auch ausserhalb der Arbeitssituation einsetzbar. Auch dadurch haben bestimmte Arbeitsplatzbedingungen einen möglicherweise stabilisierenden Effekt.

(7) Allgemein werden auch sonstige und nicht nur soziale Fertigkeiten in der Arbeit entwickelt und geübt. Diese Fertigkeiten z.B. realistisch und zielbezogen zu planen, können allgemein eingesetzt werden. Gleichzeitig dürften sie mit dazu beitragen, psychische Störungen zu verhindern, wenn sie dazu beitragen, dass man seine Ziele und die Ausführungsschritte zum Ziel realistisch plant.

Die stabilisierende Funktion der Arbeitssituation bewirkt, dass eine Person auch unter erhöhten Belastungen ausserhalb der Arbeit (z.B. durch Partnerprobleme) nicht zusammenbricht und sie trägt damit zur Prävention von psychischen Störungen bei. Bestimmte positive Merkmale des Arbeitsplatzes wirken also präventiv.

Bestimmte Arbeitsplatzbedingungen erfüllen allerdings keine stabilisierende oder kompensierende Funktion. Im Gegenteil, sie verstärken möglicherweise die bereits ausserhalb der Arbeit bestehenden Probleme, etwa wenn einem Arbeiter, der allgemein nur geringe Einflussmöglichkeiten hat, vermittelt wird, wie gering sein Einfluss auch im Arbeitsbereich ist.

2.4 Der Einfluss der Arbeitssituation auf die Entstehung von psychischen Störungen

In diesem letzten Punkt wird der Einfluss der Arbeitssituation auf die Entstehung von psychischen Störungen diskutiert. Die dabei wirkenden Mechanismen können von direkter oder indirekter Art sein:

2.4.1 Direkte negative Einflüsse der Arbeitssituation

(1) Stressbedingungen in der Arbeit können direkt allgemeine Nervosität, Spannungen, Erregung usw. hervorrufen. Arbeitshetze dürfte z.B. das Erregungspotential auch dann erhöhen, wenn keine direkte körperliche Arbeit geleistet werden muss, wie Graf, Rutenfranz und Ulich [37] gezeigt haben. Möglicherweise gibt es hier Chronifizierungsprozesse der Art, dass z.B. chronisch erhöhter Blutdruck durch langandauernden Stresseinwirkung entsteht (vgl. [86] für die entsprechende experimentelle Evidenz). Ähnliches dürfte auch für extrem gehäufte Überstunden gelten [96].

Insbesondere wenn die durch die Stressbedingungen hervorgerufenen Spannungen und negativen Emotionen nicht ausgedrückt oder sonstwie umkanalisiert werden können, entstehen daraus nach herrschender Lehrmeinung besonders leicht psychosomatische Beschwerden [53]. Gerade in der Arbeitssituation aber wird von den Arbeitenden verlangt, dass Emotionen, z.B. Aggressionen, unterdrückt werden, da sonst der Ablauf der Produktion gestört und die oft bestehende autoritäre Struktur tangiert werden.

Einen direkten physiologischen Effekt haben offensichtlich auch Nacht- und Schichtarbeit. Aus Experimenten ist deutlich geworden, dass der Mensch einem angeborenen Zeitrhythmus (Circadianrhythmus) unterliegt, der durch soziale Zeitgeber determiniert wird. Dieser Zeitrhythmus ist am Tage auf Leistung, in der Nacht auf Ruhe eingestellt. In der Nacht arbeitet man nun gegen diesen Rhythmus. Eine Anpassung an die Nachtarbeit ist nicht möglich, weil die meisten sozialen Bedingungen auf den Tag bezogen sind und der Circadianrhythmus des Arbeitenden durch diese sozialen Bedingungen beeinflusst wird. Effekte einer solchen unphysiologischen Arbeitszeit sind Schlaflosigkeit, physisches und psychisches Unwohlsein [97].

(2) Die Kontrolle, d.h. die Möglichkeiten, Bedingungen am Arbeitsplatz zu verändern und zu beeinflussen, ist für weite Teile der abhängig Beschäftigten relativ gering [25]. Nichtkontrolle am Arbeitsplatz besteht z.B. dann, wenn die einzelnen Handgriffe vorgeschrieben sind, wenn man die Arbeitsabfolge nicht beliebig verändern kann, wenn die Arbeitsgeschwindigkeit entweder durch die Maschine vorgegeben oder durch den Vorgesetzten genau überwacht wird, wenn die Arbeitstechniken für den Arbeitenden genau spezifiziert werden und wenn der Arbeitende sich vom Arbeitsplatz nur unter grossem Aufwand entfernen kann. Darüber hinaus kann der Kontrollspielraum dadurch eingeschränkt sein, dass man die Produktqualität und Produktwahl nicht mitbestimmen kann, gegenüber dem Vorgesetzten machtlos ist und im Betrieb keine oder nur wenig Mitbestimmung besteht. Entsprechend theoretischer Überlegungen von SELIGMAN [104] kann Nichtkontrolle zu Apathie und Hilflosigkeit führen. Eine auf die Arbeitssituation bezogene bereichsspezifische gelernte Hilflosigkeit [29] kann auf andere Bereiche generalisieren und so zur allgemeinen Hilflosigkeit beitragen. Wie SELIGMAN [104] aufgezeigt hat, weisen gelernte Hilflosigkeit und Depression eine Reihe von Übereinstimmungen auf.

(3) Bestimmte Trink- und Essnormen am Arbeitsplatz können psychische Störungen direkt beeinflussen. Dies trifft insbesondere auf das Problem Alkoholismus zu. Bestimmte Berufe weisen eine überdurchschnittliche Alkoholismusrate auf. Dies sind Berufe wie Transportarbeiter und Hafenarbeiter, in denen ein grosser Trinkbedarf durch harte körperliche Arbeit besteht und in denen althergebrachte Traditionen eine positive Einstellung gegenüber erhöhtem Alkoholkonsum fördern. Andere Berufe, wie Schankwirt oder Kellner, sind auf das Trinken hin ausgerichtet [16, 48][2].

Diese direkten Auswirkungen der Arbeit auf die Entwicklung von psychischen Störungen sind mit Sicherheit bedeutsam. Noch wichtiger dürften allerdings die indirekten Wirkungen sein.

2.4.2 Indirekte negative Einflüsse der Arbeitssituation

Indirekte negative Einflüsse der Arbeitssituation bestehen dann, wenn die Arbeitsbedingungen Faktoren beeinflussen, die dann selbst eine Rolle in

[2] Natürlich sind Trinknormen nicht der einzige wesentliche Faktor für die Entstehung von Alkoholismus. Wesentlich sind hier auch wieder Selektionsprozesse (z.B. werden bestimmte Arbeitsstellen von Alkoholikern häufiger ausgewählt) und auch der Stress am Arbeitsplatz dürfte eine Rolle für das Aufrechterhalten und die Entwicklung eines hohen Alkoholkonsums sein.

der Ätiologie psychischer Störungen spielen. Besonders wesentlich erscheinen uns in diesem Zusammenhang die Beziehungen zum (Ehe)Partner, zu Kindern und zu Freunden. Denn in der Forschung zu Lebensereignissen zeigt sich immer wieder, dass Probleme in sozialen Beziehungen, insbesondere Eheschwierigkeiten, mit der Entstehung von psychischen Störungen zusammenhängen [46]. Möglicherweise spielt aber die Arbeit eine sehr wichtige Rolle bei der Entstehung von Parterproblemen und Schwierigkeiten mit den Kindern.

(1) Partnerprobleme sind offensichtlich u.a. abhängig von den Persönlichkeiten der beteiligten Personen. Persönlichkeitseigenschaften entwickeln sich nach Endler und Magnusson [18] aus der Interaktion eines Individuums mit der Umwelt. Ein wesentlicher Teil dieser Umwelt ist die Arbeitssituation [72]. Wie bereits oben aufgeführt, hat die Arbeit einen Einfluss auf das Selbstwertgefühl. Arbeiten, in denen man seine Fähigkeit nicht einsetzen kann, verringern das Selbstwertgefühl und damit möglicherweise auch die Fähigkeit eines Individuums, sich souverän mit den Problemen in der Umwelt auseinanderzusetzen. Eheprobleme mögen z.T. ein Resultat dieses Verlusts der souveränen Auseinandersetzungsfähigkeit bilden. Besonders gravierend dürften Partnerprobleme werden, wenn Personen, die in der Arbeit nur wenig Möglichkeit zur Eigenkontrolle haben, dies zu Hause zu kompensieren versuchen. Daraus kann ein für die Partnerschaft sehr problematischer Machtanspruch erwachsen, der auch in der Erziehung der Kinder bemerkbar ist. Möglicherweise ist so der Zusammenhang zu erklären, dass Eltern, deren Arbeitssituation nur wenig Spielraum erlaubt, Gehorsamkeit der Kinder als sehr wichtig einschätzen [64].

In der Arbeit werden bestimmte Muster der Bewältigung von Stress erlernt bzw. bestärkt. Möglicherweise werden diese Muster auch in anderen Zusammenhängen verwendet. Die Arbeitssituation zeichnet sich nun häufig durch die folgenden Charakteristika aus: Zeitdruck, geringer Kontrollspielraum, erhöhte Notwendigkeit, schnell zu reagieren. Die unter diesen Umständen erlernten Bewältigungsstile sind kaum adäquat, wenn es darum geht, auf emotionale Probleme eines Partners einzugehen, und einen partizipativen Auseinandersetzungsstil zu entwickeln.

Ärger in der Arbeit wirkt sich besonders gravierend aus, wenn hohe Ansprüche an die Arbeit bestehen bzw. wenn die Arbeitssituation sehr wichtig genommen wird. Mit dem Begriff Person – Umwelt Übereinstimmung haben French et al. [24] und v. Harrison [44] dargestellt, dass psychische Probleme um so eher entstehen können, je grösseer die Diskrepanz zwischen den persönlichen Vorstellungen, Wünschen und Aspirationen und den Möglichkeiten der Umwelt ist.

(2) Ein wesentlicher Vermittlungsfaktor zwischen Arbeitsbedingungen

und Eheschwierigkeiten dürfte im Zeitbudget liegen. Im Gegensatz zu gewissen feuilletonistischen Betrachtungen der Arbeitswelt leiden die meisten Arbeiter und Angestellten nicht unter zu viel, sondern unter zu wenig Freizeit. Da die Arbeitspausen nicht als Arbeitszeit gelten, sind die meisten Arbeiter mindestens 8¾ Stunden an ihrem Arbeitsplatz. Durch Überstunden und lange Wegezeiten wird dies noch wesentlich erhöht. Osterland et al. ([90], S.229) haben errechnet, dass der durchschnittliche Werktag von Arbeitern und Angestellten zu 42% aus «Arbeit und arbeitsverbundenen Tätigkeiten», zu 44% aus «physiologischen Notwendigkeiten» und nur zu 14% aus Freizeit besteht.

Der überhaupt zeitlich mögliche Kontakt von Partnern ist damit schon oft eingeschränkt. Die Kontaktmöglichkeiten reduzieren sich noch mehr, wenn einer der beiden in Schicht arbeitet.

Ein Nacht- und Schichtarbeiter wird unter bestimmten Umständen seinen Partner (z.B. wenn dieser auch arbeitet) nur alle drei Wochen für eine längere Zeitperiode sehen. Schichtarbeiter – insbesondere wenn sie unter einem rotierenden Schichtsystem arbeiten, d.h. jede Woche wechseln – leiden denn auch besonders unter dem Gefühl, dass sie der Partnerschaft und den Kindern nicht gerecht werden [87]. Unter Bedingungen stark verringerter Kommunikationshäufigkeit wird das Konfliktpotential zwischen Partnern wohl eher ansteigen und auch «normale» Partnerprobleme können unter diesen Umständen zu grösseren Auseinandersetzungen führen, insbesondere wenn dies auf dem Hintergrund der durch die Schlafstörungen des Schichtarbeiters hervorgerufenen allgemeinen Probleme gesehen wird.

(3) Die Arbeitsbedingungen beeinflussen über das Verhalten in der Arbeit hinaus auch das Freizeitverhalten [112]. Solche Arbeitnehmer sind in ihrer Freizeit passiver, die nur geringe Handlungsspielräume in ihrer Arbeit zur Verfügung haben [58]. Soziale Isolierung am Arbeitsplatz beeinflusst möglicherweise die sozial orientierten Freizeitaktivitäten [81]. Probleme können auch dann entstehen, wenn ein Ehepartner sich zu Hause ausruhen und der andere mehr Aktivitäten entfalten möchte.

3. Empirische Ergebnisse zum Zusammenhang von Arbeitsbedingungen und psychischen Störungen

In der folgenden Darstellung der empirischen Ergebnisse wird deutlich, dass die meisten Untersuchungen nur den einfachen korrelativen Zusammenhang zwischen bestimmten Arbeitsplatzbedingungen und psychischen Störungen darstellen. Gelegentlich werden Interaktionseffekte von verschiedenen Arbeitsplatzbedingungen getestet und mögliche Moderatoren in die Analyse mitaufgenommen.

Komplizierte Zusammenhänge werden aber kaum untersucht. Dies würde auch sehr sorgfältige Längsschnittstudien voraussetzen. Von daher sind die zuvor dargestellten theoretischen Überlegungen beim gegenwärtigen Stand der empirischen Literatur kaum zu überprüfen.

Im folgenden sollen die wichtigsten Studien zum Zusammenhang von Arbeitsplatzbedingungen und psychischen Störungen kurz referiert werden. Die Auswahl erfolgte nach theoretischer oder/und methodischer Wichtigkeit.

3.1 Kontrolle und Autonomie am Arbeitsplatz

Mit den Begriffen Handlungsspielraum, Kontrolle über den Arbeitsplatz oder Autonomie werden in verschiedenen Studien die Beeinflussungsmöglichkeiten der Arbeitenden erfasst. Entsprechend den theoretischen Überlegungen von Seligman [25, 104] müsste die Kontrolle am Arbeitsplatz einen besonders wesentlichen Einfluss auf die Entwicklung von psychischen Störungen, insbesondere der Depression haben.

Tatsächlich zeigt sich auch in einer der umfassendsten Untersuchungen auf diesem Gebiet ein gewichtiger Einfluss des Kontrollspielraums auf Erschöpfung, Depression, Lebensunzufriedenheit, Verbrauch von Schlaf- und Beruhigungspillen und Krankheitstage in zwei Ländern [57]. Besonders negativ wirken allerdings solche Arbeitsplätze, die sowohl durch Nichtkontrolle am Arbeitsplatz als auch durch Überbelastung gekennzeichnet sind. Darüber hinaus zeigte Karasek [57] in einer Längsschnittuntersuchung, dass die entsprechende Verschlechterung bzw. Verbesserung der Arbeitsbedingungen auch Veränderungen in der Erschöpfung und Depression mit sich brachte. Auch die Auspartialisierung von möglicherweise relevanten Einflussfaktoren wie Schulbildung berührte diesen Zusammenhang nicht. Ähnliche Effekte berichtet auch Gardell [36] in einer grossen Querschnittuntersuchung mit schwedischen Angestellten.

Auch psychophysiologische Werte werden offensichtlich besonders durch diese Kombination von Nichtkontrolle und hoher Belastung beeinflusst. In einem Vergleich zwischen einer Gruppe von Arbeitern in einem Sägewerk, deren Arbeit kurzzyklisch, relativ monoton, mit geringem Kontrollspielraum bei hoher Aufmerksamkeitsbindung war, und einer zweiten Gruppe von Arbeitern, die höhere Flexibilität in ihrer Arbeit hatten, zeigte sich bei der ersten Gruppe ein Adrenalinanstieg, insbesondere am Ende des Arbeitstages, während die zweite Gruppe eine Reduktion des Adrenalinausstosses am Ende des Arbeitstages aufwies [35, 52]. Dies gilt trotz der Tatsache, dass die Arbeiter dieser Firma wegen ihrer Gesundheit ausgewählt wurden und den typischen Stressbedingungen des Grossstadtlebens nicht unterworfen waren. Erhöhter Katecholaminausstoss wird in diesem Zusammenhang als Zeichen der Überbeanspruchung des psychophysiologischen Systems angesehen [21]. Wesentlich ist dabei, dass die erhöhte Produktion von Adrenalin als relevanter Faktor für die Genese des Herzinfarktes gilt [99].

Andere Autoren zeigen in ähnlicher Weise auf, dass der Kontrollspielraum wesentlich mit psychosomatischen und psychischen Störungen zusammenhängt [11, 76, 77].

3.2 Quantitative Überbelastung

Schon im letzten Abschnitt wurde darauf hingewiesen, dass die Kombination aus erhöhter Belastung und Nichtkontrolle entscheidende Zusammenhänge mit psychischen Störungen aufweist.

Quantitative Überbelastung hat aber durchaus ihr eigenes Gewicht, wie man aus den Daten von Karasek [57] und Gardell [36] sehen kann.

Besonders wichtig ist in diesem Zusammenhang die Akkordarbeit, da sie häufig zu einer hohen quantitativen Belastung beiträgt. In verschiedenen experimentellen Untersuchungen konnte gezeigt werden, dass Akkordarbeiter eine höhere Katecholaminausschüttung aufweisen als Personen, die im Zeitlohn bezahlt werden [73, 110]. Auch subjektive Verbesserungen des Wohlbefindens nach Abschaffung der Akkordarbeit werden berichtet [35].

Die positive stabilisierende Wirkung der Arbeit zeigte sich in einer Studie von Hauenstein et al. [45]. Die Autoren zeigen, dass zwar Arbeitsbelastung bei Frauen nicht mit erhöhtem Blutdruck einhergeht. Aber bei Frauen, die mit ihrer Hausarbeit unzufrieden waren, wiesen nur solche einen höheren Blutdruck auf, die *keine* Arbeitsstelle hatten.

In diesem Zusammenhang muss betont werden, dass quantitative Überbelastung sehr oft mit qualitativer Unterforderung, also einem zu geringem Komplexitätsgrad der Arbeit, einhergeht.

3.3 Qualitative Unterforderung, Monotonie, Komplexität und Qualifikation

Schon in der klassischen Studie von Kornhauser [67] zeigt sich, dass geringere Komplexität der Arbeit mit geringer psychischer Gesundheit einhergeht. Das Gefühl, seine Fähigkeiten einsetzen zu können, scheint einer der wichtigsten Prädiktoren für psychische Gesundheit zu sein. Kohn und Schooler [66] weisen darüber hinaus in einer Längsschnittuntersuchung nach, dass geringe Komplexität in der Arbeit langfristig zur Verringerung der kognitiven Flexibilität führt.

In einer Querschnittstudie mit besonders sorgfältiger Kontrolle von Randfaktoren zeigen MILLER et al. [83], dass intellektuelle Flexibilitäten auch bei arbeitenden Frauen von der Komplexität in der Arbeit abhängt. Mehrere Stressfaktoren in der Arbeit (wie z.B. Anzahl der gearbeiteten Stunden und Dreck in der Arbeit usw.) ergeben multiple Korrelationen von .35 und .40 mit den Persönlichkeitsvariablen Ängstlichkeit, Fatalismus, Selbstherabsetzung und Selbstunsicherheit zusammen. Diese Korrelationen bleiben auch stabil, wenn Hintergrundvariablen, wie z.B. Schulbildung, auspartialisiert werden.

In einer sorgfältigen Längsschnittuntersuchung weist BROUSSEAU [8] nach, dass die Aufgabenidentität, die Wichtigkeit der Arbeit und die Variabilität der eingesetzten Fertigkeiten mit Abwesenheit von Depression und aktiver Orientierung auch dann zusammenhängen, wenn die entsprechenden früheren Persönlichkeitsvariablen auspartialisiert werden. Dieser Zusammenhang ist bei Personen von höherem Job-Alter enger. Der Autor konnte darüber hinaus sicherstellen, dass die Korrelationen zum grössten Teil nicht nur aufgrund der subjektiven Wahrnehmung des Arbeitsplatzes zustandekommen, sondern auch dann bestehen bleiben, wenn statt der individuellen Werte Gruppenmittelwerte zur Einschätzung der Arbeitsbedingungen verwendet werden. Erstaunlicherweise erweist sich Autonomie innerhalb seiner Untersuchung als nicht mit den abhängigen Variablen korreliert. Möglicherweise wird dies durch die untersuchte Population - Manager und Professionelle - bedingt, die insgesamt wohl eher hohe bis sehr hohe Handlungsspielräume zur Verfügung haben und damit nur eine eingeschränkte Varianz aufweisen.

In der Frage der Komplexität ist die Person-Umwelt Übereinstimmung besonders wichtig. Personen, die höhere Anforderungen an die Komplexität der Arbeit stellen, leiden unter qualitativer Unterforderung am meisten, was sich dann in erhöhter Ängstlicheit, Irritabilität und Depression äussert [11]. Ein ähnlicher Zugang wird auch von MARSTEDT und SCHAHN [77] gesucht. In einer Sekundäranalyse einer U.S.-amerikanischen repräsentativen Stichprobe zeigen sie, dass die subjektive Wichtigkeit eine angemessene komplexe Arbeit auszuführen, wesentlich für den korrelativen Zusammenhang von Arbeitsinhalt und psychosomatischen Beschwerden, Lebenszufriedenheit, Selbstwertgefühl und Depressivität ist. Eine Gruppe, die dem Arbeitsinhalt hohe Wichtigkeit beimisst, zeigt sehr viel höhere negative Korrelationen mit psychischer Gesundheit als eine Gruppe, der der Arbeitsinhalt nicht so viel bedeutet.

Verschiedene Personengruppen reagieren offensichtlich auf qualitative oder quantitative Überforderung unterschiedlich. In einer Untersuchung von French, Tupper und Müller [23] war geringes Selbstbewusstsein bei Verwaltungsangestellten mit *quantitativer* Überforderung verbunden. Bei Professoren korrelierte hingegen *qualitative* Überforderung mit geringem Selbstbewusstsein.

3.4 Rollenkonflikt und Rollenambiguität

Rollenkonflikte bestehen, wenn gleichzeitig gegensätzliche Erwartungen an eine Person bestehen. Rollenkonflikte tauchen z.B. bei Nacht- und Schichtarbeitern auf, die ihrer Rolle als Ehepartner und Vater nicht mehr gerecht werden können, wenn sie gleichzeitig in Schicht arbeiten [87]. Rollenkonflikte dürften sich z.T. auch bei Vorarbeitern auswirken. Denn diese gehören einesteils noch zu den Arbeitern - und werden von diesen auch als solche angesehen - werden aber gleichzeitig auch als Vorgesetzte eingesetzt. Vorarbeiter haben eine besonders hohe Rate an psychophysischen Erkrankungen [14].

Unter Rollenambiguität versteht man die «Diskrepanz zwischen der Menge an Information, die eine Person besitzt, und der Menge, die erforderlich ist, damit sie ihre Rolle angemessen realisieren kann» ([55], S.31). Generell zeigt sich eine niedrige, aber konsistente Beziehung von Rollenambiguität zu Selbstwertgefühl und Depression [11, 55]. Werden noch dazu die subjektive Wichtigkeit, etwas Wesentliches im Leben leisten zu wollen und die eigene Persönlichkeit entwickeln zu wollen, als Moderatoren mit einbezogen, so ergeben sich höhere Korrelationen zu Müdigkeit und Anspannung [7].

Auch hier ist der Kontrollspielraum ein wesentlicher Moderator für die Korrelation von Rollenambiguität und geringem Selbstwertgefühl und Depression [6]. Z.T. fungiert auch die Gruppenkohärenz als ein solcher Moderator, d.h. bei geringem Gruppenzusammenhalt ist die Korrelation zwischen Rollenambiguität und geringem Selbstwertgefühl grösser als bei grosser Gruppenkohärenz [6].

Die Wichtigkeit von sozialer Unterstützung am Arbeitsplatz ist bereits diskutiert worden. Im folgenden sollen einige empirische Untersuchungen dazu dargestellt werden.

3.5 Soziale Stressoren und soziale Unterstützung

Soziale Unterstützung am Arbeitsplatz ist wohl einer der wichtigsten stabilisierenden Faktoren. Drei Aspekte dürften dabei eine Rolle spielen:

1. Emotionale Unterstützung durch die Kollegen und Vorgesetzten
2. Direkte Hilfe bei der Arbeit
3. Gefühl der sozialen Kohärenz (Solidarität) und damit die Möglichkeit, mit anderen zusammen die eigenen Interessen durchzusetzen.

Neuere Untersuchungen zeigen auf, dass soziale Unterstützung eine Pufferwirkung produziert [36, 50, 60]. D.h. selbst bei gegebenem Stress zeigen solche Personen geringere Depressivität oder psychosomatische Beschwerden, die sich stärker unterstützt fühlen. Besonders hohe Wirkung zeigte die Unterstützung durch Ehefrauen und Vorgesetzte. Der stabilisierende Effekt trat allein dann schon auf, wenn nur eine Quelle (z.B. Ehepartner *oder* Vorgesetzter) der Unterstützung bestand [50].

Andere Untersuchungen konnten nicht den Puffereffekt, sondern nur einen direkten Effekt sozialer Unterstützung auf die Stresswahrnehmung am Arbeitsplatz und auf psychische Probleme finden [69, 93], d.h. je besser die soziale Unterstützung am Arbeitsplatz war, desto weniger Stress berichtete eine Person bzw. desto weniger psychische Probleme traten auf.

Soziale Unterstützung verringert auch den Stress, den man durch seine Kollegen oder Vorgesetzten erlebt [28]. Darüber hinaus hängt der subjektiv erlebte soziale Stress am Arbeitsplatz wesentlich mit dem subjektiv erlebten sozialen Stress ausserhalb der Arbeit zusammen. Sozialer Stress erweist sich dabei als Prädiktor für psychophysiologische Beschwerden und psychische Probleme [28].

Die Ergebnisse einer Untersuchung [101] können als eine Bestätigung für die These gewertet werden, dass die Arbeitssituation auf die Situation mit dem Ehepartner und mit Freunden einwirkt, und dies wieder zu psychischen Störungen beiträgt. Da es sich hier um korrelative Daten handelt, ist natürlich auch die umgekehrte Interpretation möglich: Personen, die zu Hause Probleme haben, tragen diese auch in die Arbeitsstelle. Eine besonders gravierende Auswirkung von sozialen Problemen mit dem Vorgesetzten berichten Justice und Duncan [54] (allerdings in einer methodisch ungenau dargestellten Studie): Väter, die ihre Kinder misshandeln, hatten überdurchschnittlich häufig kurz vor der Misshandlung Schwierigkeiten mit dem Vorgesetzten, Veränderung der Arbeitsbedingungen (insbesondere Überstunden), Arbeitslosigkeit und finanzielle Veränderungen.

3.6 Nacht- und Schichtarbeit

Nacht- und Schichtarbeit haben gravierende Auswirkungen, insbesondere auf das Familienleben [87]. Daneben gibt es eine Reihe von Studien, die auf psychosomatische und psychische Probleme aufgrund von Schichtarbeit hinweisen (zusammengefasst bei [1, 111]). Aus besonders gründlichen Längsschnittuntersuchungen von ÅKERSTEDT und TORSVALL [2] und MEERS, MAASEN und VERHAEGEN [80] wird deutlich, dass sich die Einführung von Nachtarbeit negativ und der Wegfall der Nachtschicht positiv auf das psychophysische Wohlbefinden auswirken.

3.7 Umgebungsfaktoren

Obwohl physiologische und medizinische Untersuchungen zum Einfluss von Umgebungsfaktoren wie Hitze, Lärm, übelriechende und gefährliche Stoffe existieren, wurden die psychologischen Auswirkungen dieser Faktoren bisher eher vernachlässigt. Dabei ist durchaus vorstellbar, dass z.B. die Arbeit mit übelriechenden Stoffen zur sozialen Isolierung (und damit zu psychischen Problemen) eines Arbeiters wesentlich beiträgt.

Chemische Stoffe können auch direkte psychische Auswirkungen aufweisen, die noch viel zu wenig untersucht wurden. Einen solchen Zusammenhang beschreibt HACKER ([42], S.370): «Beeinträchtigungen psychischer Persönlichkeitseigenschaften können ... bei langdauernder Einwirkung von Schwefelkohlenstoff entstehen, der bei bestimmten Arten der Textilfaserproduktion frei werden und in die Raumluft übertreten kann. Sie äussern sich in Stimmungslage einschliesslich Antriebshemmung (dysphorisch gereizte Depression, Apathie, gehemmter Antrieb), schwankender und gesteigerter emotionaler Ansprechbarkeit, Beeinträchtigung der konzentrierten Aufgabenzuwendung und des kurzfristigen Behaltens.»

Auch Lärm kann möglicherweise weiterreichende psychische Auswirkungen haben. In einer der gründlichsten psychologischen Untersuchungen der Lärmwirkung haben SCHÖNPFLUG und SCHULZ [100] dargestellt, wie Lärm als zusätzlich belastende Aufgabe bei komplexer Informationsverarbeitung wirkt und dass eine Erhöhung der Herzrate, verringertes subjektives Wohlbefinden und Schwierigkeiten, sich in der Pause zu erholen usw. (jeweils noch beeinflusst durch Persönlichkeitsvariablen) als Folge von Lärm auftreten.

In letzter Zeit wurden vermehrt Bildschirme z.B. für Schreibkräfte eingeführt, und erste Untersuchungen zum psychischen Einfluss der Tätigkeit an solchen Bildschirmen liegen vor. Es zeigt sich, dass an computergesteuerten Arbeitsplätzen insbesondere Zusammenbrüche des Systems und langanhaltende monotone Arbeit an Bildschirmgeräten als psychisch und physisch stressend zu gelten haben [10, 51].

3.8 Unfallgefahren

Erstaunlicherweise werden Unfallgefahren im Zusammenhang mit psychischen Störungen selten dargestellt. Man kann die Unfallgefahren auf-differenzieren, in Gefahren für einen selbst, Gefahren, andere zu verletzen, oder Gefahren, die mit grösserem Materialschaden zusammenhängen. SEMMER [105] berichtet, dass potentielle Unfallgefahren mit psychischen Problemen zusammenhängen.

3.9 Umstellungsprozesse in der Arbeit

Umstellungen, die mit Versetzungen verbunden sind, dürften einer der grössten Stressfaktoren in der Arbeit sein: Denn der Arbeitende wird in eine neue Arbeitsgruppe versetzt, in der er sozusagen wieder von unten anfangen muss; häufig ist ihm die Arbeit völlig neu, ein erneuter Anpassungsprozess an einen Vorgesetzten muss stattfinden. Meines Wissens ist dieser Bereich empirisch nicht genauer untersucht worden.

Umstellungen der Arbeit ohne gleichzeitige Versetzung wurden hingegen zumindest teilweise untersucht. Diese Variable ist von besonderer Wichtigkeit, denn in letzter Zeit wird etwa im Angestelltenbereich besonders tiefgreifend rationalisiert. Rationalisierung ist fast immer mit Arbeitsumstellung verbunden. Die wichtigsten Variablen sind dabei, wieweit die Personen den Umstellungsprozess beeinflussen konnten und inwieweit sich ihre Situation durch die Umstellung verbesserte oder verschlechterte. War der Einfluss auf die Veränderungen gering, und es ergaben sich darüber hinaus Verschlechterungen, dann werden häufiger «nervöse Beschwerden» und eine grössere Einnahmehäufigkeit von Schlaf- und Beruhigungsmitteln berichtet [36].

3.10 Angst vor Arbeitsplatzverlust

Rationalisierungsprozesse sind oft mit der Entlassung von Arbeitern und Angestellten verbunden. In der Literatur erweist sich die Angst vor Arbeitsplatzverlust als wesentlicher Prädiktor für allgemeine Angst [65, 68] und psychosomatische Beschwerden [105]. Bereits das Gefühl, keine anderen Möglichkeiten auf dem Arbeitsmarkt zu besitzen, ist ein wesentlicher Prädiktor für Depression und psychosomatische Beschwerden [28].

Die Darstellung der empirischen Untersuchungen lässt erkennen, dass Stressfaktoren in der Arbeitssituation mit psychischen und psychophysiologischen Beschwerden zusammenhängen. Allerdings ergeben sich bei vielen der referierten (und noch mehr bei den nicht referierten) Untersuchungen bedeutende methodische Probleme. Diese Probleme sollen im folgenden diskutiert werden, nicht nur, um die Studien zu kritisieren, sondern vor allem um aufzuzeigen, welche Probleme nach meiner Meinung angegangen werden müssen und wie man die zukünftige Forschung im Bereich der industriellen Psychopathologie verbessern kann.

4. Methodische Probleme

Die in den Untersuchungen verwendeten Messinstrumente sind oft methodisch unzureichend überprüft. Offensichtlich werden die Messinstrumente häufig ad hoc konstruiert. Immer noch gibt es Artikel, in denen nicht einmal die Reliabilität berichtet wird – manchmal unter Verweis auf in anderen Untersuchungen gefundener Reliabilität, die man allerdings nicht einfach auf andere Populationen übertragen kann. Wo Fragebogen übernommen werden, wird dem Problem der Fragebogen-Adaptation an die spezifische Population selten genug Aufmerksamkeit gewidmet. Dies gilt besonders dann, wenn Fragebögen bei einer Arbeiterstichprobe eingesetzt werden. Die unterschiedlichen emotionalen Vorstellungen, die mit den Fragen in verschiedenen sozialen Schichten verbunden sind, und das unterschiedliche Verständnis des Inhalts von Fragen wird nicht eigens untersucht. Manche Fragen beziehen sich auf sehr abstrakte Vorstellungen, so etwa wenn danach gefragt wird, ob man sich in der Arbeit selbstverwirklichen kann. Bei der Bemühung, Antworttendenzen (Ja- oder Neinsagetendenz) in Fragebögen zu vermeiden, kommt es oft zu doppelten Verneinungen, die nach unseren Erfahrungen etwa von 10–15% der Arbeiter falsch verstanden werden.

Problematischer ist aber noch die Frage der Validität. Es wird zumeist versucht, Fragebögen zur Erfassung von psychischen Problemen und Störungen z.B. am Psychiaterurteil, Medizinerurteil u.ä.m. zu validieren. Diese Art der Validierung an subjektiven Diagnosen von Medizinern und Psychologen hat natürlich ebenfalls Nachteile, wie man u.a. aus der Literatur zur computerunterstützten Diagnostik weiss (vgl. [115]). Besonders bei Diagnosen von Personen der unteren Schichten werden schichtenspezifische Vorurteile virulent, u.a. weil in der Unterschicht keine so gefühlsbetonte Sprache verwendet wird. Falsche Diagnosen dürften deshalb hier sehr häufig sein (vgl. [102, 103]). Methodisch angemessener ist es, neben der Validierung durch «Expertenurteile» die Validierung an Arbeitskollegen und Ehepartnern, da diese den Probanden schon länger kennen. Diese Methode wird aber nur selten verwendet (Ausnahmen: [67, 84]).

Besonders auf die Entwicklung des Instruments zur Erfassung der Arbeitsplatzsituation wird häufig – auch in gründlichen Studien (Ausnahmen: [34, 43, 95, 106]) – zu wenig Sorgfalt aufgewendet. Besonders KASL [61] hat die Trivialisierung der Ergebnisse kritisiert, wenn subjektive Erfassung der Arbeitsplatzmerkmale mit subjektivem Wohlbefinden korreliert wird. Er liefert ein besonders deutliches Beispiel, wo ein Index «Rollenklarheit» mit «job tension» korreliert wird und in beiden Indeces subjektiv wahrgenommene «Unklarheiten» eine wesentliche Rolle spielen. Die Trivialität solcher Korrelationen entsteht, wenn die gleichen Methoden (z.B. beides ähnlich skalierte Fragebogendaten) und ähnliche Frageformulierungen verwendet werden und wenn aufgrund von nicht ausreichender theoretischer Analyse zwischen den Variablen nur wenig unterschieden wird. Es gibt m.E. fünf Methoden, die bei Untersuchungen in diesem Bereich gehäuft angewendet werden sollten, um das Problem der trivialen Korrelationen zu überwinden:

(1) Der Vorwurf der Trivialität der Korrelationen zwischen unabhängigen und abhängigen Variablen beruht z.T. darauf, dass die Arbeitsplatzbedingungen vom Probanden persönlichkeitsabhängig eingeschätzt werden. So sehen z.B. Depressive ihre Umwelt negativer (vgl. [5]), und folglich ist es wahrscheinlich, dass sie auch die Bedingungen am Arbeitsplatz, die soziale Unterstützung usw. negativer einschätzen. So kommt es dann zu einer Korrelation zwischen Depression und negativen Arbeitsplatzbedingungen. Eine Methode, das Problem der individuellen Antwortmuster bei den Arbeitsplatzvariablen zu umgehen, besteht darin, jeweils mehrere Personen eines Arbeitsplatzes bzw. einer Arbeitsgruppe zu befragen, und den gemittelten (oder Median)-Wert als Ausgangswert für die unabhängige Variable zu verwenden [8, 95]. Man sollte allerdings keine zu hohen Korrelationen zwischen in dieser Art «objektivierten» Arbeitsplatzbedingungen und psychischen Störungen erwarten, denn theoretisch relevant für die Entstehung von psychischen Störungen ist natürlich die «psychologische Umwelt», bzw. die kognitive und emotionale Verarbeitung der objektiven Umwelt. Andererseits beeinflusst die objektive Umwelt langfristig die Wahrnehmung und damit auch die «psychische Umwelt», auch wenn wir aus der Stressforschung eine Reihe von Abwehrreaktionen gegenüber Stressbedingungen kennen [70].

(2) Sowohl die unabhängigen als auch die abhängigen Variablen sollten mit verschiedenartigen Messungen erfasst werden. Am besten ist sicherlich, wenn man zwei Vorgehensmethoden anwendet, z.B. Fragebogen und Gruppendiskussion, Interview und Fragebogen usw. Aber selbst auf der reinen Fragebogenebene ist es möglich, unterschiedliche Fragebogen

zum selben Konstrukt einzusetzen. Noch sinnvoller ist es sicherlich, ähnliche Fragen, die aus theoretischen Gründen *nicht* dem Konstrukt angehören sollen, in den Fragebogen mitaufzunehmen und damit die Konstruktvalidität zu überprüfen. Bei der Fragebogenkonstruktion sollte ferner Wert darauf gelegt werden, dass die abhängigen und unabhängigen Variablen unterschiedlich formuliert werden. Dies geschieht am besten dadurch, dass die Arbeitsplatzvariablen möglichst situationsbezogen und nicht allgemein formuliert werden.

(3) Fremdbeurteilung durch Partner, Kollegen oder zumindest durch den Interviewer sollten, wo immer möglich, verwendet werden und deren Zusammenhang mit den Fragebogendaten überprüft werden.

(4) Eine Art der Fremdbeurteilung besteht in der Beobachtung der Arbeitsplatzvariablen durch trainierte Beobachter. Das Trainung hat den Vorteil, dass ähnliche kognitive Anker durch das Training gesetzt werden und dadurch ein einheitlicher Massstab zur Einschätzung der Arbeitsplatzbedingungen verwendet wird. Andererseits kommt es dabei zu einer Reihe von Problemen: Gerade die Spitzenbelastungen treten meist nicht in der nur kurzen Beobachtungszeit auf. Darüber hinaus sind selbst technisch geschulte Beobachter nicht in der Lage, besondere Belastungen sofort wahrzunehmen, sondern sind auf Erklärungen angewiesen. Deshalb muss eine solche Beobachtung immer mit Interviewanteilen kombiniert werden (für eine genauere Diskussion der Probleme vgl. [106]). Auch hier gelten die Bemerkungen von oben (Punkt (1)), dass eine hohe Korrelation der beobachteten «objektiven» Variablen mit psychischen Störungen nicht zu erwarten ist.

(5) Schliesslich kann man dem Problem der trivialen Korrelationen entkommen, indem man die abhängige Variable objektiviert. Man kann etwa Personen, die z.B. einen diagnostizierten Herzinfarkt hatten, nach ihren Arbeitsproblemen befragen (z.B. [78]). Bei dieser Methode besteht der Nachteil, dass man üblicherweise retrospektiv vorgeht. Vorstellungen von Probanden über mögliche Verursachungsbedingungen sind allerdings nach allem, was wir wissen, oft falsch (vgl. [89]). Darüber hinaus ist es schwer, eine adäquate Kontrollgruppe zu finden. Am häufigsten werden deshalb physiologische Messungen verwendet, z.B. Katecholaminausschüttung [52] und Blutdruck [15]. Probleme bestehen dabei insofern, als der genaue Vorgang, wie diese physiologischen Werte psychophysiologische Beschwerden oder gar psychische Störungen verursachen, noch unklar ist. Am meisten weiss man wohl über die Risikofaktoren für Herzinfarkt (vgl. [99]). Ein möglicherweise vielversprechendes, bisher noch nicht verwendetes Vorgehen könnte auch in der Erfassung von Verhaltensproben bestehen, um so z.B. Depression zu messen [74].

Auch wenn diese methodischen Vorschläge zur Vermeidung trivialer

Korrelationen eingehalten werden, sind die Aussagen von Querschnittsstudien nur eingeschränkt interpretierbar. Auswertungen von Längsschnittstudien liegen von KARASEK [57], KARASEK et al. [58, 59], PEARLIN und LIEBERMAN [92], KOHN und SCHOOLER [66] und BROUSSEAU [8] vor. Gerade im Bereich der beruflichen Sozialisation, d.h. des Einflusses der Arbeitssituation auf die Persönlichkeit, sind Längsschnittstudien - seien sie in Form von Case studies oder mit grossen Stichproben - ausgesprochen notwendig [27]. Intensive qualitative Längsschnittuntersuchungen an Einzelpersonen sind beim jetzigen Stand der Forschung zur Entwicklung von Hypothesen und Theorien über die Prozesse der Beeinflussung von Arbeitsbedingungen auf die Entwicklung von psychischen Störungen besonders angemessen.

Über Fragen des Designs von Längsschnittuntersuchungen berichtet SCHAIE [98]. GREIF [38] schlägt dabei vor, im Bereich der beruflichen Sozialisation statt «Alterskohorten», «Berufsgenerationen», d.h. Personen, die zu einem bestimmten Zeitpunkt ihre Berufstätigkeit begannen und statt «Lebensalter» das «Berufsalter», d.h. die Zeit, die man in einem bestimmten Beruf zugebracht hat, zum Ausgangspunkt der Analyse zu machen.

Ohne Zweifel können nur Längsschnittuntersuchungen eine adäquate Beantwortung von Kausalfragen ergeben. Aber selbst innerhalb von Querschnittsuntersuchungen erlaubt die Variable «Jobalter», d.h. die Zeit, die jemand an einem bestimmten Arbeitsplatz verbracht hat, eine differenziertere Analyse.

Mit Ausnahme von KLEIN und WIENER [63], BROUSSEAU [8], *Projekt Psychischer Stress am Arbeitsplatz* [95] und KARASEK [56] wird in den Untersuchungen das Jobalter nicht erfragt (bzw. nicht in die Analyse mit einbezogen). Auch wenn eine Reihe von Problemen dabei auftreten können, wie z.B. die Konfundierung durch die Berufsgeschichte, die unterschiedlichen Generationserfahrungen usw., so kann doch mit Hilfe des Jobalters untersucht werden, ob mit wachsendem Jobalter die Korrelationen von Arbeitsplatzbedingungen und psychischem Befinden ansteigen.

Offensichtlich ist ein Grund, dass selbst solche Analysen nicht durchgeführt werden, in der noch immer relativ statischen Sichtweise der Persönlichkeit zu suchen. Selbst wenn Persönlichkeitsvariablen miterfasst werden, werden diese nicht als mögliche Folge des Prozesses der beruflichen (und der vor- und ausserberuflichen) Sozialisation verstanden, sondern als statische Konzepte eingeführt, die die Effekte des Arbeitsplatzes in irgendeiner Weise beeinflussen. Die Sichtweise der lebenszeitlichen Entwicklung und die damit zusammenhängende Vorstellung der beruflichen Sozialisation dürfte eine Korrektur dieser Vorgehensweise nahelegen [28]. Innerhalb der Theorie der Entstehung von psychischen Problemen würden die verschiedenen Vermittlungsschritte zwischen Arbeitswelt und psychischen Störungen stärker betont. In Querschnittsstudien werden solche Vermittlungsmechanismen wohl als Moderatoren auftauchen. Wesentlicher ist aber deren Erfassung in Längsschnittuntersuchungen.

5. Kurze Zwischenbilanz

Methodenkritische Darstellungen der obigen Art haben oft den Effekt, beim Leser das Gefühl zurückzulassen, dass man letztlich doch nichts weiss. Deshalb soll an dieser Stelle noch einmal kurz Bilanz gezogen werden, was man aufgrund der vorliegenden Untersuchungen als vorläufig bestätigt annehmen kann.

Wir gehen dabei von der Voraussetzung aus, dass wir auch vorläufige Aussagen über den Kausalzusammenhang wagen können, wenn verschiedenartige Evidenz dies stützt. Wir wissen aus experimentellen Modellstudien, die z.T. auf Tierexperimenten beruhen, dass die Entstehung von psychischen und psychophysiologischen (Modell-)Störungen durch Stressituationen wesentlich beeinflusst wird (vgl. z.B. [62a, 79]). Aus der experimentellen Stressforschung kennen wir die negative Wirkung von Stressbedingungen. Diese Wirkung ist um so grösser, je weniger die Stessbedingungen kontrollierbar und vorhersehbar sind und je weniger positive Bewältigungs-Möglichkeiten einer Person zur Verfügung stehen (vgl. z.B. [3, 104]).

Die Arbeitssituation ist nun eine solche alltägliche Situation, die selbst nicht zu vermeiden ist – da die überwiegende Mehrheit der Bevölkerung zu arbeiten gezwungen ist – und in der die Stressfaktoren häufig nicht beeinflussbar oder auch nur vorhersehbar sind. Bestimmte Arbeitsbedingungen lassen aufgrund von Arbeitsdruck und hoher Reglementierung des Verhaltens oft nur relativ eingeschränkte positive Bewältigungsmöglichkeiten zu. Die in Modellexperimenten abgebildeten Stressbedingungen sind einer solchen Arbeitssituation relativ ähnlich. Auf Basis dieser Betrachtungen gewinnen auch Ergebnisse aus Querschnittsuntersuchungen, wie die einer Korrelation von stressenden Arbeitsplatzbedingungen und psychischen Störungen ein erhöhtes interpretatives Gewicht. Werden diese darüber hinaus unter sorgfältig kontrollierten Randbedingungen durchgeführt und wird in Betracht gezogen, dass die psychisch und physisch kränkesten Personen aus dem Arbeitsprozess zunehmend ausgegliedert werden, die Neueingestellten aber grossenteils auf ihre Gesundheit hin überprüft werden, so wird die Hypothese plausibler dass bestimmte Arbeitsbedingungen psychische Störungen verursachen.

Wird zusätzlich in einigen (allerdings noch wenigen) Längsschnittuntersuchungen aufgezeigt, dass die Verschlechterung von Arbeitsbedingungen negative Folgen und die Verbesserung positive Folgen für die psychophysische Gesundheit hat [2, 8, 57, 80], dann müssen wir vorerst bei aller methodischen Kritik - bis zum Beweis des Gegenteils - davon ausgehen, dass die Arbeitssituation *ein* verursachender Faktor bei der Entstehung von psychischen Störungen sein kann.

Eine solche vorläufige - und damit prinzipiell rationaler und empirischer Kritik zugängliche - Zwischenbilanz ist auch deshalb notwendig, weil unterschiedliche Verursachungshypothesen unterschiedliche Veränderungsstrategien nahelegen. Wird angenommen, dass die Arbeitsbedingungen verursachend wirken können, so gilt es v.a. die Arbeitsbedingungen zu verändern. Wird hingegen von einer Selektion psychisch Gestörter in Arbeitsplätzen mit schlechteren Arbeitsbedingungen ausgegangen, so wird die «Schuld» eher in das Individuum oder in ausserhalb der Arbeitssituation liegende Faktoren verlagert.

6. Schlussfolgerungen

Die Frage, welche Aspekte bei der Genese von psychischen Störungen eine Rolle spielen, ist selbst bei solchen Therapieformen eine wesentliche Frage, die nicht von der Annahme ausgeht, dass man in der Therapie die Entstehungsgeschichte aufarbeiten muss, um wieder zu gesunden. Denn auch dort muss sich die Methode der Therapie auf jene Bereiche beziehen, die entsprechende psychische Probleme auslösen, aufrechterhalten oder verursachen. Wenn nun der Bereich der Arbeitsbedingungen in diesem Kontext zu wenig beachtet wird, können daraus falsche Therapiestrategien resultieren.

Im Vergleich von Arbeitern und Psychotherapeuten ergab sich z.B. eine unterschiedliche Einschätzung, wann eine psychotherapeutische Behandlung angezeigt ist. Maccoby [75] zitiert (und kritisiert) einen Bericht von Brown, dem Leiter des National Institute of Mental, Health in the USA. Danach waren Psychotherapeuten der Meinung, dass Ehepartner, die Eheprobleme aufgrund ihrer Arbeit in verschiedenen Schichten hatten, sich therapieren lassen sollten. Offensichtlich wussten die Psychotherapeuten aufgrund ihrer geringen Beschäftigung mit der Arbeitssphäre nicht, wie Schichtpläne eingeteilt werden und aus welchen Notwendigkeiten Arbeiter in Schicht arbeiten müssen. So wurden Probleme, die in der Arbeitssphäre liegen, in die Individuen hineingelegt.

In der *Diagnostik* ist es notwendig, auch die Arbeitsplatzbelastungen und die Gedanken, Einstellungen und Emotionen gegenüber diesen mitzuerfassen. Wird dies nicht getan, so wird man nicht nur möglicherweise für den Patienten lächerliche Lösungsvorschläge machen, sondern darüber hinaus gerade einen möglichen Einflussfaktor für das Aufrechterhalten der psychischen Störung übersehen. Wenn z.B. Eheprobleme bestehen und die die Eheprobleme verstärkenden Probleme im Arbeitsbereich nicht miterfasst werden, kann eine Therapie nur beschränkte Wirksamkeit erlangen.

Darüber hinaus kann es schädlich sein, wenn Probleme, die mit der Arbeitssituation zusammenhängen, als nur individuelle Probleme einer Person analysiert werden. Es kann unter bestimmten Umständen und bei bestimmten Störungsbildern schon eine erste Entlastung für den Klienten darstellen, wenn die Ursachen der Probleme nicht immer nur bei ihm selbst, sondern auch in der Arbeitssituation gesehen werden (Veränderung der Attribution).

Es versteht sich von selbst, dass in der *Zielbestimmung* der Therapie die Arbeitssphäre miteinbezogen werden muss. Dabei ist im Auge zu behalten, dass Arbeit und Arbeitsbedingungen positive und negative Effekte aufweisen können und dass manche Arbeitsplatzbedingungen möglicherweise bereits bestehende Probleme eines Klienten verstärken können. Bei Empfehlungen zum Arbeitswechsel oder zur Aufnahme einer Arbeit muss sehr genau untersucht werden, ob die betreffenden Arbeitsbedingungen den entsprechenden Zweck erfüllen können. In diesem Zusammenhang ist aber gleichzeitig vor dem umgekehrten Effekt zu warnen, dass der Psychotherapeut - von seiner eigenen privilegierten Arbeitssituation ausgehend - fast alle anderen Arbeitsbedingungen als miserabel und psychisch schädlich betrachtet. Gerade in der beruflichen Rehabilitation hat sich gezeigt, welchen positiven Effekt die Arbeitssituation haben kann [105] und im Abschnitt 1 wurde versucht, die positiven, stabilisierenden Momente der Arbeit herauszuarbeiten.

Im *therapeutischen Vorgehen* müssen die Bewältigungsmöglichkeiten am Arbeitsplatz mitberücksichtigt werden. Im Rahmen z.B. eines Selbstsicherheitstrainings wird man wohl auf die Arbeitssphäre eingehen müssen. Es ist dabei allerdings wesentlich, dass man nicht etwa den Beeinflussungsbereich von Individuen am Arbeitsplatz - besonders bei Arbeitern - überschätzt und deshalb langfristig für den Patienten schädliche Lösungen vorschlägt. Dies ist z.B. dann der Fall, wenn einem Klienten zugeraten wird, sehr harte individuelle Durchsetzungsstrategien am Arbeitsplatz zu entwickeln, die ihn langfristig von seinen Kollegen entfremden und gleichzeitig negativ sanktioniert werden. Gerade bei Arbeitern sind oft eher kollektive Strategien realistischer. Auch dafür werden entsprechende soziale Fertigkeiten benötigt. Gerade in diesem Bereich bieten aber viele herkömmliche Selbstsicherheitstrainingsprogramme nur wenig.

Die Arbeitssituation ist natürlich ein Übungsfeld für die therapeutischen «Hausaufgaben». Gleichzeitig wirken die konkreten Probleme am Arbeitsplatz auch auf den Therapieverlauf. So ist es vorstellbar, dass sich innerhalb einer Therapie die Schwerpunkte nach einiger Zeit etwa von Eheschwierigkeiten auf die Arbeitsplatzprobleme verschieben, wenn der Problemdruck im ersten Bereich aufgrund der Therapie nachgelassen hat. Hier hat der Therapeut entsprechend «hellhörig» zu sein, um nicht Gefahr zu laufen, grundlegende Probleme aus der Therapie auszuklammern.

Auch mögliche Mediatorfunktionen nach THARP und WETZEL [109] können von Kollegen wahrgenommen werden. Dies wird innerhalb der Therapieforschung selten angesprochen, obwohl die Kollegen vom Zeitumfang wahrscheinlich häufiger mit dem Klienten zusammen sind als alle anderen Kontaktpersonen.

Besonders wichtig ist allerdings die Arbeitssituation im Zusammenhang mit Bemühungen zur *Prävention.* Arbeitsplatzveränderungen sind stärker als bisher unter dem Gesichtspunkt ihres Beitrags zur Prävention (sei es aufgrund des stabilisierenden Faktors oder durch Reduktion des Arbeitsstresses) zu untersuchen und einzuschätzen.

Darüber hinaus ist zu überlegen, inwieweit die Vorstellungen des gemeindepsychologischen Ansatzes auch in diesem Bereich angewandt werden können. Ausgangspunkt dieses Ansatzes war es ja, die Versorgungsmöglichkeiten enger an die Betroffenen heranzubringen. Entsprechend ist zu überlegen, ob nicht etwa Programme zur Prävention von Alkoholismus oder zur Verhinderung von psychischen Krisen auch näher an die Arbeitswelt herangebracht werden sollten (z.T. wird dies natürlich schon gemacht). Möglicherweise wird bei einem solchen Vorgehen auch der Aspekt der Arbeitsplatzveränderung ein integraler Bestandteil von Prävention.

Literatur

[1] AGERVOLD, M. Shiftwork - a critical review. Scandinavian Journal of Psychology, 1976, 17, 181-188.

[2] ÅKERSTEDT, T., TORSVALL, L. Experimental changes in shift schedules - their effect on well-being. Ergonomics, 1978, 21, 849-856.

[3] AVERILL, J.R. Personal control over aversive stimuli and its relationship to stress. Psychological Bulletin, 1973, 80, 286-303.

[4] BAUMANN, U., BERBALK, H., SEIDENSTÜCKER, G. Einleitung. In U.Baumann, H.Berbalk, G.Seidenstücker (Eds.) Klinische Psychologie - Trends in Forschung und Praxis, Band 1. Bern: Huber 1978, Pp.13-30.

[5] BECK, A.T. Depression. Philadelphia: University of Pennsylvania Press, 1967.

[6] BEEHR, T.A. Perceived situational moderators of the relationship between subjective role ambiguity and role strain. Journal of Applied Psychology, 1976, 61, 35-40.

[7] BEEHR, T.A., WALSH, J.T., TABER, T.D. Relationship of stress to individually and organizationally valued states: Higher order needs as a moderator. Journal of Applied Psychology, 1976, 61, 41-47.

[8] Brousseau, K.R. Personality and job experience. Organizational Behaviour and Human Performance, 1978, 22, 235-252.
[9] Brown, G.W., Harris, T. Social Origins of depression. London: Tavistock, 1978.
[10] Cakir, A. Stress bei Bildschirmtätigkeiten. In M.Frese (Ed.): Stress im Büro. Bern: Huber (im Druck).
[11] Caplan, R.D., Cobb, S., French, J.R.P. Jr., van Harrison, R., Pinneau, S.R. Jr. Job demands and worker health. Washington: NIOSH, Department of Health, Education and Welfare, 1975.
[12] Caplan, R.D., Jones, K.W. Effects of work load, role ambiguity, and type A personality on anxiety, depression, and heart rate. Journal of Applied Psychology, 1975, 60, 713-719.
[13] Cobb, S. Social support as a moderator of life stress. Psychosomatic Medicine, 1976, 38, 300.
[14] Cobb, S. Rollenbezogene Verantwortung: Die Differenzierung eines Konzepts. In M.Frese, S.Greif, N.Semmer (Eds.) Industrielle Psychopathologie. Bern: Huber, 1978.
[15] Cooper, C.L. Identifying sources of occupational stress among dentists. Journal of Occupational Psychology, 1978, 51, 227-234.
[16] Cosper, R. Drinking as conformity. Journal of Studies in Alcohol, 1979, 40, 868-891.
[17] Davison, G.C., Neale, J.M. Klinische Psychologie. München: Urban und Schwarzenberg, 1979.
[18] Endler, N.S., Magnusson, D. (Eds.) Interactional psychology and personality. Washington: Hemisphere, 1976.
[19] Eysenck, H.J. (Ed.) Handbook of abnormal psychology. London: Pitman Med., 1960.
[20] Finley-Jones, R.A., Burvill, P.W. Women, work, and minor psychiatric morbidity. Social Psychiatry, 1979, 14, 53-57.
[21] Frankenhäuser, M. The role of peripheral catecholamines in adaptation to understimulation and overstimulation. In G.Serban (Ed.) Psychopathology of human adaptation. New York: Plenum, 1976.
[22] French, J.R.P., Jr., Caplan, R.D. Organizational stress and individual strain. In A.J.Morrow (Ed.) The failure of success. New York: Amacom, 1973.
[23] French, J.R.P., Tupper, C.J., Mueller, E.I.: Workload of university professors. Michigan: Unpublished Research Report, Ann Arbor, University of Michigan, 1965.
[24] French, J.R.P. Jr., Rodgers, W., Cobb, S. Adjustment as person-environment fit. In G.V.Coelho, D.A. Hamburg, J.A.Adams (Eds.) Coping and Adaptation. New York: Basic, 1974.
[25] Frese, M. Psychische Störungen bei Arbeitern: Zum Einfluss von gesellschaftlicher Stellung und Arbeitsplatzmerkmalen. Salzburg: Müller, 1977.
[26] Frese, M. Industrielle Arbeitsbedingungen: Ein lange vernachlässigter Faktor in Ätiologie und Prävention von psychischen Störungen. In Deutsche Gesellschaft für Verhaltenstherapie (Ed.) Verhaltenstherapie in der psycho-sozialen Versorgung. Kongressberichte Berlin 1977, Bd.II. München: Steinbauer & Rau, 1978, Pp.109-118.
[27] Frese, M. Occupational socialization - a new perspective. Industrial psychology. (Im Druck)
[28] Frese, M. Moderatoren zwischen Arbeitsbedingungen und psychischen Problemen: Die Entwicklung von Skalen zu sozialer Unterstützung, Coping und Kontrolle und Überprüfung ihrer Moderatorenfunktion im Rahmen eines theoretischem Modells. (In Vorbereitung)

[29] Frese, M., Greif, S. «Humanisierung der Arbeit» und Stresskontrolle. In M. Frese, S. Greif, N. Semmer (Eds.) Industrielle Psychopathologie. Bern: Huber, 1978.

[30] Frese, M., Greif, S., Semmer, N. (Eds.) Industrielle Psychopathologie. Bern: Huber, 1978.

[31] Frese, M., Mohr, G. Die psychopathologischen Folgen des Entzugs von Arbeit: Der Fall Arbeitslosigkeit. In M. Frese, S. Greif, N. Semmer (Eds.) Industrielle Psychopathologie. Bern: Huber, 1978.

[32] Gal, R., Lazarus, R.S. The role of activity in anticipating and confronting stressful situations. Journal of Human Stress, 1975, 1, 4–20.

[33] Gardell, B. Technology, alienation and mental health in the modern industrial environment. In L. Levi (Ed.) Society, Stress and Disease. Vol. I. London: Oxford University Press, 1971.

[34] Gardell, B. Produktionstechnik och arbetsglädie. En socialpsykologisk studie av industriellt arbete. Stockholm: PA-rådet, 1971.

[35] Gardell, B. Arbeitsgestaltung, intrinsische Arbeitszufriedenheit und Gesundheit. In M. Frese, S. Greif, N. Semmer (Eds.) Industrielle Psychopathologie. Bern: Huber, 1978.

[36] Gardell, B. Tjänstemännens arbetsmiljöer. Psyko-social arbeitsmilijö och hälsa. Rapport Nr. 24. Stockholm: Psykologiska Institutionen, 1979.

[37] Graf, O., Rutenfranz, J., Ulich, E. Nervöse Belastung unter Zeitdruck. Köln: Westdeutscher Verlag, 1965.

[38] Greif, S. Intelligenzabbau und Dequalifizierung durch Industriearbeit? In M. Frese, S. Greif, N. Semmer (Eds.) Industrielle Psychopathologie. Bern: Huber, 1978.

[39] Greif, S. Altersabbau intellektueller Fähigkeiten und sozialer Kompetenzen – eine Folge reduzierter Arbeitsbedingungen? In Groskurth, P. (Ed.) Arbeit und Persönlichkeit. Reinbek: Rowohlt, 1979.

[40] Greif, S. Handlungstheorie und kognitive Therapie. Vortrag auf dem Kongress für Klinische Psychologie und Psychotherapie. Berlin 1980.

[41] Groskurth, P. Berufliche Sozialisation als entscheidende Grundlage der Persönlichkeitsentwicklung. In P. Groskurth (Ed.) Arbeit und Persönlichkeit. Reinbek: Rowohlt, 1979.

[42] Hacker, W. Allgemeine Arbeits- und Ingenieurpsychologie (2. Aufl.). Bern: Huber, 1978.

[43] Hackmann, J.R., Oldham, G.R. Development of the job diagnostic survey. Journal of Applied Psychology, 1975, 60, 159–170.

[44] Harrison, R.v. Person environment fit and job stress. In C.L. Cooper, R. Payne (Eds.) Stress at Work. Chichester: Wiley, 1978.

[45] Hauenstein, L.S., Kasl, S.V., Harburg, E. Work status, work satisfaction and blood pressure among married black and white women. Psychology of Woman Quarterly, 1977, 1, 334–349.

[46] Hautzinger, M. Depressive Reaktionen aus psychologischer Sicht. In M. Hautzinger, N. Hoffmann (Eds.) Depression und Umwelt. Salzburg: Müller, 1979.

[47] Hellpach, W. Klinische Psychologie. Stuttgart: Thieme, 1946.

[48] Hitz, D. Drunken sailors and others. Quarterly Journal of Studies in Alcohol, 1973, 34, 496–505.

[49] Hollingshead, A.B., Redlich, F.C. Social Class and Mental Illness. New York: Wiley, 1958.

[50] House, J.S., Wells, J.A. Occupational stress, social support and health. In Proceedings «Reducing Occupational Stress». Washington: NIOSH, U.S. Department of Health, Education, and Welfare, 1978.

[51] Johansson, G., Aronsson, G.: Stressreaktioner i arbete vid bildskärmsterminal. Stockholm: Psykologiska Institutionen, Rapport Nr. 27, 1979.

[52] Johansson, G., Aronsson, G., Lindström, B.O. Social psychological and neuroendocrine stress reactions in highly mechanized work. Reports from the department of Psychology, Stockholm: University of Stockholm, 1976.
[53] Jores, A. (Ed.) Praktische Psychosomatik. Bern: Huber, 1976.
[54] Justice, B., Duncan, D.F. Child abuse as a workrelated problem. Corrective and Social Psychiatry and Journal of Behavior Technology Methods and Therapy, 1977, 23, 53–55.
[55] Kahn, R.L. Konflikt, Ambiguität und Überforderung: Drei Elemente des Stress am Arbeitsplatz. In M. Frese, S. Greif, N. Semmer (Eds.) Industrielle Psychopathologie. Bern: Huber, 1978.
[56] Karasek, R. The impact of work environment on life outside the job: explorations in the associations between job content and leisure behaviour and mental health using national survey data from Sweden and the United States. Cambridge: Unpublished Ph.D. - thesis, M.I.T., 1976.
[57] Karasek, R.D. Job demands, job decision latitude and mental strain: Implications for job redesign. Adminstrative Science Quarterly, 1979, 24, 285–308.
[58] Karasek, R.D. Job socialization: A longitudinal study of work, political and leisure activity. In B. Gardell, G. Johansson (Eds.) Man and Working Life. (Im Druck)
[59] Karasek, R.D., Theorell, T., Ahlbom, A., Marxer, F. Swedish prospective - case control study of job stress and cardiovascular-cerebrovascular death risk. (Im Druck)
[60] Karasek, R.D., Triantis, K., Chaudhry, S.: Coworker and supervisor support as moderators of associations between task characteristics and mental strain. (Im Druck)
[61] Kasl, S.V. Epidemiological contributions to the study of work stress. In C.L. Cooper, R. Payne (Eds.) Stress at Work. Chichester: Wiley, 1978.
[62] Keupp, H. (Ed.) Der Krankheitsmythos in der Psychopathologie. München: Urban & Schwarzenbeck, 1972.
[62a] Kimmel, H.D. (Ed.) Experimental Psychopathology. New York: Academic Press, 1971.
[63] Klein, K.L., Wiener, Y. Interest congruency as a moderator of the relationships between job tenure and job satisfaction and mental health. Journal of Vocational Behavior, 1977, 10, 92–98.
[64] Kohn, M.L. Social class and parental values. American Journal of Sociology, 1959, 64, 337–351.
[65] Kohn, M.L., Schooler, C. Occupational experience and psychological functioning: An assessment of reciprocal effects. American Sociological Review, 1973, 38, 97–118.
[66] Kohn, M.L., Schooler, C. The reciprocal effects of the substantive complexity of work and intellectual flexibility: A longitudinal assessment. American Journal of Sociology, 1978, 84, 24–52.
[67] Kornhauser, A. Mental Health of the industrial worker. New York: Wiley, 1965.
[68] Langner, T.S., Michael, S.T. Life Stress and Mental Health. Glencoe, 1963.
[69] La Rocco, J.M., Jones, A.P. Co-Worker and leader support as moderators of stress-strain relationship in work situations. Journal of Applied Psychology, 1978, 63, 629–634.
[70] Lazarus, R.S. Psychological stress and the coping processes. New York: McGraw-Hill, 1966.
[71] Lazarus, R.S. Cognitive and coping processes in emotion. In B. Weiner (Ed.) Cognitive views of human motivation. New York: Academic Press, 1974.
[72] Lempert, W., Hoff, E., Lappe, L. Konzeptionen zur Analyse der Sozialisation durch Arbeit. Berlin: Max-Planck-Institut für Bildungsforschung, 1979.

[73] Levi, L. Conditions of work sympatho-adrenomedullary activity: Experimental manipulations in a real life setting. In L. Levi (Ed.) Stress and distress in responses to psychological stimuli. New York: Pergamon Press, 1972.
[74] Linden, M., Hoffmann, N., Hautzinger, M. Verbalverhalten Depressiver und ihrer Sozialpartner. (In Vorbereitung)
[75] Maccoby, M. Arbeit und menschliche Entwicklung. In M. Frese, S. Greif, N. Semmer (Eds.) Industrielle Psychopathologie. Bern: Huber, 1978.
[76] Margolis, B.K., Kroes, W.H., Quinn, R.P. Job stress: An unlisted occupational hazard. Journal of Occupational Medicine, 1974, 16, 659-661.
[77] Marstedt, C., Schahn, K. Eine Analyse des Zusammenhangs von Arbeitsbedingungen und psychischen Störungen. Psychologische Praxis, 1977, 21, 1-12.
[78] Maschewsky, W. Erste Auswertungen eines Teils der Befragungsdaten des Projekts «Industrielle Arbeitsplätze und Herz-Kreislauf-Krankheiten». Berlin: Unveröff. Pap., 1980.
[79] Maser, J.D., Seligman, M.E.P. (Eds.) Psychopathology: experimental models. San Francisco: Freeman & Co., 1977.
[80] Meers, A., Maasen, A., Verhaegen, P. Subjective health after six months and after four years of shift work. Ergonomics, 1978, 21, 857-860.
[81] Meissner, M. The long arm of the job: A study of work and leisure. Industrial Relations, 1971, 10, 239-260.
[82] Meyerhoff, H. Leitfaden der Klinischen Psychologie. München: Reinhart, 1959.
[83] Miller, J., Schooler, C., Kohn, M.L., Miller, K.A. Women and work: The psychological effects of occupational conditions. Amercian Journal of Sociology, 1979, 85, 66-94.
[84] Mohr, G. Erfassen von psychischem Befinden bei Arbeitern. (In Vorbereitung)
[85] Mohr, G., Rückert, D., Udris, I. Zum Zusammenhang zwischen Arbeit, Freizeit, Familie und psychischem Wohlbefinden. Kongress für klinische Psychologie und Psychotherapie, Berlin, 1980.
[86] Morse, W.H., Herd, H.A., Kelleher, R., Grose, S.A. Schedule - controlled modulation of arterial blood pressure in squirrel monkey. In H.D. Kimmel (Ed.) Experimental Psychopathology, New York: Academic Press, 1971.
[87] Mott, P.E., Mann, F.C., McLaughlin, Q., Warwick, O.P. Shift Work. Ann Arbor (Michigan): University of Michigan Press, 1965.
[88] Myers, J.K., Bean, L.L. A decade later: A follow-up of social class and mental illness. New York: Wiley, 1968.
[89] Nisbett, R.E., Wilson, T.D. Telling more than we can know. Psychological Review, 1977, 84, 231-259.
[90] Osterland, M., Deppe, W., Gerlach, F., Mergner, U., Pelte, K., Schlösser, M. Materialien zur Lebens- und Arbeitssituation der Industriearbeiter in der BRD. Frankfurt: Europäische Verlagsanstalt, 1973.
[91] Österreich, R. Entwicklung eines Konzepts der objektiven Kontrolle und Kontrollkompetenz. (In Vorbereitung)
[92] Pearlin, L.I., Lieberman, M.A. Social sources of emotional distress. In P. Simmons (Ed.) Research in Community and Mental Health. Greenwich (Conn.): JAI Press, 1977.
[93] Pinneau, S.R. Effects of social support on occupational stresses and strains. (A symposium presented at the 84th Annual Convention of the APA). Michigan: Institute for Social Research, University of Michigan, 1976.
[94] Pongratz, L.J. Lehrbuch der Klinischen Psychologie. Göttingen: Hogrefe, 1973.
[95] *Projekt «Psychischer Stress am Arbeitsplatz»*. Konzeption und Skalenentwicklung. Berliner Hefte zur Arbeits- und Sozialpsychologie, No. 1, Berlin, 1980.

[96] Russek, H.I., Zohmann, B.L. Relative significance of hereditery diet, and occupational stress in CHD in young adults. American Journal of Medical Science, 1958, 235, 266-257.
[97] Rutenfranz, J., Knauth, P. Rhythmusphysiologie und Schichtarbeit. Afa-Informationen, 1978, 28, 3-31.
[98] Schaie, K.W. Methodische Probleme bei der deskriptiv-entwicklungspsychologischen Untersuchung des Erwachsenen- und Greisenalters. In P.B.Baltes, L.H. Eckensberger (Eds.) Entwicklungspsychologie der Lebensspanne. Stuttgart: Klett, 1979.
[99] Schaefer, H., Blohmke, M. Herzkrank durch psychosozialen Stress. Heidelberg: Hüthig, 1977.
[100] Schönpflug, W., Schulz, P. Lärmwirkungen bei Tätigkeiten mit komplexer Informationsverarbeitung. Berlin: Freie Universität, Institut für Psychologie, 1979.
[101] Schmidt-Hieber, E. Arbeit und Freizeit (Arbeitstitel). (In Vorbereitung)
[102] Schwab, J.J., Bialow, M., Holzer, C.E., Brown, J.M., Stevenson, B.E. Sociocultural aspects of depression in medical inpatients: I, Frequencies and social variables. Archives of General Psychiatry, 1967, 17, 533-538.
[103] Schwab, J.J., Bialow, M., Holzer, C.E., Brown, J.M., Stevenson, B.E. Sociocultural aspects of depression in medical inpatients: II, Symptomatology and class. Archives of General Psychiatry, 1967, 17, 539-543.
[104] Seligman, M.E.P. Erlernte Hilflosigkeit. München: Urban & Schwarzenberg, 1979.
[105] Semmer, N. Psychische Aspekte der beruflichen Rehabilitation. In M.Frese, S.Greif, N.Semmer (Eds.) Industrielle Psychopathologie. Bern: Huber, 1978.
[106] Semmer, N. Stressbezogene Tätigkeitsanalyse. Dissertation. Berlin. (In Vorbereitung)
[107] Stern, E. (Ed.) Handbuch der Klinischen Psychologie. Band I: Die Tests in der Klinischen Psychologie (1.Halbband, 1954. 2.Halbband, 1955). Band II: Die Psychotherapie in der Gegenwart (1958). Zürich: Rascher, 1954-1959.
[108] Tharenou, P. Employee Self-Esteem: A Review of the Literature. Journal of Vocational Behavior, 1979, 15, 316-346.
[109] Tharp, R.G., Wetzel, R.J. Verhaltensänderung im gegebenen Sozialfeld. München: Urban und Schwarzenberg, 1975.
[110] Timio, M., Gentili, S. Adrenosympathitic overactivity under conditions of work stress. British Journal of Preventive and Social Medicine, 1976, 30, 262-265.
[111] Ulich, E., Baitsch, C. Schicht- und Nachtarbeit im Betrieb. Rüschlikon: GDI Verlag, 1979.
[112] Ulich, E., Ulich, H. Über einige Zusammenhänge zwischen Arbeitsgestaltung und Freizeitverhalten. In Leuenberger Ruffmann, K.-H. (Eds.) Bürokratie. Bern: Lang, 1977.
[113] Ullmann, L.P., Krasner, L. A psychological approach to abnormal behavior. Englewood Cliffs: Prentice Hall, 1969.
[114] Volpert, W. Der Zusammenhang zwischen Arbeit und Persönlichkeit aus handlungstheoretischer Sicht. In P.Groskurth (Ed.) Arbeit und Persönlichkeit. Reinbek: Rowohlt, 1979.
[115] Wiggins, J.S. Personality and prediction. Reading (Mass.): Addison Wesley, 1973.

III. Herkunft und Zukunft der Seelenvorstellung

H. SCHMITZ

Im Folgenden referiere ich einige Ergebnisse, die ich in den zehn (nominell fünf) Bänden meines Systems der Philosophie [34–43] ausführlich entwickelt und begründet habe. Soweit die Philosophie beteiligt ist, habe ich Motive und Schicksale der fragwürdigen Annahme, dass Menschen Seelen haben, von HOMER bis zur Gegenwart kürzlich knapp und übersichtlich zusammengestellt [33]. Es erübrigt sich, dieselbe Gedankenlinie nochmals zu verfolgen, obwohl sich Wiederholungen des in [33] Gesagten nicht ganz vermeiden lassen werden. Gegenwärtig besteht meine Absicht darin, aus dem Vorrat meiner Ergebnisse Psychologen Gesichtspunkte zu geben, die ihnen das Urteil darüber erleichtern sollen, wie und warum es im Lauf der Geschichte zur Deutung der für ihr Fach spezifischen Gegenstände als seelische (Seelen angehörige) gekommen ist, welche Einseitigkeiten und (bis heute einflussreiche) Verzerrungen des Zugangs zu diesen Gegenständen dadurch ausgelöst worden sind und welcher Metamorphosen der Seelenvorstellung es bedarf, um dieser in Zukunft vielleicht doch noch Brauchbares für die «Rettung der Phänomene» abzugewinnen. Diese Aufgabenstellung ist teils historisch, teils systematisch.

Gegen Ende des vorigen Jahrhunderts stand die Völkerpsychologie im Zeichen des Animismus, dem gemäss primitive und frühe Kulturen von der Annahme geprägt sein sollen, in allen Dingen, und so auch namentlich in Menschenkörpern, hausten Seelen (eine oder mehrere) nach Art von Doppelgängern, geneigt, in Ausnahmezuständen ihre Wirte auf Zeit zu verlassen, und dabei allerlei Gefahren (den «perils of the soul» nach Sir JAMES FRAZER) ausgesetzt. WILHELM WUNDT, einer der letzten Animisten, stellte diese «Hauchseele» der «Körperseele» gegenüber und prägte damit ein Interpretationsschema, das vor nicht langer Zeit von sinologischer Seite [45] wieder aufgenommen wurde. ROHDE deutete in seiner monumentalen Darstellung von «Seelenkult und Unsterblichkeitsglaube der Griechen» die Psyche der homerischen Gedichte animistisch als Doppelgänger, der «aus den Erfahrungen eines scheinbaren Doppellebens im Traum, in der Ohnmacht und Ekstase» erschlossen worden sei ([32], S.6), und wurde von W.F. OTTO [23] widerlegt. Der Animismus wurde als herrschende Meinung vom Präanimismus oder Dynamismus entthront[1], der

[1] Vgl. [20] S.36–65: Forschungsrichtungen und Terminologie der Wissenschaft von den primitiven Religionen.

den Schlüssel zum primitiven Weltbild im Glauben an unpersönlich-atmosphärische, beseelende Kräfte (mana, orenda, wakanda) suchte und in der neueren Ethnologie auf heftigen, zum Teil vielleicht auch ideologisch überzogenen Widerspruch gestossen ist[2]. Keine summarische Theorie über die Vorformen des Seelenglaubens kann sich heute auf ausgebreitete und zuversichtliche Unterstützung durch die Fachleute berufen. Mindestens den negativen Satz wird man aber wagen dürfen: Der sogenannte «Seelenglaube» der Primitivvölker verdient seinen Namen nicht. Von dem, was man seit Prägung des Wortes als «Seele» des Menschen verstanden hat, unterscheiden sich die primitivkulturlichen «Seelen» durch den Hintergrund einer ganz anderen Deutung menschlichen Erlebens und Verhaltens, das als dezentralisiert und unabgegrenzt verstanden wird. Einige Beispiele zur Verdeutlichung:

Die Yoruba, das grösste Volk Nigerias, stellen als immaterielle seelenartige Instanzen im Einzelmenschen zusammen: den vergänglichen Geist-Körper (iye) im Kopf, die unvergängliche Herz-Seele (okan), die die Person in ihrer Gesamtheit in diesem Leben und noch beim jüngsten Gericht vertritt, im Traum aber Herz und Körper verlassen kann; den unsterblichen Lebenshauch (emin); den Herrn des Kopfes (ori, olori), der sich nach dem Tod in Neugeborenen wieder einkörpern kann. «Poser ici la question de l'unité de la personne serait un faux problème. Toutes les instances dont nous avons parlées font partie integralement de la personne» ([14], S.151–153). Vom australischen Ungarinyin-Stamm berichtet JENSEN: «Im engeren Sinn versteht der Eingeborene unter yà-yari seine eigene Lebenskraft, also eine Substanz seines physisch-psychischen Daseins. Yà-yari ist in seinem Innern das, was ihn fühlen, denken und erleben lässt. Es scheint aber auch seine sexuelle Potenz zu sein, denn der geschlechtliche Erregungszustand des Mannes wurde uns als yà-yari bezeichnet. Vor allem aber ist yà-yari die Kraft, die den Menschen zu dem in seinem geistigen und kultischen Leben so wichtigen Zustand des Traumes und Entrücktseins, also zu ‹yari›, befähigt» ([10], S.145). Von der Produktivität dieses Selbstverständnisses zeugt folgender Bericht: Das Zulu-Wort «unmoya» bedeutet: Wind (Atem), Solidität, Geist, Leben, Geräusch, Unsinn, Klima; «pneuma» und «ruach» (das hebräische Äquivalent dieses griechischen Wortes) werden so übersetzt. Für den Zulu-Propheten SHEMBE ist unmoya die numinose Macht des heiligen Geistes, ein verborgenes mana, woran alle Dinge teilhaben. Sie kann eingeatmet werden, gibt Sicherheit, Kraft und übernatürliche Berührung, kann wie eine Substanz das Herz erfüllen, ist zugleich aber ein persönliches Wesen und das Gewissen der sie empfangenden Person, Autorität und persönliche Würde ([21], S.57–68).

Nach alteuropäischer Vorstellung hat jeder Mensch eine einzige, nach aussen abgegrenzte Seele; hier tritt an deren Stelle ein Konzert von Instanzen, die zwar dem Einzelnen zugeordenet sind, aber z.T. über die Ränder seiner Person unbestimmt weit hinausreichen. Sage man nicht, eine solche Erlebnisweise sei uns modernen Menschen gewöhnlich fremd! Seiner Seele ist noch niemand begegnet, aber mit seinem Gewissen hat es fast jeder einmal zu tun. Wir sprechen von der Stimme des Gewissens[3] und vom Ge-

[2] Vgl. [3, 19, 31]. Bezeichnend für die Tendenz dieser Polemik ist der Titel von [3], zur Kritik vgl. [40] S.115.

[3] CLOSTERMANN [4] nimmt diese Redeweise seiner Gewährspersonen ganz ernst, als handle es sich um Halluzinationen.

wissensbiss; über das Moralische hinaus greift die göttliche Stimme, als die ein subtiles Taktgefühl in GOETHES bekannten Tasso-Versen (3. Akt, 2. Auftritt) ausgegeben wird:

> Ganz leise spricht ein Gott in unsrer Brust,
> Ganz leise, ganz vernehmlich, zeigt uns an,
> Was zu ergreifen ist und was zu fliehen.

Wissenschaftlich ernst gemeinte, erst in unserem Jahrhundert eingeführte Instanzen dieser Art sind das Es und Überich der FREUDschen Metapsychologie, erst recht JUNGS Archetypen, die ja auch die Ränder der Person nicht respektieren. Man spricht angesichts solcher ebenso uralter wie neumodischer Sprengung des individuell zentralisierten Erlebens besser nicht von Partialseelen, sondern von Regungsherden. Als ein solcher kommt in der Übergangszeit vor PLATON, bis die alteuropäische Seelenvorstellung sich voll ausgebildet hat, sogar die Seele (psyché) selbst vor: Bei SOPHOKLES (Antigone 227) spricht sie zum Knecht, der sich mit einer bösen Nachricht ängstlich seinem König nähert, wohl nicht viel anders als so, wie das Gewissen – als autonomer Sender in der Person – für uns Stimme hat und wie dem SOKRATES sein Daimonion Warnsignale gibt. Ein Konzert autonomer Regungsherde dieser Art, worin dem Menschen nur gelegentlich und labil die Initiative zufällt, steht in HOMERS Ilias an der Stelle dessen, was man später «Seele» nannte. Bezeichnend dafür sind dort die wiederholten scheinbaren Selbstgespräche, die mit einer Ansprache an den eigenen thymós beginnen, bis der Sprecher stutzig zu werden scheint und sich fragt: «Aber wieso hat der liebe thymós mir dieses auseinandergesetzt»? ([35], S. 412–414). «Erst hat er zu seinem θυμός gesprochen, und dann erklärt er seine Gedanken als Worte des nämlichen θυμός.» (FINSLER, zitiert [35], S. 412). Seinem wichtigsten Regungsherd gegenüber hat der Ilias-Mensch also keine stabile Initiative; er ist dessen Partner, aber in einer zweideutigen Rolle, die erst aktiv scheinen und sich dann als passiv herausstellen kann. Wenn in unserem Jahrhundert so etwas vorkommt, wie im Fall STAUDENMAIERS, dem sich seine Selbstgespräche öfters als Ansprachen seiner «Personifikationen» (künstlich geweckten Regungsherde) an ihn herausstellen ([46], S. 69), ist die Umwelt (namentlich die aus fachlich kompetenten Wissenschaftlern bestehende) geneigt, den Betroffenen für verrückt zu halten. Wie in Staudenmaiers Fall sind die autonomen Regungsherde der Ilias-Menschen, anders als unser Gewissen, obendrein leiblich lokalisiert, und das ist nicht oder nicht nur Kunstgriff dichterischer Veranschaulichung, sondern entspricht einer viel ausgeprägteren Einstellung, als wir sie kennen, auf das eigene leibliche Befinden in der Art, wie der Mensch von Ergreifendem und Erschütterndem betroffen wird, deutlich etwa an den Worten, die Andromache spricht, als sie der

Unglücksnachricht vom Tod ihres Gatten Hektor entgegenfiebert: «In meiner eigenen Brust klopft das Herz bis zum Mund hinauf, unten sind die Knie erstarrt; nah ist den Kindern des Priamos ein Unglück[4].» Ebenso, wie dezentralisiert, ist das Erleben dieser Menschen unabgegrenzt: Götter bemächtigen sich ihrer, wie auch noch in der archaischen Lyrik und bei Aischylos (ja bis zu Euripides), und sind z.T. (besonders Ares und Aphrodite) mindestens so sehr sphärische Mächte wie Personen ([38], S.413, 419f., 425; [40], S.28, 50, 105, 158f.).

Wie kommt es von dieser Ausgangsstellung des uns literarisch fassbaren Selbstverständnisses europäischer Menschen her zur Seelenvorstellung? Eben durch das dringende Bedürfnis, der Dezentralisiertheit und Unabgegrenztheit des Erlebens, die sich in der schwankenden, unbeherrschbaren Wallungen ausgesetzten Art der Ilias-Helden niederschlägt, Herr zu werden. Ganz deutlich wird das Aufstehen dieses Ermächtigungsbedürfnisses, mit dem der Mensch sich in die Hand zu bekommen trachtet, wenn man der Ilias die jüngere Odyssee gegenüberstellt. Ich habe den grundsätzlichen und schroffen, sonst übersehenen Gegensatz des menschlichen Selbstverständnisses in beiden homerischen Epen scharf herausgearbeitet ([35], S.445–451; [38], S.413–418). Der Odysseus der Odyssee behandelt einen aufbegehrenden Regungsherd (sein «liebes Herz») wie der Herr den Hund; er beschimpft seine leiblichen Regungen, sofern diese – wie Hunger und Durst – seinen willentlich zäh festgehaltenen Leitgedanken durchkreuzen, und erweist den Abstand von seiner Leiblichkeit auch darin, dass er, im Gegensatz zu den Menschen und sogar zu den Göttern der Ilias, seinen Gesichtsausdruck zu beherrschen und sich wie ein Betrachter von aussen sich vorzustellen vermag. Die zunehmende Selbständigkeit der Person treibt in der Odyssee das leibliche und das göttliche Geschehen auseinander, so dass an die Stelle einheitlicher Durchstimmtheit des Menschen von leiblich-göttlichen Impulsen eine Schichtung dreier Bereiche tritt: des göttlichen, personalen und leiblichen Bereichs. Das Unberechenbare, Spontane, der leiblichen und göttlichen Impulse und die ihnen entsprechende Durchlässigkeit der Person werden durch deren sich behauptende Selbstkontrolle verdrängt, und diese wirkt sich gegen die impulsgebenden Mächte als Distanzierung aus, die diese Mächte in übersichtliche, gegenständliche Verfügbarkeit um sich herumstellt: Die Götter sind für Odysseus nur noch prinzipiell kalkulable Mit- und Gegenspieler.

Im Zuge dieses von Homer bis zur Stoa ansteigenden Strebens nach personaler Selbstermächtigung, Zentralisierung und Abgrenzung gewinnt das griechische Wort für Seele (ψυχή) seine vom späten 5. Jahrhundert v.Chr. an überragende Bedeutung für das menschliche Selbstver-

[4] [38], S.410f., das Beispiel Ilias X 451–453.

ständnis, die es bei HOMER noch keineswegs besitzt. Die homerische ψυχή ([35], S.436–439) ist weder Regungsherd noch gar personales Impuls- und Erlebniszentrum; es ist sehr schwer, genau einzukreisen, woran HOMER (bzw. die Homere) beim Gebrauch des Wortes gedacht hat (haben). In der Odyssee dürfte es nur noch ein Homonym mit den beiden Bedeutungen von «Leben» und «Totengespenst» sein, während die Wortbedeutung in der Ilias noch einheitlicher an den etymologischen Grundsinn anzuknüpfen scheint, der den Hauch meint, nämlich einerseits den Atem und damit das Leben, andererseits den Rauch und damit das Totengespenst. Dass sich gerade dieses Wort «ψυχή» als Name der Instanz durchgesetzt hat, die sich die Regungsherde mehr oder weniger unterwirft und einverleibt, dürfte eher einem Mißverständnis gewisser homerischer Wendungen zuzuschreiben sein, als ursprünglicher Bedeutungsschwere des Wortes, das sich für jene prominente Verwendung eigentlich nur aus dem negativen Grund eignet, dass es in der andersartigen, urtümlichen Deutung menschlichen Erlebens und Verhaltens durch HOMER noch gar keine Rolle spielt. Erst ungefähr von 500 v.Chr. (oder einem etwas früheren Termin) an wächst das Wort «ψυχή» allmählich in seine neue Rolle hinein, möglicher Weise im Zusammenhang mit den damals auftretenden Vorstellungen von Seelenwanderung, die man aber nicht von vornherein im Wortsinn so verstehen darf, als ob eine Seele als zentralisierte Stätte personal abgegrenzten Erlebens von Leib zu Leib wanderte. HERMANN FRAENKEL hat das 7. Fragment des Xenophanes, wonach dessen Zeitgenosse PYTHAGORAS verboten habe, einen Hund zu schlagen, weil dieser die (am jämmerlichen Gebell erkennbare) Seele eines toten Freundes von ihm sei, dem Wortlaut nach zutreffend so erklärt: die Seele sei als Hund, nicht in einem Hund wiedergeboren und schreie selbst mit der bekannten Stimme ([6], S.355). Man muss also vorsichtig gegen die Versuchung sein, in die spätarchaische Seelenwanderungslehre die spätere Seelenvorstellung hineinzulesen. Die Seele ist nicht plötzlich um 500 da, sondern erstarkt im 5. Jahrhundert allmählich gegen die homerischen Regungsherde oder vielmehr den wichtigsten unter diesen, den thymós. Der Gedanke eines Kampfes zwischen ψυχή und θυμός, auch mit dem Zusatz, dass der Mensch gegen diesen Partei zu nehmen berufen sei, kommt bei Philosophen des 5. vorchristlichen Jahrhunderts mehrfach vor ([35], S.455). Erst bei PLATON aber können wir eine fein und breit ausgearbeitete Gestalt menschlichen Selbstverständnisses fassen, dem der Seelengedanke zum Leitmotiv des massgeblichen Bestrebens wird, alle unwillkürlichen Regungen unter die Botmässigkeit der zur Besonnenheit emanzipierten Person zu bringen und dadurch das menschliche Erleben und Stellungnehmen zu zentrieren ([35], S.462–485). Wie diese Aufgabe im platonischen Denken ausgeführt wird, zeigt eine kurze Charakteristik des Denkens, die den Abstand zu ermessen gestattet, der seit den scheinbaren Selbstgesprächen der Ilias durchlaufen worden ist: Denken ist nach PLATON stummes Selbstgespräch der Seele in ihr selbst mit ihr selbst ([28], S. 263e; vgl. [38], S. 10–13). Natürlich ist diese Vorstellung paradox, das Bild schief: Innerhalb der Seele kann nicht wiederum die Seele auftreten und Gespräche führen; der Bewohner eines Zimmers kann nicht das Zimmer selbst sein. Dieser Doppelsinn, der übrigens die Erkenntnistheorie z.T. bis in unser Jahrhundert hinein genasführt hat ([38], S. 12f.), ist bezeichnend für die Doppelrolle, die der Seelenvorstellung als dem Hauptwerkzeug personaler Emanzipation und Selbstermächtigung zufällt: Damit das persönliche Erleben und Verhalten einer zentralen Regie unterstellt werden kann, muss es zunächst abgegrenzt werden, so dass weder autonome Regungsherde noch einbettende Atmosphären oder sonstige Impulsgeber mit ihren Einflüssen ungehemmt hindurchfluten können; zweitens muss dieses abgegrenzte Erleben zentriert, um eine massgebende Mitte zusammengezogen werden. Unter dem ersten Gesichtspunkt ist die Seele das Haus, in dem sie Herr ist, unter dem zweiten der Herr in diesem Haus, und so kommt es bei PLATON zur paradoxen Kontamination der beiden Gleichnisse für das Denken, dass es einerseits ein Gespräch in der Seele sei, andererseits ein Gespräch der Seele mit der Seele, die dabei ganz ihrer eigenen Iniative und Kritik überlassen ist, weil sie als Sprecher und Angesprochener nur noch mit sich selbst zu tun hat. Von der Seele in der ersten Bedeutung, nämlich als Haus, kann man sagen, dass die sämtlichen Gefühle, Gedanken, Wünsche, Entschlüsse usw., mit denen ein Mensch sich auseinandersetzt, die ihm vorschweben und ihn betroffen machen, in der Seele seien. Von der Seele in der zweiten Bedeutung kann man sagen, dass sie selber etwas tut oder leidet, z.B. wünscht, verabscheut, fühlt, beschliesst oder eben (wie bei PLATON) nachdenkt und mit sich zu Rate geht. Die Vermischung dieser beiden, eigentlich unvereinbaren Auffassungen gibt der abendländischen Seelenvorstellung ihr eigentümliches Gepräge. Ich will dessen Ausarbeitung nach beiden Richtungen nun etwas genauer ins Auge fassen.

Die erste von beiden Richtungen, in der sich der Seelengedanke ausbildet, führt zur Auffassung der Seele des einzelnen Menschen als privater Innenwelt und zur Introjektion der Gedanken, Gefühle, Wünsche, Zweifel, Entschlüsse usw. des betreffenden Menschen in diese Innenwelt. Diese Konzeption wird im Lauf der Denkgeschichte fast zur Selbstverständlichkeit – mit zwei grossen Ausnahmen, die ich in [33] erörtert habe: dem Urchristentum und der aristotelisch-averroistischen Geistlehre –, ist aber, phänomenologisch betrachtet, durchaus abwegig, unter anderem deshalb, weil die einbettenden Atmosphären und Situationen, die etwa das Gefühlsleben (aber nicht nur dieses) beherrschen, so nicht mehr unverzerrt gewürdigt werden können. DAMMANN berichtet von einem Negerstamm: «Die Lugbara sprechen von einer Krafte ole, die den Menschen befällt, wenn er sieht, wie andere etwa reiche Speisen haben, viele Frauen und Kinder besitzen und sonst Glück haben. Wir würden von Ärger, Hass oder Neid sprechen. Aber es geht dem Afrikaner nicht um die Konstatierung eines psychischen Tatbestandes. Dieses ole kann bewirken, dass die Personen oder das, was das unschöne Gefühl im Herzen hervorgerufen hat, krank werden, Schaden leiden oder auch sterben» ([5], S.106f.). Den Neid so als ergreifende Atmosphäre ohne Introjektion zu verstehen, fällt uns schwer und scheint bei diesen Negern ans Abergläubische zu streifen, aber leichter wird uns das Entsprechende vielleicht angesichts der Atmosphäre des Friedens, die etwa das Leben einer harmonischen Familie durchdringt oder über einer heiteren Landschaft liegt; sowohl das Urchristentum ([40], S.33–35) als auch der chinesische Volksglaube, in dem die «Rundheit» der harmonischen Familie als Atmosphäre in entsprechender, nur umgekehrter Weise wie die Neidmacht ole der Lugbara charakterisiert ist ([11], S.89–93), bringen zwanglos eine spürbare Atmosphäre des Friedens zur Sprache, vor der die Psychologie wenigstens im Zeichen des Seelengedankens und der Introjektion hilflos ist. Nicht besser geht es in diesem Zeichen aber auch den Atmosphären im nächstliegenden Sinn, denen des Wetters oder Klimas, so wie dieses unmittelbar am eigenen Leibe, aber als eine diesen umschliessende Einbettung z.B. in der stikkigen Luft eines Zimmers, der reinen eines Hochwalds, der frösteln machenden Feuchte eines trüb-kalten Novembertags, der Schwüle eines sommerlichen Gewitterabends usw. gespürt wird. Solches klimatisches Spüren ist eine prägnante Wahrnehmungsweise, jedermann so gut vertraut wie Sehen, Hören, Fühlen, Tasten, Schmecken und doch verbannt aus der kanonischen Liste dieser fünf Sinne und bis heute in seiner einfachen und naheliegenden Prägnanz von Psychologen – selbst auch «wetterfühligen» – nicht anerkannt, weil es sich dabei um Atmosphären handelt, die nicht in der von der Introjektion geforderten Weise auf Subjekt und Objekt verteilt werden können. Wenigstens hat noch niemand versucht, das Klima in der seelischen Innenwelt unterzubringen. Meine Philosophie lässt sich recht gut als die erste umfassende Systembildung charakterisieren, die konsequent der Introjektion aus dem Wege geht. Dabei will ich hier aber nicht warm werden, sondern noch einmal frisch bei *der* Seite des Seelengedankens einsetzen, die für die Introjektion verantwortlich ist: bei der Auffassung der Seele als abgegrenzter Bereich.

Die Seele, ihrer abgrenzenden Leistung nach, hat die schon erwähnte Aufgabe, gleichsam das Haus zu sein, in dem der Mensch als Person Herr seiner Impulse und seines Betroffenseins werden kann und hoffen, darf, die unwillkürlichen Regungen dem eigenen besonnenen Verfügen zu unterwerfen. Zu diesem Zweck muss sie um alle die Regungsherde, die dem urtümlichen Erleben sein eigentümlich dezentrales Gepräge geben, herumgezogen werden. Sehr drastisch und anschaulich beschreibt PLATON diese Konstruktion in einem Bild der Seele, das insofern als Leitbild der abendländischen Seelenvorstellung gelten darf: Der Mensch im Menschen (die Vernunft) bewacht zusammen mit dem Löwen im Menschen (dem Herd der mutigen und aggressiven Regungen) das vielköpfige Ungeheuer im Menschen (den Herd der sinnlichen Begierden), und um die sonderbare Trias herum wird abermals das Bild des Menschen (gemeint: der Seele) gelegt ([27], S.588b–e). Genau besehen, ist hier vom Menschen auf drei Ebenen die Rede: als Körper und Seele zusammengefügt ([26], S.246c), als Seele, und als Vernunft in der Seele, die zu deren Leitung berufen ist. Der platonische Mensch zieht sich also stufenweise auf ein Zentrum zusammen: Vom Körper und dessen unwillkürlichen Regungen (Begierden) ([25], S.66c) distanziert er sich als Seele, von den dieser introjizierten Regungsherden abermals als Vernunft in der Seele. Die Seele gewinnt die Doppelbedeutung als Sphäre, in der die Vernunft mit den Regungsherden zusammenbesteht, und als Zentrum oder Kern der Sphäre (Vernunft, Geist). In ihrer Sphärenbedeutung wird sie verräumlicht und damit doch wieder auf das Körpermodell festgelegt, so sehr sich die Philosophen auch bemühen, im Interesse des Rückzugs erster Stufe (vom Körper, der als Triebquelle und verwundbare «Aussenseite» des Menschen verdächtig ist, in die Innenwelt) die Unkörperlichkeit der Seele zu betonen. Der Gedanke, dass in der Seele allerlei Erlebnisse und Impulse darinstecken, ist das Stigma dieser ungewollten und uneingestandenen Quasi-Körperlichkeit der Seele und vererbt sich auf deren Nachfolger in moderner Zeit, das Bewusstsein, durch die Rede von Bewusstseinsinhalten. Der Eros, früher als begegnende und ergreifende Macht verstanden, ist für PLATON etwas in der Seele ([24], S.513c; vgl. [35], S.467); zum Lieblingsboden üppiger Wucherung des Körpermodells für das Seelenleben wird bei PLATON und späteren Idealisten indes die Erinnerung: Ihr zuliebe vergleicht PLATON die Seele einer Wachstafel ([29], S.191cff.) mit engem Raum ([29], S.195a) und gar noch einem Taubenschlag ([29], S.197dff.). AUGUSTINUS stellt sie sich als einen Palast und riesigen Hof vor, wo die Gedächtnisschätze gestapelt sind ([2], X8 [12–14]), «quasi remota interiori loco, et non loco» ([2], X9 [16]). Über die Schwelle der modernen «Entmythologisierung» des Seelengedankens hinweg bleibt dieses Leitbild von Seelenräumlichkeit virulent: Nach HUME ist der Geist «a kind of theatre» ([7], S.253), und KARL JASPERS schreibt: «Bildlich stellen wir uns das Bewusstsein wie eine Bühne vor, auf der die einzelnen seelischen Phänomene kommen und gehen; oder als das Medium, in dem sie sich bewegen» ([9], S.115).

Als Sphäre dient die Seele der Abgrenzung des persönlichen Erlebens; ihre andere Rolle ist die der Zentrierung, und diese zwingt in seltsamem Widerspruch mit jener zur Leugnung des Sphärengedankens: Als Zentrum des Erlebens wird die Seele unter den Händen der Philosophen zur einfachen, unausgedehnten, unteilbaren Substanz. Der Geschichte dieses Gedankens hat MIJUSKOVIC eine sorgfältige Monographie gewidmet [18], die mich von der Pflicht zu Einzelbelegen grösstenteils befreit. Das Argument tritt in einer Haupt- und einer Nebenform auf. In der Hauptgestalt leitet es aus der Einheit des Bewusstseins, die an der Beziehungs- und Kollektivauffassung abgelesen wird, die Einfachheit, Unausgedehntheit und Unkörperlichkeit der Seele ab: Wäre diese zusammengesetzt, so dass z.B. A mit einem Teil von ihr, B mit einem anderen Teil von ihr aufgefasst würde, so wäre niemand da, der A als verschieden von B oder ähnlich mit B usw. oder A und B als Teile eines Ganzen aufzufassen vermöchte; so weit die Beziehbarkeit auf einander und Verbindbarkeit mit einander reicht, müssen alle Gegenstandserfassungen also einem einzigen, einfachen Zentrum zugeleitet und dort vereinigt werden. Dieser Beweis findet sich zuerst bei PLOTIN ([30], IV7, 6, 4f., [10–12, 15–19]), der Beweisgedanke aber – was MIJUSKOVIC nicht erwähnt – schon bei ARISTOTELES ([1], III2, 426b 17–427a 16), nur dass dieser, statt von der Seele insgesamt vom Gemeinsinn spricht. Bis zu KANTS Polemik im Paralogismenkapitel der Kritik der reinen Vernunft hat der geschilderte Gedankengang die Hauptrolle unter den Argumenten für die Unsterblichkeit und Unkörperlichkeit der Seele gespielt, zusammen mit seiner (z.B. von DESCARTES in der Synopsis der Meditationes de prima philosophia herangezogenen) Nebenform, die nicht mit dem Beziehungsbewusstsein operiert, sondern sich einfach auf die Unmöglichkeit einer Zerreissung von Körpern entsprechenden Seelenspaltung – wir würden sagen: Persönlichkeits- oder Bewusstseinsspaltung – beruft. Gegen den von ARISTOTELES und PLOTIN eingeführten Gedankengang ist hauptsächlich einzuwenden, dass er nichts für die Einfachheit der Seele als beziehenden Subjekts erweist, sondern sich damit begnügt, den vielen zu beziehenden oder zusammenzufassenden Gegenständen ebenso viele Erfassungsakte eines angeblich einfachen Subjekts gegenüberzustellen. Wie diese Akte zu der angeblich für ein Beziehungsbewusstsein erforderlichen Koinzidenz, statt eines blossen Nebeneinanders in der Innenwelt des Subjekts, gebracht werden könnten, wird durch dessen Einfachheit nicht verständlich gemacht; die übersehene Aufgabe, die vielen Erfassungen in einem einfachen Subjekt «zusammenzupressen» – z.B. die vielen Perzeptionen in einer Leibnizschen Monade –, ist vielmehr genau analog der anerkannten, viele Gegenstände in der Einheit eines beziehenden Bewusstseins zu verbinden. Das Argument besteht also nur darin, ein Problem von der Gegenstands- auf die Aktseite zurückzuschieben. Mit der Einfachheit eines Subjektes oder gar einer Substanz – hier der Seele – hat es nur durch Missverständnis zu tun, eigentlich aber mit der Einfachheit des Bewusstseins. In welchem Sinne dieses in der Tat jeweils einfach ist, statt ein Neben- oder Durcheinander verschiedener Akte oder Ideen usw., habe ich auf ganz anderer Grundlage zu präzisieren versucht ([38], S. 83–86; [42], S. 42), doch wird dabei so viel über Mannigfaltigkeit und Subjektivität vorausgesetzt, dass es nicht möglich ist, hier mit kurzen Strichen davon Genaueres zu berichten.

KANT hat das Argument PLOTINS – den, wie er sagt, «Achilles aller dialektischen Schlüsse der reinen Seelenlehre»[5] – mit einer Behauptung anderer Art bekämpft, indem er die postulierte Einheit des Bewusstseins durch den Satz «Ich denke» beschreibt und von dessen grammatischem Subjekt sagt, es bedeute «ein Etwas überhaupt (transzendentales Subjekt), dessen Vorstellung allerdings einfach sein muss, eben darum, weil man gar nichts an ihm bestimmt, wie denn gewiss nichts einfacher vorgestellt werden kann, als durch den Begriff von einem blossen Etwas. Die Einfachheit aber der Vorstellung von einem Subjekt ist darum nicht eine Erkenntnis von der Einfachheit des Subjekts selbst, denn von dessen Eigenschaften wird gänzlich abstrahiert, wenn es lediglich durch den an Inhalt gänzlich leeren Ausdruck Ich (welchen ich auf jedes denkende Subjekt anwenden kann), bezeichnet wird» ([12], A 355). Hier irrt KANT, weil er die Subjektivität in einem Sinn dieses Wortes verkennt, den ich gern an einer von mir frei nach DÜRRENMATT erzählten kleinen Phantasiegeschichte verdeutliche: Ein dramatischer Dichter wird von einem Liebhaber seiner Kunst besucht, dem er seine Absicht schildert, einen gewissen Menschen demnächst zum Fenster herauszustürzen, um die ihm zur lebensvollen Dichtung unentbehrliche Kenntnis des Verhaltens in der Todesangst durch Studium am lebenden Objekt zu erwerben. Der Besucher hört sich das mit teilnehmendem, doch eher behaglichem Grausen an, bis er an der Beschreibung des in Aussicht genommenen Opfers merkt, dass *er* es ist, der gestürzt werden soll. In diesem Augenblick hat sich ihm der betreffende Sachverhalt um eine für ihn höchst wichtige Nuance, die von mir so genannte Subjektivität, bereichert; der plötzliche Wechsel seiner Stellungnahme, die nun nicht mehr behaglich, sondern panisch ist, bezeugt drastisch diese Bereicherung. Die hier gemeinte Subjektivität ist durchaus keine Eigenschaft des Subjekts oder gar seiner Seele. Im Beispiel kann der Kunstfreund – genügend «lange Leitung» bei ihm vorausgesetzt – eine beliebig detaillierte Liste von Eigenschaften des in Aussicht genommenen Opfers zur Kenntnis nehmen, ohne dass sie sich ihm abzeichnet, da sie nicht an ihm oder sonst einer Sache zum Vorschein kommt, sondern an

[5] [12], A 351, daher der Titel von [18].

dem Sachverhalt, *dass* einer gewissen (lebenden, fühlenden, leidensfähigen) Sache etwas bevorsteht. Man kann sich das auch an dem schlichten Beispielsatz «Ich bin traurig» klar machen. Er sagt mir jedenfalls mehr als der Satz «Hermann Schmitz ist traurig», solange nicht mitverstanden wird, dass ich er bin. Diesem Satz fehlt die Darstellung der Nuance, dass diese Trauer mir nahegeht. Diese Nuance - WILLIAM JAMES suchte sie als eine gewisse «Wärme und Intimität» ([8], S.200f.) zu fassen - kann aber auch nicht dadurch in der Beschreibung nachgeholt werden, dass sie als eine Eigenschaft meiner Person oder meiner Trauer in dem beschreibenden Satz ergänzend miterwähnt wird. Dabei würden sich Sätze ergeben wie die folgenden: «Der mit Wärme und Intimität ausgestattete Hermann Schmitz ist traurig», «Hermann Schmitz ist mit Wärme und Intimität traurig». Auch sie sagen mir nicht so viel wie «Ich bin traurig», solange ich nicht die subjektive Tatsache mitverstehe, dass ich der Hermann Schmitz bin. Subjektivität für mich ist also keine Eigenschaft des Hermann Schmitz, der ich bin, oder seiner Eigenschaften und Zustände, sondern eine Eigenschaft der Sachverhalte, dass es mit diesem Mann diese oder jene Bewandtnis hat, gleich ob es sich um Tatsachen oder untatsächliche Sachverhalte handelt. Die für irgend jemand in solcher Weise subjektiven Sachverhalte sind genau diejenigen, auf die folgende Sätze zutreffen: Immer höchstens Einer kann sie, und zwar nur im eigenen Namen, in Satzform angemessen beschreiben oder darstellen (obwohl Viele sie durch eindeutige Kennzeichnung zu benennen vermögen); sie sind nicht in objektivierender, beobachtender Einstellung ablesbar; sie sind die eigentlich lebensvollen und gewichtigen, im Gegensatz zu den bloss objektiven, gleichsam blassen Tatsachen und Sachverhalten, da sie einem erlebenden Wesen (Mensch oder Tier) gleichsam das horazische «tua res agitur» zurufen[6]. Um auch einmal eine Anwendung auf klinische Psychologie zu bringen: Dass die Subjektivität der für jemand subjektiven Tatsachen für ihn verblasst oder von ihm nicht mehr in ein deutliches, ihn überzeugendes Verhältnis zu den objektiven Tatsachen, die sich durch Abschälung solcher Subjektivität ergeben - wie im Beispiel «Hermann Schmitz ist traurig» aus «Ich bin traurig» -, gesetzt werden kann, macht die Entfremdungserlebnisse der sog. Depersonalisation aus. Deshalb ist diese Subjektivität für den Psychiater wichtig; ich glaube, dass KURT SCHNEIDER bei seiner Rede von Meinhaftigkeit auf sie hinauswollte ([44], S.130).

Mit seiner oben angeführten Widerlegung des «Achilles aller dialektischen Schlüsse der reinen Seelenlehre» ist KANT nach dem inzwischen Gesagten insoweit im Recht, als er leugnet, dass durch den Gebrauch der ersten Person des Singular in dem Satz «Ich denke» dem denkenden Wesen eine Eigenschaft zugeschrieben würde, aber er irrt, wenn er deswegen den Satz bloss besagen lässt, dass irgend etwas denkt; denn diese ist eine objektive Tatsache, dagegen die, dass ich denke, für mich – und die jeweils entsprechende für jedermann – eine reichere subjektive. KANTS Irrtum gleicht darin dem von LICHTENBERG, der dem «cogito ergo sum» das geistreiche, seither viel zitierte Aperçu entgegensetzte: «Es denkt, sollte man sagen, so wie man sagt: es blitzt. Zu sagen cogito, ist schon zu viel, sobald es durch Ich denke übersetzt wird» ([16], S. 99). LICHTENBERG hat ganz recht gegen DESCARTES, wenn er dessen Naivität, dem unbezweifelbaren Ereignis des Denkens ohne Weiteres eine denkende Substanz (die Seele) zu unterstellen, anprangert, aber er schiesst über dieses Ziel seiner Kritik hinaus, wenn er deswegen die erste Person des Singular entfernen will, da diese die Subjektivität des beschriebenen Sachverhaltes, die in der impersonalen Formulierung ausgelassen ist, und damit allerdings das für den Sprecher Gewisseste und Einleuchtendste daran sprachlich darstellt. Dieser Missgriff LICHTENBERGS und KANTS, den vorher schon HUME sehr radikal in dem Kapitel On personal identity von [7] begangen hatte, trägt die Schuld daran, dass die «Psychologie ohne Seele» ([15], S. 362), die nach der Preisgabe der Seelensubstanz übrig blieb, eine Psychologie ohne Subjektivität geworden ist – trotz KIERKEGAARD, der gerade diese, wenn auch in vorbegrifflich-essayistischer Weise, zur Geltung brachte und in Deutschland Einfluss zu nehmen begann, als Mach der Psychologie ohne Seele und ohne Subjektivität den einprägsamen Wahlspruch verschaffte: «Das Ich ist unrettbar» ([17], S. 19). Dieser Wahlspruch ist genau so zweideutig wie der «aktuelle Seelenbegriff» WILHELM WUNDTS ([50], S. 564), der vermeintlich nur der wackeren Verteidigung des Empirischen und Phänomenalen gegen die Metaphysik-Gespenster Seele und Substanz dient, hauptsächlich aber bewirkt, dass achtlos oder insgeheim über Bord geworfen wird, was zwar die bloss registrierende Beobachtung stört und foppt, für die beobachteten Menschen (und Tiere) aber erst Gewicht und Farbe in ihr Leben bringt: die Subjektivität der subjektiven Tatsachen. Diese ist sogar schon lange vor KIERKEGAARD von FICHTE entdeckt worden, und zwar nicht, wie von mir, am affektiven Betroffensein, sondern durch Radikalisierung der personalen Emanzipation, der angenommenen Fähigkeit des Menschen, sich über jeden Standpunkt, auf dem er sich befindet, reflektierend und abstrahierend, seine jeweilige Befangenheit abstreifend, zu erheben; doch konnte FICHTE seine ursprüngliche Einsicht begrifflich nicht ins Klare bringen, weil er im Bann der ihr nicht mehr angemessenen Antithesen der überlieferten Metaphysik verharrte und namentlich ein Begriff für Sachverhalte (und Tatsachen als ausgezeichnete Teilklasse unter ihnen) damals noch fehlte[7]. Da also die Philosophen die

[6] Über Subjektivität und subjektive Tatsachen (Sachverhalte) vgl. besonders [38] S. 35–77, 91–93; [39] S. 527–545, 586; [40] S. 372–375.

[7] Eine eingehende Darstellung des hier über Fichte Angedeuteten findet man [42] S. 62–85.

Subjektivität entweder überhaupt nicht zur Kenntnis nahmen oder doch nicht klar und scharf auf den Begriff zu bringen wussten, ist es kein Wunder, dass die Psychologen von der Entmythologisierung ihrer Wissenschaft, das Kind mit dem Bade (der Seele) ausschüttend, zum Behaviorismus getrieben wurden, der als heuristische Maxime manchmal zweckmässig ist, als Dogma aber eine Karikatur der Erfahrung und systematische Verzerrung der Phänomene.

In welchem Mass kann ein Zurückkommen auf die Seelenvorstellung bei der Korrektur dieser Einseitigkeit künftig von Nutzen sein? Ich will die Antwort an den letzten repräsentativen Versuch, mit psychologischen Methoden hinter die «Psychologie ohne Seele» zurückzugehen, anknüpfen: an KRÜGER und WELLEK. KRÜGERS Strukturbegriff meint nach WELLEK ein «Seiendes von ontologischer und metaphysischer Realität, ‹relativ überdauernd› und konstant, das als ‹tragender Grund›, mithin als *Substanz* allem dem zugrundeliegt, was sich an Prozessen, d.h. an Erlebnissen (Vorgängen und Zuständen) in der Seele oder im Bewusstsein ereignet, oder vollzieht. Es handelt sich also um eine Neufassung des (substanziellen) Seelenbegriffs: die Struktur ist die Substanz, kraft deren und an der sich die psychischen Phänomene vollziehen» ([48], S.17). «Es handelt sich, wie schon oft hervorgehoben, um eine Wiederherstellung des Seelenbegriffs in einer wissenschaftlichen Neufassung – für die Seelenwissenschaft, die damit wieder zu dem wird, was sie ihrem Namen nach ist und notwendig sein muss» ([49], S.22). Solch glatter Restauration der Seelensubstanz möchte ich keinesfalls das Wort reden. Eben habe ich (für FICHTE) die Befangenheit in den Antithesen der überlieferten Metaphysik beklagt; zu den gröbsten Simplifikationen unter diesen gehört die Gegenüberstellung von Substanz und Akzidens. Ich will dagegen einen Gegenstandstyp geltend machen, der in der klassischen Begriffs- und Theorienbildung der Philosophen «zerrieben» wird: die Situationen. Ich gebe eine kurze Einführung in die Bedeutung, mit der ich dieses Wort in meinen Büchern[8] und Aufsätzen gebrauche, in der Hoffnung, damit einen Wink zu geben, wie KRÜGERS «seelische Struktur» fruchtbarer und sachgemässer als mit Hilfe des Substanzbegriffs verstanden werden könnte. Ich gehe von dem aus, was man im täglichen Leben die Eindrücke nennt, die ein Mensch empfängt, z.B. auf Reisen, bei der Begegnung mit einem Mitmenschen oder vor einem fesselnden Porträt. Solche Eindrücke haben eine ganzheitliche Geschlossenheit, womit sie sich unverkennbar einprägen und charakteristisch fortwirken können; sie sind vielsagend, lassen aber mehr ahnen, als man ausformulieren kann, und oft fällt jeder Versuch, etwas von dem Vielsagenden wirklich zu sagen, mindestens zeitweise schief

[8] Namentlich in [40, 41, 42, 43].

aus; es gibt eine spezifische Intelligenz, sich ohne viel Reden und Analysieren an ihnen entlangzutasten, bis sie sich zu einem «Bild» runden, das zwar nicht beliebig abrufbare Informationen liefert, aber an kritischen Stellen mancher Entwicklungen für einen guten Rat, eine geschickte (je nach den Umständen unterstützende, abwehrende, manipulierende, zuvorkommende usw.) Massnahme u.dgl. unentbehrlichen Nutzen bringt. Damit das Gemeinte in möglichst schlichter Weise augenscheinlich wird, will ich einige Zeilen aus Ortega y Gasset anführen: «Wenn wir einem anderen Geschöpf unserer Gattung gegenüberstehen, offenbart sich uns unmittelbar seine innere Natur. Diese Erfassung unseres Nächsten ist tiefer oder oberflächlicher je nach dem Grad unseres angeborenen Scharfblicks. Ohne sie wäre das elementarste soziale Zusammenleben und jeder Umgang mit Menschen unmöglich. Jedes Wort und jede Geste von uns wäre in Gefahr, den Partner zu verletzen. Und wie wir auf die Gabe des Gehörs aufmerksam werden, wenn wir mit einem Tauben sprechen, so bemerken wir die Existenz dieser unmittelbaren Anschauung, die der Mensch normalerweise von seinesgleichen hat, wenn wir auf mangelnde Feinfühligkeit stossen, auf einen Menschen ohne ‹Takt› – ein vortrefflicher Ausdruck, der auf jenen Sinn der inneren Wahrnehmung anspielt, mit dem wir gleichsam die fremde Seele abtasten, ihre Umrisse, die Rauheit und Weichheit ihres Charakters fühlen. Was den meisten Menschen abgeht, ist die Gabe, zu ‹sagen›, wie der Nächste ist, den sie vor sich haben. Aber dass man es nicht ‹sagen› kann, bedeutet nicht, dass man es nicht sieht» ([22], S.214f.). Dass Ortega von Seele und «innerer» Wahrnehmung redet, nehme ich in Kauf; wertvoll ist mir aber, dass er so energisch auf dem echten Wahrnehmungscharakter des Bewussthabens besteht, dessen Gegenstand ein Eindruck ist, mit einem begegnenden Mitmenschen – es wäre wohl zu wenig, hier nur «Menschenkörper» zu sagen – als Kern. Solch ein Eindruck ist eine Situation in meinem Sinn. Ich definiere Situation schlechthin als chaotisch-mannigfaltige Ganzheit, zu der mindestens Sachverhalte gehören ([40], S.411–444; [42], S.14–19). Mannigfaltiges ist chaotisch, wenn seine Elemente nicht sämtlich (vielleicht gar sämtlich nicht) einzeln sind, weil im Verhältnis dieser Elemente zu einander überhaupt oder teilweise keine Identität oder Verschiedenheit vorliegt, sondern Unentschiedenheit, ob sie miteinander identisch oder von einander verschieden sind. Daraus ergibt sich bei Eindrücken der beschriebenen Art das Vielsagende, in dem man Einzelnes nur ahnen kann. Dazu gehören angesichts des Mitmenschen z.B. Protentionen, d.h. Sachverhalte, auf die man unwillkürlich erwartend gefasst ist, ohne sie aufzählen zu können, ja oft, ohne sie vor eventueller Enttäuschung und Verblüffung über Ausbleiben des Erwarteten zu bemerken; ferner Programme, etwa als Zumutung, von denen man sich vom fremden Anblick, der fremden Stimme her eigentümlich berührt findet, ohne gleich zu durchschauen, worauf das hinaus will; ferner auch Probleme, seien es Rätsel, die der andere uns aufgibt, oder eine mehr oder minder vage Herausgespürte Problembeladenheit seines Ganges, seines Gehabes, seines Gesichtsausdrucks usw. Darüber hinaus habe ich in meiner Wahrnehmungslehre am komplizierten Aufbau des anschaulich wahrgenommenen Dinges den massgeblichen Anteil der Situationen (als Charaktere sowie Gesichter des Dinges usw.) scharf herausgearbeitet ([41], S.116–170) und dabei auch die Unzulänglichkeit der klassischen Substanz-Akzidens-Dichotomie hervorgehoben ([41], S.171). Nicht nur in der Wahrnehmung, die weit mehr als das umfasst, was Korrelate in physischen Reizen auf Sinnesrezeptoren hat, sondern in weit grösseren Bereichen unseres Erlebens und Betroffenseins dominieren die Situationen, z.B. bei den Wünschen und den Erinnerungen – ein schöner Urlaub z.B. schmilzt in der Erinnerung rasch zur Situation im angegebenen Sinn zusammen – oder in der Poesie; das Wesentliche dichterischer Rede besteht im schonenden Durchscheinenlassen von Situationen in ihrer Ganzheit durch sparsame Explikation von Sachverhalten, Programmen und Problemen aus ihnen ([40], S.533–586; [42], S.15–17).

Mit dieser sehr flüchtigen Einführung in den vielschichtigen und reich differenzierbaren Situationsbegriff, einen Hauptschlüssel phänomengerechter Beschreibung und Analyse, muss ich mich hier zufrieden geben. Jetzt erhebt sich die Frage: Was trägt das zu einer Revitalisierung des Seelengedankens bei? Ich möchte antworten: An die Stelle der Seele, die als Substanz und Sphäre («Innenwelt») ausgespielt hat, könnte als legitimer Erbe vielleicht treten, was ich als persönliche Situation bezeichnet und gründlich durchmustert habe ([42], S.19–21, 287–474). Was Menschen und Tieren widerfährt, ist schon in den primitivsten Urformen des Erlebens eine Situation, die mit subjektiven Sachverhalten der Art, dass etwas dem Betroffenen – auch wenn dieser gar nicht sprechen und vielleicht nichts einzeln bewusst haben kann, wie manche Tiere, Babies und Idioten – nahe geht, gleichsam durchtränkt ist. Auch der Neugeborene, der überhaupt noch nichts von sich weiss, in dem Sinn, dass ihm noch kein Sachverhalt einzeln vorschwebt, erfährt sehr wohl, dass etwas ihn angeht, im Sinne des «tua res agitur»; sonst würde er wohl nicht so schreien. Er merkt es aber nur in ganzheitlichem Innesein einer chaotisch-mannigfaltigen, völlig unexplizierten Situation. Aus solchen Anfängen entwickelt sich durch Prozesse personaler Emanzipation und Regression, die ich anderswo analysiert habe ([42], S.21–131), eine persönliche Situation, die dem Einzelmenschen auf den Leib geschnitten ist, in der Weise, dass beständig Einzelnes aus chaotischem Mannigfaltigem abgehoben wird (Explikation) oder in solches zurücktaucht (Implikation). Das Vergessen ist solche

Implikation, also kein Verschwinden, sondern Wechsel des Mannigfaltigkeitstyps in der persönlichen Situation, und Sicherinnern der entsprechende Vorgang in umgekehrter Richtung. Dieses Situationsmodell der memoria ([42], S.359–367) sollte an die Stelle der Aufbewahrung im Seelenschatzhaus nach AUGUSTINUS (s.o.) gesetzt werden.

Ist die persönliche Situation nur ein konstruktives Postulat, oder kommt sie auch als Phänomen zum Vorschein? HANS THOMAE hat in seiner überaus aufschlussreichen, meinem Urteil nach auch methodisch vorbildlichen Monographie über das Entscheidungsverhalten schwerwiegende Lebensentscheidungen als erschwerte Erdeutungen einer Situation charakterisiert ([47], S.68). «Im Mittelpunkt des Erlebens steht nach unseren Befunden nicht ein Tun, ein ‹Vorziehen›, ‹Wegschieben›, sondern ein Geschehen, das von einer Situation zentraler Betroffenheit und existentieller Unorientiertheit in ein solches der relativen Neuordnung und Stimmigkeit hinüberführt» ([47], S.154). Die verantwortliche Instanz ist bei der Entscheidung, die sich von der durch sukzessive Ambitendenz, Überformung oder impulsive Reaktion bewirkten Konfliktlösung unterscheidet ([47], S.90, 147f.), nicht ein «Kontrollorgan des Überbaus», sondern «eine Art allgemeinen Generalentwurfs der individuellen Existenz, durchaus schon mit Konturen versehen, welche die Biographie der Existenz einzeichnete, und doch noch nicht in spezialisierte Gerichtetheiten, Reaktionsbereitschaften und Erfahrungsbestände ausgegliedert. Das Selbst, das in der Situation der existentiellen Unorientiertheit fassbar wird, ist eine Art ‹Vorgestalt› individueller Daseinsführung, als solche mit allen Kriterien des ‹Komplexqualitativen› und ‹Diffus-Ganzheitlichen› zu charakterisieren, aber dennoch schon in gewisser Hinsicht lenkend und ordnend» ([47], S.145). Es scheint sich um die persönliche Situation zu handeln, die sich in solchen kritischen Phasen oder Augenblicken der betroffenen Person enthüllt. Man bemerkt leicht, wie unpassend hier die Einmischung der Alternative Substanz-Akzidens wäre. Eine chaotisch-mannigfaltige Ganzheit, in der sich mancherlei, aber längst nicht alles einzeln abhebt, darunter Programme und Probleme so gut wie Sachverhalte und Sachen, in denen sich wiederum – z.B. bei nachwirkenden Eindrücken aus der frühen Kindheit – Atmosphären mit erinnerten Dingen, Gerüchen und vielerlei mehr vereinigen und obendrein das leiblich Spürbare eine beträchtliche Rolle spielt, kommt als Substanz so wenig wie als Akzidens in Frage; diese Antithese lässt eher an Körper denken, an denen Farben oder andere Qualitäten wechseln, ist aber auch dafür viel zu schlicht und einfach ([41], S.171). Ebenso wenig kommt man angesichts des «Generalentwurfs der individuellen Existenz», der nach THOMAE in der Entscheidung dem Betroffenen entgegentritt, mit dem Gegensatzpaar Anlage-Realisierung aus, wenigstens nicht, wenn man dessen Glieder im

Sinne der Modalitäten Möglichkeit und Wirklichkeit versteht; denn es handelt sich nicht um wohlbestimmte Fähigkeiten, die entsprechenden Aktionen säuberlich zugeordnet wären, sondern um mehr oder minder tiefe, anschauliche Einschmelzung andeutungsweise sich abzeichnender «Aussichten» - z.B. Protentionen und Programme - in chaotisches Mannigfaltiges, um chaotische Möglichkeit statt modaler ([34], S.364–377). Man wird also gut daran tun, angesichts solcher Phänomene die Lieblingskategorie der klassischen Metaphysik zu suspendieren oder doch nur mit kritischer Vorsicht anzuwenden. Aber nun höre man FELIX KRÜGER, an dessen Ausdrucksweise sich THOMAE in seinen angeführten Sätzen doch ersichtlich orientiert! «Man muss den Mut haben, haltbare durchgreifende Dauerformen des Psychischen ins Auge zu fassen und, wenigstens hypothetisch, zurückzugehen auf die dispositionellen Angelegtheiten des Erlebens, zuletzt auf ihren Strukturzusammenhang, das bedeutet: auf die wirkende Ganzheit der Seele und des Organismus» ([3], S.217). Lässt sich das nicht bei einigem guten Willen so verstehen, dass auch die persönliche Situation gemeint sein könnte, wie sie anscheinend nach THOMAE in den kritischen Augenblicken der Entscheidung als Generalentwurf der individuellen Existenz für den Betroffenen zum Vorschein kommt? Wenn diese Frage bejaht werden darf, lässt sich dem KRÜGERschen Versuch eines Rückgangs hinter die «Psychologie ohne Seele» etwas abgewinnen, das mir aussichtsreicher scheint als der Versuch einer Restauration der überholten Seelensubstanz: eine Aufforderung zur Vertiefung in die persönliche Situation.

Literatur

[1] ARISTOTELES: De anima.

[2] AUGUSTINUS: Confessiones.

[3] BAAREN, TH.P. v. Menschen wie du und ich. Religion und Kult der schriftlosen Völker. Gütersloh: Bertelsmann, 1964.

[4] CLOSTERMANN, G. Das weibliche Gewissen. Münster: Aschendorff, 1953.

[5] DAMMANN, E. Die Religionen Afrikas. In v. C.M. Schröder (Ed.) Die Religionen der Menschheit. Bd.VI. Stuttgart: Kohlhammer, 1963.

[6] FRAENKEL, H. Dichtung und Philosophie des frühen Griechentums. New York: American Philological Association, 1951.

[7] HUME, D. A treatise of human nature. Zuerst 1741. Ausgabe von Selby-Bigge, Oxford 1888, reprinted 1951.

[8] JAMES, W. Psychologie. Deutsch von Marie Dürr. Leipzig: Quelle und Meyer, 1909.

[9] JASPERS, K. Allgemeine Psychopathologie (4.Aufl.). Berlin/Heidelberg: Springer, 1946.

[10] JENSEN, A.E. Mythos und Kult bei den Naturvölkern. Wiesbaden: Steiner, 1951.

[11] Jordan, D.K. Gods, Ghosts and Ancestors. Folk Religion in a Taiwanese Village. Berkeley: Univ. of California Press, 1972.

[12] KANT, I. Kritik der reinen Vernunft. 1.Aufl. (=A) Riga 1781, Ausgabe von R.Schmidt. Leipzig: Meiner, 1944.

[13] Krüger, F. Zur Philosophie und Psychologie der Ganzheit. Schriften aus den Jahren 1918–1940 (hrsg. v. Heuss, E.) Berlin: Springer, 1953.
[14] Laléyè, I.P. La conception de la personne dans la pensée traditionelle Yoruba. Approche phénoménologique. Bern: H.Lang, 1970 (Publications Universitaires Européennes, série XX, vol.3).
[15] Lange, F.A. Geschichte des Materialismus. Band II. Zuerst 1875 (9.Aufl.). Leipzig: Brandstetter, 1915.
[16] Lichtenberg, G.Ch. Vermischte Schriften. Band I. Göttingen: Dietrich, 1853.
[17] Mach, E. Die Analyse der Empfindungen (3.Aufl.). Jena: Fischer, 1902.
[18] Mijuskovic, B.L. The Achilles of Rationalist Arguments. The Hague: Martinus Nijhoff, 1974.
[19] Müller, W. Die Religion der Waldlandindianer Nordamerikas. Berlin: Reimer, 1956.
[20] Nilsson, N.P. Geschichte der griechischen Religion. Band I (2.Aufl.). München: Beck, 1955.
[21] Oosthuizen, G.C. The Theology of a South-African Messiah. Leiden/Köln: Brill, 1967.
[22] Ortega y Gasset, J. Über die Liebe. Stuttgart: Dt.Verlags-Anstalt, 1950.
[23] Otto, W.F. Die Manen oder von den Urformen des Totenglaubens. 1923 (2.Aufl.). Tübingen: Hermann Gentner, 1958.
[24] Platon: Gorgias.
[25] Platon: Phaidon.
[26] Platon: Phaidros.
[27] Platon: Politeia.
[28] Platon: Sophistes.
[29] Platon: Theaitetos.
[30] Plotin: Enneaden.
[31] Radin, P. Die religiöse Erfahrung der Naturvölker. Zürich: Rhein-Verlag, 1951.
[32] Rohde, E. Psyche. Seelenkult und Unsterblichkeitsglaube der Griechen. Band I, zuerst 1893 (4.Aufl.). Tübingen: Mohr, 1907.
[33] Schmitz, H. Leib und Seele in der abendländischen Philosophie. Philosophisches Jahrbuch 1978, 85, 221–241.
[34] Schmitz, H. System der Philosophie. Band I: Die Gegenwart. Bonn: Bouvier, 1964.
[35] Schmitz, H. System der Philosophie. Band II, 1.Teil: Der Leib. Bonn: Bouvier, 1965.
[36] Schmitz, H. System der Philosophie. Band II, 2.Teil: Der Leib im Spiegel der Kunst. Bonn: Bouvier, 1966.
[37] Schmitz, H. System der Philosophie. Band III: Der Raum, 1.Teil: Der leibliche Raum. Bonn: Bouvier, 1967.
[38] Schmitz, H. System der Philosophie. Band III: Der Raum, 2.Teil: Der Gefühlsraum. Bonn: Bouvier, 1969.
[39] Schmitz, H. System der Philosophie. Band III: Der Raum, 3.Teil: Der Rechtsraum. Praktische Philosophie. Bonn: Bouvier, 1973.
[40] Schmitz, H. System der Philosophie. Band III: Der Raum, 4.Teil: Das Göttliche und der Raum. Bonn: Bouvier 1977.
[41] Schmitz, H. System der Philosophie. Band III: Der Raum, 5.Teil: Die Wahrnehmung. Bonn: Bouvier, 1978.
[42] Schmitz, H. System der Philosophie. Band IV: Die Person (im Druck).
[43] Schmitz, H. System der Philosophie. Band V: Die Aufhebung der Gegenwart (im Druck).
[44] Schneider, K. Klinische Psychopathologie (3.Aufl.). Stuttgart: Thieme, 1950.
[45] Steininger, H. Hauch- und Körperseele und der Dämon bei Kuan Yin-Tze. Leipzig: Haranowitz, 1953.

[46] STAUDENMAIER, L. Die Magie als experimentelle Naturwissenschaft. 1912 (Nachdruck der 2. Aufl.). Darmstadt: Wiss. Buchgesellschaft, 1968.
[47] THOMAE, H. Der Mensch in der Entscheidung. München: Barth, 1960.
[48] WELLEK, A. Ganzheitspsychologie und Strukturtheorie (2. Aufl.). Bern/München: Francke, 1969.
[49] WELLEK, A. Die Wiederherstellung der Seelenwissenschaft im Lebenswerk Felix Krügers. Hamburg: Heiner, 1950.
[50] WUNDT, W. Vorlesungen über die Menschen- und Tierseele (6. Aufl.). Leipzig: Voss, 1919.

B. Methodik

IV. Statistische Methoden zur Veränderungsmessung

J. KRAUTH

1. Einleitung

1.1 Begriffsfestlegung

Unter *Veränderungsmessung* soll hier die Messung der Veränderung einer oder mehrerer Variablen an einem Individuum an aufeinanderfolgenden Zeitpunkten verstanden werden. Veränderungsmessung wird hier also als eine Abbildung *intraindividueller Prozesse* aufgefasst. Dazu im Gegensatz steht der Begriff der *Zustandsmessung* [86].

Ein Beispiel möge den Unterschied verdeutlichen. Falls ein Untersucher den Effekt einer Therapie messen will, so wäre es ein denkbarer Ansatz, eine Zufallsstichprobe von Patienten nach Zufall in zwei Teilstichproben aufzuteilen, eine Teilstichprobe zu therapieren und die andere Teilstichprobe unbehandelt zu lassen. Nach der Therapie wäre dann an der Gesamtstichprobe eine Zustandsmessung vorzunehmen und durch einen Zweistichprobenvergleich zu ermitteln, ob sich der Zustand der therapierten Patienten von dem der nichttherapierten Patienten unterscheidet.

Ein anderer Untersucher hingegen könnte von Beginn der Untersuchung an jeden Tag bei jedem der Patienten den Zustand messen und einen Therapieeffekt dann als gegeben ansehen, wenn nach Abschluss der Untersuchung die durch die intraindividuellen Zustandsmessungen beschriebenen Verläufe bzw. die Veränderungen der Zustandswerte im Zeitablauf unterschiedlich sind für Kontroll- und Therapiegruppe.

Die Entscheidung, ob eine Veränderungs- oder eine Zustandsmessung durchzuführen ist, sollte in der Regel durch die sachliche Fragestellung bedingt sein. Insbesondere in der Klinischen Psychologie gibt es jedoch häufig sowohl ethische als auch praktische Probleme, die es nicht gestatten, Stichprobenpläne für Zustandsmessungen zu realisieren. Z.B. kann es ethisch nicht vertretbar erscheinen, Patienten nicht zu behandeln, oder es erweist sich als unmöglich, für jede Faktorstufenkombination genügend viele Patienten zu finden. Wegen der i.a. sehr grossen Inhomogenität klinischer Populationen werden zudem meist Stichprobenumfänge benötigt, die in der Realität nicht zur Verfügung stehen. In solchen Fällen ist die Frage nach intraindividuellen Veränderungen oft die einzige Frage, die von der Versuchsplanung her noch sinnvoll angegangen werden kann.

Neben dieser erzwungenen Verwendung von Designs der Veränderungsmessung gibt es aber auch häufig den Wunsch, direkt etwas über die durch eine Behandlung hervorgerufenen Veränderungen zu erfahren unter Ausschaltung der interindividuellen Varianz, die sich bei der Verwendung unabhängiger Stichproben für Zustandsmessungen zu verschiedenen Zeitpunkten besonders störend bemerkbar macht.

1.2 Probleme bei der Messung von Veränderungen

Eine Ursache für die Auswertungsschwierigkeiten, die bei der Messung von Veränderungen auftreten, ist die Abhängigkeit von Messungen, die an derselben Person vorgenommen werden. Die klassischen statistischen Verfahren gehen von der Unabhängigkeit aller Messungen aus, die man in der Versuchsplanung dadurch zu verwirklichen sucht, dass man jede Messung an einer anderen Versuchseinheit (Versuchsperson, Patient) vornimmt. Durch die Erfüllung der Unabhängigkeitsforderung wird erreicht, dass sich die gemeinsame Verteilung aller Zufallsvariablen durch Produktbildung aus den eindimensionalen Randverteilungen ergibt. Damit wird das ursprünglich multivariate Problem auf ein eindimensionales Problem reduziert. Weiterhin folgt aus der Unabhängigkeit der Zufallsvariablen ihre Unkorreliertheit. Diese wirkt sich so aus, dass bei Vergrösserung des Stichprobenumfanges die Varianzen für «vernünftig» definierte Teststatistiken immer kleiner werden, womit immer genauere Aussagen über die zugrundeliegenden Parameter möglich werden (Eigenschaft der *Konsistenz*).

Hat man dagegen von jeder Person mehrere Messungen vorliegen, so muss man diese in der Regel als abhängig ansehen, wobei die Abhängigkeitsstruktur durch eine grössere Anzahl unbekannter Parameter definiert ist. Hier lässt sich also das multivariate Problem nicht ohne weiteres auf ein eindimensionales Problem reduzieren. Auch die Konsistenzeigenschaft ist aufgrund des Nichtverschwindens der Kovarianzterme innerhalb der intraindividuellen Messwertvektoren i.a. nur noch über die Unabhängigkeit der Messeinheiten (Versuchspersonen, Patienten) zu begründen. Falls dieses, wie z.B. bei Einzelfallstudien, nicht mehr möglich ist, benötigt man einschränkende Annahmen über die speziellen Abhängigkeitsstrukturen, die die Messwertvektoren generieren.

Andere Probleme entstehen bei der Definition von Veränderungsmassen. Einer der zahlreichen Effekte, der oft diskutiert worden ist, betrifft die Korrelation zwischen Ausgangswerten und Veränderungsmassen, wenn man die Veränderung durch die Differenz zwischen Ausgangswert und Wert nach der Behandlung misst. Obwohl dieses statistische Artefakt, insbesondere in Verbindung mit dem *Ausgangswertgesetz* von WILDER [70, 81] unter dem Namen *Regressionseffekt* oder *a(a–b)-Effekt* immer wieder diskutiert und beschrieben worden ist, werden auch heute noch vielfach Veränderungen aufgrund solcher Veränderungsscores unkritisch beurteilt.

Sei etwa X der Ausgangswert einer Messung, Y der Wert nach einer Behandlung und D = Y–X der durch die Differenz gemessene Effekt. Dann ist die Kovarianz zwischen Ausgangswert und Effekt gleich der Differenz aus der Kovarianz zwischen den beiden Messwerten und der Varianz des Ausgangswertes:

$$C[X, D] = C[X, Y] - V[X].$$

Für den (unrealistischen) Fall, dass X und Y unabhängig sind, was zu C[X, Y] = 0 führt, ergibt sich also eine negative Kovarianz, nämlich –V[X] und damit eine negative Korrelation von Ausgangswert und Effekt. Ebenso wird C[X, D] natürlich negativ in allen Fällen, wo C[X, Y] kleiner als V[X] ist. Unter der Zusatzannahme, dass die Varianzen von X und Y gleich sind, gilt dieses immer dann, falls die Korrelation zwischen X und Y kleiner als Eins ist, d.h. im Regelfall.

In der Praxis wirkt sich dieser Effekt so aus, dass Personen mit hohen Ausgangswerten im Mittel niedrige Effekte und Personen mit niedrigen Ausgangswerten im Mittel hohe Effekte aufweisen. Bei einer derartigen Abhängigkeit des Effektmasses vom Ausgangswert ist oft nur eine eingeschränkte Interpretation von Auswertungsergebnissen möglich. Es soll darauf hingewiesen werden, dass neben dem Regressionseffekt eine Reihe anderer Effekte für das Ausgangswertgesetz verantwortlich sein können [13, 70, 81, 97, 105, 107, 123, 124].

1.3 Klassifikationsgesichtspunkte

Statistische Methoden zur Veränderungsmessung kann man nach unterschiedlichen Gesichtspunkten klassifizieren. Zunächst kann man Verfahren für Einzelfallstudien, für Gruppen ohne Kontrollgruppe und für Gruppen mit Kontrollgruppe unterscheiden. Innerhalb der Gruppenpläne ist es sinnvoll, Verfahren zu unterscheiden, die Veränderungen zwischen nur zwei Messpunkten und zwischen mehr als zwei Messpunkten untersuchen. Je nachdem, ob die Veränderung einer oder mehrerer Variablen gleichzeitig betrachtet wird, unterscheidet man univariate und multivariate Veränderungsmessungen.

Eine weitere wichtige Einteilung der statistischen Verfahren betrifft die Frage, ob man bestimmte Modellannahmen machen muss, die sich nicht aus dem Versuchsplan und der Datenstruktur in naheliegender Weise ergeben, z.B. die Annahme einer univariaten oder multivariaten Normalverteilung, oder ob man solche Annahmen für die Anwendung der Verfahren nicht benötigt. Im letzteren Fall soll von *verteilungsfreien* Verfahren gesprochen werden. Obwohl im Falle qualitativer Daten bei der Beurteilung von Kontingenztafeln oder Markov-Ketten durchaus von einer speziellen Verteilungsform, nämlich von Multinomialverteilungen, ausgegangen wird, sollen auch solche Verfahren als verteilungsfrei bezeichnet werden, da diese letztere Verteilungsannahme sich als natürliche Modellvoraussetzung aus der Datenstruktur ergibt.

Die Auswahl der Verfahren wird auch durch die Art der Daten (diskret oder stetig) und durch das Skalenniveau bestimmt. Dieses ergibt weitere Einteilungsmöglichkeiten.

1.4 Übersichtsarbeiten

Da sich ein grosser Teil psychologischer Forschung mit der Messung psychischer Veränderungen beschäftigt [58], ist es nicht verwunderlich, dass es eine fast unübersehbar grosse Zahl von Publikationen gibt, die statistische Verfahren der Veränderungsmessung beschreiben. Für denjenigen, der unter den vorhandenen Verfahren eines auswählen muss, um es auf eine konkrete Situation anzuwenden, ist es fast unerlässlich, sich erst einen Überblick über die vorhandenen Möglichkeiten zu verschaffen. Besonders gut geeignet für diesen Zweck erscheint die Monographie von PETERMANN [89]. Die wichtigsten Inhalte dieses Buches werden auch in KNOPF und PETERMANN [58] sowie PETERMANN und KNOPF [92] wiedergegeben. Andere neuere Übersichtsarbeiten wie [77, 80, 108, 117] sowie die Monographie von HELMREICH [43] und der Sammelband von PETERMANN [88] setzen die Schwerpunkte teilweise anders und verwenden andere Gliederungsgesichtspunkte. Von der älteren Literatur sollte vor allem der Sammelband von HARRIS [40] erwähnt werden, der für die Entwicklung der Veränderungsmessung von entscheidender Bedeutung war.

Hier soll aus naheliegenden Gründen kein vollständiger Überblick über das Gebiet der Veränderungsmessung angestrebt werden, sondern es soll vor allen Dingen der Aspekt der verteilungsfreien Verfahren in den Vordergrund gestellt werden, und es sollen neuere Ansätze auf diesem Teilgebiet der Veränderungsmessung diskutiert werden.

1.5 Versuchsplanung bei Veränderungsmessungen

Da hier speziell statistische Verfahren in der Veränderungsmessung betrachtet werden, muss auf eine eingehende Diskussion und Darstellung der zugehörigen Versuchsplanung verzichtet werden. Eine solche Trennung zwischen Versuchsplanung und Auswertung ist natürlich nicht streng durchzuhalten, da jedes Auswertungsverfahren nur in Zusammenhang mit dem zugrundeliegenden Design durchgeführt und interpretiert werden kann. Bei der Interpretation irgendwelcher statistischer Ergebnisse ist dabei häufig in Abhängigkeit von dem gewählten Design mit bestimmten Einschränkungen der Validität der Resultate zu rechnen.

Als grundlegend für solche Fragen können die Arbeiten von CAMPBELL [18] und CAMPBELL und STANLEY [19] gelten. Neben einer Reihe weiterer allgemeiner Darstellungen von Designs für die Veränderungsmessung [31, 53, 79, 82, 89, 90] gibt es auch Darstellungen, die sich speziell mit den Designs für Einzelfallstudien beschäftigen. Insbesondere soll hier die Monographie von HERSEN & BARLOW [44] neben anderen Darstellungen [7, 20, 26, 55, 56, 99, 101] Erwähnung finden.

2. Einzelfallstudien

2.1 Einführung

Über die statistische Analyse von Einzelfallstudien informieren die Sammelbände von KRATOCHWILL [60] und PETERMANN und HEHL [91]. Spezielle neuere Übersichtsartikel liegen vor von KAZDIN [54], REVENSTORF und KEESER [99] sowie HUBER [46, 47].

Es lassen sich drei Strategien unterscheiden, um mit dem Problem fertig zu werden, dass bei einer Einzelfallmessung nur ein Vektor abhängiger Messwerte mit einer unbekannten Abhängigkeitsstruktur vorliegt. Die erste Vorgehensweise macht eine theoretische Annahme über die vorliegende Abhängigkeitsstruktur. Der Einfachheit halber wird in der Mehrzahl der bisher betrachteten Ansätze speziell angenommen, dass die Messwerte statistisch unabhängig sind. Eine zweite Vorgehensweise akzeptiert die unbekannte Abhängigkeitsstruktur und betrachtet den Messwertvektor als Realisation einer einzigen mehrdimensionalen Zufallsvariablen, deren Verteilung man unter einer Nullhypothese kennt, u.U. aufgrund einer geeigneten Versuchsplanung. Schliesslich wird drittens versucht, in einer bekannten Abhängigkeitsstruktur unbekannte Abhängigkeitsparameter aus genügend hochdimensionalen Messwertvektoren zu schätzen und aufgrund dieser Schätzungen eine inferenzstatistische Auswertung zu ermöglichen.

2.2 Bekannte Abhängigkeitsstruktur

Einc Vorstellung, die z.B. den Arbeiten [52, 87] zugrundeliegt, sieht ein Individuum als Mitglied einer Population an, die bis auf die zu messende Grösse total homogen ist. Auch soll eine Behandlung sich nur auf die zu messende Grösse auswirken und Varianzen und Korrelationen unverändert lassen. Ferner wird davon ausgegangen, dass die Voraussetzungen der klassischen Testtheorie gültig sind und die Messwertpaare, deren Komponenten die Werte psychologischer Tests darstellen, bivariat normalverteilt sind. Ein Messwert X_1 vor einer Behandlung lässt sich dann darstellen in der Form

$$X_1 = t_1 + E_1$$

mit dem wahren Wert t_1 und dem Messfehler E_1, während ein Messwert X_2 nach der Behandlung die Form

$$X_2 = t_2 + E_2 = t_1 + d + E_2$$

hat mit dem Messfehler E_2 und der wahren Messwertänderung

$$d = t_2 - t_1.$$

Unter den obigen Annahmen ist die Messwertdifferenz

$$D = X_2 - X_1$$

eine normalverteilte Punktschätzung der wahren Änderung d mit dem Erwartungswert

$$\mu_D = d$$

und der Varianz

$$\sigma_D^2 = 2\sigma_x^2 (1 - \rho[X_1, X_2]).$$

Aufgrund einer grossen Eichstichprobe seien die Testwertvarianz σ_x^2 und die Retestreliabilität $\rho[X_1, X_2]$ geschätzt worden. Diese Grössen seien für den betrachteten Einzelfall als feste bekannte Parameter anzusehen. Mit Hilfe der standardnormalverteilten Grösse

$$Z = (D - \mu_D)/\sigma_D$$

kann man dann z.B. testen, ob die Behandlung zu einer Vergrösserung des wahren Testwertes t_1 des Individuums geführt hat, indem man etwa überprüft, ob Z grösser ist als das 95%-Quantil 1.645 einer Standardnormalverteilung.

Der obige Ansatz ist in mehrfacher Hinsicht unrealistisch. Er geht von gleichen Varianzen und Korrelationen bei allen Mitgliedern einer gegebenen Population aus, nimmt an, dass eine Behandlung sich nur auf die wahren Werte auswirkt und dass die Messwertpaare bivariat normalverteilt sind. Jedoch wird eine Abhängigkeit zwischen den Messwerten an einem Individuum zugelassen. Im Gegensatz dazu nehmen SHINE und BOWER [111] eine totale Unabhängigkeit zwischen den Messwiederholungen an und können auf dieser Basis unter zusätzlicher Annahme normalverteilter Messfehler eine Varianzanalyse durchführen. Dieser Ansatz ist von SHINE selbst in mehr als zehn Arbeiten modifiziert worden, aber es sind auch durch andere Autoren [33, 57] Verbesserungen vorgeschlagen worden. Die zum Teil sehr heftige Kritik an diesem Ansatz, z.B. [41, 61, 121], bemängelt vor allen Dingen die unrealistische Unabhängigkeitsannahme. Schon geringe Abweichungen von dieser Annahme können die Wahrscheinlichkeit für einen Fehler 1. Art stark vergrössern [99, 125].

Von LIENERT ([75], S.260–306) werden eine Reihe von nichtparametrischen Trendtests für Zeitreihen diskutiert. Diese Tests sind so konstruiert, dass bei Ablehnung der Nullhypothese im Sinne einer Veränderung ein Trend, z.B. ein monoton steigender Trend, in den Daten vermutet wird. Leider ist es auch hier so, dass man zumindest unter der Nullhypothese von unabhängigen identisch verteilten Zufallsvariablen ausgeht, um die Verteilung der Teststatistiken berechnen zu können. Die einzig mögliche Abschwächung dieser Annahme besteht oft darin, dass man eine permutationssymmetrische multivariate Verteilung annimmt, die unter jeder Permutation der Zeitpunkte invariant ist. Jedoch wird eine solche Annahme meist noch schwerer zu begründen sein als die Unabhängigkeit der Variablen. Auch für eine streng stationäre Zeitreihe müssen z.B. keineswegs alle Ranganordnungen gleichwahrscheinlich sein.

Einen solchen Test wird man also auf das Problem der Messung einer Veränderung im Einzelfall nur unter der einschneidenden Obervoraussetzung unabhängiger Zufallsvariablen bzw. der Permutationssymmetrie anwenden dürfen. Andernfalls muss man mit der Möglichkeit rechnen, dass der sich zeigende Trend nur durch die Abhängigkeitsstruktur vorgetäuscht wird. Derartige Fehlinterpretationen sind auch bei den heuristischen Verfahren zur Beurteilung der Wirkung von Behandlungsinterventionen in Zeitreihenuntersuchungsplänen in [76] nicht auszuschliessen. Welchen Einfluss solche Abhängigkeiten auf das Verhalten von nichtparametrischen Tests haben können, wurde u.a. in [2] und]32] untersucht.

2.3 Unbekannte Abhängigkeitsstruktur

2.3.1 Univariate Problemstellung

Eine Möglichkeit, bei einer Person eine Veränderung nachzuweisen, liefert der nichtparametrische Test für prädizierte Ordnung nach MOSTELLER ([75], S. 353). Hierzu ist es notwendig, dass man über die Natur der Veränderung eine genaue Vorstellung hat. Man wendet z.B. eine Therapie an und misst eine relevante Variable an 5 aufeinanderfolgenden Zeitpunkten. Eine Alternativhypothese sei, dass die Therapie ein monotones Anwachsen der Messwerte verursacht. Falls man die 5 Messwerte durch ihre Rangzahlen ersetzt, so wäre unter der Alternativhypothese ein Rangvektor (1, 2, 3, 4, 5) zu erwarten. Man betrachtet die Nullhypothese, dass jede Rangordnung gleichwahrscheinlich ist. Da es 5! = 120 verschiedene Rangordnungen gibt, ist die Wahrscheinlichkeit dafür, dass genau der vorhergesagte Rangvektor (1, 2, 3, 4, 5) auftritt, gleich 1/120 = 0.008. Falls man zwar mit einem monotonen Trend rechnet, aber nicht sicher ist, ob es ein ansteigender oder absteigender Trend ist, so sind die beiden Rangvektoren (1, 2, 3, 4, 5) und (5, 4, 3, 2, 1) als bedeutsam für die Alternativhypothese anzusehen. Die Wahrscheinlichkeit dafür, dass einer der beiden Vektoren auftritt, ist unter der Nullhypothese gleich 2/120 = 0.017. Natürlich können auch andere vorhergesagte Trendformen betrachtet werden. Z.B. wird ein umgekehrt U-förmiger Trend vorhergesagt, wenn für den 1. und 5. Zeitpunkt die Rangzahlen 1 und 2, für den 2. und 4. Zeitpunkt die Rangzahlen 3 und 4 und für den 3. Zeitpunkt die Rangzahl 5 zur Verfügung steht. Dann sprechen die 4 Rangvektoren (1, 3, 5, 4, 2), (1, 4, 5, 3, 2), (2, 3, 5, 4, 1) und (2, 4, 5, 3, 1) für die Alternative. Die Wahrscheinlichkeit dafür, dass einer davon auftritt, ist unter der Nullhypothese gleich 4/120 = 0.033. In jedem dieser Fälle könnte man Signifikanztests mit Signifikanzniveaus unter 5% durchführen.

Auch dieser Ansatz kann die prinzipiellen Schwierigkeiten eines statistischen Nachweises von Veränderungen im Einzelfall nicht beseitigen. Das Problem ist hier die Nullhypothese, die gleiche Wahrscheinlichkeiten für alle Rangvektoren postuliert. Dieses gilt nur im Falle der permutationssymmetrischen Abhängigkeit, die als Spezialfall die Unabhängigkeit der Variablen enthält. Falls diese Annahme verletzt ist, z.B. weil ein zeitlicher Trend auch ohne Einwirkung einer Therapie vorhanden ist, so gilt diese Gleichverteilungsannahme nicht mehr und die Wahrscheinlichkeiten für die vorhergesagten Rangordnungen sind weit höher als oben angegeben. Man kann zwar den Test gegen die unplausible Nullhypothese weiter durchführen, darf aber das Auftreten der vorhergesagten Rangordnung nicht mehr als Vorliegen einer Veränderung durch die Therapie interpretieren.

Um solche Alternativverklärungen ausschliessen zu können, bedarf es komplexerer Versuchspläne. Ein Plan könnte z. B. vorsehen, dass man zunächst 7 Werte in der Ausgangslage (Baseline) erhebt, dann die Therapie durchführt (Intervention) und danach noch einmal 3 Werte an aufeinanderfolgenden Zeitpunkten erhebt. Bei der Wahl der 10 Zeitpunkte ist darauf zu achten, dass Tagesschwankungen u. ä. keinen Einfluss haben. Für die Alternativhypothese würde sprechen, wenn die Ausgangswerte durch die Rangzahlen 1, 2, 3, 4, 5, 6 und 7 in beliebiger Reihenfolge repräsentiert würden und die Therapiewerte entsprechend durch 8, 9 und 10. Unter der Nullhypothese der Gleichwahrscheinlichkeit aller zehndimensionalen Rangvektoren wäre die Wahrscheinlichkeit für einen der 7! 3! vorhergesagten Vektoren von insgesamt 10! Vektoren gegeben durch $7!\,3!/10! = 1/120 = 0.008$. Auch bei diesem Versuchsplan würde sich jedoch ein allgemeiner Trend zu höheren Werten in einer Erhöhung der Wahrscheinlichkeit für die vorhergesagten Rangvektoren zeigen.

Eine eindeutigere Interpretation erlaubt der Ausblendungs- oder ABAB-Design (vgl. z. B. [26]). Dabei wird zunächst eine Baseline erhoben (z. B. an 5 Zeitpunkten), nach einer ersten Intervention wird erneut gemessen (z. B. an 3 Zeitpunkten), nach Abklingen einer möglichen Behandlungswirkung wird eine zweite Baseline erhoben (z. B. an 5 Zeitpunkten) und nach einer zweiten Intervention wird erneut gemssen (z. B. an 3 Zeitpunkten). Für die Alternativhypothese würden Rangordnungen sprechen, bei denen sich die Ränge von 1 bis 10 auf die Zeitpunkte 1 bis 5 und 9 bis 13 verteilen und die Ränge 11 bis 16 auf die Zeitpunkte 6 bis 8 und 14 bis 16. Unter der Nullhypothese gleicher Wahrscheinlichkeiten für alle Rangordnungen wäre die Wahrscheinlichkeit für einen der prädizierten Rangvektoren gegeben durch $10!\,6!/16! = 1/720 = 0.001$.

Ein anderer nichtparametrischer Ansatz, der die bei den Mosteller-Tests postulierte Gleichverteilung unter der Nullhypothese nicht einfach postuliert sondern durch eine randomisierte Versuchsanordnung zu erzwingen sucht, stammt von EDGINGTON [22, 23, 24]. Es bezeichne A eine Placebo-Behandlung und B eine therapeutische Behandlung. Es werden z. B. 7 gleichgrosse Zeitintervalle mit hinreichendem Abstand vorgegeben. In jedem Intervall findet eine der beiden Behandlungen statt, wobei am Ende des Intervalls jeweils eine für eine Therapiewirkung bedeutsame Variable erhoben wird. Falls 4 therapeutische und 3 Placebo-Behandlungen vorgesehen werden, so werden diese mit Hilfe eines Zufallsexperiments den 7 Zeitintervallen zugeteilt. Eine mögliche Zuordnung würde durch AABBBAB beschrieben. Insgesamt gibt es $7!/(3!\,4!) = 35$ mögliche Anordnungen. Da diese aufgrund der zufälligen Zuordnung alle gleichwahrscheinlich sind, tritt die gewählte Anordnung mit Wahrscheinlichkeit $1/35 = 0.029$ auf. Unter der Nullhypothese, dass sich beide Behandlungen bezüglich ihrer Wirkung auf die gemessene Variable in keiner Weise unterscheiden, könnte sich die Folge der 7 Messwerte unter jedem der 35 Versuchspläne ergeben haben. Z.B. könnte sich unter der Nullhypothese ein Messwertvektor (13, 7, 5, 16, 20, 11, 4) mit gleicher Wahrscheinlichkeit unter dem Plan AABBBAB, unter dem Plan BAABBBA usw. ergeben haben. Falls man unter der Alternativhypothese eine Vergrösserung des Erwartungswertes der Variablen aufgrund der Therapie erwartet, wäre ein vernünftiges Mass die Differenz

$$D = \bar{x}_B - \bar{x}_A$$

der Mittelwerte der Variablen unter Behandlung B und Behandlung A. Für den Plan AABBBAB ergibt sich im Beispiel

$$D = (5 + 16 + 20 + 4)/4 - (13 + 7 + 11)/3 = 0.92$$

während der Plan BAABBBA zu

$$D = (13 + 16 + 20 + 11)/4 - (7 + 5 + 4)/3 = 9.67$$

führt. Diese Rechnung führt man für alle 35 Versuchspläne durch und ordnet sie nach fallender Grösse von D an. Wenn die vorgefundene Messwertreihe sich bei dem Plan AABBBAB ergeben hätte, so wären 13 D-Werte grösser als 0.92 und 3 D-Werte gleich 0.92 gewesen. Unter der Nullhypothese hätte also die Wahrscheinlichkeit, ein Ergebnis von 0.92 oder mehr zu erhalten, 16/35 = 0.46 betragen, womit dieser *Randomisierungstest* zu keinem signifikanten Ergebnis bei $\alpha = 5\%$ geführt hätte. Für den Plan BAABBBA wäre der D-Wert 9.67 der grösste unter den 35 Werten gewesen. Ein solches Ergebnis hätte sich unter der Nullhypothese nur mit der Wahrscheinlichkeit 1/35 = 0.03 ergeben und man hätte von einer Signifikanz auf dem 5%-Niveau reden können. Bei diesem Test kann man übrigens anstelle der Mittelwertdifferenz D auch einfach die Summe der zu Behandlung B gehörigen Messwerte, für den Plan AABBBAB also 5 + 16 + 20 + 4 = 45, als äquivalente Teststatistik verwenden.

Einer der Nachteile von Randomisierungstests ist, dass man sie nicht vertafeln kann, da die Quantile von dem jeweiligen Datensatz abhängig sind. Dieses Problem kann man dadurch lösen, dass man die Messwerte durch ihre Ränge ersetzt und bezüglich der beiden Behandlungen formal einen exakten MANN-WHITNEY-U-Test (vgl. z.B. [74], S.215) mit den vertafelten Quantilen durchführt.

Es sei darauf hingewiesen, dass es unbedingt erforderlich ist, den Versuchsplan vor Beginn der Studie zufällig aus den möglichen Versuchsplänen, im Beispiel also aus 35 Plänen, auszuwählen. Falls man den Randomisierungstest oder den MANN-WHITNEY-U-Test bei einem fest vorgegebenen Versuchsplan, z.B. dem Plan ABABABA, durchführt, ist nicht mehr garantiert, dass die Wahrscheinlichkeit für einen Fehler 1. Art durch das vorgegebene α kontrolliert wird. Der Einfluss der Abhängigkeit von Daten auf das Verhalten des U-Tests wurde z.B. in [109] untersucht.

Bei der Interpretation von Ergebnissen der vorgeschlagenen Permutations- und Rangtests für die Veränderungsmessung im Einzelfall ist grosse Vorsicht notwendig, da diese Tests auf viele Arten der Verletzung der Nullhypothese ansprechen können. Z.B. kann es sein, dass die therapeutische Behandlung zwar ebenso wie die Placebo-Behandlung keine Veränderung des Erwartungswertes der gemessenen Variablen bewirkt, aber aufgrund einer Nachwirkung in einer anschliessenden Placeboperiode eine andere Wirkung zeigt als in einer anschliessenden Therapieperiode. In diesem Fall wäre die Gleichverteilungsannahme für die Permutationen der Messwertvektoren nicht mehr gültig und die Tests würden diese Art von Behandlungswirkung u.U. aufdecken. Unter der Nullhypothese dürfen also keine Unterschiede zwischen Placebo und Therapie bestehen, weder in den Parametern (z.B. Erwartungswerte, Varianzen) für die Zufallsvariablen zu den einzelnen Zeitpunkten, noch in den Abhängigkeitsparametern (z.B. Korrelationen) zwischen den Zeitpunkten. Insbesondere sollte man versuchen, die Zeiten zwischen den Behandlungsintervallen so gross zu machen, dass keine spezifischen Nachwirkungen auftreten. Unspezifische Nachwirkungen, wie z.B. ein allgemeines Anwachsen der Messwerte aufgrund eines Gewöhnungseffekts, stören die Gleichverteilung unter der Nullhypothese nicht. Man behält also auch unter der Nullhypothese die volle Abhängigkeitsstruktur bei, was als ein grosser Vorteil dieser Verfahren anzusehen ist. Eine wohl selbstverständliche Einschränkung bei der Interpretation von Testergebnissen im Einzelfall liegt darin, dass man nur Rückschlüsse auf das betrachtete Individuum nicht aber auf eine Population ziehen darf. Im Beispiel könnte also nur auf eine Therapiewirkung bei dem betrachteten Patienten geschlossen werden.

Die oben beschriebenen Tests können auf mehrfache Art abgeändert werden. So hätte man auch eine Verkleinerung des Erwartungswertes der gemessenen Variablen vermuten können. Dann wäre der andere einseitige Test anzuwenden gewesen, indem man unter der Nullhypothese die Wahrscheinlichkeit dafür bestimmt hätte, dass ein D-Wert der vorgegebenen Grösse oder ein kleinerer D-Wert auftritt. Falls man nur auf eine Veränderung des Erwartungswertes hätte testen wollen ohne vorgegebene Richtung, so wäre ein zweiseitiger Test angebracht gewesen. Dazu berechnet man, wie gross unter der Nullhypothese die Wahrscheinlichkeit für einen gleich grossen oder grösseren D-Wert, bzw. einen gleich grossen oder kleineren D-Wert ist. Die kleinere dieser beiden Wahrscheinlichkeiten wird verdoppelt und überprüft, ob dieser Wert kleiner als α ist, d.h., ob ein signifikantes Ergebnis vorliegt.

Eine andere Abänderung der Fragestellung betrifft die Alternativhypothese. Z.B. kann sich ein Untersucher dafür interessieren, ob die Varianz der gemessenen Variablen unter der Therapie grösser als unter Placebo ist. Anstelle der Mittelwertdifferenz D kann man dann z.B. den Quotienten

$$Q = s_B^2/s_A^2$$

der empirischen Varianzen unter A und B verwenden. Für das obige Beispiel und den Plan AABBBAB ergibt sich

$$Q = 63.583/9.333 = 6.812.$$

Mit den Q-Werten verfährt man dann ebenso wie vorher mit den D-Werten.

Randomisierungstests können auch verwendet werden, wenn z.B. die Reaktionen auf Placebo und Therapie nur «positiv» oder «negativ» sein können, d.h. wenn die Messwerte qualitativ sind (vgl. [23]).

Im obigen Beispiel mit 7 Zeitpunkten, auf die zufällig 3 Placebo- und 4 Therapie-Behandlungen verteilt werden, würde man als Ergebnis einen Vektor mit 7 Komponenten erhalten, die jeweils einem «+» oder einem «–» entsprechen. Für jeden der 35 Versuchspläne kann man eine Vierfelderhäufigkeitstafel aufstellen, in der die 1.Zeile dem Placebo A, die 2.Zeile der Therapie B, die 1.Spalte dem «+» und die 2.Spalte dem «–» entspricht. Für einen Messwertvektor (+, –, –, +, –, –, –) und einen Versuchsplan ABAABBB würde die Vierfeldertafel gegeben durch

$$n_{11} = 2,\ n_{12} = 1,\ n_{21} = 0,\ n_{22} = 4.$$

Für jede der 35 Vierfeldertafeln berechnet man die Grösse

$$D = n_{12}n_{21} - n_{11}n_{22}.$$

Für den Plan ABAABBB hätte D im Beispiel den Wert

$$D = 1 \cdot 0 - 2 \cdot 4 = -8.$$

Mit diesen D-Werten verfährt man genauso wie mit den Mittelwertdifferenzen und interpretiert eine Ablehnung der Nullhypothese – mit den oben genannten Einschränkungen – als eine durch die Therapie hervorgerufene Veränderung von «–» nach «+». Die Wahl von D ist dadurch motiviert, dass D bis auf das Vorzeichen dem Zähler des Phi-Koeffizienten (vgl. z.B. [74], S.528) entspricht, der in der obigen Vierfeldertafel die Abhängigkeit zwischen Behandlung und Reaktion misst.

Neben den obigen Designs betrachtet EDGINGTON [24] auch Randomisierungstests für Interventionseffekte. Dazu gehe man z.B. von 50 Zeitintervallen $I_1, \ldots, I_{50}$ aus, die so gewählt seien, dass sie bezüglich Tagesrhythmen und ähnlichen Effekten möglichst gleichwertig sind. Mit Hilfe eines Zufallsexperiments wähle man eines der 41 Intervalle von $I_6, \ldots, I_{46}$ aus und sehe für dieses Intervall I_I eine Intervention vor, z.B. eine Therapiesitzung. Am Ende jedes der Intervalle $I_1, \ldots, I_{50}$ wird eine interessierende Variable erhoben. Durch die Wahl des Interventionsintervalls I_I zwischen I_6 und I_{46} wird garantiert, dass mindestens 5 Messwerte vor der Intervention (Baseline) und mindestens 5 Messwerte nach der Intervention (Behandlungsphase) vorliegen. Unter der Nullhypothese, dass die Intervention auf die betrachtete Variable keinen wie auch immer gearteten Einfluss hat, könnte sich die vorgefundene Messreihe für jedes beliebige der 41 möglichen Interventionsintervalle ergeben haben. Man nehme als Alternativhypothese etwa an, dass die Intervention zu einer Vergrösserung des Erwartungswertes der betrachteten Variablen, d.h. zu einer Anhebung des Niveaus der Zeitreihe führt. Dann bildet man für jeden möglichen Interventionszeitpunkt den Mittelwert $\bar{x}_V$ der Messwerte *vor* der Intervention und den Mittelwert $\bar{x}_N$ der Messwerte *nach* der Intervention und berechnet für alle möglichen Interventionszeitpunkte die Differenz

$$D = \bar{x}_N - \bar{x}_V.$$

Im Beispiel ergeben sich 41 solcher Differenzen. Diese ordnet man nach fallender Grösse an. Falls etwa 1 Differenz grösser und 1 Differenz gleich der vorgefundenen Differenz ist, so ist die Wahrscheinlichkeit dafür, dass unter der Nullhypothese eine so grosse oder grössere Differenz auftritt, gegeben durch $2/41 = 0.049$. Ein solches Ergebnis würde also bei $\alpha = 5\%$ zu einer Ablehnung der Nullhypothese führen. Wieder können auch Auswirkungen der Intervention, die nicht auf einer Erhöhung des Erwartungswertes beruhen, zu einer Ablehnung der Nullhypothese führen, z.B. wenn die Intervention die Abhängigkeitsstruktur verändert. Anstelle der Differenz D kann man als äquivalente Teststatistik auch die Summe der Nachinterventionswerte nehmen. Falls man eine nur kurzfristige Anhebung des Niveaus der Zeitreihe vermutet, kann man anstelle von D auch einfach die Differenz des Wertes unmittelbar vor der Intervention von dem Wert unmittelbar nach der Intervention verwenden. Ein genereller von der Intervention unabhängiger Zeittrend beeinflusst den Test nicht. Zweiseitige Tests und Tests auf Varianzunterschiede lassen sich analog zu dem vorangehenden Design durchführen.

Falls praktisch durchführbar, ist ein Umkehrdesign (vgl. [26]) geeignet, Therapieeffekte nachzuweisen. Im obigen Beispiel könnte man so vorgehen, dass man zunächst unter den Intervallen $I_6, \ldots, I_{41}$ ein Interventionsintervall I_I zufällig aussucht. Das auf I_I folgende 5. Intervall sei mit I_{I+5} bezeichnet. Von den Intervallen $I_{I+5}, \ldots, I_{46}$ werde wieder ein Intervall I_U zufällig ausgewählt, in dem die Behandlung rückgängig gemacht wird. Auf diese Weise stehen sowohl für die Behandlungsphase als auch für die beiden Baselinephasen jeweils mindestens 5 Messwerte zur Verfügung. Bei $I_I = I_6$ gibt es 36 Möglichkeiten für I_U, nämlich $I_{11}, \ldots, I_{46}$, bei $I_I = I_7$ gibt es 35 Möglichkeiten für I_U usw. Insgesamt ergeben sich für die gemeinsame Wahl von I_I und I_U

$$36 + 35 + \ldots + 2 + 1 = 36 \bullet 37/2 = 666$$

verschiedene Möglichkeiten. Unter der Nullhypothese, dass weder die Intervention noch die Umkehr einen Effekt auf die Zeitreihe haben, könnte jeder der 666 mit gleicher Wahrscheinlichkeit zugeteilten Versuchspläne die Zeitreihe erzeugt haben. Falls man unter der Alternativhypothese vermutet, dass die Intervention eine Erwartungswerterhöhung, d.h. eine Niveauanhebung der Zeitreihe, bewirkt, so kann man als Teststatistik die Mittelwertdifferenz

$$D = \bar{x}_I - \bar{x}_B$$

verwenden, wobei $\bar{x}_I$ der Mittelwert aus den Messwerten nach der Intervention und vor der Umkehr ist und $\bar{x}_B$ der Mittelwert aus allen anderen Messwerten. Man berechnet D für alle 666 möglichen Wahlen von I_I und I_U und ordnet die D-Werte nach fallender Grösse an. Falls es etwa 3 D-Werte gibt, die grösser als der vorgefundene D-Wert und 2 D-Werte, die diesem gleich sind, so ist unter der Nullhypothese die Wahrscheinlichkeit für ein solches Ereignis gegeben durch $5/666 = 0.008$, was bei $\alpha = 5\%$ einem signifikanten Ergebnis entspricht.

Auch bei diesem Randomisierungstest für den Umkehrplan muss man mit Fehlinterpretationen rechnen, falls statt der Erwartungswerte andere Parameter der Zeitreihe durch die Therapie beeinflusst werden. Wie oben sind auch hier zweiseitige Tests und Tests auf Varianzunterschiede möglich. Falls man statt einer Intervention mit Umkehr mehrere Interventionen mit Umkehr vorsieht, so ist der obige Ansatz durch entsprechende Zufallsauswahl der Interventions- und Umkehrzeitpunkte zu verallgemeinern.

Eine andere Fragestellung könnte darin bestehen, dass man wissen möchte, ob zwischen der Stärke eines aversiven Reizes (gemessen in 5 Abstufungen) und der Grösse einer stetig gemessenen Verhaltensvariablen eines Patienten eine positive Korrelation besteht (vgl. [23]). In diesem Falle werden die 5 Reizabstufungen zufällig 5 Zeitintervallen zugeordnet. Unter der Nullhypothese, dass kein Zusammenhang zwischen Reiz- und Reaktionstärke besteht, d.h. dass keine Veränderung der Reaktionsstärke mit wachsender Reizstärke erfolgt, kann der erhaltene Messwertvektor aus 5 Komponenten bei jeder der $5! = 120$ Zuordnungen erzeugt worden sein. Man berechnet für jeden dieser 120 Versuchspläne einen Produktmomentkorrelationskoeffizienten zwischen den Reiz- und Reaktionsstärken und führt analog zu oben einen Randomisierungstest durch. Falls man vorher eine Rangtransformation der Messwerte vornimmt, kann man auch den Rangkorrelationskoeffizienten von Spearman (vgl. z.B. [74], S.591) berechnen und die Tabellen für die Quantile des exakten Spearman-Tests verwenden.

2.3.2 Multivariate Problemstellung

Für die statistische Behandlung multivariater Veränderungen bei unbekannter Abhängigkeitsstruktur gibt es für Einzelfallstudien bisher noch keine allgemein befriedigenden Verfahren. Von EDGINGTON [24] wird vorgeschlagen, für jeden Zeitpunkt die Messwerte der gemeinsam gemessenen Variablen zu einem Messwert zusammenzufassen und mit den so erhaltenen univariaten Messungen die oben diskutierten Randomisierungstests durchzuführen. Speziell wird vorgeschlagen, zunächst jede einzelne Variable zu standardisieren, d.h. von jedem Messwert den Mittelwert der Messwerte für die betreffende Variable über die Zeit abzuziehen und das Ergebnis durch die analog berechnete empirische Standardabweichung zu dividieren. Damit erhält man für jeden Zeitpunkt einen Vektor standardisierter Werte. Diese sollen dann getrennt für jeden Zeitpunkt addiert werden, um Masszahlen für die Randomisierungstests zu liefern. Bei einer solchen Reduktion des multivariaten Problems auf ein univariates Problem muss man damit rechnen, dass häufig multivariate Veränderungen entweder gar nicht oder nicht richtig erfasst werden.

Um zu beschreiben, wie weit sich zwei Variablen in der gleichen Richtung ändern, wird von STRAHAN [118] ein Koeffizient d der *Richtungskorrelation* vorgeschlagen. Dazu seien an einem Individuum gleichzeitig zwei Variablen zu jedem von insgesamt T Zeitpunkten gemessen worden. Jedes Mal, wenn sich beide Variablen in derselben Richtung ändern, wird ein Score «+» vergeben, falls sie sich in der entgegengesetzten Richtung ändern, ein Score «-» und falls eine oder beide Variablen unverändert bleiben, ein Score «0». Der Koeffizient der Richtungskorrelation ist dann definiert durch

$$d = (p - m)/(p + m),$$

wo p die Anzahl der «+» und m die Anzahl der «-» bezeichnet. Eine Verallgemeinerung des Koeffizienten d zu einem Koeffizienten D der *multiplen Richtungskorrelation* wird in [119] angegeben für den Fall, dass gemessen werden soll, wie weit sich $k \geqslant 2$ Variablen gleichsinnig verändern. Ein empirischer Vergleich dieser und anderer deskriptiver Koeffizienten bei einer psychophysiologischen Zeitreihenstudie wird in [25] durchgeführt.

Von PFANZAGL [93] wird darauf hingewiesen, dass es nicht sinnvoll ist, die gleichsinnige Veränderung zweier Zeitreihen durch die Berechnung eines Korrelationskoeffizienten über die Zeit messen zu wollen. Dieses wird an einem Beispiel illustriert, wo sich trotz deutlicher Parallelität der Änderungen «im Kleinen», die sich in einer hohen Korrelation der ersten Differenzen zeigt, ein Korrelationskoeffizient 0 ergibt, da die «Parallelität im Kleinen» durch eine «Gegenläufigkeit im Grossen» kompensiert wird.

Von PFANZAGL [93] wird auch ein Randomisierungstest vorgeschlagen. Dazu ersetzt man in beiden Zeitreihen je zwei zeitlich aufeinanderfolgende Messwerte durch eine «1», falls die Messwerte anwachsen, durch eine «–1», falls sie fallen und durch eine «0», falls sie gleich bleiben. Auf diese Weise erhält man statt zweier T-dimensionaler Messwertvektoren $(x_1, \ldots, x_T)$ bzw. $(y_1, \ldots, y_T)$ zwei (T–1)-dimensionale Vorzeichenvektoren $(d_1, \ldots, d_{T-1})$ bzw. $(e_1, \ldots, e_{T-1})$. Totale Parallelität (gleichsinnige Änderung) liegt vor, falls $d_1 = e_1, \ldots, d_{T-1} = e_{T-1}$ gilt. Das Ausmass an Parallelität kann man messen durch

$$D = e_1 d_1 + \ldots + e_{T-1} d_{T-1}.$$

Unter der Nullhypothese sollen übereinstimmende Änderungen nur zufällig erfolgen. Da man auch unter der Nullhypothese eine Abhängigkeit zwischen direkt benachbarten Vorzeichen zulassen will, vergleicht man nicht alle Permutationen der Folge $e_1, \ldots, e_{T-1}$ bei festgehaltener Folge $d_1, \ldots, d_{T-1}$ sondern nur solche Permutationen, bei denen «+»-, «–»- und «0»-Iterationen jeweils als Ganzes vertauscht werden.

Seien etwa

X: 14, 17, 11, 23, 24, 24, 13, 15, 18, 17, 23
Y: 14, 16, 16, 12, 23, 35, 18, 15, 12, 12, 12

die Messungen zweier Variablen X und Y an einem Individuum an T = 11 Zeitpunkten. Dann erhält man die Änderungsvektoren

d: 1, –1, 1, 1, 0, –1, 1, 1, –1, 1
e: 1, 0, –1, 1, 1, –1, –1, –1, 0, 0.

Für dieses Beispiel ergibt sich D = 0. Eine zulässige Permutation für e liegt z.B. dann vor, wenn man alle «1»-, «–1»- und «0»-Iterationen gleichzeitig permutiert:

d: 1, –1, 1, 1, 0, –1, 1, 1, –1, 1
e: 1, 1, 0, 0, –1, –1, –1, 1, –1, 0.

Hierfür ergibt sich D = 2. Da es in diesem Beispiel für e jeweils zwei «1»-, «–1»- und «0»-Iterationen gibt, gibt es insgesamt 2! 2! 2! = 8 zulässige Permutationen, die unter der Nullhypothese als gleichwahrscheinlich angesehen werden. Für alle 8 zulässigen Permutationen von e berechnet man D und ordnet diese Werte nach fallender Grösse an. Falls die vorgefundene Permutation dem grössten Wert von D entsprechen sollte, so würde dieses Ereignis unter der Nullhypothese nur mit Wahrscheinlichkeit 1/8 = 0.125 auftreten.

Bei der Interpretation der Ergebnisse dieses Tests muss man bei Ablehnung der Nullhypothese berücksichtigen, dass auch Autokorrelationen höherer als 1. Ordnung, d.h. Abhängigkeiten zwischen nicht direkt benachbarten Vorzeichen, zur Ablehnung führen können, ohne dass Gleichsinnigkeit der Änderungen vorliegt.

2.4 Bekannte Abhängigkeitsstruktur mit unbekannten Abhängigkeitsparametern

2.4.1 Stetige Variablen

Der wohl bekannteste Ansatz, um Veränderungen bei Einzelindividuen nachzuweisen, für die an genügend vielen Zeitpunkten Messwerte erhoben worden sind, wird nach Box und Jenkins [16] benannt. Er ist in mehreren Monographien [12, 35, 98] und zahlreichen Übersichtsartikeln [20, 21, 36, 39, 83, 128] ausführlich dargestellt worden. Die Grundidee ist, dass es zu allen Zeitpunkten t unabhängige identisch normalverteilte Zufallsvariablen X_t gibt und dass ein Messwert Y_{t_0} zur Zeit t_0 eine lineare Funktion der Zufallsvariablen X_t mit $t \leqslant t_0$ und Y_t mit $t < t_0$ ist. Durch Aufsummation erhält man auch nichtstationäre Prozesse. Solche Prozesse bezeichnet man als «autoregressive integrated moving average»-Prozesse oder abgekürzt ARIMA-Prozesse. Aufgrund einer Baseline aus sehr vielen Messwerten schätzt man die Autokorrelationskoeffizienten und partiellen Autokorrelationskoeffizienten. Danach wird der Prozess als bekannt angesehen, und man schätzt die als unabhängig normalverteilt angenommenen unbekannten X_t (sogenannte *Residuen)* durch eine Funktion der bekannten Messwerte Y_t. Die Wirkung einer Intervention wird als Veränderung von Modellparametern interpretiert. Eine Erwartungswerterhöhung entspricht dabei z.B. einer Verschiebung des Niveaus der Zeitreihe nach oben. Auf einen Interventionseffekt testet man, indem man überprüft, ob die als unabhängig normalverteilt angesehenen Residuen X_t nach der Intervention demselben Verteilungsgesetz wie vor der Intervention genügen. Aufgrund der Annahmen kann die Überprüfung mit Hilfe geeigneter t- und F-Tests erfolgen.

Bei der Verwendung dieses aus der Theorie der ökonomischen Zeitreihen stammenden Modells verwendet man zwei Annahmen. Die erste Annahme besagt, dass sich die abhängigen Messwerte des Prozesses durch lineare Funktionen unabhängiger Zufallsvariablen erzeugen lassen. Man kann davon ausgehen, dass sich sicher eine grosse Klasse von empirischen Zeitreihen durch solche linearen Ansätze gut approximieren lässt, wobei bei der inferenzstatistischen Absicherung von Veränderungen der Einfluss des Approximationsfehlers auf die Wahrscheinlichkeit für einen Fehler 1. Art meist nur schwer abzuschätzen sein dürfte. Genauso schwer zu übersehen dürften die Auswirkungen nicht normalverteilter Residuen X_t sein. In [2] wird vorgeschlagen, die unbekannten Parameter des linearen Modells durch konsistente Schätzungen aus einer sehr langen Baseline zu schätzen und auf die mit Hilfe dieser Schätzungen erhaltenen Schätzungen der Residuen X_t Rangtests anzuwenden.

Nichtparametrische Tests für andere stochastische Prozesse werden u.a. in [8] und [1] betrachtet. Eine Darstellung der für psychologische Anwendungen interessanten Verfahren findet man bei Krauth [65].

Eine erste Klasse solcher Prozesse sind die Prozesse mit stationären unabhängigen Zuwächsen. Falls man eine Zeitreihe $X_1, X_2, X_3, \ldots$ gegeben hat, so versteht man unter den Zuwächsen die Folgedifferenzen

$$Y_1 = X_2 - X_1,\ Y_2 = X_3 - X_2,\ Y_3 = X_4 - X_3, \ldots .$$

Diese Veränderungen und nicht die Messwerte selber werden als unabhängig und identisch verteilt vorausgesetzt. Liegen Messwerte vor und nach einer therapeutischen Intervention vor und geht man davon aus, dass sich die Intervention nur auf die Verteilungsparameter der Zuwächse nicht aber auf ihre Unabhängigkeit auswirkt, so kann man auf die Zuwächse vor und nach der Intervention einen nichtparametrischen Zweistichprobentest, z.B. den Mann-Whitney-U-Test, anwenden.

Eine andere Klasse von betrachteten Prozessen sind die Poisson-Prozesse. Z.B. werden innerhalb einer Therapiesitzung die Zeitpunkte ermittelt, in denen ein Patient lächelt oder lacht. Dieser Prozess wird durch einen Zählprozess N_t beschrieben, der für jede Zeit $t > 0$ angibt, wieviele der genannten Ereignisse in dem Intervall von $t_0 = 0$ (Beginn der Sitzung) bis einschliesslich t eingetreten sind. Die Zufallsvariablen N_t können die Werte 0, 1, 2, ... annehmen. Falls N_t ein Prozess mit stationären unabhängigen Zuwächsen ist und die Anzahl der Ereignisse in einem beliebigen Zeitintervall von s bis t Poisson-verteilt ist, d.h. dass

$$P(N_t - N_s = k) = [\upsilon(t-s)]^k \exp[-\upsilon(t-s)]/k!,\ k = 0, 1, 2, \ldots$$

gilt, so heisst N_t ein (homogener) Poisson-Prozess mit Intensität υ. Je grösser die Intensität ist, um so dichter folgen die Ereignisse aufeinander.

Eine Poisson-Verteilung kann angenommen werden, wenn für noch so kleine Zeitintervalle eine positive Wahrscheinlichkeit besteht, dass ein Ereignis eintritt und in genügend kleinen Intervallen höchstens ein Ereignis eintreten kann. Die Zwischenzeiten zwischen je zwei aufeinanderfolgenden Ereignissen sind bei einem Poisson-Prozess unabhängig identisch gemäss einer stetigen Exponentialverteilung

$$P(T > t) = \exp[-\upsilon t] \text{ für } t > 0$$

verteilt. Man bestimmt diese Zwischenzeiten vor und nach einer therapeutischen Intervention und kann sie z.B. mit dem Savage-Test (vgl. [112]) vergleichen.

Von Norman [84] wird ebenfalls das Problem der Messung der Veränderung einer Zeitreihe nach einer Intervention untersucht. Es wird vorausgesetzt, dass es sich um eine stationäre Zeitreihe 2. Ordnung handelt, d.h. dass die Kovarianzen der Messwerte zwischen je zwei Zeitpunkten im Abstand k nur von k abhängen. Für sehr lange Zeitreihenabschnitte vor und nach der Intervention lassen sich die Autokovarianzen und damit auch die Varianzen der Mittelwerte vor und nach der Intervention schätzen. Über einen verallgemeinerten zentralen Grenzwertsatz, der auf wohl kaum überprüfbaren theoretischen Voraussetzungen beruht, wird dann ein asymptotischer t-Test hergeleitet.

Auch bei der Messung von Veränderungen in Zeitreihen tritt das Problem der Messung multivariater Veränderungen auf. Die Probleme, die bei der Verwendung von Faktoranalysen aufgrund der notwendigen Annahme unabhängiger Messfehler auftreten, werden in [5] ausführlich diskutiert. Ansonsten sei auf die Monographie [96] über multivariate Zeitreihen verwiesen.

2.4.2 Diskrete Variablen

Falls die Messwerte diskret sind, insbesondere falls es sich um Zeitreihen qualitativer Daten handelt, ist es meist üblich, von dem Modell einer homogenen stationären Markov-*Kette* auszugehen. Dazu nimmt man an, dass an einem Individuum in diskreten Zeitpunkten $t_1, t_2, \ldots$ Messungen $X_1, X_2, \ldots$ auf Nominalskalenniveau vorgenommen werden, d.h. das Individuum kann sich zu jedem Zeitpunkt in genau einem von c vorgegebenen Zuständen befinden. Die *Stationarität* besagt, dass wenn man die Verteilung eines beliebigen endlichen Ausschnittes $X_i, X_{i+1}, \ldots, X_{i+k}$ der Zeitreihe betrachtet, diese Verteilung unabhängig davon ist, wo der Zeitpunkt t_i auf der Zeitachse liegt. Insbesondere ist also die Wahrscheinlichkeit für einen bestimmten Zustand für jeden Zeitpunkt als gleich anzusehen. Die Abhängigkeitsstruktur wird dadurch beschrieben, dass man *Übergangswahrscheinlichkeiten* annimmt, die angeben, wie gross die Wahrscheinlichkeit für einen bestimmten Zustand für einen vorgegebenen Zeitpunkt ist, wenn man weiss, wie die Zustände an den k vorangehenden Zeitpunkten aussehen. Falls diese Übergangswahrscheinlichkeiten über die Zeit konstant sind, spricht man von einer *homogenen* MARKOV-Kette. Falls die Messwerte unabhängig sind, so liegt eine MAROV-Kette 0. Ordnung vor. Ist jeder Messwert nur von dem vorangehenden Messwert abhängig, so spricht man von einer MARKOV-Kette 1. Ordnung, ist jeder Messwert von den zwei unmittelbar vorangehenden Messwerten abhängig, von einer MARKOV-Kette 2. Ordnung, usw. Näheres entnehme man den Einführungsartikeln [37], [45] und [100]. Eine Reihe von Signifikanztests für MARKOV-Ketten werden z. B. von ANDERSON und GOODMAN beschrieben [6]. Diese Tests beruhen auf den Häufigkeiten, mit denen Kategorien, Kategorienpaare, Kategorientripel usw. in der Zeitreihe auftreten.

Der erste Schritt bei einer MARKOV-Ketten-Analyse besteht darin, die Ordnung der MARKOV-Kette mit Hilfe entsprechender Chiquadrattests festzustellen. Dazu muss eine genügend lange Baseline vorliegen, da sonst die Chiquadratapproximation nicht ausreichend gut ist. Allerdings wird von PAGE et al. [85] gezeigt, wie man exakte Tests konstruiert, so dass man im Prinzip auch sehr kurze Zeitreihen auswerten kann. Anschliessend an die Erhebung der Baseline erfolgt eine Intervention, und man misst erneut einen genügend langen Zeitreihenabschnitt. Man achte darauf, dass zwischen der Intervention und den letzten Zeitpunkten der Baseline ein so grosser Abstand ist, dass man aufgrund der festgestellten Ordnung der MARKOV-Kette davon ausgehen kann, dass die beiden Zeitreihenabschnitte unabhängig voneinander sind. Jetzt kann man mit Hilfe eines Chiquadrattests auf Gleichheit zweier MARKOV-Ketten (z. B. [6], S. 103) testen, ob die Intervention eine Änderung in der Zeitreihe hervorgerufen hat.

Es ist oft von Interesse, die gleichzeitige Änderung mehrerer qualitativer Variablen zu untersuchen. In diese Richtung zielen Tests, die prüfen, ob zwei MARKOV-Ketten 1. Ordnung unabhängig voneinander sind [6, 42, 106], da eine Abhängigkeit u. U. auf gleichsinnige Veränderung schliessen lässt.

3. Gruppenplan ohne Kontrollgruppe

3.1 Bekannte Abhängigkeitsstruktur

In verschiedenen Modellen, die man zur Analyse latenter Dimensionen verwendet, wird die Abhängigkeitsstruktur durch die Forderung der *lokalen stochastischen Unabhängigkeit* stark vereinfacht. So nimmt man in den *probabilistischen Testmodellen* meist an, dass die Antworten eines Individuums auf verschiedene Items unabhängig voneinander erfolgen, insbesondere also keine Lern- oder Ermüdungseffekte vorliegen. In der *latenten Klassenanalyse* nimmt man an, dass die gemessenen Variablen innerhalb der latenten Klassen unabhängig voneinander sind.

Bei den in der probabilistischen Testtheorie betrachteten univariaten Problemen werden Veränderungen durch eigens eingeführte Veränderungsparameter beschrieben, durch die das RASCH-Modell und ähnliche Modelle erweitert werden [27, 28, 29, 30, 104].

In der latenten Klassenanalyse können multivariate Veränderungen untersucht werden [126]. Hier sind zwei Arten von Veränderungen zu unterscheiden. Einmal kann man einen *latenten Wechsel* untersuchen, d.h. den Wechsel eines Individuums von einer latenten Klasse zu einer anderen. Eine solche latente Klasse kann z.B. eine latente Diagnosegruppe sein, die in der latenten Klassenanalyse postuliert wird, aber nicht manifest ist. Zum anderen kann man die Änderung von *latenten Wahrscheinlichkeiten* betrachten. Eine solche latente Wahrscheinlichkeit ist die Wahrscheinlichkeit für ein Individuum in einer bestimmten latenten Klasse eine bestimmte manifeste Reaktion zu zeigen, z.B. eine bestimmte Symptomkombination aufzuweisen. Von WIGGINS [126] wird ausserdem noch unterschieden, ob eine Veränderung systematisch oder unsystematisch ist. Unter systematischer Änderung wird hier eine Änderung verstanden, die durch ein mathematisches Modell beschrieben wird. Je nachdem, ob keine, eine systematische oder eine unsystematische Veränderung von latenten Klassen oder latenten Wahrscheinlichkeiten angenommen wird, sind 8 Situationen zu unterscheiden, in denen Veränderungen auftreten, und die getrennt zu untersuchen sind.

3.2 Unbekannte Abhängigkeitsstruktur

3.2.1 Univariate Problemstellung

Die betrachteten Ansätze gehen davon aus, dass die untersuchten Zeitreihen einer gewissen unbekannten Trendfunktion unterliegen, die die wesentliche Information über die Zeitreihen enthält, während die als möglicherweise abhängig angesehenen Messfehler einem unbekannten Verteilungsgesetz genügen. Man spricht auch von sogenannten *Verlaufskurven*. Es wird angenommen, dass sowohl eine Placebo- als auch eine Therapie-Behandlung jeweils einen solchen Verlauf auslösen. In einem Einstichprobenplan erhebt man für jedes Individuum eine Verlaufskurve unter Placebo und unter Verum. Die Reihenfolge Placebo-Verum bzw. Verum-Placebo wird jedem Individuum per Zufall zugeteilt. Eine Therapiewirkung bzw. eine Veränderung wird dadurch überprüft, dass man die Gleichheit der beiden Verlaufskurven testet. Um Alternativerklärungen auszuschliessen, empfiehlt es sich, gleiche Zeitmuster für alle Verlaufskurven vorzusehen, insbesondere also für Placebo- und Verum-Kurven. Auch sollte der zeitliche Abstand zwischen beiden Behandlungen so gross sein, dass Nachwirkungseffekte vernachlässigbar sind.

Ist man sowohl an Niveau- als auch an Formunterschieden interessiert, so wird von KRAUTH [62] vorgeschlagen, die Verlaufskurven durch Regressionspolynome gleichen Grades zu approximieren und die Koeffizientenvektoren mit Hilfe eines multivariaten Vorzeichentests nach [9] zu vergleichen. Dass man bei Verlaufskurven multivariate Tests nicht auf die Originaldaten sondern auf geeignete Verlaufsparameter anwendet, hat seinen Grund darin, dass multivariate Tests in der Regel invariant gegenüber Permutationen der Variablen sind, so dass Unterschiede in der Form der Kurven u.U. nicht richtig erfasst werden. In [64] werden speziell orthogonale Polynome angepasst, während in [94] Splinefunktionen angepasst und spezielle Parameter dieser Funktionen verglichen werden.

Ist man speziell nur an Formunterschieden der Verlaufskurven interessiert, z.B. weil man eine Abhängigkeit vom Ausgangswert eliminieren will, so wird in [62] vorgeschlagen, die Verlaufskurven durch ihre Vorzeichenfolgevektoren zu ersetzen, d.h. die Vektoren der Vorzeichen der Differenzen von jeweils zwei aufeinanderfolgenden Messwerten zu betrachten. Man zählt dann die Häufigkeiten der verschiedenen Vorzeichenfolgemuster aus und testet in einer Kontingenztafel bei kleinen Stichproben mit dem exakten BOWKER-Test [62] und bei grossen Stichproben mit dem üblichen asymptotischen BOWKER-Test auf Symmetrie. Die Zeilen der Kontingenztafel mögen dabei den Vorzeichenfolgemustern der Placebo-Kurven, die Spalten denen der Verum-Kurven entsprechen. Zwei Tests, die anstelle der Vorzeichenfolgevektoren Rangzuordnungen im Sinne des FRIEDMAN-Tests verwenden, werden in [72] vorgeschlagen.

In [129] wird für den Vergleich verbundener Verlaufskurven ein Randomisierungstest vorgeschlagen, der auf einer geeignet definierten Distanz zwischen je zwei Verlaufskurven beruht, während in [78] für qualitative Daten und zur Messung von Veränderungen einer Stichprobe im Zeitverlauf der MCNEMAR-Test und der COCHRAN-Test eingesetzt werden.

3.2.2 Multivariate Problemstellung

Werden an jedem Individuum zwei Variablen gemessen und soll auf gleichsinnige Änderung in der Zeit getestet werden, so wird in [93] vorgeschlagen, für jede Person den Produktmomentkorrelationskoeffizienten beider Variablen über die Zeit zu berechnen und den Mittelwert $\bar{r}$ aller dieser Korrelationen zu bilden. Hält man für alle n Personen die Messwertvektoren der ersten Variablen fest und permutiert die Messwertvektoren für die zweite Variable, so dass verschiedene Personen jetzt anstelle des an ihnen gemessenen zweiten Messwertvektors den Vektor für eine andere Person haben, so kann man für diese n! Permutationen jeweils $\bar{r}$ berechnen und einen Randomisierungstest durchführen. In [93] wird auch eine asymptotische Testprozedur zu diesem exakten Randomisierungstest angegeben.

Für qualitative oder diskretisierte Daten ist auch die Konfigurationsfrequenzanalyse (KFA) angewandt worden, um multivariate Veränderungen nachzuweisen. Während dieses in ([66], S.63–65, S.149–162, S.168–171, S.178) durch Anwendung der KFA auf Veränderungsscores geschieht, wird in [69] untersucht, ob es gewisse Symptommusterfolgen gibt, die so häufig auftreten, dass die Wahrscheinlichkeit dafür unter der Nullhypothese zeitlich unabhängiger Muster nur sehr gering ist.

3.3 Bekannte Abhängigkeitsstruktur mit unbekannten Parametern

3.3.1 Univariate Problemstellung

Wohl der bekannteste parametrische Ansatz, um Veränderungen in einer Stichprobe von Individuen über mehrere Zeitpunkte hinweg nachzuweisen, ist die Varianzanalyse für Messwiederholungen (repeated measurements designs analysis of variance), wie sie z.B. in [14], [102] und [127] dargestellt wird. Voraussetzungen sind eine multivariate Normalverteilung der abhängigen Messwerte innerhalb jedes Individuums und eine bestimmte Struktur der Korrelationsmatrix. Falls die letztere Bedingung nicht unbedingt angenommen werden kann, stehen auch konservative F-Tests zur Verfügung. Über den Einfluss von Nichtnormalität besagt eine Simulationsstudie [49], dass Verteilungen, die aussen mehr Masse als die Normalverteilung haben, zu nichtkonservativen Tests führen. Aber selbst wenn die eindimensionalen Randverteilungen normal sein sollten, sind viele multivariate Verteilungen denkbar, die eine andere Struktur als die multivariate Normalverteilung aufweisen. Über hierdurch potentiell verursachte statistische Fehlinterpretationen scheint es aber noch keine Simulationsstudien zu geben.

In [3] wird eine gemeinsame multivariate Normalverteilung von Messwerten vor einer Intervention und nach einer Intervention angenommen und mit HOTELLINGS T^2 auf Gleichheit der Erwartungswerte getestet. Dieselben Autoren nehmen in [120] an, dass vor und nach einer Intervention die Zeitreihe jeweils durch ein Regressionspolynom gleicher Ordnung beschrieben wird, wobei die Messfehler gemäss einer gemeinsamen multivariaten Normalverteilung verteilt seien. Eine Veränderung durch die Intervention wird durch einen Test auf Gleichheit der Regressionskoeffizienten vor und nach der Intervention geprüft.

Im Rahmen der *klassischen Testtheorie* werden Veränderungen der wahren Werte gesucht unter Ausschaltung des Messfehlers. Dabei wird auch hier eine univariate oder bivariate Normalverteilung vorausgesetzt. Hierhin gehören die zahlreichen Versuche, Veränderungsscores zu konstruieren, die vom Ausgangswert unabhängig sind [15, 70, 77, 122].

Für den Fall, dass das Modell einer MARKOV-Kette 1. Ordnung z. B. für einen therapeutischen Prozess angemessen ist, was vorher sicherzustellen ist, kann man sich fragen, ob eine Intervention die Übergangswahrscheinlichkeiten 1. Ordnung verändert. Dieses wäre z. B. der Fall, falls die Wahrscheinlichkeit einer bestimmten Reaktion auf einen bestimmten Reiz nach der Intervention kleiner ist als vor der Intervention. Für eine Stichprobe von Patienten könnte man die Nullhypothese konstanter Übergangswahrscheinlichkeiten mit Hilfe geeigneter Chiquadrattests überprüfen ([6], S. 97). Diese Tests beruhen auf den Häufigkeiten, mit denen Kategorien und Kategorienpaare aufgetreten sind.

3.3.2 Multivariate Problemstellung

Multivariate Veränderungen versucht man meist unter Annahme multivariater Normalverteilungen mit Faktoranalysen [10] oder mit einer multivariaten Varianzanalyse für Messwiederholungen [14] zu untersuchen. In [103] werden zur Messung multivariater Veränderungen die Analyse von Kovarianzmatrizen, die Varianzanalyse für Messwiederholungen und die longitudinale Faktoranalyse verglichen. Auch die Methode der linearen Strukturgleichungen ist verwendet worden [51].

4. Gruppenplan mit Kontrollgruppe

4.1 Unbekannte Abhängigkeitsstruktur

Man nehme zunächst an, dass für jedes Individuum in den zwei Stichproben des Kontrollgruppenplans eine Verlaufskurve vorliegt, d.h. eine Trendkurve, die durch Messfehler mit einer unbekannten Abhängigkeitsstruktur überlagert wird. Für den Fall, dass man sowohl an Unterschieden im Niveau als auch in der Form der Verlaufskurven interessiert ist, wird in [62] und unabhängig davon in [34] vorgeschlagen, jede Verlaufskurve durch ein Regressionspolynom zu approximieren und die zwei Stichproben der Koeffizientenvektoren mit Hilfe eines multivariaten Analogons des Mann-Whitney-U-Tests nach [95] zu vergleichen. Eine Anwendung dieses Prinzips auf die Veränderung von Partner- oder Gruppeninteraktionen wird in [63] diskutiert. Wegen der besseren Interpretierbarkeit werden in [68] die Verlaufskurven durch orthogonale Polynome approximiert, die Komponenten der Koeffizientenvektoren dichotomisiert und auf die entstehenden Vektoren eine KFA angewandt. In [64] werden orthogonale Polynome mit nicht notwendig äquidistanten Zeitpunkten verwendet, wobei die Koeffizientenvektoren mit Hilfe eines multivariaten Median-Tests verglichen werden. Einen analogen parametrischen Ansatz findet man in [110], wobei ebenfalls die Verlaufskurven durch orthogonale Polynome approximiert werden, aber die Koeffizientenvektoren mit dem T^2-Test von Hotelling verglichen werden. Voraussetzung ist, dass die Koeffizientenvektoren multivariat normalverteilt sind. In [130, 131] wird ein nichtparametrischer Randomisierungstest konstruiert, der auf einer geeignet definierten Distanz zwischen je zwei Verlaufskurven beruht.

Falls man nur an Unterschieden in der Form der Verlaufskurven interessiert ist und u.U. sogar verhindern will, dass eine durch die Ausgangswerte bestimmte Lage der Kurven mit in die Analyse eingeht, so wird in [62] vorgeschlagen, jede Kurve durch ihren Vorzeichenfolgevektor, d.h. durch den Vektor der Vorzeichen der Differenzen zeitlich aufeinanderfolgender Messwerte, zu ersetzen. Man zählt für jede Stichprobe aus, mit welchen Häufigkeiten die unterschiedlichen Vorzeichenfolgemuster auftreten und testet in einer Kontingenztafel auf Homogenität der beiden Populationsverteilungen. In der Kontingenztafel entsprechen etwa die beiden Zeilen den Gruppen «Kontrolle» und «Therapie» und die Spalten den möglichen verschiedenen Vorzeichenfolgemustern. In [62] wird neben dem üblichen asymptotischen Chiquadrattest auch ein exakter Test für kleine Stichproben angegeben. Dieses Verfahren wird in [67] zur Beurteilung von Behandlungswirkungen in Überkreuzungsplänen verwendet, bei denen in der einen Stichprobe die Reihenfolge Vorbeobachtung-Placebo-Therapie und in der anderen Stichprobe die Reihenfolge Vorbeobachtung-Therapie-Placebo vorgesehen ist. Es wird auch eine Adaptation des Verfahrens auf andere Überkreuzungspläne diskutiert.

Mehr Information als in den Vorzeichenfolgevektoren wird berücksichtigt, wenn man die Messwerte jeder Verlaufskurve durch ihre Ränge ersetzt und eine Kontingenztafel für die verschiedenen möglichen Rangmuster analysiert [50, 116]. Da es für mehr als 3 Zeitpunkte erheblich mehr verschiedene Rangmuster als Vorzeichenfolgemuster gibt, kann es hier leicht zu schwachbesetzten Kontingenztafeln kommen, die nicht mehr asymptotisch auswertbar sind. Deshalb werden in [50] Strategien diskutiert, um ähnliche Rangmuster nach objektiven Kriterien zu grösseren Klassen zusammenzufassen. Alternative Tests, die auf den den Verlaufskurven zugeordneten Rangtupeln beruhen, sind die in [71, 73] konstruierten Verallgemeinerungen des FRIEDMAN-Tests und des ANDERSON-KANNEMANN-Tests. Dabei hat man die Wahl zwischen einem Test, der global auf Verlaufsunterschiede prüft, und simultanen Tests, mit denen Zeitpunkte identifiziert werden können, in denen sich die Gruppen unterscheiden. Eine Klasse von allerdings nur asymptotisch verteilungsfreien Tests auf Formgleichheit der Verlaufskurven unter Kontrolle und Behandlung, die auf sogenannten verallgemeinerten U-Statistiken beruhen, wird in [11] konstruiert.

4.2 Bekannte Abhängigkeitsstruktur mit unbekannten Parametern

Einer der plausibelsten Versuchspläne für Veränderungsmessungen ist wohl der Plan, bei dem in einer Kontrollgruppe und einer Therapiegruppe jeweils ein Wert vor einer Behandlung (Placebo bzw. Verum) und nach der Behandlung erhoben wird. Dabei sind viele Vorschläge gemacht worden, um bezüglich der Ausgangswerte bereinigte Veränderungsmasse zu konstruieren. Z.B. wird in [115] eine derartige Analyse im Rahmen der klassischen Testtheorie entwickelt. Jedoch sind alle diese Bemühungen vergeblich, wenn nicht dafür gesorgt ist, dass die Individuen streng nach Zufall auf die beiden Gruppen aufgeteilt werden, wie in [17] demonstriert wird. In klinischen Studien wird diese Forderung allerdings oft aus ethischen oder praktischen Gründen nur unzureichend erfüllt werden können.

In [14] und anderen Darstellungen wird die für derartige Prä-Post-Kontrollgruppendesigns auch oft verwendete Varianzanalyse für Messwiederholungen beschrieben, die von multivariat normalverteilten Messwertvektoren ausgeht. Jedoch sind bei solchen Analysen leicht Fehlinterpretationen in bezug auf vermutete Veränderungen möglich, wie in [48] diskutiert wird, weshalb dort eine Kovarianzanalyse vorgeschlagen wird. Über Artefakte, die bei solchen Kovarianzanalysen auftreten können, informiert z.B. ([89], S.57).

In [113, 114] wird für einen Kontrollgruppenplan angenommen, dass für jedes Individuum Messwerte vor und nach einer Intervention vorliegen und dass die Zeitreihentrends durch Regressionsgeraden beschrieben werden können, wobei die Messfehler einem stationären autoregressiven Prozess 1.Ordnung genügen. Es werden approximative Tests vorgeschlagen, um die Geradenparameter zu vergleichen. Dieser Ansatz wird in [4] aus mehreren Gründen kritisiert. Stattdessen wird eine gemeinsame multivariate Normalverteilung für den Prä- und Postinterventionszeitreihenabschnitt angenommen und ein Vergleich der beiden Stichproben mit Hotellings T^2 vorgeschlagen. Aufgrund der Permutationssymmetrie von Hotellings T^2-Test werden dabei u.U. allerdings spezielle Verlaufscharakteristika nicht berücksichtigt.

Für den Fall, dass die gemessenen Variablen nur zwei Werte annehmen können, die z.B. die Zugehörigkeit zu einer von zwei Kategorien bezeichnen, werden in [78] Tests angegeben für die Nullhypothesen, dass in beiden Gruppen (Therapie- und Kontrollgruppe) zwischen zwei Zeitpunkten keine Veränderung eingetreten ist, bzw. dass gleiche Veränderungen eingetreten sind. Es handelt sich um asymptotische Chiquadrattests, die auf einer Zusammenfassung von McNemar-Statistiken beruhen. Ebenfalls für dichotome Variablen, die aber in Zwei-Perioden-Überkreuzungsplänen erhoben werden, wird in [132] empfohlen, eine Analyse aufgrund des Ansatzes von Grizzle, Starmer und Koch [38] durchzuführen. Es handelt sich hierbei je nach Sichtweise um eine Modifikation oder Weiterentwicklung der sogenannten *loglinearen Modelle*. Dabei wird Wahrscheinlichkeitsparametern in der multinomialen Ausgangsverteilung ein latentes lineares Modell unterstellt, wie man es analog aus der Varianzanalyse kennt. Mit Hilfe von Anpassungstests überprüft man die Angemessenheit spezieller Modelle und kann unter Voraussetzung ihrer Gültigkeit auf Übertragungseffekte, Periodeneffekte und insbesondere auf Behandlungseffekte testen. Eine systematische Darstellung des Grizzle-Starmer-Koch-Ansatzes in seiner Anwendung auf Messwiederholungspläne für Daten auf Nominalskalenniveau wird in [59] gegeben.

Literatur

[1] Ahmad, R. Distribution-free statistical hypotheses testing for stochastic processes. Mathematische Operationsforschung und Statistik, 1974, 5, 643–656.

[2] Albers, W. One-sample rank tests under autoregressive dependence. Annals of Statistics, 1978, 6, 836–845.

[3] Algina, J., Swaminathan, H. A procedure for the analysis of time-series designs. Journal of Experimental Education, 1977, 45, 56–61.

[4] Algina, J., Swaminathan, H. Alternatives to Simonton's analyses of the interrupted and multiple-group time-series designs. Psychological Bulletin, 1979, 86, 919–926.

[5] Anderson, T.W. The use of factor analysis in the statistical analysis of multiple time series. Psychometrika, 1963, 28, 1–25.

[6] Anderson, T.W., Goodman, L.A. Statistical inference about Markov chains. Annals of Mathematical Statistics, 1957, 28, 89–110.

[7] Barlow, D.H., Hersen, M. Designs für Einzelfallexperimente. In F.Petermann (Ed.) Methodische Grundlagen Klinischer Psychologie. Weinheim: Beltz, 1977, Pp.64–83.

[8] Bell, C.B., Woodroofe, M., Avadhani, T.V. Some nonparametric tests for stochastic processes. In M.L.Puri (Ed.) Nonparametric techniques in statistical inference. Cambridge: University Press, 1970, Pp.215–258.

[9] Bennett, B.M. On multivariate sign tests. Journal of the Royal Statistical Society, Series B, 1962, 24, 159–161.

[10] Bentler, P.M. Assessment of developmental factor change at the individual and group level. In J.R.Nesselroade, H.W.Reese (Eds.) Life-span developmental psychology. Academic Press: New York, 1973, Pp.145–174.

[11] Bhapkar, V.P., Patterson, K.W. On some nonparametric tests for profile analysis of several multivariate samples. Journal of Multivariate Analysis, 1977, 7, 256–277.

[12] Birkenfeld, W. Methoden zur Analyse von kurzen Zeitreihen. Basel: Birkhäuser, 1977.

[13] Blomqvist, N. On the relation between change and initial value. Journal of the American Statistical Association, 1977, 72, 746–749.

[14] Bock, R.D. Multivariate statistical methods in behavioral research. New York: McGraw-Hill, 1975.

[15] Bond, L. On the base-free measure of change proposed by Tucker, Damarin and Messick. Psychometrika, 1979, 4, 351–355.

[16] Box, G.E.P., Jenkins, G.M. Time series analysis. San Francisco: Holden-Day, 1970.

[17] Bryk, A.S., Weisberg, H.I. Use of the nonequivalent control group design when subjects are growing. Psychological Bulletin, 1977, 84, 950–962.

[18] Campbell, D.T. From description to experimentation: Interpreting trends as quasi-experiments. In C.W.Harris (Ed.) Problems in measuring change. Madison (Wisconsin): University of Wisconsin Press, 1963, Pp.212–242.

[19] Campbell, D.T., Stanley, J.C. Experimental and quasi-experimental designs for research. Chicago: Rand McNally, 1970.

[20] Dahme, B. Zeitreihenanalyse und psychotherapeutischer Prozess. In F.Petermann (Ed.) Methodische Grundlagen Klinischer Psychologie. Weinheim: Beltz, 1977, Pp.169–192.

[21] Dahme, B. Statistische Analyse kurzer Zeitreihen in der klinischen Effekt-Prüfung. In F. Petermann, F.J.Hehl (Eds.) Einzelfallanalyse. München: Urban & Schwarzenberg, 1979, Pp.251–265.

[22] Edgington, E.S. Statistical inference from N = 1 experiments. Journal of Psychology, 1967, 65, 195–199.

[23] Edgington, E.S. N = 1 experiments: hypothesis testing. Canadian Psychologist, 1972, 13, 121–134.

[24] Edgington, E.S. Randomization tests for one-subject operant experiments. Journal of Psychology, 1975, 90, 57–68.

[25] Fahrenberg, J., Myrtek, M., Kulick, B., Frommelt, P. Eine psychophysiologische Zeitreihenstudie an 20 Studenten über 8 Wochen. Archiv für Psychologie, 1977, 129, 242–264.

[26] Fichter, M.M. Versuchsplanung experimenteller Einzelfalluntersuchungen in der Psychotherapieforschung. In F.Petermann, F.J.Hehl (Eds.) Einzelfallanalyse. München: Urban & Schwarzenberg, 1979, Pp.140–158.

[27] Fischer, G.H. Lineare logistische Modelle zur Beschreibung von Einstellungs- und Verhaltensänderungen unter dem Einfluss von Massenkommunikation. In W.F.Kempf (Ed.) Probabilistische Modelle in der Sozialpsychologie. Bern: Huber, 1974, Pp.81–127.

[28] Fischer, G.H. Some probabilistic models for measuring change. In N.M.De Gruijter, L.J.T.van der Kamp (Eds.) Advances in psychological and educational measurement. London: Wiley, 1976, Pp.97–110.

[29] Fischer, G.H. Some probabilistic models for the description of attitudinal and behavioral changes under the influence of mass communication. In W.F.Kempf, B.H. Repp (Eds.) Mathematical models for social psychology. Bern: Huber, 1977, Pp.102–151.

[30] Fischer, G.H. Linear logistic test models: Theory and application. In H.Spada, W.F.Kempf (Eds.) Structural models of thinking and learning. Bern: Huber, 1977, Pp.203–225.

[31] Fiske, D.W., Luborski, L., Parloff, M.B., Hunt, H.F., Orne, M.T., Reiser, M.F., Tuma, A.H. Planung von Untersuchungen zur Wirksamkeit der Psychotherapie. In F.Petermann (Ed.) Methodische Grundlagen Klinischer Psychologie. Weinheim: Beltz, 1977, Pp.21–40.

[32] Gastwirth, J.L., Rubin, H. Effect of dependence on the level of some one-sample tests. Journal of the American Statistical Association, 1971, 66, 816–820.

[33] Gentile, J.R., Roden, A.H., Klein, R.D. An analysis-of-variance model for the intrasubject replication design. Journal of Applied Behavior Analysis, 1972, 5, 193–198.

[34] Ghosh, M., Grizzle, J.E., Sen, P.K. Nonparametric methods in longitudinal studies. Journal of the American Statistical Association, 1973, 68, 29–36.

[35] Glass, G.V., Willson, V.L., Gottman, J.M. Design and analysis of time-series experiments. Boulder: Colorado Associated University Press, 1975.

[36] Gottman, J.M., Glass, G.V. Analysis of interrupted time-series experiments. In T.R. Kratochwill (Ed.) Single subject research. New York: Academic press, 1978, Pp.197–235.

[37] Gottman, J.M., Notarius, C. Sequential analysis of observational data using Markov chains. In T.R.Kratochwill (Ed.) Single subject research. New York: Academic Press, 1978, Pp.237–285.

[38] Grizzle, J.E., Starmer, C.F., Koch, G.G. Analysis of categorical data by linear models. Biometrics, 1969, 25, 489–504.

[39] Gudat, U., Revenstorf, D. Interventionseffekte in klinischen Zeitreihen. Archiv für Psychologie, 1976, 128, 16–44.

[40] Harris, C.W. (Ed.) Problems in measuring change. Madison (Wisconsin): University of Wisconsin Press, 1963.

[41] Hartmann, D.P. Forcing square pegs into round holes: Some comments on «An analysis-of-variance model for the intrasubject replication design». Journal of Applied Behavior Analysis, 1974, 7, 635–638.

[42] Hedge, B.J., Everitt, B.S., Frith, C.D. The role of gaze in dialogue. Acta Psychologica, 1978, 42, 453–475.

[43] Helmreich, R. Strategien zur Auswertung von Längsschnittdaten. Stuttgart: Klett, 1977.

[44] Hersen, M., Barlow, D.H. Single-case experimental designs: Strategies for studying behavior. New York: Pergamon Press, 1977.

[45] Hertel, R.K. Application of stochastic process analyses to the study of psychotherapeutic processes. Psychological Bulletin, 1972, 77, 421–430.
[46] Huber, H.P. Single-case analysis. Behavioural Analysis and Modification, 1977, 2, 1–15.
[47] Huber, H.P. Kontrollierte Fallstudie. In L.L.Pongratz (Ed.) Handbuch der Psychologie. 8.Band. Klinische Psychologie. 2.Halbband. Göttingen: Hogrefe, 1978, Pp.1153–1199.
[48] Huck, S.W., McLean, R.A. Using a repeated measures ANOVA to analyze the data from a pretest-posttest design: A potentially confusing task. Psychological Bulletin, 1975, 82, 511–518.
[49] Huynh, H., Mandeville, G.K. Validity conditions in repeated measures designs. Psychological Bulletin, 1979, 86, 964–973.
[50] Immich, H., Sonnemann, E. Which statistical models can be used in practice for the comparison of curves over a few time-dependent measure points? Biometrie-Praximetrie, 1974, 14, 43–52.
[51] Jöreskog, K.G., Sörbom, D. Statistical models and methods for analysis of longitudinal data. In D.J.Aigner, A.S.Goldberger (Eds.) Latent variables in socio-economic models. Amsterdam: North-Holland, 1977, Pp.285–325.
[52] Kastner, M. Bemerkungen zu einer Standortbestimmung der psychometrischen Einzelfalldiagnostik. Zeitschrift für klinische Psychologie-Forschung und Praxis, 1979, 8, 83–90.
[53] Kazdin, A. Methodological and assessment considerations in evaluating reinforcement programs in applied settings. Journal of Applied Behavior Analysis, 1973, 6, 517–532.
[54] Kazdin, A.E. Statistical analyses for single-case experimental designs. In M.Hersen, D.H.Barlow. Single-case experimental designs: Strategies for studying behavior change. New York: Pergamon 1976, Pp.265–316.
[55] Kazdin, A.E. Methodological and interpretative problems of single-case experimental designs. Journal of Consulting and Clinical Psychology, 1978, 46, 629–642.
[56] Kazdin, A.E., Kopel, S.A. On resolving ambiguities of the multiple-baseline design: Problems and recommendations. Behavior Therapy, 1975, 6, 601–608.
[57] Keselman, H.J., Leventhal, L. Concerning the statistical procedures enumerated by Gentile et al.: Another perspective. Journal of Applied Behavior Analysis, 1974, 7, 643–645.
[58] Knopf, M., Petermann, F. Probleme bei der Messung von Einstellungsänderungen I - Grundlegende Fragen und Konzepte. Zeitschrift für Sozialpsychologie, 1976, 7, 127–142.
[59] Koch, G.G., Landis, J.R., Freeman, J.L., Freeman, D.H., Lehnen, R.G. A general methodology for the analysis of experiments with repeated measurement of categorical data. Biometrics, 1977, 33, 133–158.
[60] Kratochwill, T.R. (Ed.) Single subject research. New York: Academic Press, 1978.
[61] Kratochwill, T., Alden, K., Demuth, D., Dawson, D., Panicucci, C., Arntson, P., McMurray, N., Hempstead, J., Levin, J. A further consideration in the application of an analysis-of-variance model for the intrasubject replication design. Journal of Applied Behavior Analysis, 1974, 7, 629–633.
[62] Krauth, J. Nichtparametrische Ansätze zur Auswertung von Verlaufskurven. Biometrische Zeitschrift, 1973, 15, 557–566.
[63] Krauth, J. Nonparametric interaction analysis for psychotherapeutic processes. Behavioural Analysis and Modification, 1979, 3, 98–108.
[64] Krauth, J. Nonparametric analysis of response curves. Journal of Neuroscience Methods, 1980, 2, 239–252.

[65] Krauth, J. Nichtparametrische Ansätze bei Zeitreihenanalysen. In W. Janke (Ed.) Beiträge zur Methodik in der differentiellen, diagnostischen und klinischen Psychologie. Festschrift zum 60. Geburtstag von G.A. Lienert. Meisenheim: Hain, 1981.

[66] Krauth, J., Lienert, G.A. Die Konfigurationsfrequenzanalyse. Freiburg: Alber, 1973.

[67] Krauth, J., Lienert, G.A. Verteilungsunabhängige Beurteilung von Behandlungswirkungen in Überkreuzungsplänen. Probleme und Ergebnisse der Psychologie, 1973, 46, 5-18.

[68] Krauth, J., Lienert, G.A. Nonparametric two-sample comparison of learning curves based on orthogonal polynomials. Psychological Research, 1978, 40, 159-171.

[69] Krauth, J., Lienert, G.A. Die Konfigurationsfrequenzanalyse XII. Symptommusterfolgen (Durchgangssyndrome). Zeitschrift für Klinische Psychologie und Psychotherapie, 1980 (Heft 4).

[70] Lander, H.J. Lineare Prä-Posttest-Analyse - ein Prüfverfahren zur statistischen Beurteilung der Behandlungswirkung mit und ohne Kontrollgruppenvergleich und des Behandlungserfolges. Probleme und Ergebnisse der Psychologie, 1979, 70, 59-75.

[71] Lehmacher, W. A new nonparametric approach to the comparison of K independent samples of response curves II: A K sample generalization of the Friedman test. Biometrical Journal, 1979, 21, 123-130.

[72] Lehmacher, W. Tests for profile analysis of paired curves based on Friedman ranking methods. Biometrical Journal, 1980, 22, 141-152.

[73] Lehmacher, W., Wall, K.D. A new nonparametric approach to the comparison of K independent samples of response curves. Biometrical Journal, 1978, 20, 261-273.

[74] Lienert, G.A. Verteilungsfreie Methoden in der Biostatistik. Band I. Meisenheim: Hain, 1973.

[75] Lienert, G.A. Verteilungsfreie Methoden in der Biostatistik. Band II. Meisenheim: Hain, 1978.

[76] Lienert, G.A., Limbourg, M. Beurteilung der Wirkung von Behandlungsinterventionen in Zeitreihen-Untersuchungsplänen. Zeitschrift für Klinische Psychologie und Psychotherapie, 1977, 25, 21-28.

[77] Linn, R.L., Slinde, J.A. The determination of the significance of change between pre- and posttesting periods. Review of Educational Research, 1977, 47, 121-150.

[78] Marascuilo, L.A., Serlin, R.C. Tests and contrasts for comparing change parameters for a multiple sample McNemar data model. British Journal of Mathematical and Statistical Psychology, 1979, 32, 105-112.

[79] McNamara, J.R., MacDonough, T.S. Einige methodische Überlegungen zur Planung und Durchführung von Studien zur Verhaltenstherapieforschung. In F. Petermann (Ed.) Methodische Grundlagen Klinischer Psychologie. Weinheim: Beltz, 1977, Pp.41-54.

[80] Metz-Göckel, H. Das Messen von Veränderungen in Einstellung und Verhalten. In K. Heinerth (Ed.) Einstellungs- und Verhaltensänderung. München: Reinhardt, 1979, Pp.356-389.

[81] Myrtek, M., Foerster, F., Wittmann, W. Das Ausgangswertproblem. Zeitschrift für experimentelle und angewandte Psychologie, 1977, 24, 463-491.

[82] Namboodiri, N.K. Experimentelle Designs mit Messwiederholungen bei jeder Versuchsperson. In F. Petermann (Ed.) Methodische Grundlagen Klinischer Psychologie. Weinheim: Beltz, 1977, Pp.84-101.

[83] Nicholls, D.F. The analysis of time series - the time domain approach. Australian Journal of Statistics, 1979, 21, 93-120.

[84] Norman, M.F. Statistical inference with dependent observations: Extensions of classical procedures. Journal of Mathematical Psychology, 1971, 8, 444–451.

[85] Page, K., Schlittgen, R., Stahl, H. Exact tests for Markov chains. In J.Gordesch, P.Naeve (Eds.) Compstat 1976. Wien: Physica, Pp.46–54.

[86] Pawlik, K. Modell- und Praxisdimensionen psychologischer Diagnostik. In K.Pawlik (Ed.) Diagnose der Diagnostik. Stuttgart: Ernst Klett Verlag, 1976, Pp.13–43.

[87] Payne, R.W., Jones, H.G. Statistics for the investigation of individual cases. Journal of Clinical Psychology, 1957, 13, 115–121.

[88] Petermann, F. Methodische Grundlagen Klinischer Psychologie. Weinheim: Beltz, 1977.

[89] Petermann, F. Veränderungsmessung. Stuttgart: Kohlhammer, 1978.

[90] Petermann, F. Praktische Probleme bei der Planung und Durchführung von Therapieverlaufsstudien. In F.Petermann, F.J.Hehl (Eds.) Einzelfallanalyse. München: Urban & Schwarzenberg, 1979, Pp.123–139.

[91] Petermann, F., Hehl, F.J. (Eds.) Einzelfallanalyse. München: Urban & Schwarzenberg, 1979.

[92] Petermann, F., Knopf, M. Probleme bei der Messung von Einstellungsänderungen II - Neuere Entwicklungen und Konzepte. Zeitschrift für Sozialpsychologie, 1976, 7, 217–230.

[93] Pfanzagl, J. Über die Parallelität von Zeitreihen. Metrika, 1963, 6, 100–113.

[94] Prestele, H., Gaus, W., Horbach, L. A procedure for comparing groups of time-dependent measurements. Methods of Information in Medicine, 1979, 18, 84–88.

[95] Puri, M.L., Sen, P.K. On a class of multivariate rank-order tests. Sankhyã, Series A, 1966, 28, 353–376.

[96] Quenouille, M.H. The analysis of multiple time-series. London: Griffin, 1968.

[97] Renn, H. Zur Methodik der Verlaufsanalyse: Das Problem der Nicht-Orthogonalität von Ausgangswerten und Faktoren der Änderung. Psychologische Beiträge, 1974, 16, 61–67.

[98] Revenstorf, D. Zeitreihenanalyse für klinische Daten. Weinheim: Beltz, 1979.

[99] Revenstorf, D., Keeser, W. Zeitreihenanalyse von Therapieverläufen - ein Überblick. In F.Petermann, F.J.Hehl (Eds.) Einzelfallanalyse. München: Urban & Schwarzenberg, 1979, Pp.183–228.

[100] Revenstorf, D., Vogel, B. Zur Analyse qualitativer Verlaufsdaten - ein Überblick. In F.Petermann, F.J.Hehl (Eds.) Einzelfallanalyse. München: Urban & Schwarzenberg, 1979, Pp.229–250.

[101] Risley, T.R., Wolf, M.M. Strategies for analyzing behavioral change over time. In J.R.Nesselroade, H.W.Reese (Eds.) Life-span developmental psychology. New York: Academic Press, 1973, Pp.175–183.

[102] Rogan, J.C., Keselman, H.J., Mendoza, J.L. Analysis of repeated measurements. British Journal of Mathematical and Statistical Psychology, 1979, 32, 269–286.

[103] Roskam, E.E. Multivariate analysis of change and growth: Critical review and perspectives. In N.M.De Gruijter, L.J.T. van der Kamp (Eds.) Advances in psychological and educational measurement. London: Wiley, 1976, Pp.111–133.

[104] Rost, J., Spada, H. Probabilistische Testtheorie. In K.J.Klauer (Ed.) Handbuch der Pädagogischen Diagnostik Band 1. Düsseldorf: Schwann, 1978, Pp.59–97.

[105] Rückert, J. Diagnostische Veränderungsindikatoren - Untersuchung zur Ausgangswertabhängigkeit und zur Zeitstabilität individueller Differenzen. Probleme und Ergebnisse der Psychologie, 1976, 58, 51–62.

[106] Sandland, R.L. Application of methods of testing for independence between two Markov chains. Biometrics, 1976, 32, 629–636.

[107] SCHMIDT, K.H. Zum Ausgangswertproblem bei der Bestimmung der Reaktivität verschiedener Probandengruppen in psychophysiologischen Untersuchungen. Zeitschrift für Psychologie, 1976, 184, 584-603.

[108] SEIDENSTÜCKER, E., SEIDENSTÜCKER, G. Einige Gesichtspunkte zu methodisch-statistischen Fragen der Veränderungsmessung in der Gesprächspsychotherapie. In Gesellschaft für wissenschaftliche Gesprächspsychotherapie (Ed.) Die klientenzentrierte Gesprächspsychotherapie. München: Kindler, 1975, Pp.172–180.

[109] SERFLING, R.J. The Wilcoxon two-sample statistic on strongly mixing processes. Annals of Mathematical Statistics, 1968, 39, 1202–1209.

[110] ŠHAFFER, J.W. On the analysis of repeated measures over time in medical, pharmacological, and behavioral research. Journal of Behavioral Medicine, 1979, 2, 221–238.

[111] SHINE, L.C., BOWER, S.M. A one-way analysis of variance for single-subject designs. Educational and Psychological Measurement, 1971, 31, 105–113.

[112] SIDÁK, Z. Tables for the two sample Savage rank test optimal for exponential densities. Aplikace Matematiky, 1973, 18, 364–374.

[113] SIMONTON, D.K. Cross-sectional time-series experiments: Some suggested statistical analyses. Psychological Bulletin, 1977, 84, 489–502.

[114] SIMONTON, D.K. Reply to Algina and Swaminathan. Psychological Bulletin, 1979, 86, 927-928.

[115] SÖRBOM, D.A. A statistical model for the measurement of change in true scores. In N.M. De Gruijter, L.J.T. van der Kamp (Eds.) Advances in psychological and educational measurement. London: Wiley, 1976, Pp.159–170.

[116] SONNEMANN, E. Zur Problematik der vergleichenden Auswertung zeitlicher Verlaufsreihen. Nichtparametrische Ansätze. In S.Koller, J.Berger (Eds.) Klinisch-statistische Forschung. Stuttgart: Schattauer, 1976, Pp.345–351.

[117] SPRUNG, L., SPRUNG, H. Methodik der Veränderungsmessung. Zu einigen Problemen, Verfahren und Entwicklungstendenzen prozessorientierter Untersuchungsplanungen. In J.Lompscher (Ed.) Zur Psychologie der Lerntätigkeit. Berlin: Volk und Wissen, 1977, Pp.102–109.

[118] STRAHAN, R.F. A coefficient of directional correlation for time-series analyses. Psychological Bulletin, 1971, 76, 211–214.

[119] STRAHAN, R.F. A generalized directional coefficient for multiple time-series analysis. Multivariate Behavioral Research, 1973, 8, 109–116.

[120] SWAMINATHAN, H., ALGINA, J. Analysis of quasi-experimental time-series designs. Multivariate Behavioral Research, 1977, 12, 111–131.

[121] THORESEN, C.E., ELASHOFF, J.D. «An analysis-of-variance model for intrasubject replication design»: Some additional comments. Journal of Applied Behavior Analysis, 1974, 7, 639–641.

[122] TUCKER, L.R. Comment on a note on a base-free measure of change. Psychometrika, 1979, 44, 357.

[123] WALL, K.D. Statistical methods to study Wilder's law of initial values. Biometrical Journal, 1977, 19, 613–625.

[124] WALL, K.D. Statistische Anmerkungen zum Ausgangswertproblem. Zeitschrift für experimentelle und angewandte Psychologie, 1977, 24, 519–524.

[125] WALSH, J.E. Concerning the effect of intraclass correlation on certain significance tests. Annals of Mathematical Statistics, 1947, 18, 88–96.

[126] WIGGINS, L.M. Panel analysis. Latent probability models for attitude and behavior processes. Amsterdam: Elsevier, 1973.

[127] WINER, B.J. Statistical principles in experimental design. Tokyo: McGraw-Hill, 1971.

[128] Young, W.L. The Box-Jenkins approach to time series analysis and forecasting: Principles and applications. Recherche opérationelle/Operations research, 1977, 11, 129–143.

[129] Zerbe, G.O. Randomization analysis of randomized blocks design extended to growth and response curves. Communications in Statistics-Theory and Methods, 1979, A8, 191–205.

[130] Zerbe, G.O. Randomization analysis of the completely randomized design extended to growth and response curves. Journal of the American Statistical Association, 1979, 74, 215–221.

[131] Zerbe, G.O., Walker, S.H. A randomization test for comparison of groups of growth curves with different polynomial design matrices. Biometrics, 1977, 33, 653–657.

[132] Zimmermann, H., Rahlfs, V.N. Testing hypotheses in the two-period changeover with binary data. Biometrical Journal, 1978, 20, 133–141.

C. Diagnostik

V. Apparative Tests

M. Amelang, W. Nährer

1. Einleitung

Unter apparativen Tests werden im Rahmen unserer Darstellung mechanische Vorrichtungen oder Instrumente verstanden, die mindestens einer der beiden folgenden Funktionen dienen:

1. Herstellung und Exposition von Wahrnehmungs-Vorlagen oder -Objekten (Stimuli)
2. Einbindung der Versuchspersonen in spezifische Aktivitäten vorwiegend motorischer Art.

Hier wie dort besteht das Ziel darin, für bestimmte Leistungen im Bereich der Sensorik und/oder der zentralen Informationsverarbeitung/Kognition und/oder der Motorik einen individuellen Punktwert zu ermitteln, der ohne die apparativen Hilfen nicht in dieser Weise zu bestimmen wäre.

Typische Vertreter der o.a. ersten Kategorie sind etwa Anordnungen zur Bestimmung der Flimmer- oder Flatterverschmelzungsfrequenz. Ästhesiometer zur Ermittlung der taktilen Unterscheidung, Algesiometer oder das Perimeter gehören ebenfalls in diese Gruppe. Zur zweiten Kategorie zählen etwa Dynamometer oder Ergometer.

Die meisten Verfahren vereinigen simultan die Kennzeichen beider Kategorien auf sich. Das ist etwa bei Anordnungen zur Bestimmung der individuellen Reaktionsgeschwindigkeit der Fall (z.B. Wiener Determinationsgerät) oder bei dem weithin gebräuchlichen Pursuit-Rotor. Die verlangte Aufgabe kann dabei von den Versuchspersonen nur bewältigt werden, wenn auf komplexe Wahrnehmungsinhalte unter ständiger Berücksichtigung einer gespeicherten Handlungsanweisung mit differenzierten motorischen Vollzügen reagiert wird. Demgemäss schlagen sich in dem ermittelten Messwert die konfundierten Effekte sensorischer, entscheidungsabhängiger und motorischer Komponenten nieder.

Sofern der apparative Aufwand innerhalb der Aufgaben-Konstellation ersetzbar oder vernachlässigbar gering erscheint (z.B. Achscher Kartenwechsler oder Kategorisierungs-, Mosaik-, Block-Design-, Form-Board und Figuren-Lege-Tests), zählen die entsprechenden Anordnungen nachfolgend nicht zu apparativen Tests. Weiterhin werden hier Biofeedback-Geräte, Apparate in Kombination mit biomedizinischen Instrumenten und physiologischen Messgeräten (EMG, EEG, EKG usw.) nicht abgehandelt, da dies an anderer Stelle bereits erfolgte (vgl. [24, 49a, 81a]).

Natürlich ist eine derartige Abgrenzung, wie dies regelmässig bei Einteilungsversuchen der Fall ist, in gewisser Weise willkürlich. Andererseits wird durch den Ausschluss der physiologischen Variablen und deren Rückmeldung ein Rahmen gewahrt, der hier aus Platzgründen noch hinlänglich darstellbar ist. Weiterhin wird nicht auf Video-Geräte [13, 60] und Geräte wie «Bug in the ear» oder der verzögerten Sprachrückmeldung eingegangen; derartige Anordnungen erfüllen zwar häufig das o.a. erste Kriterium, doch sind die Inhalte der Stimulus-Exposition bislang, weil damit mehr auf Therapie als Diagnostik abgehoben wird, zu wenig standardisiert und die erhaltenen Unterschiede nicht hinreichend eindeutig interpretierbar.

In einschlägigen Lehrbüchern sucht man meist vergeblich nach Hinweisen auf die hier interessierenden Verfahren: Unter den von LIENERT [56] zusammengestellten Klassifizierungsmöglichkeiten für Tests (z.B. Schnelligkeit/Niveau; Individual/Gruppen; verbal/nicht verbal) ist allenfalls der Gesichtspunkt «Art der Testdurchführung und die dabei benötigten Requisiten» (Befragungs-, Papier- und Bleistift-, Materialbearbeitungstests) von einer gewissen Relevanz. Das Stichwort «apparativ» oder «Apparat» fehlt dort jedoch ebenso wie in dem von HEISS [42] herausgegebenen Diagnostik-Handbuch, dem «Lexikon der Psychologie» von ARNOLD, EYSENCK, MEILI [5] oder dem Standard-Werk von ANASTASI [4].

Eine zusammenfassende Besprechung der Gütekriterien einiger Apparatetests, die in der grossen Mehrzahl bereits den alten Psychotechnikern bekannt waren [32], hat MERZ [62] gegeben. Im Vordergrund seines Beitrages standen die Erfahrungen an Stichproben unauffällig-normaler Versuchspersonen. Einige Hinweise finden sich darüber hinaus auch in dem Aufsatz von FAHRENBERG [28] über sogenannte Objektive Tests.

Innerhalb der Klinischen Psychologie fungieren apparative Tests hauptsächlich als Hilfsmittel bei der Diagnostik von neuropsychologischen Symptomen. Beschreibungen entsprechender Testbatterien, unter denen sich verschiedene apparative Anordnungen befinden, geben REITAN und DAVISON [79]. In der systematischen Darstellung der Klinischen Psychologie von SCHRAML und BAUMANN [87] geht HARTJE [39] als einziger Autor auf apparative Tests im hier eingegrenzten Sinne näher ein. Zusammenfassend und ohne bestimmte Verfahren herauszuheben gelangt er zu der Schlussfolgerung, dass «sich Berichte über positive und negative diagnostische Erfolge etwa das Gleichgewicht» halten und «die Anwendung psychodiagnostischer Tests für die Auslese von Hirngeschädigten in der Neurologie keinen grossen Gewinn bringt» ([39], S.156–157). Eine solche Feststellung kontrastiert mit der insgesamt eher ermutigenden, stärker auf Probleme und Ergebnisse der aktuellen Forschung zentrierten Darstellung von WITTCHEN und REY [97], die auf apparative Anordnungen vor allem in Zusammenhang mit der experimentellen Schizophrenieforschung eingehen und die intraindividuelle Variabilität ebenso wie Besonderheiten der Aufnahme und Verarbeitung von Informationen als Charakteristikum schizophrener Störungen herausstellen.

2. Methodische Gesichtspunkte und Anmerkungen zur Strukturierung des Materials

Wie andere Verfahren müssen auch apparative Anordnungen verschiedenen Kriterien genügen, um das Gütesiegel «Test» zu verdienen. Neben der Standardisierung der Bedingungen, die aufgrund der instrumentellen und materiellen Vorkehrungen in besonderer Weise gewährleistet scheint, der Differenzierung zwischen den Merkmalsträgern bzw. den Messwiederholungen und (mit dem zuletzt genannten Gesichtspunkt zum Teil inkompatibel) der Reliabilität muss auch eine theoretische Einbettung der vorgenommenen Operationalisierungen gewährleistet sein, da Messwerte sich keineswegs von selbst interpretieren [3]. Sofern nicht eine verhaltenstheoretische Position bezogen und das Test-Verhalten lediglich als Stichprobe aus einer Fülle gleichartiger Reaktionen aufgefasst wird, ist zu prüfen, inwieweit die möglichen manifesten Variablen (z.B. «Anzahl der Treffer oder Fehler», «eingeschlagener Lösungsweg», «Zeit bis zur ersten richtigen Lösung» usw.) eine Indikatorfunktion für die untersuchten Konstrukte (z.B. Feinmotorik, Lernfähigkeit, Muskelorganisation, Ermüdungsresistenz u.a.) aufweisen. Dieser Gesichtspunkt hat in dem Masse eine intensivere Beachtung erfahren, als versucht wurde, die Abschnitte Sensorik - zentrale Verarbeitung - Motorik durch entsprechende Gestaltung von Reiz- und Reaktionsbedingungen möglichst eindeutig voneinander abzugrenzen.

Schliesslich interessiert die Frage, wie valide die gewählten Indikatoren bzw. Informationseinheiten für verschiedene externe Kriterien sind (z.B. psychiatrische Diagnosen, Besserungs-Raten in therapeutischen Programmen usw.)

Das Ausmass, in dem sich apparative Tests für klinisch-psychologische Problemstellungen eignen, ist jedoch nicht nur eine Funktion der Gütekriterien der Verfahren selbst, sondern auch eine solche der Zielsetzungen von Untersuchungen, die derartige Tests verwenden. Im Bezug darauf zeichnet sich während der letzten Zeit ein deutlicher Wandel grundlegender Orientierungen insofern ab, als namentlich in der Klinischen Psychologie (1.) eine Abkehr von der traditionellen Diagnostik mit dem Ziel der Festlegung von Eigenschaftswerten zu Gunsten der Technik des Inventarisierens, bei der es mehr auf die Ermittlung des Repertoires oder der Hierarchie des Verhaltens ankommt, zu beobachten ist. Darüberhinaus wird (2.) zunehmend versucht, Status- durch Prozess-Diagnostik zu ergänzen, d.h., es nicht mit der Feststellung eines bestimmten mehr oder weniger fixierten Ist-Zustandes bewenden zu lassen, sondern die Veränderungen und Entwicklungsmöglichkeiten innerhalb des erfassten Verhaltenssegmentes aufzuzeigen. Im Zuge dieser Umorientierung und der damit einhergehenden wachsenden Bedeutung von Behandlungen im weitesten Sinne kommt der Diagnostik ein immer höherer Stellenwert zu als (3.) Informationsquelle für die angemessene Gestaltung einer Interventionsmassnahme zu Lasten des reinen Messaspektes und als (4.) Hilfsmittel bei der Bestimmung von Soll-Ist-Wert-Differenzen zu Lasten einer blossen Positionsbestimmung individueller Messwerte zueinander, d.h., die diagnostische Aussage wird weniger normen-, als mehr kriterienbezogen gestaltet, weil nicht so sehr die Differenzierung innerhalb definierter klinischer Gruppen, sondern stärker deren Abweichung von vorgegebenen Standards interessiert [74]. Schliesslich wird der strikt nomothetische Ansatz immer häufiger zugunsten solcher Vorgehensweisen zurückgestellt, die offen sind auch für idiographische Elemente. So liegen Hinweise dafür vor, dass damit deutliche Verbesserungen hinsichtlich der Prädizierbarkeit erreichbar sind [12, 50].

Die damit gewährleistete Berücksichtigung der individualtypischen Struktur und Bedeutung von Situations- und Personen-Variablen enthält eine «subjektive» Komponente zugunsten des Anspruches auf Objektivität und absoluter Vergleichbarkeit innerhalb des nomothetischen Ansatzes. Subjektivität bzw. Objektivität stimmt hier jedoch nicht mit der gleichnamigen Dimension bei LEHMANN [52] zur Klassifizierung von Testverfahren überein. Vielmehr hebt der Begriff der Subjektivität darauf ab, dass – etwa im Sinne von KELLY [48, 49] – der Proband selbst die für ihn (subjektiv) relevanten Merkmale (Konstrukte) bestimmt. Dem Pb ist es gestattet, in der diagnostischen Situation seine «Freiheitsgrade» [96] hinsichtlich des untersuchten Verhaltensbereiches einzubringen. Die Unterschiedlichkeit des Reagierens wird als bedeutsames Merkmal weiterverarbeitet. Das ist beispielsweise der Fall, wenn bei der Betrachtung eines Symptomkomplexes einzelne Symptome nach dem vom Patienten berichteten, subjektiv erlebten Leidensdruck geordnet werden oder die Beachtung, die ein Patient seinen Störungen unter dem Einfluss einer Medikamentation widmet [30], als Klassifizierungsgrösse dient. Objektivität einer Zielsetzung bedeutet demgegenüber, dass ein Test zu Erfassung einer Variable in der Art herangezogen wird, dass ein vom Diagnostiker eingebrachtes Konzept für alle Pbn denselben funktionalen Stellenwert besitzt.

Eine Würdigung apparativer Tests und ihrer Bedeutung für die klinisch-psychologische Diagnostik könnte anhand der üblichen Gesichtspunkte wie Krankheitsbildern, den durch die Tests geprüften Funktionen oder formalen Merkmalen der Tests selbst erfolgen. Statt dessen soll nachfolgend der Versuch unternommen werden, die Darstellung zunächst an den oben erwähnten Aspekten zu orientieren und nur die Binnengliederung nach formalen und inhaltlichen Kriterien vorzunehmen, wobei schon aus Raumgründen dem Anspruch auf Vollständigkeit oder Repräsentativität für die Verfahren und Gebiete der Klinischen Psychologie kaum zu entsprechen ist.

Wie immer auch die Strukturierung stattfindet, so bereitet die Auswahl des Materials nach einem formalen Aspekt des Testverfahrens auf jeden Fall erhebliche Probleme deshalb, weil damit eine Betrachtungsweise quer über verschiedene Krankheitsbilder und theoretische Ansätze hinweg erfolgt, auf das jeweils zugrundeliegende «Störmodell», die Einheitlichkeit der Diagnose, Folgen der Hospitalisierung und Medikamentation ebensowenig mit der erforderlichen Ausführlichkeit eingegangen werden kann wie auf die in den Versuchsplänen gewöhnlich enthaltenen weiteren abhängigen Variablen.

3. Testen versus Inventarisieren

Die Durchsicht der Literatur aus den letzten Jahren (1978 bis Mitte 1980; Computersuchsysteme PASAR und DIMDI) lässt erkennen, dass die weitaus meisten Arbeiten eher zur traditionellen und nur selten zur verhaltenstheoretischen Diagnostik zu zählen sind. Darüberhinaus stützt sich die Mehrzahl von Untersuchungen jeweils auf nur einzelne abhängige Variable und den Vergleich weniger angefallener Stichproben bzw. realisierter experimenteller Bedingungen.

Die *Flimmerverschmelzungsfrequenz* (FVF), an die in den 50er Jahren überhöhte Erwartungen besonders von seiten der Ermüdungsforschung herangetragen worden waren, stellt als Indikator zentraler Aktivation eine Variable von stetigem Interesse dar. Die im Zusammenhang damit erhaltenen Ergebnisse der letzten Studien sind wesentlich von affirmativem und differenzierendem Wert. Das gilt etwa für die Beobachtung einer Invarianz der FVF über der Tageszeit [43] ebenso wie für die Feststellung einer ausreichenden Reliabilität [44] oder die Abhängigkeit von pharmakologischen Substanzen [38]. In Schweden beabsichtigt man deshalb, das Verfahren als Diagnostikum in epidemiologischen Untersuchungen zu den Auswirkungen von Quecksilber-Emmission einzusetzen. Weiterhin konnten anhand der FVF eine Gruppe von Versuchspersonen mit organischen Hirnschädigungen von gesunden Pbn sowie emotional Gestörten getrennt werden [58, 76]. Andererseits wird allgemein beim Einsatz der «*Halstead-Reitan*»-Test-Batterie zur Diagnose von neuropsychologischen Schäden [79] auf die FVF wegen der früher festgestellten geringeren Differenzierungsfähigkeit verzichtet.

Eine Anordnung die sich gleichfalls in erster Linie an die visuelle Wahrnehmung richtet, stellt der *Rod-and-Frame-Test* zur Bestimmung der

Feldabhängigkeit dar (zu diesem Konstrukt s. [3]). Auf SILVERMAN ([92], zitiert nach [91]) geht die Hypothese zurück, dass Feldunabhängigkeit eine Funktion der linken Hemisphäre ist und Feldabhängigkeit eine subklinische Beeinträchtigung dieser Funktionen darstellt. So konnte immerhin gezeigt werden, dass Pbn mit rechtshemisphärig applizierter Elektroschocktherapie einen Anstieg der Feldunabhängigkeit aufwiesen, während bei linksseitiger elektrokonvulsiver Therapie eine Abnahme zu beobachten war [18]. Die Untersuchungen zum Zusammenhang von Feldabhängigkeit zur Lateralität in ihren verschiedenen Erscheinungsformen (Händigkeit, Ohrdominanz, Richtung von Augenbewegungen bei der Beantwortung von Fragen und dergleichen) haben sich fortgesetzt [69, 71, 72]. Freilich sind die Ergebnisse keineswegs konsistent [91], und häufig wird aus forschungsökonomischen Gründen die Feldabhängigkeit nicht mit dem RFT, sondern lediglich mit Hilfe des Embedded Figures Test ermittelt.

Ebenfalls auf Prozesse der visuellen Wahrnehmung sind *tachistoskopische Anordnungen* zentriert. Einhergehend mit der allgemeinen Miniaturisierung zahlreicher Geräte und der dadurch gewährleisteten grösseren Praktikabilität sind auch sogenannte Taschen-Tachistoskope entwickelt worden, die auch eine Untersuchung bettlägriger Pbn erlauben. Beispielsweise wird bei der Verwendung eines solchen Instrumentes mehreren Gruppen neurotisch und psychotisch Kranker der Buchstabe «E» in verschiedener Lage und mit unterschiedlicher Dauer dargeboten [73]. Schizophrene, Maniker, Depressive und Neurotiker wiesen im Durchschnitt etwa dieselben Erkennungszeiten wie Normale auf; hingegen waren Minderleistungen bei Deliranten und Patienten mit kortikalen Neuropathien (Tumoren) zu beobachten, wobei die letztere Gruppe nicht auch notwendigerweise kognitive Defekte zeigen musste.

Eine rege Forschungstätigkeit gilt der eingeschätzten Dauer und Grösse tachistoskopisch dargebotener Reize. Hinsichtlich der ersteren Variablen hat man eine proportionale Abhängigkeit der Länge der Vorbereitungszeit (= zeitlicher Abstand eines Vorsignals zum Beginn der Reizdarbietung) und der Dauer der Schätzung gefunden. Schizophrene Pbn weichen von dieser Regel insofern ab, als sie zu Unterschätzungen auch bei relativ langen und variablen Vorbereitungsintervallen neigen [64, 65, 94]. Als Ursache dafür - wie im übrigen auch für Besonderheiten der Reaktionszeiten (s. unten) - wird bei Schizophrenen eine Instabilität und Schwäche der Zeit-Erwartung («time expectancy») angenommen. Dabei handelt es sich um einen subjektiven Zustand, der aus der Länge der Vorperiode in Verbindung mit der Exposition des zu schätzenden Stimulus resultiert. Dieser Zustand kann durch Einführung eines zusätzlichen Reizes bei Schizophrenen leichter durch einen der externalen Hemmung im Sinne

PAWLOWS ähnlichen Prozess gestört werden als bei Nicht-Schizophrenen. Von daher sei die Schizophrenie gekennzeichnet durch schwache Zeit-Erwartung [66].

Den allgemeinen Rahmen für ein charakteristisches Verhalten schizophrener Personen bei Grössen-Schätz-Aufgaben liefert meist die «Stimulus Redundancy-Formulation» [20, 21]. Diese besagt u.a., dass eine hohe Informations-Verarbeitungs-Rate mit Unterschätzung, eine niedrige mit Überschätzung einhergeht. Nicht-paranoid-Schizophrene seien als Vertreter des «high redundancy pattern» gekennzeichnet durch eine Tendenz zur Abwehr hoher und wechselnder Information. Durch die Blockierung und das Ausblenden von Stimuli würden sie Gleichheit oder Redundanz der Information erzeugen und in Grössenschätzaufgaben zu Überschätzungen neigen. Umgekehrt würden paranoide Schizophrene reagieren. Die Prüfung dieser Hypothese erfolgte, indem die Grösse des Hintergrundes von Standardreizen variiert wurde [6]. Entgegen der Erwartung liessen sich – bei den bekannten generellen Differenzen bezüglich Über- und Unterschätzung – die Paranoid-Schizophrenen davon nicht mehr beeinflussen als die nicht-paranoiden. Ausserdem bestanden Abhängigkeiten von der Abfolge und den Expositionszeiten der Darbietungen.

Im *akustischen Bereich* sind in Anordnungen, die Reaktions-Zeit-Effekte eliminieren, die Gedächtnis-Komponenten ausschliessen und den Anteil höherer kognitiver Funktionen gering halten, nicht-paranoide Schizophrene im Vergleich zu Nicht-Schizophrenen und Kontrollpersonen weniger in der Lage, die Herkunft eines Tones zu orten, wenn dieser um bis zu 4,5 Winkelgrade aus der Frontalsenkrechten versetzt dargeboten wird [7]. Als Ursache dafür werden neurophysiologische Beeinträchtigungen von hoher Spezifität postuliert. Der Versuch, diese und andere Wahrnehmungsabnormitäten zu bewältigen, sei die Grundlage für die diversen Verhaltensauffälligkeiten der Schizophrenen. Da in dem Experiment die Vpn angeben mussten, aus welcher Richtung eines visuellen Wahrnehmungsfeldes der Ton gekommen war, könnte eingewandt werden, es handele sich nicht um ein Lokalisations-Defizit, sondern Schwierigkeiten, Informationen aus mehreren Sinnesmodalitäten zu verarbeiten. Damit sind allerdings unvereinbar die Beobachtungen [88], wonach Schizophrene bei der Verarbeitung von Informationen aus mehreren Modalitäten relativ zu einem Kanal keine Schwierigkeiten hatten, wenn die mono- und bimodalen Aufgaben gleich schwer gehalten waren.

Vereinzelt kommen hin und wieder auch *Ästhesiometer* zum Einsatz. Bei Kindern mit früh erworbenen Hirnschäden gegenüber einer Kontrollgruppe Normaler fand man ein an Daumen und Handfläche herabgesetztes Unterscheidungsvermögen [82]. Die Ursache dafür waren vermutlich jedoch weniger direkte neuronale Korrelate als mehr eine verminderte

Aufmerksamkeit und Schwierigkeiten beim Verstehen der Instruktion (Intelligenz-Mängel).

Ungefähr die gleiche Diskriminationskraft wie die FVF in einer schon genannten Untersuchung [58] wies auch ein Maximal-Speed-*Tapping* Test auf. Ähnlich der FVF zeigt die Tapping-Rate Abhängigkeiten vom Ausmass kortikalen arousals, wie umgekehrt über verschiedenen Tapping-Geschwindigkeiten die zentrale Aktivation in «nicht-klinischem» Ausmass beeinflusst werden kann [63].

Zusammen mit anderen motorischen Leistungen werden Tapping-Resultate verschiedentlich zur Kennzeichnung bestimmter neuropsychologischer Störungen herangezogen [95]. Darüberhinaus wurde anhand einer Tapping-Probe sowie anderer motorischer Tests wahrscheinlich zu machen versucht, dass Depression und Manie weniger die Gegenpole eines Kontinuums, sondern vielmehr Abschnitte einer Dimension darstellen, die von Normalität über Depression zur Manie verläuft [33].

Besonders konsistent fallen die Differenzierungsleistungen beim Erkennen hirnorganischer Schäden aus (vgl. [26]). Zurecht bildet Tapping («Finger Oscillation Test») deshalb einen Bestandteil der Halstead-Reitan-Batterie zur Diagnose neuropsychologischer Beeinträchtigungen. Wenn es in Kurzformen nicht enthalten ist [27, 34], so unter anderem wegen der besonderen Requisiten, die dafür vonnöten sind. Zudem wird Tapping als brauchbares Differentialdiagnostikum zur Untersuchung zwischen verschiedenen Formen hirnorganischer Schädigungen und psychiatrischen Diagnosen angesehen [35, 36, 41, 59]. Insgesamt lagen die Treffer zum Kriterium «hirnorganische Schäden» jedoch wesentlich höher als diejenigen für das Kriterium «Psychosen». Weiteren Untersuchungen zufolge lassen sich Minderleistungen von durchschnittlich intelligenten Schizophrenen in der Halstead-Reitan-Batterie (mit Tapping als Subtest) auf computertomographisch objektivierte Vergrösserungen der Rinden-Vertiefungen zurückführen [80], und Schwächen im synchronen Tapping zu periodischen Tonsignalen bzw. eine Tendenz zum «hastening phenomen» konnten als Indiz für Parkinsonismus gesichert werden [67].

Als zusätzliche Aufgabe während einer akustischen Unterscheidungsaufgabe ausgeführt, erlaubt rechts- oder linkshändiges Tapping anscheinend eine Typenbildung innerhalb lernbehinderter Kinder. In einer interessanten Untersuchung von Cermark et al. [17] bestand jedenfalls bei bestimmten IQ-Ausprägungen und Relationen von Verbal- zu Handlungs-IQ eine Bevorzugung für das rechte Ohr als Informationskanal, wenn das Tapping mit der linken Hand ausgeführt werden musste.

In anderen Arbeiten dient Tapping zusammen mit weiteren Leistungen als Anhaltspunkt zur optimalen Dosierung von Elektroheilkrampf bei der Behandlung von Depressionen [77] oder als Kriterium für die peripher-

und zentral-nervöse Wiederherstellung abstinenter Alkoholiker [57]. In einer nicht-apparativen Variante ist Tapping als «Neurological Soft Sign» für Schäden im Temporal-Lappen verwendet worden [19].

Neben Massen wie Tapping für *Schnelligkeit* und Agilität konnten auch solche für die *Intensität* eines motorischen Vollzuges als valide Indikatoren für die Funktionstüchtigkeit des Gehirns gesichert werden. Der Griffdruck in einem *Dynamometer* ist dafür ein Beispiel. Während damit bei Kindern im Alter von fünf bis acht Jahren keine befriedigende Erkennung von Hirnorganikern registriert werden musste [78], war man mit neun- bis vierzehnjährigen Pbn bei derselben Problemstellung erfolgreich [14]. Diese Validität wurde für Erwachsene bestätigt und darüberhinaus konnte nachgewiesen werden, dass die rechts- und linksseitige Dynamometer-Betätigung eine Diagnose der Lateralität des Schadens mit grösserer Sicherheit erlaubt als eine Tapping-Probe sowie Tast-Leistungen in einem Form-Board [26]. Eine andere Studie [51] beschäftigt sich unter Verwendung von Schnelligkeit- und Kraftmassen mit der Wechselwirkung zwischen Geschlecht und funktionaler Gehirn-Asymmetrie, doch ist die dabei herangezogene Stichprobe (ausschliesslich Epileptiker) nicht geeignet, breitere Verallgemeinerungen zuzulassen.

Bei der klassischen *Reaktions-Zeit-Messung* werden Elemente des sensorischen Inputs über Parameter der zentralen Entscheidung mit solchen des motorischen Outputs verknüpft. Generell ist bei Schizophrenen eine gegenüber Normalen erhöhte Reaktionszeit (RZ) beobachtet worden, wobei dieser Effekt bei chronischen und nicht-paranoiden Patienten stärker ausgeprägt ist als bei akuten oder paranoiden [10, 90]. Einige Autoren machen dafür eine bei Schizophrenen verminderte Aufmerksamkeit, andere eine erhöhte Sensitivität gegenüber störenden irrelevanten Reizen verantwortlich [16]. Die Interferenzhypothese erfährt vor allem Stützung durch die Beobachtung, dass paranoide Schizophrene in solchen Versuchen besonders auffällige Minderleistungen zeigen, wo tachistoskopisch bei der Wahrnehmung der relevanten Informationen von irrelevanten Elementen abgesehen werden muss [6, 68]. Mit der besagten Hypothese ist vordergründig auch vereinbar das Phänomen des «Crossover» [81]: Normalerweise verkürzt sich die Reaktionszeit, wenn ein Vorsignal verwendet wird, das den zu beantwortenden «kritischen» Reiz ankündigt. Schizophrene Patienten zeigen unter derselben Bedingung eine Verlangsamung der RZ, d.h. sie ziehen nicht nur keinen Vorteil aus der durch die Regelmässigkeit entstandenen zusätzlichen Informationen, sondern werden durch sie beeinträchtigt [23]. Bemerkenswerterweise ist diese Besonderheit in einer gewissen Massierung auch bei den unauffälligen Verwandten schizophrener Personen zu beobachten, deren Latenzzeiten insgesamt jedoch nicht vergrössert sind [25]. Sollten sich diese Befunde als replizierbar erweisen, wäre damit ein ebenso objektives wie leicht handhabbares Diagnostikum zur Entdeckung von Personen mit erhöhtem Schizophrenie-Risiko und damit zur Prävention gegeben.

Verlangsamte Reaktionszeiten sind auch bei Depressiven zu finden. Da pharmakologisch induzierte Besserungen mit Verkürzung der Reaktionszeiten einhergehen [55, 89], sind auch hier entsprechende Masse als ein Indikator für die Schwere der Beeinträchtigung anzusehen.

Erfahrungsgemäss ist die Reaktionszeit auch bei Pbn mit extrem niedriger Intelligenz durchschnittlich verlangsamt, obwohl bei unausgelesen anfallenden Stichproben im allgemeinen keine Korrelationen zwischen intellektueller Leistungsfähigkeit und Reaktionsgeschwindigkeit bestehen. Neuerdings [46] wurde versucht, zur Erklärung des Phänomens eine Erwartungs- von der arousal-Hypothese durch Stützung auf das Phänomen der «Psychologischen Refraktärzeit» [2] experimentell abzuheben, ohne dabei jedoch eine definitive Klärung zu erzielen.

Beim Vergleich von 40 Erwachsenen, die wegen gewalttätiger Handlungen inhaftiert waren, mit einer gleich grossen Gruppe von nicht-gewalttätigen Delinquenten wurden *kürzere* Reaktionszeiten, also eine höhere Reaktionsgeschwindigkeit gefunden [93]. Im Zusammenhang mit einer Reihe von *Performance-Tests* (Handlungs-Tests des WISC, Zahlen-Nachsprechen vor- und rückwärts, Labyrinth-Test) differenzierten die «neuropsychologischen» Skalen besser als der gleichfalls vorgegebene MMPI die beiden Gruppen voneinander. Daraus wurde u.a. auf eine hirnorganische Grundlage der Differenzen geschlossen. Der Mangel an Kontrolle im Verhalten, durch den aggressive Personen gekennzeichnet sind, geht also, was die Reaktionsgeschwindigkeit zeigt, auf sehr basale Funktionen des Nervensystems zurück. Genau in diesem Sinne sehr schneller und ungehemmter Handlungen, die von Aussenstehenden als «aggressiv» klassifiziert werden, wird auch neuerdings [8] dieser Themenbereich behandelt.

Ähnlichkeit mit Reaktionszeitanforderungen weisen auch Apparate auf, die von den Pbn verlangen, in einem *Wahrnehmungsfeld* bestimmte *Konfigurationen* ausfindig zu machen. Mit Hilfe einer derartigen Anordnung wurden mittlere Bearbeitungszeiten von 315.9 sec für eine Stichprobe normaler Erwachsener, 529.9 sec für Schizophrene und 770.6 sec für hirnorganisch geschädigte Pbn festgestellt. Beim Vergleich hirnorganisch vs. normal ergaben sich 92.5%, bei der Kontrastierung hirnorganisch vs. schizophren 82.5% richtige Klasssifikationen [37].

Schliesslich sind hier die sog. «*Eye-tracking*» Anordnungen zu nennen, die gewöhnlich unter standardisierten Bedingungen die visuelle Verfolgung eines sich bewegenden Punktes verlangen. Ähnlich den o.a. Befunden zum Cross over war festzustellen [47], dass die unauffälligen Verwandten schizophrener Pbn wie diese eine verminderte Leistung zeigten, die als solche ein häufiges Indiz hirnorganischer Erkrankungen darstellt [19]. Zur Stimulation und Registrierung okulomotorischer Bewegungen liegen anspruchsvolle Weiterentwicklungen vor [31].

Mit dieser Erwähnung einiger neuerer Arbeiten sind die wichtigsten apparativen Anordnungen zur objektiven Registrierung klinisch-psychologischer Symptome bereits genannt. Weitere Verfahren wie solche zur Erzeugung eines *spiralen Nachbildes* werden sehr selten verwendet, z.B. zur Trennung von Hirnorganikern und Schizophrenen [9, 53]. Der komplexe Auge-Hand-Koordination verlangende *Pursuit-Rotor* wird hauptsächlich in sehr speziellen Problemkonfigurationen eingesetzt [45, 54], auf die hier nicht eingegangen zu werden braucht.

Eine der wenigen Untersuchungen, die einen Simultanvergleich mehrerer appparativer Verfahren und geriatrischer Gruppen beinhaltet, ist diejenige von LEHMAN und BAN [53]. An insgesamt N = 58 Versuchspersonen erhoben diese Autoren auditive Reaktionszeit und Tapping-Rate als psychomotorische Leistungen, FVF als Mass für die Präzision der Wahrnehmung, Zahlen-Nachsprechen vorwärts und rückwärts sowie einen Wort-Assoziations-Test als Indikatoren für zentrale Verknüpfung und Gedächtnis. Die Stichprobe der Pbn gliederte sich auf in sechs geriatrische Gruppen unterschiedlicher Krankheitsschwere, vorwiegend definiert durch die Intensität ihrer institutionellen Versorgung. In der nachfolgenden Abbildung 1, die in schematischer Form die Ergebnisse der einzelnen Variablen widergibt, sind diese Gruppen geordnet nach dem Ausmass der vorab eingeschätzten zunehmenden Beeinträchtigung.

Ein weisses Quadrat bedeutet, dass der Rangplatz eines Gruppen-Mittelwertes in dem jeweiligen Test demjenigen innerhalb der Krankheitshierarchie (i.s. der Schwere der Erkrankung) entspricht. Umgekehrt weist ein schraffiertes Feld auf Abweichungen von der angenommenen Abfolge hin, wobei der empirisch vorgefundene Stellenwert durch die eingetragenen Ziffern näher bezeichnet wird.

Wie ersichtlich entsprechen lediglich im Falle von *Digit span backward* die Testmittelwerte den Erwartungen, während in den anderen Verfahren mehrere Irregularitäten auftreten. *Digit span forward* und *Tapping* korrelieren nur mit der Alters-Abstufung. Sobald aber Krankheits-Symptome vorliegen, sind sie keine verlässlichen Prädiktoren des Schweregrades mehr, selbst wenn die Patienten nur ambulant behandelt werden. FVF differenziert nur angemessen zwischen den drei am meisten beeinträchtigten Gruppen, gibt aber innerhalb der leichten Störungsformen eine spiegelbildliche Abfolge wider. Das Verfahren mit den häufigsten und deutlichsten Abweichungen überhaupt ist der *Wort-Assoziations-Test.*

Liest man die Tabelle nicht zeilen-, sondern spaltenweise, liefert die

	Junge Kontroll Pbn	Alte Kontroll Pbn	Geriatr. Ambulanz Ptn	Geriatr. Altersheim Ptn	Psycho-geriatr. Ptn mit funktionalen Störungen	Psycho-geriatr. Ptn mit organischen Schäden
Digit Span Backward	1	2	3	4	5	6
Digit Span Forward	1	2	3	5	4	6
Tapping Geschw.	1	2	3	6	5	4
Reak-tionszeit, auditor.	1	2	4	3	6	5
Wort-Assoz. Zeit	1	2	5	3	6	4
Krit. FVF	2	3	1	4	5	6

Abb. 1. Gruppen von Pbn, geordnet nach der geschätzten Schwere der Beeinträchtigung durch Alter oder Krankheit, sowie die nach Rängen kategorisierten Testmittelwerte der einzelnen Stichproben (aus LEHMAN und BAN [53], S. 440).

Zahl weisser Felder einen Hinweis auf die Diagnostizierbarkeit der jeweiligen Symptomatik über alle Verfahren hinweg. In groben Zügen und ohne weitere Anhaltspunkte für die Ursachen dafür lässt sich festhalten, dass mit dem Vorliegen einer Institutionalisierung die diagnostische Treffsicherheit zurückgeht.

In einer weiteren Studie derselben Autoren wurden 38 Hirnorganiker, 27 Paranoide und 42 nicht-paranoide Schizophrene in sieben Tests und einer klinischen Behavior Rating Scale miteinander verglichen. Univariate Varianzanalysen zeitigten durchweg insignifikante Mittelwertsdifferenzen zwischen den Gruppen. Erst als die Gruppen variablenweise hinsichtlich ihres Mittelwertes nach Rangplätzen geordnet wurden, ergab sich, dass die Hirnorganiker in fünf der sieben Tests die niedrigsten Werte erzielt hatten, und zwar in RZ, FVF, einem Zähltest, Wort-Assoziation und Zahlen-Nachsprechen rückwärts. Auf diese Weise hatten sie in allen erfassten Bereichen, d.h. dem afferent-wahrnehmungsmässigen, dem zentral-kognitiven und dem efferent-motorischen relativ schlecht abgeschnitten. Auf der anderen Seite erzielten die paranoiden Patienten die höchsten Werte in fünf der sieben Tests, von denen vier zentral-kognitiver Art waren, nämlich Zählen, Wort-Assoziation und Zahlen-Nachsprechen vor-und rückwärts.

Auch wenn die Stichproben wohl kaum als repräsentativ gelten können und eine multivariate anstelle der parameterfreien Analyse über Rangplätze die Gewichtung der Variablen differenzierter hätte in Erscheinung treten lassen, muss der Untersuchungsansatz mit dem Versuch, kritische Gruppen *und* auch Funktionen voneinander abzugrenzen, als vorbildlich bezeichnet werden. Diesbezüglich muss, was die übrige Literatur angeht, generell ein entscheidender Mangel konstatiert werden.

Wie die obige Darstellung erkennen lässt, sind die Autoren meist nur an wenigen Variablen und ihrer Diskriminationskraft interessiert. Es fehlt häufig ein stringenter Bezug zu Theorien. Im Vordergrund steht meist nur die Frage, wie sich mit Hilfe der jeweiligen Operationalisierungen einzelne Pbn-Gruppen kennzeichnen lassen, d.h. welche Merkmale und Besonderheiten sie aufweisen. Daraus wird, freilich mit grossen Unsicherheiten, auf «dahinterstehende», das Verhalten in der Testsituation erklärende Eigenschaften, Schäden oder spezifische Arten der Informationsverarbeitung geschlossen.

Bekanntlich zielt demgegenüber die *Verhaltensdiagnostik* darauf ab, dass Verhalten für sich selbst zu sehen, es als Stichprobe gleichartiger Manifestationen in der üblichen Umwelt zu verstehen, wobei nach Möglichkeit die Verursachungsfaktoren durch Bedingungsanalysen aufgedeckt werden sollen. Der Struktur apparativer Verfahren gemäss, die gewöhnlich hochspezifische Verhaltensmuster verlangen bzw. erfassen, die innerhalb der Klinischen Psychologie nur selten eine direkte Entsprechung im Alltags- oder Berufsleben haben, kann die Kategorie *«apparative verhaltenstheoretische Anordnungen»* nur schwach besetzt sein.

In diese Rubrik sind vielleicht Vorkehrungen einzuordnen, bei denen im mehr oder minder «natural setting», unbemerkt von den Pbn und gegebenenfalls ohne deren Wissen, die Rate ihres motorischen Outputs z.B. dadurch registriert wird, dass ein Fussboden schwebend aufgehängt oder mit besonderen Sensoren versehen wird [22]. Die erhaltenen Signale dienen dazu, die Gangart zu analysieren und beispielsweise Gesunde mit Kranken zu vergleichen [75]. Eine solche Technik mag telemetrische Systeme ergänzen, wie sie zur Erfassung von Aktivitätsraten entwickelt wurden [1, 61, 98]. Eine Validierung an Verhaltens-Beobachtungs-Systemen, wie sie etwa in anderen Studien [29, 40] angestrebt wurde, steht jedoch noch aus. Entsprechend wird denn auch resumiert [83], dass sich die meisten Vorrichtungen zur Erfassung von Hyperaktivität noch im Entwicklungsstadium befänden.

Mit gewissen Einschränkungen können auch einige Handlungstests zu den apparativen Verhaltensproben gezählt werden, wie sie innerhalb der *Ehe- und Partnerschaftsdiagnostik* einen erfolgversprechenden Einsatz sowohl als Diagnose- wie auch als Modifikationsinstrument versprechen.

Im einfachsten Fall handelt es sich dabei lediglich um modifizierte Interaktionsrecorder, mit deren Hilfe die Partner sich gegenseitig konstruktives bzw. destruktives Verhalten mit Hilfe von Reaktions-Tasten und Lichtern signalisieren, wobei der Untersucher/Therapeut in diesen Signalaustausch korrigierend eingreifen kann (*SAM*-Technik; von: Signal System for the Assessment and Modification of Behavior, [84]).

Komplexer im Aufbau und der Dimensionalität des erfassten Verhaltens ist eine Anordnung, in der die Ehe- und Familienbeziehungen dadurch objektiviert werden, dass die jeweiligen Personen an einem experimentellen Spiel teilnehmen, das als Requisiten Zielscheiben, Bälle und Schieber, sowie ein Lichtpanel enthält. Die Vpn müssen die Regeln des Spiels erst im Verlauf ihrer Aktivitäten erlernen. Über spezifische Rückmeldungen werden zudem experimentelle Krisen und Frustrationen induziert (*SIMFAM*-Technik, von: Simulated Family Activity Measurement, [79, 85]). Das Verfahren soll Verhalten in einer konkreten Situation erfassen. Es bleibt aber offen, inwieweit diese Stichprobe repräsentativ für das Verhalten der Partner in analogen oder ähnlichen Situationen ausserhalb der Testsituation ist. Darüberhinaus – und das ist der Grund, weshalb oben von «Einschränkungen» gesprochen wurde – wird doch versucht, aus dem Verhalten auf Konstrukte wie Selbstbehauptung, Beistand, Kreativität usw. (mit entsprechenden messtheoretischen Mängeln) zu schliessen. Allerdings soll nicht verkannt werden, dass der Ausgangspunkt für die Eigenschaftsinferenzen bei solchen Anordnungen nicht wie üblich das Individuum bildet, sondern die *Interaktion* mehrerer Partner.

Hinsichtlich des *«RAVICH Interpersonal Game-Test»,* bei dem jeweils zwei Partner eine elektrische Eisenbahn von einem Start- zu einem Zielpunkt bringen und dabei einander ausweichen müssen, gelten ganz ähnliche Bemerkungen (zu den Details dieses Verfahrens siehe [86]).

4. Status- versus Prozess-Diagnostik

Die unter dem Stichwort der eigenschaftsorientierten Diagnostik im vorausgehenden Abschnitt besprochenen Verfahren und Forschungsergebnisse waren in der Mehrzahl der Fälle zugleich solche einer Status-Feststellung: aufgrund einmaliger Untersuchungen wurden gleichsam Momentaufnahmen hergestellt und daraus auf bestimmte Merkmale oder Eigenschaften geschlossen, die ein Individuum «hat». Schon die allgemeine Lebenserfahrung lehrt hingegen, dass das Verhalten in erheblicher Weise auch vom situativen Kontext abhängt und Rückschlüsse auf Dispositionen völlig unterschiedlich ausfallen können, wenn die Situationsbereiche, die die Grundlage der Eigenschafts-Inferenzen liefern, für die Personen von unteschiedlicher funktionaler Valenz sind. Darüberhinaus ist allgemein bekannt, dass Menschen Veränderungen unter dem Einfluss von Alter, Erziehung, Bildung und Behandlung zeigen. Neueren Studien zufolge sind interindividuelle Unterschiede in bezug auf die Veränderungen des Verhaltens mit wechselndem Kontextbezug beobachtet worden und deshalb für die Vorhersagbarkeit von besonderem Belang [11, 15]. Derartige intraindividuelle und transsituative Varianzen sind nur aufzeigbar, wenn der Ansatz punktueller Testungen aufgegeben und statt dessen in längs- und querschnittlicher Hinsicht erweitert wird.

Dabei sind solche Verfahren von besonderem Wert, die eine erhöhte Sensitivität gegenüber jedweder Beeinflussung der Pbn innerhalb eines gegebenen zeitlichen oder situativ-räumlichen Rahmens aufweisen. Die dabei auftretenden Probleme der Veränderungsmessung im Rahmen der Klassischen Testtheorie zeigen die Dringlichkeit der Entwicklung von Messmodellen, mit deren Hilfe eine adäquate Behandlung klinisch-psychologischer Fragestellungen (Identifikation von «Trends», Dosis-Wirkungs-Verhältnis, Symptomwandel, Therapieaffinität usw.) ermöglicht wird.

Alle Untersuchungen, die in der obigen Darstellung zumindest einen Vorher-Nachher-Vergleich enthielten, sind für die prozess-orientierte Perspektive diagnostischen Vorgehens einschlägig. Das betrifft mithin zuerst die Überprüfung medikamentöser, therapeutischer und operativer Massnahmen ebenso wie die Analyse der Variabilität von Phänomenen über die Zeit.

Die Entwicklung einer telemetrischen Apparatur zur Registrierung der Motorik von Hand und Fingern mit dem Ziel, die stochastischen Eigenschaften des Parkinson-Tremor über längere Zeitabschnitte zu erfassen und sie einer raschen klinischen Interpretation zugänglich zu machen, steht beispielhaft für ein solches Vorgehen [1]. Gleichzeitig erfolgte eine Kontrolle der Effekte, die durch medikamentöse Beeinflussung bzw. durch eine stereotaktische Thalamotomie erzielt wurden. Die statistischen Kennwerte für die Individuen variierten nicht nur über der Zeit, sondern auch zwischen den paarigen Gliedmassen.

In den bereits geschilderten Untersuchungen zur Einschätzung tachistoskopisch dargebotener Zeitstrecken zeigten Schizophrene neben systematischen Mittelwertsunterschieden gegenüber Normal-Stichproben eine besonders hohe Instabilität [66]. Auf die Indikatorfunktion von Tapping für die Wirksamkeit von Elektroschocks [77] oder das Ausmass an Erholung von ehemaligem Alkoholabusus [57] wurde ebenfalls bereits hingewiesen.

Besondere Verdienste auf diesem Forschungsfeld haben sich wiederum LEHMAN, BAN [53] erworben. In einer ihrer Untersuchungsreihen bestimmten sie an N = 55 (vermutlich klinisch auffälligen) Pbn die Reliabilitäten verschiedener Verfahren, und zwar einmal zwischen verschiedenen Tagen bei Konstanz der Uhrzeit, zum anderen zwischen verschiedenen Zeiten an ein- und demselben Tag. Für die apparativen Tests ist nachfolgend ein Auszug aus den erhaltenen Ergebnissen widergegeben (Tabelle I).

Tab. I. Retest-Koeffizienten verschiedener apparativer Verfahren (aus LEHMAN und BAN ([53], S. 437).

	Verschiedene Tage, Gleiche Uhrzeit	Gleicher Tag, Verschiedene Uhrzeit
Reaktions-Zeit	.92	.60
Fehler im Spuren-Nachfahren	.85	.76
Zeit im Spuren-Nachfahren	.70	.84
Tapping	.75	.92
Flimmer-Verschmelzungs-Frequenz	.70	.77
Spiraler Nacheffekt	.62	.49

Erstaunlich sind die zwischen beiden Bestimmungsmodalitäten aufgetretenen Unterschiede: die *Reaktionszeit* und der *Spiral-Nacheffekt* sind zwischen verschiedenen Tagen (also bei längeren Zeitintervallen) stabiler als zwischen verschiedenen Tageszeiten. Umgekehrt verhält es sich bei Tapping und der Zeit für Spuren-Nachfahren. Das bedeutet aber, dass für einige Funktionen die tageszeitlichen Schwankungen und die damit verbundenen Metabolismus-Veränderungen eine geringere Rolle spielen als die zwischen den Tagen auftretenden Unterschiede des «Disponiertheit».

In einem weiteren Durchgang dieser Studie wurden an einer Stichprobe von 15 Vpn im Doppelblindversuch die Wirkungen von Plazebo, einem Stimulans und einem Sedativum ermittelt. Die Verfahren zeigten eine differentielle Sensitivität gegenüber den verschiedenen Bedingungen. Die Reaktionszeit bildete eine Verbesserung der Leistungen deutlicher ab als deren Beeinträchtigung. Wesentlich drastischer war dieser Effekt im Falle des *Stroop*- und eines *Rechen*-Tests. Beim Tachistoskop, dem Tapping und der Flimmer-Verschmelzungs-Frequenz war es gerade umgekehrt. Damit wird prozessdiagnostisch die breite Verwendung der letzteren Verfahren in der klinischen Diagnostik gerechtfertigt, innerhalb deren es meist auf die Erfassung irgendwelcher Beeinträchtigungen ankommt.

Besondere Perspektiven eröffnen schliesslich die Untersuchungen zur Übungssensitivität einiger Verfahren, wobei fünf Durchgänge im Abstand von jeweils etwa einer Woche vorgesehen waren. Als Versuchspersonen fungierten 117 hospitalisierte Patienten höheren Lebensalters und 18 Pbn von ausserhalb der Anstalt. Anhand der FVF waren keinerlei Übungszuwächse zu konstatieren. Demgegenüber zeigten in der Reaktionszeit die institutionalisierten Pbn, nicht aber die übrigen, einen Leistungsanstieg über die Testwiederholungen. Im Tapping profitierten von der Übung die Hirnorganiker und die Psychotiker, nicht jedoch die Neurotiker.

Auch hier sind einer Generalisierung der Befunde angesichts des hohen Durchschnittsalters der Vpn und ihrer geringen Zahl Grenzen gesetzt. Zudem fehlen Angaben zur statistischen Bedeutsamkeit der mitgeteilten Befunde. Dennoch vermitteln die Versuchspläne und die mit ihnen erhaltenen Resultate einen Eindruck davon, in welcher Richtung eine prozessorientierte Forschung unter Verwendung apparativer Anordnungen systematisch weitergeführt werden müsste. Die blosse Vorgabe vorhandener Instrumente an gerade anfallende Stichproben und die Prüfung auf Verteilungsunterschiede gewonnener Messwerte musste angesichts des begrenzten Sortiments verfügbarer Instrumente und der relativ kleinen Zahl deutlich voneinander separierbarer klinischer Gruppen nachgerade zwangsläufig zu der Stagnation und vergleichsweise geringen Originalität führen, wie sie innerhalb der Status- und Eigenschafts-Diagnostik gerade mit apparativen Tests unübersehbar ist. Demgegenüber verspricht die Extension auf die Dimension der Messwiederholungen, gegebenenfalls unter Variation einiger Vorgabeparameter, auf lange Sicht zu einem wesentlich besseren Verständnis klinischer Verhaltensauffälligkeiten zu verhelfen.

5. Diagnostik als Messung versus Diagnostik als Information für Behandlung; Normen- versus Kriterienorientierung

Im Zusammenhang mit einer Bewertung der bereits erwähnten *SIMFAM*-Technik spricht Scholz ([85], S.274/275) das folgende Problem an:

> «Es ist zu fragen, welchen Erkenntniswert und welchen praktischen Nutzen die Erfassung der Variablen für die konkrete Eheberatung haben kann. Sehr wahrscheinlich kann man mit Hilfe dieser Variablen bestimmte Aspekte der Ehe- und Familienstrukturen beschreiben. Für den Fall, dass es sich jedoch um zu korrigierende Strukturen handelt, bleibt unklar, wie dieses Wissen für Interventionsstrategien gebraucht und ausgenutzt werden kann ...».

Was hier in bezug auf ein bestimmtes Verfahren festgehalten wird, gilt praktisch für alle der o.a. apparativen Tests in der Klinischen Psychologie: die Ergebnisse sind durchgängig nicht von einer Beschaffenheit, als dass daraus Handlungsanweisungen für die Behandlung erwachsen könnten. Aus einer reduzierten RZ- und FVF-Leistung leitet sich keineswegs das Wissen darüber ab, ob gegebenenfalls mit einer operativen, medikamentösen, psychotherapeutischen oder gar keiner Intervention dem Betreffenden am besten geholfen werden kann. Wenn, wie das im Fall einer bereits referierten Untersuchung [77] geschehen ist, anhand einer apparativen Testvariablen die Wirksamkeit von verschieden intensiven Elektroschocks geprüft wird, erfolgt die Entscheidung für Elektroheilkrampf und die Festlegung der initialen Behandlungsintensität doch in gewissen Grenzen nach Gutdünken, das fatal an Versuch und Irrtum erinnert. Für die Festlegung des Treatments sind vielmehr weitere Informationen notwendig, die in aller Regel aus dem Pool von Erfahrungen über den Umgang mit gleichartigen Symptomen in der Vergangenheit bezogen werden müssen. Das für dieses korrelative Wissen vorliegende Material ist freilich in mehrfacher Hinsicht defizitär: zunächst muss entschieden werden, ob ein anstehender Pb nach Massgabe verschiedener biographischer, soziodemographischer und psychologischer Variablen zu einer der Referenzstichproben gehört, die im wissenschaftlichen Schrifttum vorliegen. Angesichts der spärlichen Details in der Beschreibung untersuchter Stichproben dürften sich bereits hier kaum lösbare Schwierigkeiten einstellen. Darüber hinaus sind - zum Teil als Folge der jeweiligen Stichprobenzusammensetzung - die zwischen verschiedenen klinischen Gruppen und/ oder Behandlungen auftretenden Differenzen in den apparativen Tests derartig gering oder inkonsistent, dass darauf allein keine verantwortbaren Entscheidungen zu treffen sind. Teilweise mag für diesen Sachverhalt der Umstand verantwortlich sein, dass bislang mit Hilfe von psychologischen Tests in erster Linie die von Psychiatern vorgenommenen Kategorisierungen «nachzusagen» versucht wurde, hingegen eigenständige taxonomische Ansätze aufgrund der erhaltenen Testwertekonfigurationen selten geblieben sind.

An dieser Situation kann sich in absehbarer Zeit durchaus etwas zum Positiven wenden: so haben die erwähnten Untersuchungen zum «Cross over» einigen Aufschluss über die Art der Informationsverarbeitung schizophrener Personen gebracht. Bei einer noch detailierteren Kenntnis der besagten Vorgänge, besonders ihrer Abhängigkeit von experimentell realisierten Faktoren, könnten vielleicht Bedingungen hergestellt werden, unter denen die Informationsverarbeitung für die Betreffenden «Normal» verläuft (vgl. den Beitrag von Cohen und Plaum in diesem Band). Ist insofern die Ergiebigkeit von apparativen Vorrichtungen für die qualitative Ausgestaltung jeder therapeutischen Massnahme ausgesprochen gering, sind bislang auch kaum Ansätze entwickelt worden, um das Ausmass an Leistungsbeeinträchtigung in einer apparativ erfassten Funktion kriterienorientiert auszudrücken.

Einige der erwähnten Verfahren diskriminieren, wie dargelegt, besonders zuverlässig die Kategorien «hirnorganisch vs. normal» voneinander. Die Information darüber, was als normal anzusehen ist, kann bei dem artifiziellen Charakter der Apparate jedoch nur aus der Untersuchung einer entsprechenden «Normal»-Stichprobe bezogen werden. Ob das Verfahren dann Diskriminierungskraft besitzt, hängt vom Verhältnis der Mittelwertsdifferenz beider Gruppen zu der gepoolten Varianz innerhalb jeder Gruppe ab. Inwieweit ein Defizit der Hirnorganiker besteht, wird erst durch Rekurs auf die Unterschiede zwischen Merkmalsträgern jeder Gruppe abschätzbar[1].

Eine gewisse Ironie am Rande: kaum in einem anderen Gebiet der psychologischen Diagnostik werden so selten wirklich «Norm-»Werte mitgeteilt. Die Ursache dafür ist vermutlich die Spezifität der jeweils für den eigenen Gebrauch erstellten Apparate, die einen Vergleich zwischen verschiedenen Laboratorien unmöglich macht. Insofern nimmt es nicht wunder, dass apparative Tests vor allem für die Forschung, aber so gut wie nicht im Rahmen der Anwendung eingesetzt werden.

Keine der uns bekannt gewordenen Arbeiten greift schliesslich auf der Basis apparativer Tests die neueren Entwicklungen und den Trend zur Berücksichtigung idiographischer Momente auf.

6. Abschliessende Bemerkungen

Bei der Sichtung neuerer Arbeiten wurde festgestellt, dass apparative Testverfahren im Vergleich zu anderen Instrumenten nur eine geringe Rolle in der klinischen Diagnostik spielen. Ganz überwiegend werden weiterhin Geräte erprobt, die schon seit langem bekannt sind. Die mit der Computertechnologie möglichen Entwicklungen setzen erst langsam ein. Von besonderem Wert sind apparative Tests – was einen durchaus vertrauten Befund darstellt – bei der Erkennung und Eingrenzung hirnorganischer Schäden. Auch einige psychotische Erscheinungsbilder sind damit offenbar mit relativer Sicherheit erfassbar (vgl. COHEN und PLAUM in diesem Band). Insgesamt ist die Forschung deutlich grundlagenorientiert und

[1] Die Binnenvarianz jeder Gruppe, ansonsten eine entscheidende Voraussetzung der Bestimmung interindividueller Unterschiede und einer befriedigenden Reliabilität, ist auf diese Weise zum Teil inkompatibel mit dem Nachweis einer Differenzierungskraft zwischen Gruppen.

Insofern herrscht eindeutig eine normenorientierte Betrachtsweise vor. Kriteriumsbezogene Ansätze für apparative Verfahren, bei denen die Varianz zwischen Bedingungen und/oder Gruppen zu Lasten derjenigen zwischen den Merkmalsträgern einer Gruppe maximiert würde, sind uns nicht bekannt.

dem traditionellen Eigenschaftsmodell der differentiellen Psychologie – zumindest implizit – verpflichtet. Prozess-Analysen und Ansätze, aus denen Informationen für Behandlungen bezogen werden könnten, stellen die Ausnahme dar.

Literatur

[1] Ackman, J.J., Sances, A., Larson, S.J. Quantitative evaluation of long-term Parkinson tremor. IEEE Transactions on Bio-Medical Engineering, 1977, 24, 49–56.

[2] Amelang, M. Kurzzeitige zentrale Ermüdung als Ursache der psychologischen Refraktärzeit. Zeitschrift für Experimentelle und Angewandte Psychologie, 1971, 18, 359–360.

[3] Amelang, M., Bartussek, D. Differentielle Psychologie und Persönlichkeitsforschung. Stuttgart: Klett, 1980.

[4] Anastasi, A. Psychological testing. (3.Aufl.) New York: MacMillan, 1968.

[5] Arnold, W., Eysenck, H.J., Meili, R. Lexikon der Psychologie. Freiburg: Herder, 1971.

[6] Asarnow, R.F., Mann, R. Size estimation in paranoid and nonparanoid schizophrenics. Journal of Nervous and Mental Disease, 1978, 166, 96–103.

[7] Balogh, D.W., Schuck, J.R., Leventhal, D.B. A study of schizophrenics' ability to localize the source of a sound. Journal of Nervous and Mental Disease, 1979, 167, 484–487.

[8] Barratt, E. Cognitive, motor, and psychophysiological correlates. XXIInd International Congress of Psychology, Leipzig, 1980, Pp.451.

[9] Barrett, E.T., Logue, P.E. The use of the spiral after-effect to differenciate chronic organics. Journal of Clinical Psychology, 1974, 30, 513–516.

[10] Bellissimo, A., Steffy, R.A. Redundancy-associated deficit in schizophrenic reaction time performance. Journal of Abnormal Psychology, 1972, 80, 299–307.

[11] Bem, D.J., Allen, A. On predicting some of the people some of the time: The search for cross-situational consistencies in behavior. Psychological Review, 1974, 81, 606–620.

[12] Bem, D.J., Funder, D.C. Predicting more of the people more of the time: Assessing the personality of situations. Psychological Review, 1978, 85, 485–501.

[13] Bodin, A.M. Videotape applications in training family therapists. Journal of Nervous and Mental Disease, 1969, 98, 251–261.

[14] Boll, T.J. Behavioral correlates of cerebral damage in children aged 9 through 14. In R.M.Reitan, L.A.Davison (Eds.) Clinical neuropsychology: Current status and applications. Washington, D.C.: V.H.Winston, 1974. Pp.91–120.

[15] Buse, L. Intraindividuelle Merkmalsvariation und Validität eines Extraversionsbogens. Eine Untersuchung zur Gültigkeit des Eigenschaftsbegriffes. Zeitschrift für Differentielle und Diagnostische Psychologie, 1980, 1, 35–42.

[16] Buss, A.H., Lang, P.J. Psychological deficit in schizophrenia: I. Affect, reinforcement, and concept attainment. Journal of Abnormal Psychology, 1965, 70, 2–24.

[17] Cermak, S.A., Drake, C., Cermak, L.S., Kenney, R. The effect of concurrent manual activity on the dichotic listening performance of boys with learning disabilities. American Journal of Occupational Therapy, 1978, 32, 493–499.

[18] Cohen, B.D., Berent, S., Silverman, A.J. Field dependence and lateralisation of function in the human brain. Archives of General Psychiatry, 1973, 28, 165–167.

[19] Cox, S.M., Ludwig, A.M. Neurological soft signs and psychopathology: I. Findings in schizophrenia. Journal of Nervous and Mental Disease, 1979, 167, 161–165.

[20] Cromwell, R.L. Stimulus redundancy and schizophrenia. Journal of Nervous and Mental Disease, 1968, 146, 360–375.

[21] Cromwell, R.L. Strategies for studying schizophrenic behaviors. Psychopharmacologica, 1972, 24, 121–146.

[22] Cromwell, R.L., Baumeister, A., Hawkins, W.F. Research in activity level. In N.R.Ellis (Ed.) Handbook of mental deficiency. New York: McGraw-Hill, 1963, Pp.632–663.

[23] Cromwell, R.L., Spaulding, W. How schizophrenics handle information. In W.E.Fann, I.Karacan, R.L.Williams (Eds.) The phenomenology and treatment of schizophrenia. New York: Spectrum Publications, 1977, Pp.145–191.

[24] Cromwell, L., Weibell, F.J., Pfeiffer, E.A. Biomedical instrumentation and measurement. (2.Aufl.) Englewood Cliffs (New Jersey): Prentice-Hall, 1980.

[25] DeAmicis, S.A., Cromewell, R.L. Reaction time crossover in process schizophrenic patients, their relatives, and control subjects. Journal of Nervous and Mental Disease, 1979, 167, 593–600.

[26] Dodrill, C.B. The hand dynamometer as a neuropsychological measure. Journal of Consulting and Clinical Psychology, 1978, 46, 1432–1435.

[27] Erickson, R.C., Calsyn, D.A., Scheupach, Ch.S. Abbreviating the Halstead-Reitan Neuropsychological Test Battery. Journal of Clinical Psychology, 1978, 34, 922–926.

[28] Fahrenberg, J. Objektive Tests zur Messung der Persönlichkeit. In R.Heiss (Ed.) Handbuch der Psychologie, Band 6, Psychologische Diagnostik. Göttingen: Hogrefe, 1964, Pp.488–532.

[29] Forbes, G.B. Comparison of hyperactive and emotionally-behaviorally disturbed children on the DCBRS: A potential aid in diagnosis. Journal of Clinical Psychology, 1978, 34, 68–71.

[30] Freedman, R., Silverman, M.M., Schwab, P.J. Patients' awareness of extrapyramidal reactions to neuroleptic drugs: possible evidence for the role of catecholamines in perception. Psychiatry Research, 1979, 1, 31–38.

[31] Gauthier, G.M., Hofferer, J.M., Martin, B. A film projecting system as a diagnostic and training technique for eye movements of cerebral palsied children. Electroencephalography and Clinical Neurophysiology, 1978, 45, 122–127.

[32] Giese, F. (Ed.) Deutsche Psychologie, Band 1–5, Berlin: Wendt & Klauwell, 1916.

[33] Gill, J., De Horne, D.J. Psychological testing in depressive illness: I. Psychomotor performance. Psychological Medicine, 1974, 4, 470–473.

[34] Golden, Ch.J. The identification of brain damage by an abbreviated form of the Halstead-Reitan Neuropsychological Battery. Journal of Clinical Psychology, 1976, 32, 821–826.

[35] Golden, Ch.J. Validity of the Halstead-Reitan Neuropsychological Battery in a mixed psychiatric and brain-injured population. Journal of Consulting and Clinical Psychology, 1977, 45, 1043–1051.

[36] Goldstein, G. Cognitive and perceptual differences between schizophrenics and organics. Schizophrenia Bulletin, 1978, 4, 160–167.

[37] Goldstein, G., Kyc, F. Performance of brain-damaged, schizophrenic, and normal subjects on a visual searching task. Perceptual and Motor Skills, 1978, 46, 731–734.

[38] Grundstrom, R., Holmberg, G., Hansen, T. Degree of sedation obtained with various doses of azepam and nitrazepam. Acta Pharmacologica et Toxicologica, 1978, 43, 13–18.

[39] Hartje, W. Allgemeine Psychodiagnostik in der Neurologie. In W.J.Schraml, U.Baumann (Eds.) Klinische Psychologie I: Theorie und Praxis (3.Aufl.) Bern: Huber, 1975, Pp.147–164.

[40] Haynes, S.N., Kerns, R.D. Validation of a behavioral observation system. Journal of Consulting and Clinical Psychology, 1979, 47, 397–400.

[41] HEATON, R.K., BAADE, L.E., JOHNSON, K.L. Neuropsycholocical test results associated with psychiatric disorders in adults. Psychological Bulletin, 1978, 85, 141–162.
[42] HEISS, R. (Ed.) Handbuch der Psychologie, Band 6, Psychologische Diagnostik. Göttingen: Hogrefe, 1964.
[43] HELLBERG, J. A mcthod of measurement of critical flicker fusion intensity (CFFI) in scotopic vision. Psychological Research Bulletin, 1978, 18, 13 p.
[44] HELLBERG, J. The influence of fatigue and different ligth wavelengths on critical fusion intensity in scotopic vision. Psychological Research Bulletin, 1978, 18, 10 p.
[45] HOLDEN, E.A., CORRIGAN, J.G. Effects of auditory feedback on velocity extrapoliation by mentally retarded and nonretarded groups during rotary pursuit tracking. American Journal of Mental Deficiency, 1980, 84, 381–386.
[46] HOLDEN, E.A., CORRIGAN, J.G. Self-paced vs. externally paced motor tracking by retarded and nonretarded children. American Journal of Mental Deficiency, 1980, 84, 387–392.
[47] HOLZMAN, P.S. et al. Eye-tracking dysfunctions in schizophrenic patients and their relatives. Archives of General Psychiatry, 1974, 31, 143–151.
[48] KELLY, G.A. A theory of personality: The psychology of personal constructs. New York: Norton, 1963.
[49] KELLY, G.A. Man's construction of his alternatives. In B.Maher (Ed.) Clinical Psychology and personality: The selected papers of George Kelly. New York: Wiley, 1969.
[49a] KENKMANN, H.J. Bioelektronik. In U.Baumann, H.Berbalk, G.Seidenstücker (Eds.) Klinische Psychologie - Trends in Forschung und Praxis. Bd.2. Bern: Huber, 1979, Pp.52–71.
[50] KENRICK, D.T., STRINGFIELD, D.O. Personality traits and the eye of the beholder: Crossing some traditional philosophical boundaries in the search for consistency in all of the people. Psychological Review, 1980, 87, 88–104.
[51] KUPKE, T., LEWIS, R., RENNICK, P. Sex differences in the neuropsychological functioning of epileptics. Journal of Consulting and Clinical Psychology, 1979, 47, 1128–1130.
[52] LEHMANN, H.E. Types and characteristics of objective measures in psychopathology. In M.C.Kietzman, S.Sutton, S.Zubin (Eds.) Experimental approaches to psychopathology. New York: Academic Press, 1975, Pp.381–391.
[53] LEHMANN, H.E., BAN, T.A. Experimental approaches to psychiatric diagnosis. In H.S.Akiskal, W.L.Webb (Eds.) Psychiatric diagnosis: Exploration of biological predictors. New York: Spectrum Publications, 1978, Pp.433–452.
[54] LEVY, J. Social reinforcement and knowledge of results as determinants of motor performance among EMR children. American Journal of Mental Deficiency, 1974, 78, 752–758.
[55] LEWIS, F.R., NELSON, R.W., EGGERTSEN, C. Neuropsychological test performances of paranoid schizophrenic and brain-damaged patients. Journal of Clinical Psychology, 1979, 35, 54–59.
[56] LIENERT, G.A. Testaufbau und Testanalyse. (3.Aufl.) Weinheim: Beltz, 1969.
[57] LONG, J.A., MCLACHLAN, J.F. Abstract reasoning and perceptual-motor efficiency in alcoholics: Impairment and reversibility. Quarterly Journal of Studies on Alcohol, 1974, 35, 1220–1229.
[58] LOVETT DOUST, J.W., PODNIEKS, I. Comparison between some biological clocks regulating sensory and psychomotor aspects of perception in man. Neuropsychobiology, 1975, 1, 261–266.
[59] MALEC, J. Neuropsychological assessment of schizophrenia versus brain damage: A review. Journal of Nervous and Mental Disease, 1978, 166, 507–516.
[60] MAYADAS, N.S., DUEHN, W.D. Stimulus-modeling videotape for marital counseling: Method and application. Journal of Marital and Family Counseling, 1977, 3, 35–42.

[61] McPartland, R., Foster, F.G., Kupfer, D.J. Activity sensors for use in psychiatric evaluation. IEEE Transactions on Bio-Medical Engineering, 1976, 23, 175-178.

[62] Merz, F. Tests zur Prüfung spezieller Fähigkeiten. In R.Heiss (Ed.) Handbuch der Psychologie, Band 6, Psychologische Diagnostik. Göttingen: Hogrefe, 1964, Pp.488-532.

[63] Miezejeski, C.M. Relationships between behavioral arousal and some components of autonomic arousal. Psychophysiology, 1978, 15, 417-421.

[64] Mo, S.S., George, E.J. Foreperiod effect on time estimation and simple reaction time. Acta Psychologica, 1977, 41, 47-59.

[65] Mo, S.S., Kersey, R. Prior time uncertainty reduction of foreperiod duration under two different levels of event uncertainty in schizophrenia. Journal of Clinical Psychology, 1977, 33, 53-58.

[66] Mo, S.S., Kersey, R., Huang, D.D. Weakness and instability of time expectancy in schizophrenia. Journal of Clinical Psychology, 1978, 34, 37-44.

[67] Nakamura, R., Nagasaki, H., Narabayashi, H. Disturbances of rhythm formation in patients with Parkinson's disease: I. Characteristics of tapping response to the periodic signals. Perceptual and Motor Skills, 1978, 46, 63-75.

[68] Neale, J.M., McIntyre, C.W., Fox, R., Cromwell, R.J. Span of apprehension in acute schizophrenics. Journal of Abnormal Psychology, 1969, 74, 593-596.

[69] O'Connor, K.P., Shaw, J.C. Field dependency, laterality and the EEG. Biological Psychology, 1978, 6, 93-109.

[70] Olson, D.H., Strauss, M.A. Ein diagnostisches Hilfsmittel für Ehe- und Familientherapie: Die SIMFAM-Technik. In O.B.Scholz (Ed.) Diagnostik in Ehe- und Partnerschaftskrisen. München: Urban & Schwarzenberg, 1978, Pp.253-265.

[71] Oltman, P.K., Ehrlichman, H., Cox, P.W. Field independence and laterality in the perception of faces. Perceptual and Motor Skills, 1977, 45, 225-260.

[72] Palmer, R.D. Dimensions of differentiation in handedness. Journal of Clinical Psychology, 1974, 30, 545-552.

[73] Pauker, N.E., Folstein, M.F., Moran, T.H. The clinical utility of the handheld tachistoscope. Journal of Nervous and Mental Disease, 1978, 166, 126-129.

[74] Pawlik, K. Modell- und Praxisdimensionen psychologischer Diagnostik. In K.Pawlik (Ed.) Diagnose der Diagnostik. Stuttgart: Klett, 1967, Pp.13-44.

[75] Pedotti, A. Simple equipment used in clinical practice for evaluation of locomotion. IEEE Transactions on Bio-Medical Engineering, 1977, 24, 456-461.

[76] Podnieks, I., Lovett Doust, J.W. Characteristics of a neural clock regulating perception and psychomotor performance in man. Biological Psychology, 1976, 4, 265-276.

[77] Price, T.R., Mackenzie, T.B., Tucker, G.J., Culver, C. The dose-response ratio in electro-convulsive therapy: A preliminary study. Archives of General Psychiatry, 1978, 35, 1131-1136.

[78] Reitan, R.M. Psychological effects on cerebral lesions in children of early school age. In R.M.Reitan, L.A.Davison (Eds.) Clinical neuropsychology: Current status and applications. Washington, D.C.: V.H.Winston, 1974, Pp.53-90.

[79] Reitan, R.M., Davison, L.A. (Eds.) Clinical neurpsychology: Current status and applications. Washington: Winston, 1974.

[80] Rieder, R.O., Donnelly, E.F., Herdt, J.R., Waldman, I.N. Sulcal prominence in young chronic schizophrenic patients: CT scan findings associated with impairment on neuropsychological tests. Psychiatry Research, 1979, 1, 1-8.

[81] Rodnick, E.H., Shakow, D. Set in the schizophrenic as measured by a composite reaction time index. American Journal of Psychiatry, 1940, 97, 214-225.

[81a] RÖSLER, F. Statistische Verarbeitung von Biosignalen: Die Quantifizierung hirnelektrischer Signalc. In U. Baumann, H. Berbalk, G. Seidenstücker (Eds.) Klinische Psychologie - Trends in Forschung und Praxis. Bd.3. Bern: Huber, 1980, Pp.112-156.
[82] RUDEL, R.G., TEUBER, H.L., TWITCHELL, T.E. Levels of impairment of sensorimotor functions in children with early brain damage. Neuropsychologia, 1974, 12, 95-108.
[83] SANDOVAL, J. The measurement of the hyperactive syndrome in children. Review of Educational Research, 1977, 47, 293-318.
[84] SCHOLZ, O.B. Zur Diagnostik des gegenseitigen Rückmelde-Verhaltens zwischen Ehepartnern. In O.B. Scholz (Ed.) Diagnostik in Ehe- und Partnerschaftskrisen. München: Urban & Schwarzenberg, 1978, Pp.228-252.
[85] SCHOLZ, O.B. Zum praktischen Gebrauch der SIMFAM-Technik - einige Anmerkungen zum Beitrag von Olson und Strauss. In O.B. Scholz (Ed) Diagnostik in Ehe- und Partnerschaftskrisen. München: Urban & Schwarzenberg, 1978, Pp.266-275.
[86] SCHOLZ, O.B. Der Ravich Interpersonal Game Test - Darstellung und Anwendung einer psychodiagnostischen Methode zur Beurteilung der dyadischen Interaktion. In O.B. Scholz (Ed.) Diagnostik in Ehe- und Partnerschaftskrisen. München: Urban & Schwarzenberg, 1978, Pp.277-301.
[87] SCHRAML, W.J., BAUMANN, U. (Eds.) Klinische Psychologie I: Theorie und Praxis. (3.Aufl.) Bern: Huber, 1975.
[88] SCHUCK, J.R., LEVENTHAL, D.B., CARBONELL, J. A test of the schizophrenics' ability to process information on one or two sensory modes. British Journal of Social and Clinical Psychology, 1978, 17, 243-249.
[89] SEPPALA, T., LINNOILA, M., MATTILA, M.J. Psychomotor skills in depressed out-patients treated with L-Tryptophan, Doxepin, or Chlorimipramine. Annals of Clinical Research. 1978, 10, 214-221.
[90] SHAKOW, D. Segmental set: A theory of the formal psychological deficit in schizophrenia. Archives of General psychiatry, 1962, 6, 1-17.
[91] SHEVRIN, H., SMOKLER, I.A., WOLF, E. Field independence and defensive style. Perceptual and Motor Skills, 1979, 49, 195-202.
[92] SILVERMAN, A.J. Perception, personality and brain lateralization. Paper presented at the V World Congress of Psychiatry, Mexico City, 1971.
[93] SPELLACY, F. Neuropsychological discrimination between violent and nonviolent men. Journal of Clinical Psychology, 1978, 34, 49-52.
[94] STEFFY, R.A., GALBRAITH, K. Time-linked impairment in schizophrenic reaction time performance. Journal of Abnormal Psychology 1975, 84, 315-324.
[95] THOMPSON, R.J., O'QUINN, A.N., LOGUE, P.E. Gilles de la Tourette's syndrome: a review and neuropsychological aspects of four cases. Journal of Pediatric Psychology, 1979, 4, 371-387.
[96] WEWETZER, K.-H. Konstruktive Alternativen. In K.-H. Wewetzer (Ed.) Psychologische Diagnostik. Darmstadt: Wissenschaftliche Buchgesellschaft, 1979, Pp.411-434.
[97] WITTCHEN, H.-U., REY, E.-R. Experimentelle Methoden und Untersuchungen. In L.R. Schmidt (Ed.) Lehrbuch der Klinischen Psychologie. Stuttgart: Enke, 1978, Pp.308-324.
[98] ZILM, D.H., DURAND, D., KAPLAN, H.L. A microprocessor-controlled clinical tremometer. Behavior Research Methods & Instrumentation, 1978, 10, 177-181.

D. Therapie

VI. Modelle zur Integration von Psychotherapie: Faktum und Fiktion

W.-R. Minsel

1. Begriffliche Voraussetzungen

In den folgenden Ausführungen setze ich mich mit ‹Psychotherapie› auseinander, ohne der Frage nachzugehen, was Psychotherapie eigentlich ist. Die eigene Position liegt zudem hinreichend elaboriert vor (vgl. [60]). Vielmehr geht es mir um die Verwendung des Begriffes ‹Psychotherapie›.

Im Rahmen der Indikationsforschung lassen sich drei Ebenen unterscheiden, auf denen dieser Begriff unterschiedlich verwendet wird (vgl. [4a]). Auf der ersten Ebene *(Indikation für eine spezielle psycho-soziale Versorgungseinrichtung)* ist ‹Psychotherapie› eine allgemeine Kennzeichnung für eine primär psychologische Dienstleistung zugunsten einer näher zu bestimmenden Gruppe von Hilfesuchenden. Eine weitere begriffliche Differenzierung ist in diesem Falle nicht notwendig. Die zweite Ebene *(Indikation für eine spezifische psychotherapeutische Intervention)* macht eine grobe Differenzierung unterscheidbarer Psychotherapien notwendig. Das sind beispielsweise Psychotherapieschulen, wie u.a. Psychoanalyse, Gesprächs- und Verhaltenstherapie, Gestalttherapie oder Transaktionsanalyse. Was als eigenständige ‹Psychotherapie› akzeptiert wird, ist Konvention und wird zumeist an der Qualität der theoretischen Grundlagen festgemacht [10]. Auf der dritten Ebene *(Indikation für eine spezifische psychotherapeutische Prozedur innerhalb einer bestimmten psychotherapeutischen Intervention)* steht das konkrete Handeln innerhalb einer ‹Psychotherapie› im Vordergrund. Dabei werden die Prozeduren nochmals je nach dem Grad der Ausdeutbarkeit in solche von ‹low fidelity› (z.B. Konfrontieren, Interpetieren usw.) und ‹high fidelity› (z.B. das Stellen einer bestimmten Nachfrage zu einem bestimmten Zeitpunkt im therapeutischen Verlauf) getrennt. Diese Unterscheidung, die der Charakterisierung diagnostischer Merkmale angelehnt ist, bietet sich an, um in der Deskription verschiedenen Graden der direkten oder indirekten Steuerung des therapeutischen Prozesses durch den Behandelnden Rechnung tragen zu können. Auf jeder dieser drei Ebenen sind Forschungsfragestellungen und Untersuchungsmethodik unterschiedlich. Integrative Modelle im Zusammenhang mit Psychotherapie können, unter Zugrundelegen des Ebenenmodells, vertikal oder horizontal erstellt werden: Vertikal meint dabei, dass Behandlungsmassnahmen über die Ebenen hinweg miteinander verbunden werden (z.B. analytische Psychotherapie innerhalb medizinisch-psychotherapeutischer Behandlung); die horizontale Verbindung beinhaltet Behandlungsmassnahmen einer Ebene (z.B. verhaltenstherapeutisches Arbeiten in der Gestalttherapie). Die Art dieser Verbindung sei dabei vorerst ausgespart. Allerdings kann man wohl davon ausgehen, dass Behandlungsmassnahmen auf der Interventions- bzw. der Prozedur-Ebene selten isoliert verwendet werden. Das ergibt sich allein daraus, dass der Mensch eine Leib-Seele-Einheit darstellt und nicht aus seinem sozialen und situativen Kontext herauslösbar ist. Demnach müssten die einzelnen vertikalen und horizontalen Behandlungsmassnahmen sich darin unterscheiden, wo sie bei Vorliegen einer Problematik beim Hilfesuchenden *schwerpunktmässig* ansetzen [25]. Die hier vorgenommene begriffliche Klärung erscheint mir eine wesentliche Voraussetzung, um terminologische Probleme zu vermeiden.

Halten wir die Einengung der Thematik auf die zweite und dritte Ebene des vorgeschlagenen Modells weiterhin durch, so finden sich nebeneinander viele Begriffe, die alle gleichermassen ein nicht näher bestimmtes horizontales bzw. vertikales Verbinden von Behandlungsmassnahmen andeuten: eklektisches, integriertes, differentielles, problemorientiertes, klientenadaptiertes psychotherapeutisches Handeln bzw. concurrent psychotherapy, joining techniques in the treatment of ..., multifaceted, unidimensional vs. multidimensional treatment, multimodality, combined, multivariate, integrated, multidimensional-multivariate approach, multiple therapy [15, 19, 21, 34, 37, 42, 46, 47, 55, 58, 64, 83, 92, 94]. Diese Termini implizieren zum Teil nicht näher explizierte Konzepte. Das Spektrum ist dabei genauso breit wie das der vorgenannten Begrifflichkeit. Es reicht von einem praxeologischen Standpunkt im Sinne eines ‹Im- und Exports› psychotherapeutischer Prozeduren auf der Basis von Psychotherapieschulen über Konzepte zur Entwicklung neuer umfassender Theorien der Entstehung und Behandlung psychischer Störungen oder solche zur Taxonomierung des psychotherapeutischen Geschehens anhand allgemein-psychologischer Theorien bis hin zur Neukonzeption von Ansätzen psychotherapeutischen Handelns, etwa im Sinne der Systemtheorie [13, 29, 64, 80]. Derartige Modelle sind unterschiedliche Rahmenbedingungen für eine mögliche sinnvolle horizontale oder vertikale Verbindung von psychotherapeutischen Behandlungsmassnahmen. Im augenblicklichen Entwicklungsstadium sind sie nur grob umrissen der Öffentlichkeit vorgelegt worden. Zudem liegen keine Ausführungen dazu vor, in welcher Weise die angestrebte Verbindung geknüpft werden sollte.

Bevor ich mich derartigen Fragen ausführlicher zuwende, sollen erst einmal die verschiedenen Entwicklungslinien nachgezeichnet werden, die den bisherigen integrativen Modellen für Psychotherapie zugrundeliegen.

2. Trends zur Generierung integrativer Modelle

Ausführungen zu integrierten Modellen lassen sich entlang von fünf Trends veranschaulichen, die im folgenden ausführlicher vorgestellt werden sollen.

Trend 1: Das deskriptive Systematisieren von Psychotherapie
Trend 2: Die Suche nach psychotherapeutischen Wirkmechanismen
Trend 3: Das Verabsolutieren psychotherapeutischer Prozeduren zu Psychotherapieinterventionen
Trend 4: Die Entwicklung neuer psychotherapeutischer Interventionen unter festgelegter Zielsetzung
Trend 5: Die Auseinandersetzung mit dem Eklektizismus.

2.1 Das deskriptive Systematisieren von Psychotherapie

Zwei Verfahren sind dabei traditionell. Das komparative Nebeneinanderstellen von psychotherapeutischen Interventionen und das Zusammentragen von Forschungsbefunden aus Psychotherapiestudien.

Beim *komparativen Nebeneinanderstellen von psychotherapeutischen Interventionen* werden die spezifischen psychotherapeutischen Behandlungsmassnahmen konventionellerweise entlang fester Kategorien vorgestellt: einer Definition, einem kurzen historischen Entwicklungsabriss, der Behandlung allgemeiner grundlegender theoretischer Konzepte, einer Skizze der normal verlaufenden Entwicklung der menschlichen Persönlichkeit, der Darstellung der Genese von Störungen, dem Vorstellen von Theorie und Methodik der Psychotherapie sowie deren Anwendung und Evaluation. Dieses Nebeneinander führt allerdings nur indirekt zu integrativen Modellen. So werden dem Leser einerseits die Interventionsmethoden nach formalen Kriterien systematisiert vorgegeben, etwa entlang solcher Systematisierungsklassen, wie ‹dynamische vs behaviorale› bzw. ‹aufdeckende vs zudeckende› Verfahren. ‹Integration› meint dabei Zugehörigkeit verschiedener Behandlungsmassnahmen zu einer bestimmten Klasse der Systematisierung. Andererseits werden therapeutische Interventionen ohne formal vorgenommene Systematisierung nebeneinandergestellt. Der Leser kann dann eine Integration selbst vornehmen, indem er durch die bestehenden Vergleichsmöglichkeiten verschiedener Interventionen innerhalb der vorgenannten Kategorien nach Gemeinsamkeiten und Unterschieden zwischen den Interventionen sucht. Allein nach diesem zweiten Vorgehen liessen sich bis 1973 bereits etwa 12 verschiedene psychotherapeutische Interventionen behandeln [10, 20], sieht man einmal von einer gesonderten Behandlung der theoretischen und methodischen Differenzierungen innerhalb einer Interventionsgruppe, wie z.B. der Psychoanalyse, ab [95].

Das *Zusammenstellen von Forschungsbefunden* erfolgt unter drei Leitgedanken. Zum einen werden empirische Ergebnisse zu einzelnen psychotherapeutischen Interventionen, wie etwa der Gesprächspsychotherapie oder der Gestalttherapie, systematisiert und kritisch bewertet [6, 75]. Die Integration besteht dabei im Entwerfen einer Systematik zur anschaulichen Darbietung und Evaluation heterogenster empirischer Befunde wie theoretischer Überlegungen. Desweiteren werden einzelne Merkmale psychotherapeutischer Behandlungsmassnahmen, wie z.B. Klientenvariablen, Psychotherapeutenvariablen, negative Behandlungsauswirkungen usw. selektiv behandelt und Forschungsresultate dazu zusammengestellt und diskutiert, ohne dass deren Zuordnung zu einer bestimmten psychotherapeutischen Intervention weiterhin reflektiert wird [24, 30]. Die dabei vorgenommene Integration erfolgt in der Absicht, gesicherte Handlungshinweise für Psychotherapie schlechthin zu entwickeln. Dieser Gedanke ist drittens noch ausgeprägter, wenn beim Zusammenstellen von Forschungsbefunden Anwendungssituationen in den Vordergrund der Betrachtung gestellt werden. Das findet sich beispielsweise in Büchern zur Gruppentherapie oder zu Fokaltherapien [52, 86]. Dabei wird alles an empirischen Ergebnissen zusammengetragen, was überhaupt zu immer wiederkehrenden psychotherapeutischen Problemen (etwa dem Stundenbeginn, der Motivation des Klienten, zu therapeutischen Krisensituationen usw.) bis dato vorliegt, und es wird die Bedeutung dieser Befunde für die Praxis untersucht.

Eine derartige integrative Zusammenschau vieler einzelner Forschungsbefunde ist von Zeit zu Zeit wichtig. Da sich jedoch häufig keinerlei Konsequenzen im Sinne einer Weiterentwicklung von Forschungskonzepten ergeben, bleibt ihre Bedeutung sowohl für Theorie und Praxis als auch für die Forschung gering.

Neben den Genannten finden sich noch zwei weitere deskriptive Systematisierungsverfahren, die sich zwingend aus der Vielfalt vorliegender und ständig neu entstehender psychotherapeutischer Interventionen ergeben. Einerseits ist das der Ansatz von Reisman [79], andererseits sind es Überblickswerke zu psychotherapeutischen Behandlungsmassnahmen [8, 18, 33]. Reisman [79] setzte sich mit dem Problem der Definition von Psychotherapie auseinander. In diesem Zusammenhang behandelt er Fixpunkte von Psychotherapie und deren Variationsmöglichkeiten einerseits, wie etwa die therapeutische Situation, die Stundendauer und -häufigkeit usw., sowie Basiskonzepte zur Psychotherapie andererseits, wie z.B. etwa die Vorstellung vom ‹guten› Klienten bzw. ‹guten› Therapeuten oder die Bedeutung des ‹freien Willens› bzw. des ‹Determinismus› usw. Auf dieser Grundlage kommt er zu einer sehr persönlichen, integrierenden Auslegung und Definition von Psychotherapie.

Überblickswerke zu psychotherapeutischen Behandlungsmassnahmen unterscheiden sich primär danach, ob ihr inhaltlicher Schwerpunkt mehr am Menschen, dem Klienten, orientiert ist oder an der Methodik (= Technik). Bei ersterem werden psychotherapeutische Prozeduren zusammengetragen und im Detail beschrieben, die im Hinblick auf den therapeutischen Prozess zur Förderung von Erlebens- und Verhaltensmerkmalen eines Klienten beitragen sollen, wie supportive Techniken, Umgang mit der Übertragung, Diagnostik und Beeinflussung der ‹readiness› des Klienten usw. [8, 18]. Bei letzteren werden psychotherapeutische Prozeduren vorgestellt, die zur Behebung von umrissenen Defiziten gedacht sind, wie ‹Sex-Therapie›, ‹Körpertherapie› usw. [33, 72]. Diese Unterscheidung scheint nur auf den ersten Blick künstlich. Sie ist es deshalb nicht, weil das Studium solcher Überblickswerke dem Leser neben den Methodenhinweisen gleichzeitig Einstellungen gegenüber dem Klienten vermittelt. So haben Zusammenstellungen zu ‹Sex-Therapien› oder ‹Körpertherapien› durchaus ihren Sinn für das Gewinnen eines Überblicks über vorliegende Denkansätze. Durch die leicht handhabbar erscheinende Darstellung dürften sie jedoch vielfach Anleitung für mangelhaft qualifizierte Personen sein. Die Integration von Behandlungsmassnahmen dagegen ist trotz des inhaltlichen Gegensatzes bei beiden Ansätzen gleich; sie meint wiederum die Zugehörigkeit zu einer Systematisierungsklasse.

Insgesamt gesehen ist dieser Trend für die vorliegende Thematik von untergeordneter Bedeutung. Diese Vorgehensweisen leiten ihre Berechtigung aus der Notwendigkeit von Systematiken für verschiedenste arbeitstechnische Funktionen her, wie das Schaffen eines Überblicks, das Anbieten einer leichten Einarbeitung in den Arbeitsgegenstand, das Erstellen einer Grundlage für das Differenzieren von Forschungsfragen usw.

2.2 Die Suche nach psychotherapeutischen Wirkmechanismen

Bildet man eine Analogie zwischen einer psychotherapeutischen Intervention und einem Psychopharmakon, so drängen sich unmittelbar Fragen nach Indikation, Kontra-Indikation, Nebenwirkungen, Plazebowirkungen usw. auf. Die Suche nach psychotherapeutischen Wirkmechanismen ist auf diesem Hintergrund anzusiedeln. In obiger Terminologie ausgedrückt, sollen spezifische psychotherapeutische Prozeduren gefunden werden, die ganz allgemein und/oder innerhalb psychotherapeutischer Interventionen persönlichkeitsverändernde Wirkungen seitens der Klienten zeitigen [91]. Isoliert wurden zahlreiche derartige Prozeduren mit spezifischer oder unspezifischer Auswirkung, wie etwa: das Wecken von Hoffnung, das Stimulieren imitativen Verhaltens, das Initiieren von Gefühlen der Gruppenzusammengehörigkeit, das Ermöglichen kathartischer Reaktionen seitens des Klienten sowie Konfrontation, Empathie, Interpretation für den Klienten durch den Therapeuten usw. [90, 96]. Solche Wirkmechanismen wurden aus der empirischen Literatur abgeleitet. Sie stehen unverbunden nebeneinander. Von besonderem Interesse sind deshalb solche Ansätze, die von denselben Wirkmechanismen ausgehen, aber aufgrund theoretischer Überlegungen oder empirischer Studien deren hierarchische Organisation anstreben, um auf dieser Basis Orientierungshinweise für deren Einsatz in einer Psychotherapie zu erhalten. Psychotherapie stellt sich dann als Summe einer Abfolge solcher Wirkmechanismen dar. Da diese als unabhängig von den Theorien spezifischer therapeutischer Interventionen angesehen werden, ergibt sich die Integration zwingend als die Frage nach der Determinierung der Abfolge einzelner therapeutischer Prozeduren. Diesem Problem werde ich mich bei der Bewertung noch zuwenden.

Drei Ansätze lassen sich in diesem Sinne schlagwortartig differenzieren: das organisierte Nebeneinander, die dynamische Ordnung und die Taxonomie. Diese Reihenfolge gibt gleichzeitig ihre Auftretenshäufigkeit wieder. Die Verfahrensweisen sind umso häufiger, je einfacher sie durchkonstruiert werden können.

Beim *organisierten Nebeneinander* ist das Ordnungsprinzip eine therapeutische Handlungsabsicht, wie z.B. ‹das Selbsttaktivieren des Klienten› oder ‹das Aufbauen einer warmen zwischenmenschlichen Beziehung› [3, 8]. Dieser therapeutischen Zielsetzung werden dann mögliche spezifische psychotherapeutische Prozeduren zugeordnet, die ein Erreichen der Zielsetzung sicherstellen könnten. Auf dem Hintergrund theorie-ideologischer Überlegungen werden kompatible und nichtkompatible Prozeduren unterschieden. Ihr therapeutischer Einsatz ist danach ausgerichtet. Wann welche Absicht im therapeutischen Prozess angezeigt ist, wird, wenn überhaupt, nur sehr grob reflektiert. Die Kriterien für die Auswahl der einzelnen Prozeduren sind ungeklärt.

Bei der *dynamischen Ordnung* wird dem psychotherapeutischen Prozess ein bestimmter theoretischer Verlauf unterlegt. Dieser Verlauf ist segmentiert. In jedem Segment werden unterschiedliche therapeutische Ziele seitens des Therapeuten verfolgt. Zur jeweiligen Zielerreichung werden verschiedene therapeutische Prozeduren vorgeschlagen. Massermann beispielsweise [57] schlägt solch ein System vor. Er unterscheidet sieben Segmente: ‹reputation›, ‹rapport›, ‹relief› (physisch und psychisch), ‹review›, ‹reorientation›, ‹resozialization›, ‹recycling›. Auch bei diesem Ansatz sind die diagnostischen Prozesse und die der klinischen Urteilsbildung ungeklärt.

Taxonomische Überlegungen zu psychotherapeutischen Wirkmechanismen sind sehr selten. RAMING [77] legte eine empirische Studie zur Taxonomierung von therapeutischen Zielsetzungen und Prozessen vor. Er fand sieben Ziel-Cluster (‹transfer of therapy learning to outside situations, awareness and acceptance of self in conflict, specific symptom removal, strengthened ego functioning, awareness of positive inner resources, learning to respond to and control the environment, and change of negative thoughts and feelings›) und sechs Prozess-Cluster (‹client acceptance, active critical questioning, recognition and integretation of unconscious material, manipulation of client anxiety, re-education about emotional conflicts, and support of the clients autonomy›). Diese Cluster wurden von RAMING in einer Taxonomie systematisiert und deren Bedeutung für Theorie, Evaluation und Ausbildung von Therapeuten diskutiert. Obgleich diese Arbeit eine Reihe methodischer Mängel enthält, scheint sie als erster Ansatz in dieser Richtung besonders erwähnenswert.

2.3 Das Verabsolutieren psychotherapeutischer Prozeduren zu Psychotherapieinterventionen

Die folgenden Ausführungen sind in engem Zusammenhang zu denen des vorausgehenden Abschnittes zu sehen. Eine detaillierte empirische Untersuchung einzelner Wirkmechanismen führt unweigerlich zu drei Ansätzen: dass diese inhaltlich immer differenzierter spezifiziert werden (Ausdifferenzierung), dass ihre Anwendung umfassender erprobt (Erprobung) und dass ihre Verbindung zu anderen therapeutischen Prozeduren unter der Indikationsstellung geklärt wird (indikativer Einsatz).

Das *Ausdifferenzieren einzelner psychotherapeutischer Prozeduren* geschieht auf dem Hintergrund der bis heute vorliegenden Literatur zu einzelnen Wirkmechanismen. Diese wird dabei so aufgearbeitet, dass eine möglichst umfassende summarische Zusammenstellung vorliegender theoretischer Überlegungen und empirischer Befunde entsteht. Damit ist dann das Fundament gelegt, auf dem eine Konzeptentwicklung stattfinden kann. Dadurch wird es dann einerseits möglich, Forschungsprobleme differenzierter zu markieren und andererseits eine Basis für eine Verständigung in der Forschung zu erstellen. So werden beispielsweise für das therapeutische Verhaltensmerkmal ‹Empathie› allgemeinpsychologische, diagnostische und sozialpsychologische, entwicklungspsychologische, differentialpsychologische, ätiologische usw. Aspekte ausdifferenziert, deren Bedeutsamkeit für therapeutische Prozesse im einzelnen zu klären ist. LINDEN und HAUTZINGER [50] verfolgen diesen Ansatz neuerdings, indem sie an der Erstellung eines Therapie-Manuals arbeiten. Solch ein Vorgehen scheint mir sehr fruchtbar, da damit sowohl Bestandsaufnahme als auch Besinnungsmöglichkeit auf therapeutisch relevante Problemstellung und gleichzeitig Standardisierung in Techniken und Terminologie erreicht werden können.

Einige Ausarbeitungen zu einzelnen solcher Wirkmechanismen seien beispielhaft angeführt: Konfrontieren [4], Konfrontation unter dem Aspekt des Encounters [7], Empathie [66], Selbstkontrolle [78], Selbsthilfe [49], self-disclosure [9], self-efficacy [2], attention [81], experiencing [27] usw. Abschließend soll jedoch auf die Gefahr hingewiesen werden, dass durch den Umfang der Ausdifferenzierung häufig einzelne therapeutische Prozeduren zu eigenständigen therapeutischen Interventionen hochstilisiert werden. Exemplarisch dafür kann die Experiencing-Therapie von Gendlin stehen [26, 27].

Einem ähnlichen Leitgedanken folgen solche Arbeiten, die die Anwendung einzelner Wirkmechanismen in unterschiedlichen therapeutischen ‹settings› demonstrieren *(Erprobung)*. Beispiele dafür finden sich zur Imagination [85], zur therapeutischen Interaktion und Partnerschaft [28, 32], zu Selbsthilfegruppen [49], zum katathymen Bilderleben [48], zur Hypnose [22], zum emotionalen ‹flooding› [68], usw. So wird etwa Imaginieren erprobt im Kontext der Behandlung von pathologischen Trauerreaktionen, von individual-historisch konfliktträchtigen Erlebenssituationen oder von übersteigerten Angstreaktionen im Hinblick auf künftige Ereignisse.

Diese Werke sind für die Praxis sehr anregend, besonders deshalb, weil sich aus ihnen Hinweise für die Indikationsstellung erschliessen lassen. Ihnen ist allerdings die Gefahr des konzeptlosen Erprobens implizit. Diese Gefahr ist besonders gross, da ungünstige oder gar negative Effekte bei ihrem ersten Einsatz häufig nicht mitgeteilt werden.

Der letztgenannte Gedanke ist bereits beim *indikativen Einsatz* einzelner Prozeduren berücksichtigt. Es handelt sich dabei beispielsweise um Arbeiten zur Genese von Selbstmord und zur Selbstmordverhütung [73] oder zur Genese und Behandlung depressiver Reaktionen [35]. Dass im Rahmen solch komplexer Problemfelder einzelne Wirkmechanismen nicht mehr isoliert zur Anwendung kommen, versteht sich von selbst. Vielmehr werden mehrere Wirkmechanismen (therapeutische Prozeduren) miteinander zu therapeutischen Strategien verbunden. Diese kommen dann aufgrund festgelegter theoretischer und diagnostischer Überlegungen zum Einsatz [5].

Solche therapeutischen Strategien, Breitbandverfahren oder Behandlungsprogramme lassen sich in ihrer therapeutischen Wirksamkeit gut evaluieren. Theoretische Einseitigkeiten und Ungeklärtheiten in der Zusammenstellung der Wirkmechanismen im therapeutischen Prozess rücken deshalb in den Hintergrund, weil diese Ansätze sehr effektiv und vielversprechend wirken. Auf Dauer verhindern sie jedoch eine komparative therapeutische Grundlagenforschung.

2.4 Die Entwicklung neuer psychotherapeutischer Interventionen unter festgelegter Zielsetzung

Die im folgenden vorzustellenden psychotherapeutischen Interventionen werden deshalb gesondert dargestellt, weil es sich um therapeutische Strategien, Breitbandverfahren oder Behandlungsprogramme in der Qualität therapeutischer Interventionen handelt. In ihren Zielsetzungen sind sie so breit ausgelegt, dass mit ihnen Omnipotenzvorstellungen verbunden werden. Im therapeutischen Geschehen sind sie so undurchsichtig gehalten, dass einzelne Wirkmechanismen nur noch schwer ausmachbar sind. Der Übergang zu den im vorausgehenden Trend bestimmten Verfahren ist allerdings fliessend.

Unter drei Perspektiven sind die hier auszuführenden Behandlungsmassnahmen differenzierbar: es wird eine Leitidee zum Ausgangspunkt genommen, eine komplexe therapeutische Praxissituation oder ein theoretisches Konzept.

Wird eine *Leitidee* zum Ausgangspunkt der therapeutischen Überlegungen genommen, die hinreichend wissenschaftlich begründet und werbewirksam vertreten wird, ist die Basis für die Entwicklung einer Psychotherapieschule gegeben. Klassische Beispiele dafür sind in jüngster Zeit die klientenzentrierte Gesprächspsychotherapie [63], die Gestalttherapie [74], die rational-emotive Therapie [17] oder die kognitive Verhaltensmodifikation [59]. Gemeinsam ist ihnen, dass die theoretischen Grundgedanken sehr einfach und das therapeutische Arbeiten sehr schematisch erlernbar, obwohl letztendlich schwer nachvollziehbar eklektisch, gehalten wird.

Am Beispiel der rational-emotiven Therapie wird das überdeutlich. Zum höchsten Grundsatz wird die Rationalität der Lebensbewältigung erklärt. Konsequenterweise werden mystische und religiöse therapeutische Interventionen abgelehnt. Diagnostisch und therapeutisch ist das ABCDE-System entscheidend. Demzufolge wird nach den irrationalen Gedanken (*B*elief system) gesucht, die einer Störung zugrundeliegen (*A*ctivating event) und emotionale Konsequenzen (emotional *C*onsequences) zeitigen. Über das Disputieren (*D*isputing) wird eine Behebung der Störung (new *E*ffect) erzielt. Für das Disputieren, die eigentliche manipulativ-methodische Prozedur, stehen Standard- und Ergänzungstechniken zur Verfügung. Standardtechniken sind das Disputieren selbst, unbedingtes Akzeptieren und Wertschätzen des Klienten (unconditionality of regard), das operante Konditionieren, das Stellen von Hausaufgaben (home-work assignments) sowie das Überwinden von Scham seitens des Klienten (shame attack). Als Ergänzungstechniken kommen etwa 200–300 therapeutische Prozeduren zur Verwendung, wie u.a. Imaginieren, Einüben von Fertigkeiten oder das Schliessen von Kontrakten. Alle ‹Techniken› werden individuell adaptiert verwendet. Die einzelnen therapeutischen Prozeduren werden nach den Kriterien des ‹geringsten Schadens›, der ‹grössten und schnellsten Effizienz› und der grösstmöglichen ‹Eleganz› ausgewählt. Eine sequentielle Strategie im Vorgehen sichert die kontinuierliche Evaluation.

Solch eine leicht gängige und flexible therapeutische Intervention sichert eine kontinuierliche Anpassung an gleichermassen individuelle wie öffentliche oder fachliche Ansprüche. Letztendlich ist sie jedoch nicht überprüfbar. Das herausgegriffene Beispiel hat allerdings für nahezu alle therapeutischen Interventionen Gültigkeit. Deshalb ist zu fragen, ob diese Immunisierung möglicherweise in der Sache selbst liegt, allein dadurch bedingt, dass einzelne Wirkmechanismen tatsächlich nicht isoliert zur Überprüfung gelangen können. Dafür spricht, dass für nahezu alle therapeutischen Interventionen bisher der Frage nachgegangen wurde, ob es sich dabei um wissenschaftlich vertretbare Modelle handelt [39, 41, 70].

Dementsprechend wird auch von therapeutischen Ansätzen, die mehr von *komplexen therapeutischen Praxissituationen* ausgehen, in anderer Weise argumentiert. Partnerschaft, Familien, Institutionen, Gemeinden usw. sind soziale Systeme. Jedes Eingreifen, gleichgültig welcher Art, zeitigt Veränderungen unüberschaubarer Art, wobei der Intervenierende eingeschlossen ist. Demzufolge müssen therapeutische Massnahmen als Breitbandmethoden gestaltet sein. Das bedeutet, dass sie in ihrer Ausgestaltung gleichzeitig in unterschiedlicher Weise auf verschiedene Systemelemente reagieren können. Soziale Absprachen und Mitbestimmungsprozesse zwischen Therapeut und Klient sind dabei grundlegend, was wiederum Rückwirkungen auch auf die Evaluation therapeutischer Arbeit hat. Sowohl die therapeutische Arbeit als auch deren Evaluation müssen aktionsforschungsorientiert verlaufen.

Das Aktionsforschungskonzept, gleichermassen wie die Auslegung der Behandlungsmassnahme als Breitbandverfahren, machen es zwingend, dass Interventionen flexibel und unstandardisiert gestaltet werden. Das wird auch eindrucksvoll in unterschiedlichsten Anwendungsgebieten demonstriert, wie etwa in der Partnertherapie [54], der Familientherapie [69], der Gemeindetherapie [87] oder dem Krisen- und Desastermanagement [65]. Da für Ausbildungszwecke allerdings Standardisierungsbemühungen unumgänglich sind, werden die von einzelnen Personen erprobten

Psychotherapiemassnahmen festgeschrieben, um dann als spezielle Intervention angeboten zu werden. Besonders eindrucksvoll ist diese Entwicklung im Bereich der Familientherapie nachvollziehbar [1, 31, 45, 53, 67, 84, 88]. Dabei ist die beobachtbare Tendenz besonders bedenklich, dass diese therapeutischen Interventionen schon vor Durchführung einer empirisch vertretbaren Kontrolle angeboten werden.

Der Trend, neue therapeutische Interventionen auf der Basis einer überprüfbaren *Theorie* zu entwickeln, muss zwangsläufig sehr heterogen ausfallen. Die Möglichkeiten, theoretisch zu argumentieren, sind bei dem komplexen Arbeitsgegenstand Psychotherapie zu gross. Da zudem mit jeder Theorie Einseitigkeiten im Sinne von Schwerpunktsetzungen verbunden sind, ist auch die kritische Auseinandersetzung programmiert. Darüber hinaus muss fraglich bleiben, ob es beim Stand der Theorieentwicklung in der Psychologie schlechthin überhaupt möglich sein kann, eine theoretische Grundlage für die komplexe psychotherapeutische Situation zu konzipieren. Die vorfindbaren Ansätze müssen demnach ‹Spielcharakter› haben. Allenfalls ist ihnen eine gewisse Modellfunktion zuzuschreiben. Beispielhaft seien hier einige originelle Modelle aufgeführt, ohne sie näher zu erläutern. SCHAFER [82] bestimmt psychoanalytische Konzepte neu auf der Basis einer ‹Aktionssprache›; MARTIN [56] stellt die Gesprächspsychotherapie als Lernprozess dar unter Zugrundelegen der Konflikttheorie von DOLLARD und MILLER [14]; PESESCHKIAN [71] gründet die therapeutische Intervention ‹Positive Psychotherapie› aufgrund eigenständiger theoretischer Überlegungen; BECK [5] stellt depressive Störungen als kognitive Störungen dar und entwickelt dazu eine kompatible Persönlichkeitstheorie; HASELMANN und VAN QUEKELBERGHE [34] gehen von handlungstheoretischen Überlegungen aus und konzipieren Ordnungsmodelle pathogener Informationsverarbeitung als heuristisches Rahmenmodell für ihr therapeutisches Agieren.

Alle derartigen Ansätze sind faktisch schon eklektisch therapeutische Handlungsmodelle. Von diesen unterscheiden sie sich nur durch die Einseitigkeit in ihrer theoretischen Schwerpunktbildung. Sie müssen eklektisch sein, da sie für die Probleme der Praxis sonst zu eng ausgelegt wären und eine strenge Ziel-Mittel-Relation nicht existiert.

2.5 Die Auseinandersetzung mit dem Eklektizismus

Von Eklektizismus im therapeutischen Handeln ist vorstehend schon vielfach gehandelt worden. Trotzdem ist Eklektizismus als eigenständiger Trend zu behandeln. In diesem Sinne begegnet man ihm unter zwei Darstellungsformen. Zum einen ist Eklektizismus erklärte Absicht. Er ist damit ein Handlungskonzept. Psychotherapie wird dann auch in diesem Sinne konsequent definiert. Zum anderen stellt sich Eklektizismus als Ergebnis der empirischen Analyse des faktischen therapeutischen Prozesses dar.

Im wesentlichen lassen sich zwei Verfahrensweisen differenzieren: eine direkte und eine indirekte. Bei ersterer handelt es sich um das Ausfüllen des Konzeptes ‹eklektische Therapie› im Sinne einer therapeutischen Intervention. Beim indirekten Verfahren werden einzelne therapeutische Fallbeispiele demonstriert, theoretisch und praxisorientiert reflektiert sowie in deren Evaluation vorgestellt.

THORNE [93] kann als der profilierteste Vertreter des direkten Verfahrens der *‹eklektischen Therapie›*, bezeichnet werden. Für ihn muss Therapie immer eklektisch sein. Auf seiten des Klienten liegt eine einzigartige Individualität vor. Der Therapeut hat kein hinreichendes System von Erklärungssätzen zur Persönlichkeits- und Devianzentwicklung, zu diagnostischen wie therapeutischen Massnahmen, zu wissenschaftlichen Theorien oder Alltagstheorien usw. Noch weniger stehen ihm Zuschreibungsregeln dazu zur Verfügung, welche möglichen Sätze zu welchen individuellen Merkmalen eines Klienten passen könnten. Für ihn gilt es, dementsprechend die ‹Kunst der Psychotherapie› nachvollziehbar, transparent und überprüfbar zu machen [23]. Das versucht er, indem er mit Hilfe operationaler Methoden sein therapeutisches Handeln bei einzelnen Klienten beschreibt und theoretisch zu klären sucht. Dabei fühlt er sich keiner bestehenden Theorie verpflichtet.

Betrachtet man die *Analyseergebnisse* von GARFIELD und KURTZ [25] zur Bestimmung des therapeutischen Verhaltens klinischer Psychologen aus der Praxis, so ist der Eklektizismus dominierend. Dieses Therapieverhalten gilt es folglich aufzuschlüsseln. Deshalb scheinen mir solche Ansätze besonders bedeutsam, die eklektisch-therapeutisches Verhalten empirisch erschliessbar machen. In jüngster Zeit sind das drei Modelle, die hier nur erwähnt werden sollen, da sie noch nicht weitgehend genug ausgearbeitet vorliegen. Zum einen ist es das Rahmenkonzept eines preskriptiven Eklektizismus in der Psychotherapie von DIMOND, HAVENS und JONES [13]. Desweiteren ist es das theoretische Regelsystem von HEINERTH [36], mit Hilfe dessen er therapeutische Strategien bei bestimmten diagnostischen Vorgaben ableitet. Letzlich sei der statistisch-methodisch interessante Ansatz von HOWE [40] erwähnt, demzufolge Psychotherapie als stochastischer Prozess aufgefasst werden kann, um auf diesem Hintergrund anhand inhaltlicher Verhaltenskategorien für Klienten und Therapeut faktisches Therapieverhalten in den Zusammenhängen deutlich zu machen.

Beim *indirekten Verfahren* rückt die Theorie nahezu völlig in den Hintergrund. Stattdessen wird diese im Rahmen einer spezifischen therapeutischen Intervention, wie etwa der Psychoanalyse oder Verhaltenstherapie, bei der Einzelfalldarstellung und -reflektion vorausgesetzt. Das praktische Handeln ist dabei oft sehr vielseitig und vielschichtig und nicht mehr mit der Theorie kompatibel. Nahezu klassische Beispiele für diese Art des Vorgehens und des Bekennens zu eklektischem Verhalten im Rahmen einer spezifischen therapeutischen Intervention finden sich bei DAVANLOO [12], MARTIN [56], POSER [76] und STROTZKA [89].

3. Bewertung

Es wurden fünf Trends im Vorgehen des Integrierens therapeutischer Behandlungsmassnahmen differenziert. Sie alle sind von den damit verbundenen Konzepten her in sich heterogen. Allerdings ist ihnen zweierlei gemeinsam. Ihr Gegenstand ist psychotherapeutisches Handeln, ohne jedoch eine begriffliche Übereinstimmung vorliegen zu haben, und sie ‹integrieren› vertikal oder horizontal ohne das näher zu bestimmen bzw. die zugrundeliegenden therapeutischen Konzepte aufzuschlüsseln. Da kein allgemein akzeptierter Rahmen, ein metatheoretisches Modell existiert, werden Referenzrahmen pragmatisch nach subjektiven Kriterien der persönlichen Vorliebe und Ökonomie bestimmt, d.h., dass dort all das einsortiert werden kann, was augenblicklich verwendbar und begründbar erscheint. Ein derartiges Vorgehen muss zwangsläufig zu einer unübersichtlichen und sehr unbefriedigenden Situation sowohl seitens der Wissenschaft als auch seitens der Praxis führen. Dieses negative Ergebnis ist noch aufgrund einer beschönigenden Analyse erarbeitet worden, da zum einen primär nur die europäische Situation (vgl. dazu die kalifornische oder indische Therapie-Angebotssituation) berücksichtigt wurde und zum anderen ein Ausschluss von extremen therapeutischen Behandlungsmassnahmen stattfand. Solche ausgesparten therapeutischen Interventionen sind beispielsweise therapeutische Wohn- und Lebensgemeinschaften, Kinderpsychotherapie bzw. Kunst- und Arbeitstherapie usw. Bei denen steht neben den remedialen noch stärker das präventive Behandlungsmoment im Vordergrund. Allerdings wird diese Situation von der Praxis her nicht so ungünstig erlebt, wie sie sich aus wissenschaftlicher Sicht ergibt. Das wird beispielsweise aus der langjährig bestehenden, sehr intensiven Auseinandersetzung der Praktiker mit dieser Thematik deutlich. Sie führte sogar schon frühzeitig zu einem eigenen Fachorgan, der Zeitschrift ‹Integrative Therapie›.

Zudem ist dieses Phänomen der Integration von verschiedenen Behandlungsmassnahmen unter einer bestimmten Zielsetzung nicht auf die

Therapie beschränkt. Es begegnet uns immer dann, wenn komplexe praktische Probleme technologisch gelöst werden müssen, keine wissenschaftlich hinreichend überprüfte und elaborierte Theorien vorliegen und die Bewertung der Tätigkeit nicht nach technologischen, sondern nach moralischen Kategorien erfolgt. Demzufolge gilt das genauso eklatant für die Beratung oder Beeinflussungsmassnahmen zur Einstellungs- und Verhaltensänderung, etwa im Bereich der Gesundheitsvorsorge (vgl. HEIL und SCHELLER in diesem Band) oder für diagnostische Prozesse [16, 38].

Es gilt mithin zu untersuchen, ob die Diskrepanz zwischen wissenschaftlicher und praxis-orientierter Sicht nicht möglicherweise dadurch entstanden ist, dass die Wissenschaft sich in Problemen verloren hat, die für die Praxis nicht von primärer Bedeutung sind.

Eine erste Frage in diesem Kontext ist die, ob Psychotherapie als Technologie oder als Wissenschaft verstanden werden soll. Diese Frage wird immer wieder heftig diskutiert [51]. Die Argumentation soll hier nicht aufgerollt werden. Mir erscheint es wichtig, die technologische Seite stärker in den Vordergrund zu stellen und die Frage der Theorienbildung so lange nachzuordnen, bis hinreichend differenzierte Technologien ausgearbeitet und überprüft vorliegen. Das ist allein schon deshalb wichtig, da trotz gewaltigen Forschungsaufwandes bisher nur wenige Grundannahmen zur Psychotherapie überhaupt in Ansätzen beantwortbar sind. Solche Annahmen sind etwa [18]: Psychotherapie ist effektiv; Verhalten kann geändert werden; Einsicht kann Verhaltensänderung bewirken; psychologische oder soziale Manipulationen können Verhaltensänderungen nach sich ziehen; die Interaktion mit einer Person, die Kommunikation und emotionale Stützung anbietet, kann das eigene Verhalten ändern. Bisher jedenfalls hat die Überordnung der Wissenschaft über die Technologie nicht das gehalten, was von ihr erwartet wurde. Das darf nicht als Einwendung gegen theorie-orientiertes Arbeiten verstanden werden [11]. Vielmehr ist das Plädoyer darauf ausgerichtet, erst einmal die Möglichkeiten technologischen Vorgehens für die Theorienbildung zu nutzen und voll auszuschöpfen.

Desweiteren stimulieren die vorherrschenden Standards empirisch-analytischen wissenschaftlichen Vorgehens eine bestimmte Art von Befunden. Durch die reduzierten und künstlichen Untersuchungssituationen können die Ergebnisse immer nur sehr beschränkt Gültigkeit für die therapeutische Situation haben, die für den Klienten dagegen lebensumspannende Bedeutung hat. Eine Hinwendung zu anderen Forschungskonzepten scheint deshalb dringlich. Sie zeichnet sich ab, indem auch Vertreter orthodoxer wissenschaftlicher Haltung sich neuerdings beispielsweise den Konzepten der action-research zuwenden [91].

Bisher sind in der Forschung bestimmte Fragen in ihrer weitreichenden

Bedeutung für psychotherapeutische Arbeit nicht deutlich genug erkannt worden. So ist man sich beispielsweise zwar bewusst, dass eine Vielzahl an Selektionsprozessen stattfinden, bevor ein Klient sich in eine Psychotherapie begibt bzw. sie beendet, doch gibt es bis dato keine psychologische Epidemiologie-Forschung mit deren Hilfe solche Prozesse hätten nachgezeichnet werden können. Andere derartige Probleme betreffen das Verhältnis zwischen therapeutischer Situation und der Alltagssituation, die Beziehung zwischen Diagnostik, Behandlung und Evaluation bzw. die unauflösliche Kontamination zwischen der therapeutischen Behandlungsmassnahme und der Person, die diese Massnahme durchführt. Während Interviewstudien über individuelle Therapieverläufe für die erstgenannte Problematik indiziert scheinen, sind es Evaluationsstudien (im curricularen Sinne) im zweiten und komparative Studien über individuelle Unterschiede im Behandlungsverhalten bei Experten aufgrund standardisierter Behandlungsprozeduren im letzten Fall. Solche Forschungskonzeptionen dürften eher als bisher dem faktischen ‹integrativen› therapeutischen Vorgehen Rechnung tragen.

Darüber hinaus ist es bisher wissenschaftlich nicht gelungen, eine Terminologie zu schaffen, die eindeutig ist und von der Praxis aufgegriffen wird. Diese Frage scheint auf den ersten Blick völlig nebensächlich, denkt man von der Behandlungssituation her. Sie wird jedoch relevant, wenn die Transparenz der Behandlung für den Klienten als eine unabdingbare Voraussetzung für die Einflussnahme begriffen wird. Die eingangs vorgeschlagene begriffliche Differenzierung der Verwendung von Psychotherapie würde diesem Problem abhelfen und gleichzeitig dazu beitragen, dass eindeutig beschrieben wird, wann welche Art von ‹Integration› zu welchem Zwecke stattfindet. Dafür wäre es eine unbedingte Voraussetzung, dass ein Klassifikationssystem für psychotherapeutische Behandlungsmassnahmen erstellt wird, vergleichbar dem ICD eine ‹International Classification of Psychotherapeutic Interventions/Procedures› [62]. Die Problematik derartiger Klassifikationssysteme ist mir bewusst. Auch dürfte dieses System noch problematischer als das ICD sein, da alles an psychotherapeutischen Prozeduren zu registrieren wäre, was praktiziert wird, unabhängig vom Stand seiner wissenschaftlichen Überprüfung. Trotzdem dürfte damit eine Grundlage für eine Verständigung erreicht werden.

Zusätzlich scheint es mir an der Zeit, inhaltlich einzelne Behandlungsprozeduren in der low fidelity-Qualität von der Literatur her aufzuarbeiten und in Psychotherapie-Manualen zu standardisieren [50]. Das dürfte besonders dann bedeutsam für die Verständigung zwischen Wissenschaft und Praxis sein, wenn es inhaltlich übergreifend über verschiedene therapeutische Interventionen geschieht. Ein Gleiches gilt für eine Vielzahl an

Grundsatzproblemen zur Psychotherapie, etwa die Frage nach der Bedeutung des ‹freien Willens›, des ‹Determinismus›, dem Gedanken der ‹Ganzheit› oder der ‹Leib-Seele-Einheit›.

Neben diesem Zusammenstellen von bereits Durchdachtem und Erarbeitetem für die therapeutische Situation ist ein dringlich zu klärendes Problem, in welcher Weise sich therapeutische Entscheidungsprozesse vollziehen. Diese Klärung ist von sehr grosser praktischer Bedeutung, da damit beantwortbar wird, nach welchen Gesichtspunkten therapeutische Prozeduren und/oder Interventionen miteinander horizontal bzw. vertikal verbunden werden. Derzeit können überhaupt keine Aussagen dazu gemacht werden, Solche therapeutischen Entscheidungsprozesse sind meiner Ansicht nach nur dadurch klärbar, dass sowohl Klient als auch Therapeut nach aufgezeichneter Psychotherapiesitzung am Band in kleinsten Zeiteinheiten ihre nicht ausgesprochenen Denk-, Empfindungs- und Erlebensprozesse ausformulieren. Eine Inhaltsanalyse solcher Aussagen dürfte Grundstein zu einer ersten theoretischen Spekulation sein, die gleichzeitig von praktischer Bedeutung wäre [4a].

Letztlich sei noch auf ein besonders vernachlässigtes Forschungs- und Praxisproblem verwiesen, dem unbedingt stärkere Beachtung zukommen müsste: der Untersuchung von negativen Auswirkungen, Neben- und Plazebowirkungen von Psychotherapie. In diesem Rahmen soll es bei diesem Hinweis bleiben, da in jüngster Zeit diese Problematik aufgegriffen wird [91].

Als Fazit bleibt, dass von wissenschaftlicher Perspektive her integrative Modelle psychotherapeutischen Handelns eigentlich nicht vorliegen. Derzeit ist dieser Terminus eine Irreführung. Von der Praxis her wird nach ungeklärten Kriterien in individuell beliebiger Weise therapeutisch all das miteinander verbunden, was dem Handelnden Sinn zu machen scheint. Es erscheint angebracht, das nicht als Integration zu kennzeichnen, sondern als Eklektizismus, auch wenn faktisch integrative Prozesse in der Person des Behandelnden ablaufen mögen. Das sollte zumindest solange noch geschehen, bis dieses Verhalten hinreichend technologisch aufgeschlüsselt worden ist.

Aus dieser Feststellung ergeben sich für mich unmittelbar zwei Schlussfolgerungen. *Wissenschaftlich* gesehen ist es notwendig, für den Arbeitsbereich Psychotherapie eine Berufsfeldforschung zu initiieren. Das meint die konkrete Erhebung dessen, was tatsächlich in psychotherapeutischen Behandlungssituationen geschieht. Für die *Praxis* erscheint es mir unumgänglich, den Gedanken eines Verbraucherschutzes für Klienten zu verfolgen [61]. Denn derzeit begibt sich der Klient in Behandlung, die zwar über berufsständische Organisationen formal kontrolliert werden, doch inhaltlich ist eine Kontrolle eigentlich unmöglich. Supervision, auf die in diesem Zusammenhang rekurriert wird, ist im Kern eine berufsständische Situation, in der Konformität in formalen Kategorien des Handelns erzielt wird. Sie trägt nicht dazu bei, dass ungeklärte manipulative Prozesse, die weitgehend vom persönlichen Geschick des Therapeuten abhängig sind, dem Klienten transparent gemacht werden.

Literatur

[1] BANDLER, R., GRINDER, J., SATIR, V. Mit Familien reden. München: Pfeiffer, 1978.

[2] BANDURA, A. Self-efficacy: Toward a unifying theory of behavioral change. Psychological Review, 1977, 84, 191–215.

[3] BASTINE, R. Ansätze zur Formulierung von Interventionsstrategien in der Psychotherapie. In P. Jankowski, D. Tscheulin, H.-J. Fietkau, F. Mann (Eds.) Klientenzentrierte Psychotherapie heute. Göttingen: Hogrefe, 1976, Pp. 192–207.

[4] BASTINE, R., KOMMER, D. Konfrontation als Strategie psychotherapeutischen Handelns. In L. H. Eckensberger (Ed.) Bericht über den 31. Kongress der Deutschen Gesellschaft für Psychologie in Mannheim 1978. Band 2. Göttingen: Hogrefe, 1979, Pp. 412–416.

[4a] BAUMANN, U., SEIDENSTÜCKER, G. Indikation zur Therapie psychischer Störungen. In L. H. Eckensberger (Ed.) Bericht über den 31. Kongress der DGfP in Mannheim 1978. Bd. 2. Göttingen: Hogrefe, 1979, Pp. 379–402.

[5] BECK, A.T., RUSH, A.J., SHAW, B.F., EMERY, G. Cognitive therapy of depression. New York: Wiley, 1979.

[6] BERGIN, A.E., GARFIELD, S.L. (Eds.) Handbook of psychotherapy and behavior change. New York: Wiley, 1971.

[7] BLANK, L., GOTTSEGEN, G.B., GOTTSEGEN, M.G. (Eds.) Confrontation. New York: Macmillan, 1971.

[8] BRAMMER, L.M., SHOSTROM, E.L. Therapeutic psychology. Englewood Cliffs (New Jersey): Prentice-Hall, 1977.

[9] CHELUNE, G.J. (Ed.) Self-disclosure. San Francisco: Jossey-Bass, 1979.

[10] CORSINI, R. (Ed.) Current psychotherapies. Itasca (Il.): Peacock, 1973.

[11] CREMERIUS, J. Die Beziehung zwischen der psychotherapeutischen Technik und der Theorie der Psychotherapie. Psychotherapie und medizinische Psychologie, 1974, 24, 37–44.

[12] DAVANLOO, H. (Ed.) Basic principles and techniques in short-term dynamic psychotherapy. New York: SP Medical & Scientific Books, 1978.

[13] DIMOND, R.E., HAVENS, R.A., JONES, A.C. A conceptual framework for the practice of prescriptive eclecticism in psychotherapy. American Psychologist, 1978, 239–248.

[14] DOLLARD, J., MILLER, N.E. Personality and psychotherapy: An analysis in terms of learning, thinking and culture. New York: McGraw-Hill, 1950.

[15] EDINGER, J.D. A multidimensional-multivariate approach to personality. An empirical test within a correctional setting. Dissertation Abstracts International, 1978, 38-B, 5012.

[16] ELLETT, C.D., BERSOFF, D.N. An integrated approach to the psychosituational assessment of behavior. Professional Psychology, 1976, 7, 485–494.

[17] ELLIS, A., GRIEGER, R. (Eds.) Praxis der rational-emotiven Therapie. München: Urban & Schwarzenberg, 1979.

[18] ENELOW, A.J. Elements of psychotherapy. New York: Oxford University Press, 1977.

[19] FIEDLER, P.A. Wider die Methodenintegration. Argumente für eine problemorientierte Psychotherapie. In W. Schulz, M. Hautzinger (Eds.) Klinische Psychologie und Psy-

chotherapie, Bd.1. Kongressbericht der DGVT-GwG, Berlin 1980. Tübingen: DGVT, 1980, Pp.43-50.
[20] FORD, D.H., URBAN, H.B. Systems of psychotherapy. New York: Wiley, 1963.
[21] FRIEDMANN, C.T.H., SILVERS, F.M. A multimodality approach to inpatient treatment of obsessive-compulsive disorder. American Journal of Psychotherapy, 1977, 31, 456-465.
[22] FROMM, E., SHOR, R.E. (Eds.) Hypnosis: Research, developments and perspectives. Chicago: Aldine, 1972.
[23] GAGE, N.L. Unterrichten - Kunst oder Wissenschaft. München: Urban & Schwarzenberg, 1979.
[24] GARFIELD, S.L., BERGIN, A.E. (Eds.) Handbook of psychotherapy and behavior change. New York: Wiley, 1978.
[25] GARFIELD, S.L., KURTZ, R. A study of eclectic views. Journal of Consulting and Clinical Psychology, 1977, 45, 78-83.
[26] GENDLIN, E.T. Experiential psychotherapy. In R.Corsini (Ed.) Current psychotherapies. Itasca (Il.): Peacock, 1973, Pp.317-352.
[27] GENDLIN, E.T. Focusing. New York: Averest House, 1978.
[28] GOLDBERG, C. Gleichheit in der Psychotherapie? München: Pfeiffer, 1980.
[29] GRAY, W., COCHRAN, D., GRAY, L.R. General systems theory in psychotherapy. International Journal of Offender Therapy and Comparative Criminology, 1976, 20, 107-116.
[30] GURMAN, A.S., RAZIN, A.M. (Eds.) Effective psychotherapy. Oxford: Pergamon Press, 1977.
[31] HALEY, J. Direktive Familientherapie. München: Pfeiffer, 1977.
[32] HALEY, J. Gemeinsamer Nenner Interaktion. München: Pfeiffer, 1978.
[33] HARPER, R.A. The new psychotherapies. Englewood Cliffs (New Jersey): Prentice-Hall, 1975.
[34] HASELMANN, S., QUEKELBERGHE VAN, R. Ordnungsmodelle pathogener Informationsverarbeitung. In W.Schulz, M.Hautzinger (Eds.) Klinische Psychologie und Psychotherapie, Bd.1. Kongressbericht der DGVT-GwG, Berlin 1980. Tübingen: DGVT, 1980, Pp.129-139.
[35] HAUTZINGER, M., HOFFMANN, N. (Eds.) Depression und Umwelt. Salzburg: O.Müller, 1979.
[36] HEINERTH, K. Neuere psychotherapeutische Verfahren und ihre Indikation. In W.-R. Minsel, R.Scheller (Eds.) Psychotherapie (Band 1 der Reihe ‹Brennpunkte Klinischer Psychologie›). München: Kösel, 1981 (im Druck).
[37] HEKMAT, H. Semantic behavior therapy: Unidimensional or multidimensional? Behavior Therapy, 1977, 8, 805-809.
[38] HERON, J. A six-category intervention analysis. British Journal of Guidance and Counseling, 1976, 4, 143-155.
[39] HOFFMANN, N. Psychotherapie als Problemlöseprozess. In W.-R.Minsel, R.Scheller (Eds.) Psychotherapie (Band 1 der Reihe ‹Brennpunkte Klinischer Psychologie›). München: Kösel, 1981 (im Druck).
[40] HOWE, J. Prozessgeschehen in der Psychotherapie. Frankfurt: Lang, 1980.
[41] JAEGGI, E. Kognitive Verhaltenstherapie. Weinheim: Beltz, 1979.
[42] JOHN (Anonymous), CHAMBERS, W.M., JANZEN, W.B. The eclectic and multiple therapy of a shoe fetishist. American Journal of Psychotherapy, 1976, 30, 317-326.
[43] KAPLAN, H.S. The new sex therapy: Active treatment of sexual dysfunctions. New York: Brunner, 1978.
[44] KAUFMANN, R., DELANGE, W.H., SELFRIDGE, B.D. A system approach to psychotherapy. Psychotherapy: Theory, Research and Practice, 1977, 14, 286-292.

[45] KEMPLER, W. Grundzüge der Gestalt-Familientherapie. Stuttgart: Klett, 1973.
[46] KOWITT, M.P. Personality and demographic correlates of preferences for directive versus nondirective psychotherapy: A multivariate approach. Dissertation Abstracts International, 1976, 39-B, 3082.
[47] LARSEN, K.G. An integrated approach to sex therapy. Dissertation Abstracts International, 1977, 38-B, 2868.
[48] LEUNER, H. (Ed.) Katathymes Bilderleben. Bern: Huber, 1980.
[49] LIEBERMANN, M.A., BORMAN, L.D. (Eds.) Self-help groups for coping with crisis. San Francisco: Jossey-Bass, 1979.
[50] LINDEN, M., HAUTZINGER, M. (Eds.) Psychotherapie Manual. Berlin: Springer, 1981.
[51] LONDON, P. The end of ideology in behavior modification. American Psychologist, 1972, 27, 913-920.
[52] LUCHINS, A.S. Group therapy. New York: Random House, 1969.
[53] LUTHMAN, S.G.., KIRSCHENBAUM, M. Familiensysteme. München: Pfeiffer, 1977.
[54] MANDEL, A., MANDEL, K.H., STADTER, E., ZIMMER, D. Einübung in Partnerschaft. München: Pfeiffer, 1971.
[55] MARSHALL, R.J. ‹Joining techniques› in the treatment of resistant children and adolescents. American Journal of Psychotherapy, 1976, 30, 73-84.
[56] MARTIN, D.G. Gesprächs-Psychotherapie als Lernprozess. Salzburg: O.Müller, 1975.
[57] MASSERMANN, J.H. (Ed.) Current psychiatric therapies. Vol.18. New York: Grune & Stratton, 1979.
[58] MAULTSBY, M.C. Combining music therapy and rational behavior therapy. Journal of Music Therapy, 1977, 14, 89-97.
[59] MEICHENBAUM, D.W. Kognitive Verhaltensmodifikation: München: Urban & Schwarzenberg, 1979.
[60] MINSEL, W.-R. Gutachten zur Gesprächspsychotherapie. Köln: GwG-Sonderinfo (5 Köln 1, Werderstr.20), 1979.
[61] MINSEL, W.-R. Schulische Orientierung der Psychotherapeuten. Ein Beitrag zur Orientierung der Patienten. In M.Hockel, K.Feldhege (Eds.) Behandlung und Gesundheit (Band II der Reihe: Handbuch der angewandten Psychologie). München: verlag moderne industrie, 1981.
[62] MINSEL, W.-R. Evaluation of psychotherapy: A discussion of a research paradigm. In J.Helm, A.E.Bergin (Eds.) Psychological behavior modification. Berlin: DVW, 1981 (im Druck).
[63] MINSEL, W.-R., BENTE, G.Gesprächspsychotherapie. In W.Wittling (Ed.) Handbuch der Klinischen Psychologie, Band 2. Hamburg: Hoffmann & Campe, 1980, Pp.139-164.
[64] MINSEL, W.R., BENTE, G. Stand, Probleme und Ziele von Ausbildung in Psychotherapie. In W.Schulz, & M.Hautzinger (Eds.) Klinische Psychologie und Psychotherapie, Bd.5. Kongressbericht der DGVT-GwG, Berlin 1980. Tübingen: DGVT, 1980, Pp.119-138.
[65] MINSEL, W.-R., LOHMANN, J., BENTE, G. Krisenintervention. In W.Wittling (Ed.) Handbuch der Klinischen Psychologie, Band 2. Hamburg: Hoffmann & Campe, 1980, Pp.78-101.
[66] MINSEL, W.-R., STEIGER, P. Empathie. In M.Linden, M.Hautzinger (Eds.) Psychotherapie Manual. Berlin: Springer, 1981 (im Druck).
[67] MINUCHIN, S. Familie und Familientherapie. Freiburg/Brsg.: Lambertus, 1978.
[68] OLSON, P. (Ed.) Emotional flooding. New York: Human Sciences Press, 1977.
[69] PAVEL, F.-G. Therapeutische Gespräche mit Familien. In F.Specht, K.Gerlicher, U. Schutt (Eds.) Neue Beiträge zur Erziehungs- und Familienberatung, Bd.3. Göttingen: Vandenhoeck & Ruprecht, 1981 (im Druck).

[70] Perrez, M. Ist die Psychoanalyse eine Wissenschaft? Bern: Huber, 1972.
[71] Peseschkian, N. Positive Psychotherapie. Frankfurt/M.: Fischer, 1977.
[72] Petzold, H. Psychotherapie und Körperdynamik. Paderborn: Jungfermannsche Verlagsbuchhandlung, 1974.
[73] Pohlmeier, H. Selbstmord und Selbstmordverhütung. München: Urban & Schwarzenberg, 1978.
[74] Polster, E., Polster, M. Gestalt therapy integrated. New York: Brunner, 1973.
[75] Pongratz, L. (Ed.) Klinische Psychologie. Göttingen: Hogrefe, 1978 (1.Halbband), 1979 (2.Halbband).
[76] Poser, E.G. Verhaltenstherapie in der Klinischen Praxis. München: Urban & Schwarzenberg, 1978.
[77] Raming, H.E. A taxonomy of goals and processes in counseling and psychotherapy theory. Dissertation Abstracts International, 1977, 37 (7-B), 3623.
[78] Reinecker, H. Selbstkontrolle. Salzburg: O.Müller, 1978.
[79] Reisman, J.M. Toward the integration of psychotherapy. New York: Wiley, 1971.
[80] Roberts, G.F. Contemporary psychotherapies: Toward a philosophical integration. Dissertation Abstracts International, 1976, 37-A, 2086.
[81] Sabeti, S.C. Attention: An integrating concept in the theory and process of three contemporary psychotherapies. Dissertation Abstracts International, 1975, 36-B, 1457–1458.
[82] Schafer, R. A new language for psychoanalysis. New Haven: Yale University Press, 1976.
[83] Segraves, R.T., Smith, R.C. Concurrent psychotherapy and behavior therapy. Archives of General Psychiatry, 1976, 33, 756–763.
[84] Selvini Palazzoli, M., Boscolo, L., Cecchin, G., Prata, G. Paradoxon und Gegenparadoxon. Stuttgart: Klett-Cotta, 1978.
[85] Singer, J.L., Pope, K.S. (Eds.) The power of human imagination. New York: Plenum Press, 1978.
[86] Small, L. The briefer psychotherapies. New York: Brunner, 1979.
[87] Sommer, G., Ernst, H. (Eds.) Gemeindepsychologie. München: Urban & Schwarzenberg, 1977.
[88] Stierlin, H., Rücker-Embden, I., Wetzel, N., Wirsching, M. Das erste Familiengespräch. Stuttgart: Klett-Cotta, 1977.
[89] Strotzka, H. (Ed.) Fallstudien zur Psychotherapie. München: Urban & Schwarzenberg, 1979.
[90] Strupp, H.H. On the basic ingredients of psychotherapy. Journal Consulting and Clinical Psychology, 1973, 41, 1–8.
[91] Strupp, H.H. Psychotherapy research: Current trends. In W.De Moor, H.R.Wijngaarden (Eds.) Psychotherapy: Research and training. Amsterdam: Elsevier, 1980, Pp.15–27.
[92] Thompson, M.S., Conrad, P.L. Multifaceted behavioral treatment of drug dependence: A case study. Behavior Therapy, 1977, 8, 731–737.
[93] Thorne, F.C. Eclectic psychotherapy. In R.Corsini (Ed.) Current psychotherapies. Itasca (II.): Peacock, 1973, Pp.445–486.
[94] West, W. Combined approaches in the treatment of the orally regressed masochistic character disorder. Journal of Contemporary Psychotherapy, 1978, 9, 155–161.
[95] Wyss, D. Die tiefenpsychologischen Schulen von den Anfängen bis zur Gegenwart. Göttingen: Vandenhoeck & Ruprecht, 1966.
[96] Yalom, I.D. The theory and practice of group psychotherapy. New York: Basic Books, 1970.

VII. Entwicklungsmöglichkeiten der gegenwärtigen Beratungspraxis

F.E. Heil, R. Scheller

1. Der Bedeutungshorizont von Beratung

In nahezu allen Lebensbereichen ist der Mensch auf Rat und Anleitung angewiesen. Das Prinzip des Beratens und des Beratenwerdens basiert auf der Relation, dass andere im Hinblick auf einen spezifischen Bereich des Alltags mehr wissen, mehr Einblick haben in Strukturen und Mechanismen, die der eigenen kompetenten Analyse zunächst nicht zugänglich sind. Diese Kompetenzrelation zwischen «Berater» und «Ratsuchendem» gilt für den Steuer-, Verbraucher- oder Diätberater ebenso wie für den «psychologischen Berater». Beratung im psychologischen Umfeld heisst, Kompetenzen in bezug auf menschliches Verhalten und Erleben anderen zur Verfügung stellen.

Der Begriff «Beratung» findet sich als durchgängiges Kernelement der Tätigkeitsbeschreibung in nahezu jeder Darstellung psychologischer Berufsfelder (vgl. z.B. [1, 59]). Die Verwendung dieses Begriffs im Kontext der unterschiedlichen Berufsfelder lässt die Vielfalt der unter Beratung subsumierten Tätigkeiten erahnen. Die Weitergabe von wahrnehmungspsychologischen Gesetzmässigkeiten an Verkehrsplaner zur Gestaltung einer Kreuzung ist ebenso Beratung wie die Aufklärung von Eltern über die zu erwartenden Anforderungen in einer bestimmten Schulart oder die Hilfestellung im Umfeld einer Lebenskrise. Im Unterschied zur englischen Sprache, wo neben der Spezifizierung von Beratungstätigkeit mit Hilfe des Wortes «counseling» auch die Begriffe «consultation» und «guidance» zur Verfügung stehen, kennt die deutsche Sprache keine Differenzierung, die es erlauben würde, verschiedene methodische Ausformungen und Zielbereiche von Beratung zu kennzeichnen. In der Vergangenheit wohl eher bedeutungsgleich im Sinne von «Rat und Anleitung geben», haben die Begriffe «counseling», «consultation» und «guidance» durch die Entwicklung der Disziplin Psychologie wesentliche Bedeutungsdifferenzierungen erfahren. Wie zu zeigen sein wird, trifft dies besonders auf den Begriff «counseling» zu (vgl. z.B. [60]).

Die Begriffe lassen sich heute grob danach unterscheiden, wie nahe die fachspezifische Einflussnahme am Individuum angesiedelt ist. Beratung, die auf Verhaltens- oder Einstellungsänderung des Individuums abzielt –

«counseling» –, ist abzuheben von Beratung, die dem einzelnen Individuum oder Gruppen Information im Sinn eines Rates oder einer Anleitung zur Verfügung stellt; dafür steht im Englischen der Begriff «consultation», im Bereich der Schul- und Berufsberatung der Begriff «guidance». «Consultation» und «guidance» betonen insbesondere das Expertentum des Psychologen für bestimmte Fragestellungen, während «counseling» eher die direkte Auseinandersetzung mit einem Individuum kennzeichnet.

Beratung ist ein die Disziplinen der Angewandten Psychologie übergreifendes Interventionskonzept. Der wachsende Erkenntnisstand und die zunehmende Professionalisierung der Psychologie einerseits und Ansprüche von aussen an die Disziplin andererseits haben eine Fülle von zusätzlichen Anwendungsbereichen erschlossen. Beratung ist die gemeinsame Klammer von etablierten Beratungsfeldern, z.B. Erziehungs- und Eheberatung oder neueren, z.B. Freizeit- und Altenberatung, von problemspezifischen, z.B. Drogen- und Schwangerenberatung oder allgemeinen, z.B. Lebens- und Konfliktberatung. Jedoch nicht nur diese eher «direkt» helfenden Aktivitäten, sondern auch solche im Rahmen der angewandten Umwelt- oder Organisationspsychologie sind als Beratung zu kennzeichnen. Es ist selbstverständlich, dass sich die konkrete Ausformung von Beratung in diesen Kontexten höchst unterschiedlich darstellt. Der Beratungsbegriff bedarf deshalb dringend der handlungsleitenden Präzisierung in den jeweiligen Anwendungszusammenhängen. Eine innovative Ausweitung der Anwendungs- und Methodenpraxis ergibt sich jedoch nicht nur aus einer problemfeldspezifischen, sondern insbesondere auch aus einer problemfeldübergreifenden Explikation von Beratung.

Von den vielfältigen Bestimmungsversuchen dessen, was Beratung eigentlich ist, haben insbesondere jene hohen heuristischen Gebrauchswert, die verschiedene Dimensionen unterscheiden, bezüglich derer Beratung variieren kann. Drum und Figler [18] unterscheiden additiv die Dimensionen: Problembewusstsein des Klienten, Zielpopulationen, Beratungsort, Direktheit des Angebots, Anzahl der Helfer, Beratungsmethodik und Beratungsdauer. Die Variation entlang dieser Dimensionen und ihre Kombination erlaubt die Spezifizierung heterogenster Beratungsformen. Auf einem übergeordneteren Beschreibungsniveau unterscheiden Morrill et al. ([40], vgl. auch [7]) in ihrem dreidimensionalen Würfelmodell: Ansatzebene der Intervention, Ziel der Intervention und Methoden der Intervention. Die Ansatzebene der Intervention kann ein einzelnes Individuum, eine Primärgruppe, eine Interessengruppe oder eine Institution bzw. eine Gemeinde sein. Als Interventionsziele werden Behandlung, Prävention und Entwicklungsförderung unterschieden. Die Interventionsmethoden umfassen direkte Beratung, Konsultation bzw. Training und Beratung mit Hilfe von Medien.

Der vorliegende Beitrag folgt im wesentlichen den Grunddimensionen dieser Systematik. Ausgehend von einer Beschreibung des Verhältnisses von Beratung und Therapie - quasi als Kennzeichnung des status quo im Interventionsmethodenverbund - wird aufgezeigt, welche Entwicklungen das Feld der Beratung bestimmen. Vertieft werden insbesondere Möglichkeiten und Probleme, die mit einer präventiven Akzentsetzung hinsichtlich des Beratungsziels und einer stärkeren Umweltorientierung der Ansatzebene von Beratung einhergehen. Die Diskussion der Methodenebene beschränkt sich aus pragmatischen Gründen auf generelle Überlegungen zur Brauchbarkeit von Problemlöse- bzw. handlungstheoretischen Konzepten im Sektor Beratung. Spezifisch wird diese Brauchbarkeit mit Hilfe einer handlungstheoretischen Explikation von «Beratungsfähigkeit» belegt. Ein kurzer Ausblick thematisiert die Implikationen der vorgestellten Perspektiven für Praxis, Ausbildung und Forschung.

2. Zum Verhältnis von Beratung und Therapie

Beratung - einschliesslich der in der deutschen Sprache nicht fassbaren Bedeutungsvariationen «counseling», «consultation» oder «guidance» - und Psychotherapie stellen die wesentlichen Formen psychologischer Intervention dar. Als psychologische Interventionsformen sollten sie im weitesten Sinn eine Optimierung des individuellen Lebensvollzugs anstreben. Ursprünglich wohl gut voneinander unterscheidbar, hat die Entwicklung der psychologischen Interventionsmethodik zu Bedeutungserweiterungen der Begriffe Beratung und Therapie geführt, die heute eine Unterscheidung nur noch auf der Basis schwammiger Akzentsetzungen erlauben.

Aufbauend auf dem Selbstverständnis und den Methoden einer im wesentlichen eigenschaftsorientierten Diagnostik, bestand früher Beratung wohl hauptsächlich in der Anleitung zur optimalen Nutzung vorgefundener Dispositionen. Psychotherapie war gleichzusetzen mit Psychoanalyse. Insbesondere das Aufkommen von neuen therapeutischen Interventionsansätzen hat Anspruch und Methodik der psychologischen Beratung entscheidend beeinflusst. Es standen dadurch Methoden zur Verfügung, mit deren Hilfe problematisches Verhalten aufgearbeitet und Verhaltensänderung bewirkt werden konnte. Für psychologische Berater ergab sich damit die Gelegenheit, die bis dahin oft einseitige diagnostische Ausrichtung ihrer Tätigkeit in therapeutischer Richtung sinnvoll zu erweitern.

Beratung geriet dadurch mehr und mehr in das Umfeld der Klinischen Psychologie mit ihrer Akzentsetzung auf individuelle korrektive Hilfestellung. Diese Entwicklung des beraterischen Handelns lässt sich recht eindrucksvoll an der Entwicklung des Bereichs Berufsberatung verfolgen. Stützen sich erste Ansätze (z.B. der «Trait-and-Factor»-Ansatz) im wesentlichen auf das Expertentum des Psychologen, der Eigenschaften des einzelnen Individuums und Anforderungen des jeweiligen Berufs aufeinander bezog, betonen spätere Ansätze dagegen die Verantwortlichkeit des Individuums für seine Entwicklung (z.B. der klientenzentrierte und der entwicklungsbezogene Ansatz). Die Hilfestellung des Beraters zielt deshalb vornehmlich darauf ab, berufliche Entscheidungsfähigkeit oder berufliche Reife des Individuums zu stimulieren. Konkrete Ratschläge laufen dem Selbstverständnis dieser eher therapeutischen Ansätze zuwider [2, 51].

Neben der Weiterentwicklung psychologischer Interventionsmethodologien gibt es jedoch auch andere Einflussgrössen, die eine wachsende Affinität von Beratung und Klinischer Psychologie bzw. Psychotherapie nahelegen. Im deutschen Sprachraum existieren vielfältige Institutionen, in deren Namen der Begriff Beratung verankert ist, z.B. Erziehungs-, Drogen-, Lebensberatungsstellen. Da diese Beratungsstellen im wesentlichen bei akuter Symptomatik aufgesucht werden, bestehen die Ansprüche der Klienten hauptsächlich in korrektiv-therapeutischer Richtung. Dass diese Rolle von Beratern gern übernommen wird, hat auch berufsständische und berufspolitische Gründe. In den USA existieren für «counselors» und «clinical psychologists» unterschiedliche Ausbildungsgänge. Durch die Übernahme der therapeutischen Berufsrolle, die traditionell eher den Klinischen Psychologen oder Psychiatern vorbehalten ist, bot sich für Berater die Chance einer Kompensation ihrer statusniedrigeren Ausbildung. Im Unterschied zu den USA existiert in der Bundesrepublik Deutschland keine spezifische Ausbildung zum Berater und auch keine eigene Sektion Beratungspsychologie im Berufsverband Deutscher Psychologen.

Beratung stellt hierzulande kein eigenständiges Berufsfeld mit spezieller Ausbildung dar, sondern eher eine spezielle Tätigkeit, zu deren Ausübung die Ausbildung zum Diplom-Psychologen qualifiziert. Damit fehlen in der Bundesrepublik Deutschland wichtige Randbedingungen, die in den USA die Suche nach Identität und professioneller Existenzberechtigung von Beratern bestimmt haben (vgl. z.B. [60]). Die Identität von Studierenden der Psychologie und auch von diplomierten Psychologen definiert sich bei uns weitgehend in therapeutischer Richtung. Dazu tragen gewiss die spezifischen Vorteile einer therapeutischen Berufsauffassung bei. Ein – dem Mediziner vergleichbarer – hoher gesellschaftlicher Status, eine grosse Nachfrage nach therapeutischer Hilfe, nichtöffentliche Berufsausübung und eine relativ direkte Rückmeldung erfolgreicher Tätigkeit erhöhen nicht eben die Motivation, sich anderen Berufsaufgaben zuzuwenden. Die in dieser Bevorzugung zum Ausdruck kommende einseitige Auffassung der Psychologie als «Heilberuf» verstellt dabei in gefährlicher Weise den Blick auf andere sinnvolle Anwendungsmöglichkeiten psychologischer Erkenntnis. Es ist zu befürchten, dass die entstehenden Lücken zunehmend von Vertretern anderer Wissenschaften, z.B. Soziologen oder Diplom-Kaufleuten gefüllt werden (vgl. z.B. [29]).

Auch juristische Gründe haben dazu beigetragen, dass in der Bundesrepublik Deutschland die Begriffe Beratung und Therapie zusammengewachsen sind. Da therapeutisches Handeln eine im Augenblick auf Mediziner und Heilpraktiker beschränkte Anerkennung der Berechtigung zur Ausübung eines Heilberufs voraussetzt, bot für viele Psychologen die Subsumierung therapeutischer Tätigkeit unter das Label Beratung eine Hintertür zur legalen Berufsausübung.

Für die enge Verzahnung der Begriffe Beratung und Therapie gibt es verschiedene Indikatoren. Im Funkkolleg «Beratung in der Erziehung», das 1975/76 der Öffentlichkeit einen Einblick in psychologisches Selbstverständnis und psychologische Tätigkeit gewährte, wurden in erster Linie psychotherapeutische Methoden vorgestellt. Darüber hinaus findet sich in der Literatur immer häufiger die Kombination Beratung/Therapie (z.B. [8, 12, 48]). Betont werden soll mit dieser Darstellungsgewohnheit die strukturelle Gleichartigkeit von Beratungs- und Therapieprozessen. Psychotherapie und eine korrektiv orientierte Beratung teilen in der Tat eine Fülle von Grundannahmen. So gehen alle Ansätze davon aus, dass ein Individuum zur Veränderung fähig und nicht hoffnungslos vorbestimmt ist. Es begibt sich in Beratung, weil es auf Veränderung eines problematischen Zustandes hofft, obwohl ein solcher Schritt unangenehm, peinlich und unter Umständen teuer ist. In bezug auf den Verlauf betonen alle Ansätze ähnliche beratungsfördernde Bedingungen. Das Gespräch unter vier Augen ist wichtig; von seiten des Beraters ist es nach PATTERSON [42] gekennzeichnet durch Interesse am und Sorge um den Klienten, durch Aufrichtigkeit und Ehrlichkeit und durch Vertrauen in den Ansatz, der zur Problembewältigung des Klienten herangezogen wird. Weiterhin dürften alle Ansätze davon ausgehen, dass Klienten, die ein Bedürfnis nach Hilfe haben, sich im Vertrauen auf die Kompetenz des Beraters bei der Bewältigung ihres Problems engagieren. Schliesslich verfolgen alle Ansätze das übergeordnete Ziel, den jeweiligen Klienten zu einer ihm entsprechenden, effektiven Lebensführung zu befähigen.

Dieses gemeinsame Selbstverständnis teilen nicht nur psychologische Berater miteinander, sondern auch andere helfende Berufe – z.B. Psychiater oder Sozialarbeiter – sind damit zu charakterisieren (vgl. z.B. auch [52]). Auf dem Hintergrund dieses Selbstverständnisses erübrigt sich für manche Autoren eine Unterscheidung zwischen Beratung und Therapie (z.B. [42]). Andere Autoren (z.B. [54]) halten jedoch aus pragmatischen

Gründen eine Unterscheidung für gerechtfertigt, wenn auch die Unterschiede überzeichnet dargestellt werden müssen. Als Kriterien der Unterscheidung wurden u.a. Ziele, Methoden, Ausbildungsmerkmale, Betätigungsrahmen und Klientel genannt. Eine Diskussion der Brauchbarkeit dieser Unterscheidungsmerkmale findet sich z.B. bei SCHELLER und HEIL [48]. Nach HAYS [25] verstand es u.a. PATTERSON [42], den weiten Bereich der Beratung zu strukturieren. Er nahm ein rational-affektives Kontinuum an, an dessen einen Pol er jene Beratungsansätze plazierte, die den intellektuellen Prozess des Durchdenkens eines Problems besonders stark betonen; an den anderen Pol plazierte er Ansätze, die Klienten stimulieren, vornehmlich ihre inneren Einstellungen auszudrücken. Die grundlegenden Unterschiede zwischen den Polen des Kontinuums werden deutlich, wenn man sie in bezug auf Konzepte, Verlauf und Ziele diskutiert. *Konzepte:* Am rationalen Ende des Kontinuums wird das Individuum als reaktives Wesen gesehen, als biologischer Organismus, der auf die Umwelt oder auf angeborene Stimuli reagiert und durch Lern- und Konditionierungsprozesse determiniert ist. Am affektiven Ende des Kontinuums wird das Individuum als offenes, entwicklungsfähiges Wesen betrachtet. Es interagiert mit der Umwelt, verändert seine eigenen Wahrnehmungen und zeigt sich zukunftsorientiert. *Verlauf:* Das Prozedere der rationalen Ansätze ist wohldurchdacht, geplant, objektiv, eher unpersönlich und problemlösungsorientiert. Den Verlauf affektiv ausgerichteter Interventionen kennzeichnen Attribute wie warm, persönlich und spontan, die Erfahrung des Moments betonend. *Ziele:* Rationale Strategien konzentrieren sich auf die Vermittlung von Fertigkeiten zur Lösung von Problemen und auf die Beseitigung von Symptomen. Beratung soll spezifische und konkrete Ergebnisse zeigen. Ziel der affektiven Strategien ist die Identifizierung der Symptomursachen, die Entwicklung des Selbstwertgefühls und die Akzeptierung des individuellen Selbst.

Es bleibt festzuhalten, dass die therapeutische Kopflastigkeit der Diskussion um das Selbstverständnis psychologischer Berufstätigkeit eine einengende Bedeutungszuschreibung des Beratungsbegriffs bewirkt hat. Im folgenden wird zu zeigen sein, welche Möglichkeiten einer Ausweitung psychologischer Beratung über einen korrektiv therapeutischen Rahmen hinaus bestehen.

3. Entwicklungstendenzen im Beratungssektor

Während in der Bundesrepublik Deutschland berufsständische, ausbildungsspezifische und juristische Gründe zu einer mehr oder weniger grossen begrifflichen und methodischen Verschmelzung von Beratung und

Therapie geführt haben, stellt sich das Feld psychologischer Beratung in den USA zu Beginn der 80er Jahre wesentlich erweitert und vielfältiger dar (vgl. [37]). IVEY [30] erhebt «counseling psychology» nicht ohne Stolz zur «most broadly-based applied psychology speciality». Er leitet diesen Anspruch ab aus der Diversifikation der Einsatzorte, der Zielpersonen und Methoden, die Beratung in den 70er Jahren erfahren hat. Für DRUM und FIGLER [18] ist «outreach» das Schlagwort, das den Wandel und die Erneuerung des Sektors Beratung kennzeichnet. «Outreach» ist ein Oberbegriff, unter dem alle Aktivitäten und Bemühungen von Beratern zu subsumieren sind, die eine Erweiterung des klassischen Bezugsrahmens Klient-Therapeut anstreben. Die Philosophie von «outreach» besteht darin, durch eine Veränderung des traditionellen Tätigkeitsspektrums von Beratern den Wirkungsgrad und die Effizienz ihrer Bemühungen für die Bevölkerung zu erhöhen. Hauptansatzpunkt für die Propagierung von «outreach» ist die Kritik am korrektiv-therapeutischen Interventionsmodell.

Traditionell rekuriert die Aufgabenbeschreibung der Division 17 (counseling psychology) der APA auf korrektive (remedial or rehabilitative), präventive (preventive) und edukative und/oder entwicklungsbezogene (educative and/or developmental) Interventionsmöglichkeiten für Berater. Als Ausdruck gestiegenen beruflichen Selbstbewusstseins ist die Revision der Reihenfolge dieser Tätigkeiten im Jahre 1976 zu betrachten. Das «Professional Affairs Committee» setzte die edukative und/oder entwicklungsbezogene Tätigkeit an die erste und Präventionstätigkeit an die zweite Stelle der Aufgabenhierarchie für Berater. Der traditionell auf Heilung und Rehabilitation zielenden Berufsausübung kommt nur noch untergeordnete Bedeutung zu (vgl. [31]). Damit wurden die Weichen in eine Richtung gestellt, die von Beratern eine erhebliche Veränderung ihrer beruflichen Rolle verlangt. Es ist nicht zu erwarten, dass diese von einem berufsständischen Komitee vorgebrachte Empfehlung zur Restrukturierung beruflicher Tätigkeit unmittelbaren und unwidersprochenen Niederschlag in der konkreten Praxis von Beratern findet. Die normativen Auswirkungen einer solchen Setzung sollten jedoch nicht verkannt werden.

Angesichts der überwältigenden Dominanz von korrektiver Intervention in der Bundesrepublik Deutschland lohnt der Blick auf die Gründe, die in den USA zur Redefinition des beruflichen Selbstverständnisses von Beratern geführt haben. Der vor allem für Berater in Ausbildung zunächst sehr valent erscheinende therapeutische Anteil an der Berufsrolle verlor bei konkreter Ausübung bald an Attraktion. Zum einen mag dazu beigetragen haben, dass Berater für psychotherapeutische Tätigkeit unter dem Label «counseling» nicht spezifisch genug ausgebildet waren. Zum anderen mögen jedoch die typischen Schwierigkeiten korrektiv-therapeutischer Intervention ernüchtert haben. Therapie beschränkt sich zwangsläufig auf Individuen, die in akuten Lebenskrisen oder bei aktuellen psychischen Problemen einen Therapeuten aufsuchen. Es bedeutet meistens einen enormen Aufwand, von dieser Basis aus einem Individuum zu effizienterem, weniger problembelasteten Lebensvollzug zu verhelfen. Die Erfolgswahrscheinlichkeit einer Intervention wird zusätzlich beeinträchtigt durch den Verlust an Zeit, die verstreicht, bis der Leidensdruck die Schwellenangst vor der Beratung übersteigt. Im Brennpunkt therapeutischer Interventionsmethoden steht in erster Linie die Veränderung des Individuums. Problemverursachende Umgebungsbedingungen können, wenn überhaupt, nur selten mit Aussicht auf Erfolg angegangen werden. Bestimmte Bevölkerungsschichten und -gruppen haben keinen Zugang zur therapeutischen Versorgung. Das in der Therapie anfallende ätiologische Bedingungswissen mit hohem präventivem Potential geht in der Regel verloren. Im Beschäftigungssystem bleiben Therapeuten eher randständig. Ihr Beitrag für die Gesellschaft blüht - oder besser verblüht - im Verborgenen.

Insbesondere die psychiatrisch-psychologische Unterversorgung ganzer Bevölkerungsteile, für die Verwahrung das fehlende Therapieangebot ersetzt, führte in den USA zum Aufbau von «community mental health»-Zentren. Getragen von der optimistischen Aufbruch- und Reformstimmung der 60er Jahre, lag dieser Bewegung der Gedanke der gesamtgesellschaftlichen Verantwortung für die psychische Gesundheit der Gemeinschaftsmitglieder zugrunde. Die Behandlung von «mental-health»-Problemen sollte unter Einbezug von Laienhelfern in den Gemeinden selbst erfolgen. Die Veränderung des Behandlungsrahmens und die Bezeichnung «Klient» anstelle von «Patient» kann jedoch nicht darüber hinwegtäuschen, dass gemeindeorientierte Intervention im wesentlichen auf eine individualtherapeutische Form der Hilfeleistung hinauslief. Die Ergänzung der individualtherapeutischen Bemühungen um sozialsystem- und gemeindeorientierte Präventionsstrategien, die nach BRANDTSTÄDTER [11] vor allem von psychologischer Seite eingefordert wurde, ist bisher eine Utopie geblieben (vgl. auch [43]). Der gebremste Reformeifer der 70er Jahre im Verein mit einer drastischen Reduktion finanzieller Mittel haben der «community mental health»-Bewegung weitgehende Einschränkungen auferlegt. Dennoch darf nicht verkannt werden, dass beträchtliche Entwicklungen im Bereich psychologischer Interventionsmethodik durch diese Bewegung initiiert wurden.

Die Veränderung des beruflichen Selbstverständnisses von amerikanischen Beratern verlief nach DRUM und FIGLER [18] in verschiedenen Stadien. Ohne sich zeitlich festzulegen und unter Anerkennung der gegenseitigen Überlappung und Interdependenz, unterscheiden sie folgende globale Entwicklungslinien:

(a) Steigerung des Bekanntheitsgrades von Beratungseinrichtungen in der Öffentlichkeit. Vor allem unter Einfluss der «community mental health»-Bewegung wurden vielfältige Anstrengungen unternommen, Beratungsangebote durch Öffentlichkeitsarbeit transparenter zu machen. Indem sich Berater auf Klienten in deren natürlicher Umgebung zubewegten, erhöhte sich die Wahrscheinlichkeit, dass ihre Dienste auch in Anspruch genommen wurden.

(b) Diversifikation der traditionellen Dienstleistung. Die grössere Publizität und ein dadurch wachsender Zuspruch konfrontierten Berater mit neuen, heterogenen Beratungsansprüchen, die elastischere Vorgehensweisen verlangten als sie die traditionelle Zweiersituation Berater/Klient nahelegt. Mit Hilfe von Gruppentechniken und durch den Einsatz von Medien oder Selbsthilfeprogrammen wurde das Spektrum der traditionellen Dienstleistungen beträchtlich erweitert. Auch Randgruppen der Gesellschaft konnten mit dem veränderten Beratungsangebot leichter erreicht werden.

(c) Personzentriertheit anstelle von Problemzentriertheit. In dem Masse, in dem deutlich wurde, dass die Reaktion auf Probleme einzelner Individuen eine unbewältigbare Fülle von Ansprüchen stimulierte, änderte sich die Stossrichtung der beraterischen Aktivitäten. Die Überlegung, durch frühzeitige Intervention die Inzidenz- und Prävalenzrate von psychischen Störungen zu senken, entwickelte sich zu einem neuen konzeptuellen Bezugsrahmen. Die Unterstützung bei Entwicklungsaufgaben, die Initiierung von Verhalten, die Entwicklung von Kompetenzen stellten neue Interventionsziele dar, die eine neue Interventionsmethodik verlangten. Der Einbezug von Laienhelfern, das Angebot von Beratung im Lebensraum der Zielpopulationen und die starke Betonung einer erzieherisch-pädagogischen Rolle kennzeichnen dieses Stadium.

(d) Betonung der primären Prävention. Mitbedingt durch die «personzentrierte» entwicklungsfördernde Sichtweise gewann der Präventionsgedanke an Bedeutung. Präventive Eingriffe sind Eingriffe in den menschlichen Lebensraum, bevor ein Bewusstsein für die Notwendigkeit von Hilfe vorhanden ist. Die Ansatzebene dieser Art von Intervention kann sowohl das System Individuum als auch das System Umwelt sein. Besonders diese Perspektive erweitert – wie noch zu zeigen sein wird – das Betätigungsfeld für Berater beträchtlich.

In den erörterten Stadien kommen die globalen Akzente zum Ausdruck, die die Entwicklung des Berufsfeldes Beratung in den letzten 15 Jahren dominierten. Im folgenden sollen einige spezifische Akzente der Veränderung angerissen werden.

3.1 Präventive Perspektiven

Die Anwendung psychologischen Wissens zur Optimierung des individuellen Lebensvollzugs kennt zwei Hauptstossrichtungen: Interventionen, die der Korrektur manifester Probleme dienen und solche Interventionen, die auf vorbeugende Vermeidung von Lebensproblemen abzielen (vgl. z.B. [10]). Es handelt sich hier um eine akzentuierende, aspekthafte Unterscheidung. Jede Intervention in korrektiver Absicht hat ein «präventives Potential». Jede Prävention beeinflusst und verändert, d.h. korrigiert letztendlich Verhalten oder problemverursachende Umgebungsbedingungen. Als ein wesentliches Unterscheidungsmerkmal von Korrektur und Prävention werten Drum und Figler [18] das Ausmass an individuellem Problembewusstsein und Leidensdruck. Präventive Intervention strebt in der Regel eine Verhaltensänderung oder -erweiterung an, bevor ein Individuum ein Bewusstsein für deren Notwendigkeit entwickelt. Entsprechend viel Zeit und Energie erfordert die Begründung präventiver Massnahmen. Korrektive Intervention, die ausgeht von Auffälligkeiten, Störungen und Problemen des Individuums, erfolgt in der Regel bei ausgeprägtem Problembewusstsein; sie wird «gesucht». Zwischen beiden Polen sind jene Situationen anzusiedeln, in denen das Individuum erkennt, dass die Lösung bestimmter Probleme und Aufgaben ansteht. Probleme dieser Art ergeben sich aus dem normalen Lebensvollzug. Sie können z.B. bedingt sein durch die Orientierungsnotwendigkeit in komplexen sozialen Situationen, etwa bei der Berufswahl, oder sie können aus der Übernahme bestimmter Rollen, etwa der Elternrolle, erwachsen. Die Lösung solcher Aufgaben stellt eine Entwicklungsnotwendigkeit (developmental need) dar. Ihre Nichtbewältigung führt zu ernsteren Problemen.

Während korrektive Interventionen annähernd eindeutige Zielperspektiven für die Aufgabenbewältigung beinhalten, begibt sich ein Berater mit dem Anspruch der Prävention auf ein aus vielerlei Gründen glattes Parkett. Zwar steht ihm zur Legitimation dieses Teils seiner Berufsrolle die unbestritten plausible Setzung «Vorbeugen ist besser als Heilen» zur Verfügung, die Ausgestaltung konkreter Präventionsschritte verlangt jedoch häufig Extrapolationsleistungen in die Zukunft, an deren Berechtigung er nur glauben kann. Die Aufgabe wird dabei um so schwieriger, je weiter das angestrebte Präventionsziel in der Zukunft liegt oder je komplexer und globaler es sich darstellt.

Es wundert nicht, dass Prävention von psychologischen Beratern zwar als Anliegen verstanden, aber eigentlich nur rudimentär – z.B. in Form von Trainingskursen – betrieben wird. Im Feld der schulischen und familiären Erziehung, wo präventive Überzeugungen in gebündelter Form wirksam werden, fällt dem Berater allenfalls die Aufgabe der Korrektur nicht funktionierender Prävention zu (vgl. z.B. [45]). Zur eigentlichen inhaltlichen Zielbestimmung von erzieherisch-präventiven Massnahmen durch Pädagogen, Lehrplangestalter und Politiker erschöpft sich sein Beitrag häufig in Fragen der zeitlichen Plazierung von Massnahmen. Wesentlich beeinflusst von medizinischen Modellvorstellungen, zentrieren sich Präventionsüberlegungen im Rahmen der Psychologie vornehmlich auf die Prävention von psychischen Erkrankungen und Störungen (vgl. z.B. [4]). Die starke Dominanz klinisch-psychologischer Überlegungen verstellt dabei gelegentlich den Blick für die Relevanz von Prävention in pädagogisch-psychologischen Anwendungszusammenhängen. Das Aufzeigen gravierender Versorgungsmängel im Bereich der psychiatrisch-psychologischen Versorgung in der mit grosser Resonanz aufgenommenen «Psychiatrie-Enquête» mag zu dieser Akzentsetzung beigetragen haben. Die Einsicht, dass psychiatrisch-psychologische Versorgung auch nicht durch eine gewaltige Ausdehnung von Behandlungsressourcen gewährleistet werden kann, hat zu einer starken Aufwertung des Präventionsgedankens auch in der Bundesrepublik Deutschland beigetragen.

Eine noch so einsichtige Propagierung des Präventionsgedankens enthebt jedoch nicht von der ungleich schwierigeren Aufgabe der Operationalisierung von Präventionsmassnahmen. Eine systematische und ausführliche Zusammenschau der Voraussetzungen, Modellvorstellungen und Konzeptualisierungsprobleme von Prävention findet sich bei Brandtstädter ([11]; vgl. auch [4, 36]). Die folgende Darstellung von Präventionsproblemen stützt sich im wesentlichen auf seine Argumentation. Ungeachtet der im Einzelfall oft unmöglichen definitorischen Unterscheidung, ob eine korrektive oder präventive Intervention bzw. eine primäre, sekundäre oder tertiäre Prävention [15] stattgefunden hat, sei im folgenden unter Prävention im wesentlichen «primäre Prävention» verstanden, d.h. Prävention vor dem Einsetzen einer Störung oder vor dem Beginn einer problematischen Lebenssituation.

Besondere Schwierigkeiten bereitet die Festlegung von Präventionszielen. Auf globaler Ebene – in Begriffen wie «mental health», psychische Gesundheit oder Lebensglück – noch breit konsensfähig, geraten spezifischere Präventionsziele, wie z.B. der Erwerb von sozialer Kompetenz, schnell in das Kreuzfeuer von Überzeugungsstreit. «Persönlich motivierte Annahmeprivilegierungen», entwicklungstheoretische und entwicklungspolitische Stereotype oder massive Gruppeninteressen können durch Forschungsbefunde nur schwer widerlegt werden. Weder für die Indikation noch für spezielle Konzeptualisierung einer Präventionsmassnahme liefert die psychologische Forschung auch nur annähernd eindeutige Hintergrundinformation. Der geringe Erkenntnisstand epidemiologischer und ätiologischer Forschung ist nicht zuletzt verursacht durch die erhebliche Methodenproblematik in diesem Forschungsfeld (vgl. [11, 36]). Hinter der Bevorzugung von korrektiven Interventionsmethoden vermutet BRANDTSTÄDTER deshalb wohl zu Recht beträchtliche ätiologische Wissensdefizite. Dabei mangelt es nicht so sehr an theoretischen Vorstellungen über die Ätiologie von Störungen, sondern eher an geeigneten methodisch unangreifbaren Prüf- und Entscheidungsstrategien. Obwohl naheliegend, sollte die eher trostlose ätiologische Befundlage nicht generell motivieren, präventive Enthaltsamkeit zu üben, bis ausreichende Erkenntnisse kumuliert sind. Genausowenig wie es bislang im weitaus aufwendiger erforschten Sektor der Psychotherapie gelang, eine einheitliche Grundlegung zu entwickeln, die etwa Wirkstrukturen und Indikationsstellung verbindlich klärt, ist in naher Zukunft ein verbindlicher ätiologischer Bezugsrahmen für Prävention zu erwarten. Ein Rückzug aus dem Bereich Prävention hiesse allerdings, sich einer gesamtgesellschaftlichen Verantwortung zu entziehen. Dies würde letztendlich bedeuten, dass zum Teil weitaus weniger fundierten, teilweise naiven Reform-und Präventionsüberzeugungen von gesellschaftlich einflussreichen Gruppen noch mehr Raum gelassen wird. Werden bei Projekten mit einem umfassenden gesellschaftlichen Reformanspruch, wie er z.B. bei Projekten der Bildungsplanung oder der Reorganisation des Strafvollzugs gegeben ist, überhaupt Psychologen beteiligt, beschränkt sich ihre Aufgabe häufig auf die Frage der Projektevaluation, selten wird konzeptionelle Mitarbeit gefordert. Diese eher skeptisch getönten Ausführungen sollten jedoch nicht dazu verleiten, existierende Präventionsformen von oft hohem Gebrauchswert abzuqualifizieren.

Die wohl wichtigste Unterscheidung verschiedener Präventionsformen betrifft die Ansatzebene der Prävention. Je nachdem ob Prävention am Individuum oder an seiner Umwelt ansetzt, unterscheiden BRANDTSTÄDTER und VON EYE [10] passive und aktive Prävention. Passive Prävention qualifiziert ein zu schützendes Individuum zur kompetenten Auseinandersetzung mit seiner Umwelt, etwa durch Vermittlung von Fertigkeiten zur Bewältigung von Krisensituationen. Aktive Prävention setzt an problemverursachenden Störgrössen der ein Individuum umgebenden Systeme an, z.B. am Lehrerverhalten oder an ökologischen Merkmalen der Schulumwelt. Die folgenden Ausführungen beziehen sich im wesentlichen auf Massnahmen der passiven Prävention. Probleme der aktiven Prävention werden in einem späteren Abschnitt thematisiert.

Hohe präventive Plausibilität zeichnet solche Massnahmen aus, mit deren Hilfe versucht wird, spezifische Kompetenzen zu entwickeln, d.h. Fähigkeiten und Fertigkeiten aufzubauen, die zukünftiges Verhalten optimieren. Diese Massnahmen werden um so spezifischer präventiv, je höher die Wahrscheinlichkeit ist, dass sich eine vermittelte Kompetenz in Zukunft auch wirklich als notwendig erweist. Wenn Lehrer auf störendes Schülerverhalten, Eltern auf die Pubertät ihrer Kinder oder Führungskräfte auf die Durchsetzung eines Führungsanspruchs vorbereitet werden, besteht für die genannten Bezugsgruppen eine hohe Wahrscheinlichkeit, das Vermittelte auch aktualisieren zu müssen. Wesentlich unspezifischer wären solche Massnahmen, die nicht bezugsgruppenspezifische, allgemeine Fertigkeiten, z.B. Kommunikationsfertigkeiten, vermitteln. Die Wirksamkeitsbehauptungen müssten sich bei solchen Massnahmen auf recht globale Verallgemeinerungen stützen.

Als eine Form präventiven Handelns hat sich in den letzten Jahren das Konzept des «Trainings» herauskristallisiert. Aufbauend auf der Überlegung, dass Vermittlung von kognitiver Kompetenz keine hinreichende Bedingung für die Ausbildung entsprechender Handlungsfertigkeiten liefert, wurde eine Fülle von inhaltlichen und methodischen Konzepten für psychologische Trainings entwickelt. Die Gemeinsamkeit solcher Trainings besteht im Einüben von Kompetenzen auf der Verhaltensebene (vgl. [39]). Die meisten der verwendeten Trainingskonzepte müssen auf dem Hintergrund mangelnder Zielexplikationen und -zuordnungen wohl als unspezifisch präventive Massnahmen bezeichnet werden, besonders dann, wenn auf in sich heterogene Zielpopulationen angewendet. Allzuhäufig wird im Training vermittelt, was der Trainer kann und nicht, was der Einzelne vielleicht «wirklich» benötigt. Vielleicht noch dringender als in bezug auf therapeutische Aufgabenstellungen dürften in diesem Zusammenhang Indikationsüberlegungen angezeigt sein. Eine globale Festlegung von «Risikogruppen» wäre zu differenzieren durch die individualdiagnostische Identifikation von spezifischen Risikobedingungen.

Während mit dem Trainingskonzept eine methodische Ausgestaltung von Prävention angesprochen ist, stellen «Krise» und «Stress» die am häufigsten diskutierten inhaltlichen Präventionskonzepte dar. Erwiesenermassen sind Krisen und Stress für ein breites Spektrum an psychischen, somatischen und psychosomatischen Störungen verantwortlich. Zudem besteht für jedes Individuum eine hohe Wahrscheinlichkeit, Stress und Krisen zu erleben. Angesichts dieser Umstände dürfte die Kosten-Nutzen-Relation für Massnahmen, die die emotionale, kognitive und handlungsmässige Bewältigung von Stress- und Krisensituationen erleichtern, besonders günstig sein. «Anticipatory guidance», «stress inoculation» oder «preventive coping» sind Bezeichnungen für solche Massnahmen. Es sind eine Fülle von Anwendungszusammenhängen vorstellbar, in denen sich bezugsgruppen- und situationsspezifische Bewältigungsstrategien als nützlich erweisen könnten. Zu denken ist z.B. an kritische «life events», wie Vorbereitung auf die Pensionierung oder auf den Tod eines Angehörigen. Aber auch für Arbeitsplatzverlust, Scheidung oder – um ein eher positiv getöntes, aber dennoch belastendes Ereignis zu nennen – die Geburt eines Kindes werden gewisse Bewältigungsstrategien benötigt. Bei der speziellen Ausformulierung von Bewältigungsstrategien macht sich immer wieder das Fehlen einer transaktionalen Krisenkonzeption bemerkbar. Nach BRANDTSTÄDTER [11] müssen in einem solchen theoretischen Ansatz folgende Variablenbereiche Eingang finden: (a) situative Variablen (externe Krisenfaktoren, situative Auslösebedingungen); (b) Organismus- oder Subjektvariablen (individuelle Prädispositions- und Vulnerabilitätsmerkmale, situationsspezifische Bewältigungsstrategien oder Bewältigungskompetenzen); (c) soziale Kontextvariablen (Hilfsressourcen in der sozialen Umwelt des Individuums, «support-systems»); (d) Reaktionsvariablen (affektive, kognitive, behaviorale Aspekte der Krisenvorbereitung).

Weitgehend im Umfeld der Klinischen Psychologie angesiedelt, zentrieren sich die bisherigen Überlegungen auf die Prävention von Problemen, Störungen und Auffälligkeiten. Eine Akzentverschiebung deutet sich mit der stärkeren Betonung des Entwicklungsgedankens an (vgl. [23]). Den Bezugsrahmen könnte die von REINERT [45] geforderte lebensspannenumfassende Pädagogische Psychologie darstellen. Leider liegen zu einem dafür benötigten Modell optimaler Entwicklung von menschlichem Verhalten allenfalls erste Ansätze vor. Allein die Formulierung von Entwicklungszielen ist aufgrund der damit verbundenen Wertproblematik wohl nur im interdisziplinären Verbund anzugehen. Sehr wohl Gegenstand psychologischer Beratung in korrektivem wie in präventivem Sinn kann jedoch die Diskussion von Entwicklungszielen im Hinblick auf Verwirklichungsfolgen, Verwirklichungsmöglichkeiten oder der Verträglichkeit mit anderen Zielen sein (vgl. [11]).

Neben den vielfältigen theoretisch-methodischen Schwierigkeiten, die Prävention quasi von innen erschweren, stehen ihr von aussen zum Teil nur schwer fassbare Barrieren entgegen. Ein wesentliches Hindernis dürfte die korrektiv-kurative Ausrichtung unseres Gesundheitssystems darstellen. Dass sich die Psychologenschaft dieser Ausrichtung unterwirft, wird belegt durch den gegenwärtigen Kampf für ein Therapeuten- und nicht etwa für ein Psychologengesetz. Die grossen Anstrengungen, die eine Präventivmedizin anstellen muss, um kleine Erfolge zu erzielen, bezeugt die massiv kurative Einstellung auch in der Bevölkerung. Dies gilt noch ausgeprägter für den psychologischen Bereich. Die geringe Inanspruchnahme von Trainingskursen durch «Ungestörte» und die vergleichsweise geringe Wertschätzung solcher Angebote machen deutlich, um wieviel stärker der Präventionsgedanke zu propagieren wäre. Abgesehen davon, dass für grosse Teile der Bevölkerung auch korrektive Tätigkeit von Psychologen kein Begriff ist, verbindet sich selbst für gebildete

Laien mit psychologischer Prävention keine Bedeutung. Körperliche Hygiene als Voraussetzung für die Vermeidung vielfältiger Erkrankungen ist eine weitgehende Selbstverständlichkeit. In ähnlicher Weise gilt es, durch die Vermittlung von «psychologischen» Sichtweisen einen Beitrag zur psychischen Hygiene zu leisten.

3.2 Umweltperspektiven

Nach HAYS [25] lassen sich psychologische Berater in Analogie zu den Zukunftsforschern auf einer sehr molaren Ebene in «Romantiker» und «Systemdenker» unterscheiden. Romantiker sind von der Kraft des Individuums zur Selbstgestaltung überzeugt, Veränderung erfolgt zwangsläufig von innen. Für Systemdenker dagegen kommen Veränderungen nur zustande, indem die komplexen Wechselbeziehungen zwischen verschiedenen Systemen und Systembedingungen detailliert analysiert und angegangen werden. Diese in ähnlicher Weise auch in anderen Zusammenhängen propagierte metatheoretische Unterscheidung (z.B. [44, 46]) basiert im wesentlichen auf unterschiedlichen Annahmen bezüglich der Natur des Menschen. Es leuchtet unmittelbar ein, dass implizite und explizite Menschenbildannahmen die Konzeptualisierung und konkrete Ausformung von psychologischen Beratungsansätzen entscheidend mitbestimmen. Besonders nachhaltig wirken sich unterschiedliche Weltsichten auf die Ansatzebene von Beratung aus. Psychologische Intervention setzt traditionell am Individuum an. Obwohl häufig Ursache individueller Problemlagen, werden verhaltensdeterminierende Bedingungen der Umgebung als mehr oder weniger ausserhalb der psychologischen Verantwortung erlebt. Der zwangsläufige Realitätsverlust beeinträchtigt die Erfolgschancen psychologischer Intervention nicht unerheblich (z.B. [47, 57]). Wesentlich vielfältiger gestalten sich Interventionsmöglichkeiten, wenn Individuum und Umwelt als miteinander interagierende Systeme verstanden werden. Analog zur bereits getroffenen Unterscheidung in passive und aktive Prävention können Bemühungen, die eine Optimierung des menschlichen Lebensvollzugs anzielen, unter dieser systemtheoretischen Perspektive sowohl am Individuum wie auch an der Umwelt ansetzen. Nach FISCHER und WIEDL [21] muss sich der jeweilige Focus der Interventionsbemühungen auf vergleichende Zweckmässigkeitsüberlegungen gründen.

Während die Festlegung auf das Individuum als Ansatzpunkt psychologischer Intervention recht eindeutig ist, gestaltet sich die Konkretisierung der Ansatzebene Umwelt ungleich schwieriger. Begriffspaare wie objektive oder subjektive, ökologische oder soziale, stabile oder flexible, enge oder weite Umwelten deuten die Vieldimensionalität des Umweltkonzeptes an [53]. Für die konkrete Interventionspraxis ist das Umweltkonzept ohne attributive Bestimmungen nicht brauchbar; d.h. jegliche Intervention, die über das einzelne Individuum hinausgeht, bedarf einer sehr speziellen Festlegung, welcher Wirklichkeitsausschnitt von Umwelt angegangen werden soll. Von den vielfältigen, meist sehr pragmatischen Versuchen der Gliederung des Gesamtsystems Umwelt in einzelne Teilsysteme, verdient besonders die Unterscheidung in jeweils ineinander übergreifende Systemebenen Beachtung [13]. Mikrosysteme, z.B. Familie und Arbeitsplatz, sind in übergeordneten Mesosystemen miteinander verbunden. Auf diese wirken externe Beeinflussungssysteme (Exosysteme), z.B. Institutionen der Verwaltung, unmittelbar ein. All diese Systemebenen werden geprägt vom Makrosystem, d.h. den Gesetzen, Ideologien oder kulturellen Selbstverständlichkeiten, die eine spezifische Gesellschaft ausmachen. Prinzipiell kann psychologische Intervention auf allen Systemebenen ansetzen. Sie ist jedoch um so schwieriger, je komplexer sich die einzelnen Systemebenen darstellen.

Eigentlich kann eine Festlegung einer Umweltintervention nur auf dem Hintergrund von theoretisch und empirisch fundierten Wirkungszusammenhängen zwischen individuellem Verhalten und betrachtetem Umweltausschnitt erfolgen. Da jedoch nur vereinzelt Partialtheorien der Mensch-Umwelt-Beziehung zur Verfügung stehen, sind es allenfalls Plausibilitätsüberlegungen, die den Focus von Umweltintervention bestimmen. Es sollte jedoch nicht übersehen werden, dass eine Veränderung von Bedingungen, die das Individuum umgeben, in speziellen Anwendungskontexten der Psychologie bereits Tradition hat. Insbesondere unter Rückgriff auf allgemeinpsychologische Befunde erfolgt beispielsweise in der Betriebspsychologie – theoretisch und empirisch fundiert – korrektiv und präventiv orientierte Gestaltung des Mikrosystems Arbeitsplatz. Abgesehen von solchen eng umschriebenen Mensch-Umwelt-Beziehungen ist eine Erweiterung der Ansatzebene von psychologischer Intervention über das System Individuum hinaus zum gegenwärtigen Zeitpunkt jedoch eher eine programmatische Forderung als eine konkrete Berufsrealität.

In den USA haben insbesondere die Erfahrungen bei der Reorganisation des psychiatrisch-sozialen Versorgungssystems im Rahmen der «community mental health»-Bewegung Berater ermuntert, über das System Individuum als Ansatzpunkt von Beratung hinauszugehen (vgl. z.B. [19]). Dieses veränderte berufliche Selbstverständnis drückt sich u.a. in dem Versuch einer Umbenennung von «counselors» in «social reconstructionists», «activists», «change agents» oder «innovators» aus [9]. Gemeinsam ist all diesen Benennungsversuchen die stärkere Betonung einer aktiven, nicht mehr allein reaktiven Beraterrolle. Interventionen setzen nicht direkt an dem von einem System betroffenen Individuum, sondern am System selbst an. So werden beispielsweise nicht die Klienten einer psychosozialen Versorgungseinrichtung, sondern das System bzw. die dort Beschäftigten, nicht Kinder, die einen Spielplatz meiden, sondern seine Planer fachlich beraten.

Die Tätigkeit des psychologischen Beraters in dieser Rolle wird in der englischsprachigen Literatur unter dem Begriff «consultation» subsumiert. Ähnlich wie hinter dem Begriff «counseling» verbergen sich hinter «consultation» eine Fülle von divergierenden, theoretisch-methodischen Konzepten. Von Blake und Mouton [7] aus industriell-organisatorischem Blickwinkel praktisch bedeutungsgleich mit «counseling» benutzt, verstehen andere Autoren, z.B. Blackham [6], Caplan [16] unter «consultation» eine Dienstleistung im Sinn einer Expertise. Der Beratene oder Ratsuchende erhält fachlichen Rat, den er eigenständig in bezug auf bestimmte Problemstellungen weiterverwenden kann. Er erhält diese Information als Rollen- oder Funktionsträger, beispielsweise als Lehrer, Erzieher, Planungsbeauftragter oder Stadtratsmitglied. Sie soll ihn qualifizieren, konkrete Aufgaben kompetenter zu lösen.

Eine besondere Aufwertung erfuhr das Konsultationskonzept im Rahmen der Gemeindepsychologie. Angesichts der Engpässe in der psychosozialen Versorgung und der Tatsache, dass viele Rat- und Hilfebedürftige eher Freunde, Kollegen, Ärzte oder Pfarrer als eine psychologische Beratung in Anspruch nehmen, sah man in der Qualifizierung dieser «Mediatoren» eine vielversprechende Möglichkeit, psychosoziale Versorgung zu gewährleisten und zu verbessern. Nachdem anfänglich die Zahl potentieller Helfer und die Chancen zu ihrer Qualifikation wohl idealistisch hoch eingeschätzt wurden, sind es mittlerweile vor allem die «helfenden Berufe» – z.B. Studienberater oder Sozialarbeiter –, die mittels fallspezifischer Konsultation berufliche Kompetenz und Effizienzsteigerung anstreben. In diesem speziellen Zusammenhang hat Konsultation enge Beziehungen zum Supervisionskonzept (vgl. [24]).

Während fallspezifische Konsultation über die Person des Helfers immer noch in grosser Nähe zum Individuum erfolgt, ist die Veränderung von sozialen bzw. Ökosystemen sehr viel personferner. In einer Kommission zur Reorganisation der Schulverwaltung, beim Entwickeln von Konzepten der Bewährungshilfe oder bei der baulichen Planung eines Altersheims wird vom psychologischen Berater vor allem konzeptionelle Mitarbeit verlangt. Seine spezifische Konsultationsaufgabe besteht darin, die in den genannten Kontexten üblichen pädagogischen, juristischen, architektonischen oder ökonomischen Systemzusammenhänge um die «Verhaltensperspektive» zu ergänzen. Im Unterschied zur fallspezifischen Konsultation, die doch vorwiegend in einträchtigem Bemühen um die Verbesserung der psychosozialen Versorgung abläuft, ist das Durchsetzen einer psychologischen Perspektive in den erwähnten Beispielen von vielfältigen Restriktionen bedroht. Die Argumente des psychologischen Systemberaters werden dabei in dem Mass an Gewicht gewinnen, je vertrauter ihm auch die Systemzusammenhänge sind, die ausserhalb seines Faches liegen.

Es versteht sich, dass bei wachsender systemarer Orientierung der Psychologie die besondere Nützlichkeit des Konsultationskonzepts zur Verbreitung und Anwendung psychologischen Wissens immer wieder hervorgehoben wird. Für heterogenste Anwendungsbereiche und Zielpersonen werden vielfältige Formen der Konsultation vorgeschlagen. Wie KAHNWEILER [33] für den Bereich Schule jedoch nachweisen konnte, beschäftigen sich die meisten Autoren mit Konsultation auf einer begrifflich konzeptionellen Ebene. Nur sehr wenige Untersuchungen berichten von konkreten Konsultationsbemühungen, -ergebnissen oder -schwierigkeiten. Die Hauptgründe dafür sieht KAHNWEILER in der mangelnden Spezifität von Konsultationstechniken, der geringen Vorbereitung während der Ausbildung auf die Konsultantenrolle, den wenigen Effizienzbelegen von Konsultationsbemühungen und der mangelnden Erfahrung bzw. fehlenden Anleitung bei der Konzeption von Konsultationsprogrammen. Ein weiterer Grund dieser Konsultationsenthaltsamkeit mag darin liegen, dass ein psychologischer Berater, der sich vom einzelnen Individuum als Zielbereich seiner Tätigkeit entfernt, zwangsläufig in Konkurrenz mit anderen, bereits etablierten Berufsgruppen tritt. Diese Auseinandersetzung verlangt von ihm innovative Beharrlichkeit und eine anders gelagerte berufliche Identität als sie ihm durch seine Ausbildung vermittelt wurde.

3.3 Paradigmatische Perspektiven

Für den Einzelfall entwickelte Methoden der korrektiv-therapeutischen Intervention hatten für die Beratungspraxis stets einen hohen Gebrauchswert, insbesondere natürlich dadurch, dass die Beratungsaufgabe durch die Anliegen der Klienten einerseits und das Selbstverständnis des Beraters andererseits vorwiegend in korrektive Richtung ausgelegt wurde. Der Versuch einer Erweiterung des Spektrums von Zielpopulationen oder die Zentrierung auf eine lebenslaufbegleitende und unterstützende Beratung bedingen zwangsläufig neue Ansprüche an das Interventionsmethodeninventar. Diese Ansprüche sind nicht allein dadurch zu befriedigen, dass einzelne Methodenelemente therapeutischer Ansätze an die veränderte Beratungspraxis adaptiert werden. Eine solche Adaptierung mag von Fall zu Fall sinnvoll sein; die Übernahme einzelner Therapeutenmerkmale aus dem klientenzentrierten Ansatz oder einzelner Modifikationstechniken aus dem Bereich der Verhaltenstherapie stellen solche Beispiele dar. Sie muss jedoch um Methodenentwicklungen ergänzt werden, die den Besonderheiten einer nichtkorrektiven Beratungspraxis Rechnung tragen.

Im therapeutischen Bereich folgte der Phase einer rasanten Methodenentwicklung in den 60er Jahren eine Phase der Konsolidierung. Die Forschung der 70er Jahre konzentrierte sich weniger auf die Konstituierung neuer Therapieansätze als auf eine differenzierte – oft vergleichende – Auseinandersetzung mit bereits existierenden Ansätzen. Diese Bemühungen liefen nicht darauf hinaus, den Totalitätsanspruch einzelner Ansätze zu bestätigen oder zu widerlegen, sondern unter Einbezug der Erkenntnisse grundwissenschaftlicher Disziplinen sollten die Wirkungsmechanismen einzelner Interventionsansätze transparenter werden. Nach VAN QUEKELBERGHE [56] besteht die wesentliche Aufgabe einer solchen «komparativen Psychotherapieforschung» in der Entmythologisierung ungeprüfter Lehrmeinungen und der Erarbeitung einer einheitlichen Grundlegung psychologischer Therapien. Es wundert nicht, dass in den kognitiv kopflastigen 70er Jahren im Paradigma des Problemlösens ein solcher Bezugsrahmen für die Integration unterschiedlicher Therapieansätze gesehen wurde (vgl. z.B. [55]). Das von D'ZURILLA und GOLDFRIED [20] ursprünglich als ein Ansatz therapeutischer Intervention vorgeschlagene Problemlösekonzept betont die kognitiven Prozesse bei der Auseinandersetzung eines Individuums mit seiner Umwelt. Mittlerweile in den theoretisch weiter gesteckten Rahmen psychologischer Handlungstheorien integriert, verdienen die spezifischen Vorteile des Problemlöseparadigmas für eine einheitliche Grundlegung von Therapie genauere Beachtung.

Nach HOFFMANN [27] liefert der Problemlösevorgang ein Modell für den prozesshaften Charakter des psychotherapeutischen Geschehens. Durchaus beeinflusst von einem verhaltenstherapeutischen Selbstverständnis, ist der Ausgangspunkt ein konkretes individuelles Problem, für dessen Bewältigung dem Individuum keine effektiven Lösungsstrategien zur Verfügung stehen. Das Modell des Problemlösens unterscheidet sequentiell aufeinander aufbauende Operationen. Der Analyse des gegebenen Problemzustandes folgt die Konkretisierung des angestrebten Zustandes, das Generieren von alternativen Lösungsschritten und eine abschliessende Evaluation der Zielerreichung.

Als allgemeines Modell für Psychotherapie hat das Problemlöseparadigma nach HOFFMANN [27] den weiteren Vorteil, dass als Therapieziel generalisierbare Fähigkeiten angestrebt werden. Durch die spezifische Vorgehensweise wird dem Individuum einmal bei der aktuellen Problemlage exemplarisch geholfen, zusätzlich wird der Transfer erworbener Problemlösefertigkeiten und -strategien auf andere problematische Situationen erwartet. Insbesondere Fähigkeiten der problemrelevanten Informationsgewinnung, die Beschreibung von Ist-Soll-Zuständen und das Ableiten von Lösungsstrategien sollen diesen Transfer gewährleisten. Als dritten Vorteil des Problemlösemodells nennt HOFFMANN die Art der Interaktion zwischen Klient und Therapeut, durch die eine zunehmende Verselbständigung des Klienten erreicht werden soll. Es wird davon ausgegangen, dass der Klient - als Spezialist im Feld des eigenen Verhaltens - vom Therapeuten - dem Spezialisten für Verhalten - Wissen übernimmt. In einem quasi-pädagogischen Prozess lernt der Klient, das Wissen des Therapeuten auf sein eigenes Verhalten zu beziehen.

In Anerkennung der Brauchbarkeit des Problemlösemodells für die Gestaltung bestimmter Therapieabschnitte weist HOFFMANN [27] den Anspruch einer allgemeinen Grundlegung von Therapiemethoden mit Hilfe dieses Modells jedoch zurück. Der Haupteinwand bezieht sich auf die globalisierende und idealisierende Gleichsetzung von «Lebensproblemen» mit «denkpsychologischen Problemen». Lebensprobleme, die an den Therapeuten herangetragen werden, sind in der Regel gekennzeichnet durch eine beträchtliche Komplexität und eine Fülle von vorhergegangenen Lösungsversuchen. Häufig ist weder die Problemlage noch die Zielprojektion eindeutig. Der eigentlich therapeutische Prozess erfordert die Klärung von komplexen Bedürfnissen, Widersprüchen und Ungereimtheiten, die Ausdruck lebensgeschichtlicher Bedingungen sind. Es stellt sich die Frage, ob eine einseitig rationale Betrachtungssystematik, unter Vernachlässigung von emotionalen und interaktionalen Aspekten, dem individuellen Problem gerecht werden kann. Zusätzlich bleibt offen, ob sich ein Therapeut auf dem Hintergrund dieser Bedingungen mit einer pädagogisch-didaktischen Kooperationsrolle begnügen kann.

Diese Einwände erscheinen aus therapeutischer Sicht plausibel. Reduziert man jedoch den Allgemeingültigkeitsanspruch an den Problemlöseansatz, fällt sein hoher Gebrauchswert für Beratungssituationen auf. Insbesondere für eine edukativ-entwicklungsbezogene Tätigkeit von Beratern stellt der Problemlöseansatz - zumindest auf einer Makroebene - explizite Strategien bereit. Ein Individuum, das vor der Bewältigung einer konkreten Entwicklungsaufgabe steht, ist mit grösserer Aussicht auf Erfolg zur rationalen Auseinandersetzung mit dieser Situation in der Lage, als ein Individuum, das in eine extrem belastende Lebenskrise verstrickt ist. Diese prinzipielle, heuristische Eignung des Problemlöseansatzes darf jedoch nicht darüber hinwegtäuschen, dass eine präzise Explikation für unterschiedliche Aufgabenstellungen noch aussteht. Auch die methodische Ausformung der einzelnen «Problembewältigungsstufen» wirft nach HEPPNER [26] mehr Fragen auf, als Antworten angeboten werden können. Mittlerweile entwickelte ausdifferenzierte Konzeptionen des

Problemlösemodells (vgl. z.B. [17, 28]) könnten sich dabei für spezifische Anwendungszusammenhänge von Beratung als besonders innovierend erweisen.

Wie bereits angedeutet, stellt die heterogene Gruppe der Handlungstheorien einen auch die Problemlöseansätze übergreifenden Bezugsrahmen dar. Trotz einiger Umsetzungen in konkreten Anwendungszusammenhängen - z.B. von Nitsch und Allmer [41] und Kaminski [34] im sportpsychologischen Bereich - wurden handlungstheoretische Überlegungen bisher vor allem auf der Modellebene expliziert (z.B. [38, 58]). Als gemeinsamer Annahmekern aller handlungstheoretischen Konzeptionen kann «das reflexive Subjekt in der zielorientierten Auseinandersetzung mit seiner Umwelt» gelten. Handelnde Personen werden als teiloffene, informationsaufnehmende und -verarbeitende Systeme verstanden, die ein Optimum an individueller Zielerreichung anstreben. Eine Zielerreichung ist um so wahrscheinlicher, je «kompetenter» ein Individuum handelt. Dies erfordert u.a. die Abstimmung mit situationsspezifischen Anforderungen und Bedingungen [36]. Gerade der Kompetenzbegriff beinhaltet eine Fülle von operativen Möglichkeiten für die Beratungspraxis. Kommer und Röhrle [36], die die Förderung von kompetentem Handeln mit als wichtigstes Zielfeld primärer Prävention betrachten, nennen eine Fülle von konkreten Beispielen, wie in bezug auf verschiedene Phasen eines individuellen Handlungsverlaufs beraterische Tätigkeit wirksam werden könnte. Im wesentlichen würde Beratungstätigkeit dem sich selbst steuernden und regulierenden Individuum kognitive und/oder operative Hintergrundinformation zur Verfügung stellen. Solche «augmentative» Massnahmen, die Brandtstädter [11] von Massnahmen der «passiven Prävention» unterschieden wissen will, könnten auf verschiedene Weise erfolgen: individualspezifisch, wenn z.B. das Spektrum in Frage kommender Handlungsmittel bei der Berufswahl durch Beratung erweitert wird, oder kollektiv, wenn z.B. Mütter die Bedeutung der Selbständigkeitserziehung für die Leistungsmotiventwicklung kennenlernen.

Überlegungen dieser Art führen jedoch weit über die augenblicklichen Möglicheiten einer Beratung auf handlungstheoretischer Basis hinaus. Insbesondere wäre es nötig, Handlungstaxonomien für spezifische Anwendungszusammenhänge zu entwickeln. Ein Beispiel dafür liefert Billmann-Mahecha [5] in einem Bericht über das im Sonderforschungsbereich 22 beheimatete Teilprojekt «Beratungsforschung». Bezogen auf interpersonelle Konflikte wurden rational-argumentative Strategien der Konfliktlösung in Beratungstriaden entwickelt. Herrschaftsfreier Dialog, Freiwilligkeit und Machtgleichgewicht zwischen den Konfliktpartnern und einem «neutralen» Berater sind die wesentlichen Voraussetzungen für eine Konfliktlösung in dieser Triade. Das handlungstheoretische Konfliktinterventionsmodell unterscheidet verschiedene Phasen einer Konfliktberatungsstrategie. In einer Einleitungsphase erfolgt die Darstellung des Beratungsangebotes in der Öffentlichkeit, die Anmeldung zur Beratung und ggf. die Etablierung der Beratungstriade. In der Phase der eigentlichen Konfliktberatung werden die Analyse der Konfliktsituationen als Aufforderungssituationen, die Aufstellung und Analyse von Zielsystemen sowie Verabredungen und Kontrolle der Verabredungen geleistet. Der Konfliktlösungsversuch erfolgt in einer dritten Phase durch den Wechsel der Beratungsebene auf «Oberziele». – Diese vielversprechende Explikation von Beratungsstrategien für interpersonelle Konfliktsituationen sollte um ähnliche Explikationen für andere Zielbereiche von Beratung ergänzt werden.

3.3.1 Handlungstheoretische Explikation von Beratungsfähigkeit

Einen weiteren Beleg für die generelle Brauchbarkeit von handlungstheoretischen Überlegungen zur Explikation von Kompetenzen hat BECKER [3] für den Beratungssektor geliefert, indem er versuchte, das Konzept der Beratungsfähigkeit handlungstheoretisch zu fassen. Hinter diesem hochrelevanten Konzept, das bisher kaum Beachtung fand, steht die Frage, warum manche Individuen mit einem individuellen Problem einen psychologischen Berater aufsuchen, andere dagegen nicht. In einem erweiterten Sinn wird Beratungsfähigkeit als eine Kompetenz verstanden, die sich aus verschiedenen Einzelelementen zusammensetzt. BECKER ([3], S.16) bringt folgende Elemente in seine Definition von Beratungsfähigkeit ein: «Ein Klient gilt als subjektiv beratungsfähig, wenn er einen psychischen Spannungszustand perzipiert und bei dem Bemühen, diesen zu beseitigen, die Möglichkeit professioneller Hilfe in Betracht zieht; im Vertrauen auf seine eigenen Fertigkeiten und die des Beraters sucht er diesen auf und ist bereit, mit dessen Hilfe sein Problem zu lösen.» Die einzelnen Elemente dieser Definition verdienen genauere Beachtung. «Subjektive» Beratungsfähigkeit (die Wahrnehmung der eigenen Beratungsfähigkeit) wird unterschieden von der «objektiven» Beratungsfähigkeit (die Beratungsfähigkeit eines Klienten aus der Sicht des Beraters). «Bemühen, den psychischen Spannungszustand zu beseitigen» bedeutet, dass der Klient – mit dem Wunsch nach Änderung – zumindest über naive Bewältigungsstrategien verfügt, die aber nicht zu einem Ergebnis geführt haben. Bewusst wurde auf den Problembegriff verzichtet, da mit diesem Begriff häufig eine exakte Zustandsformulierung assoziiert wird. In der konkreten Beratungspraxis kommt es jedoch häufig vor, dass ein Klient sein Problem nicht ausreichend konkretisieren kann, sondern allenfalls ein Symptom

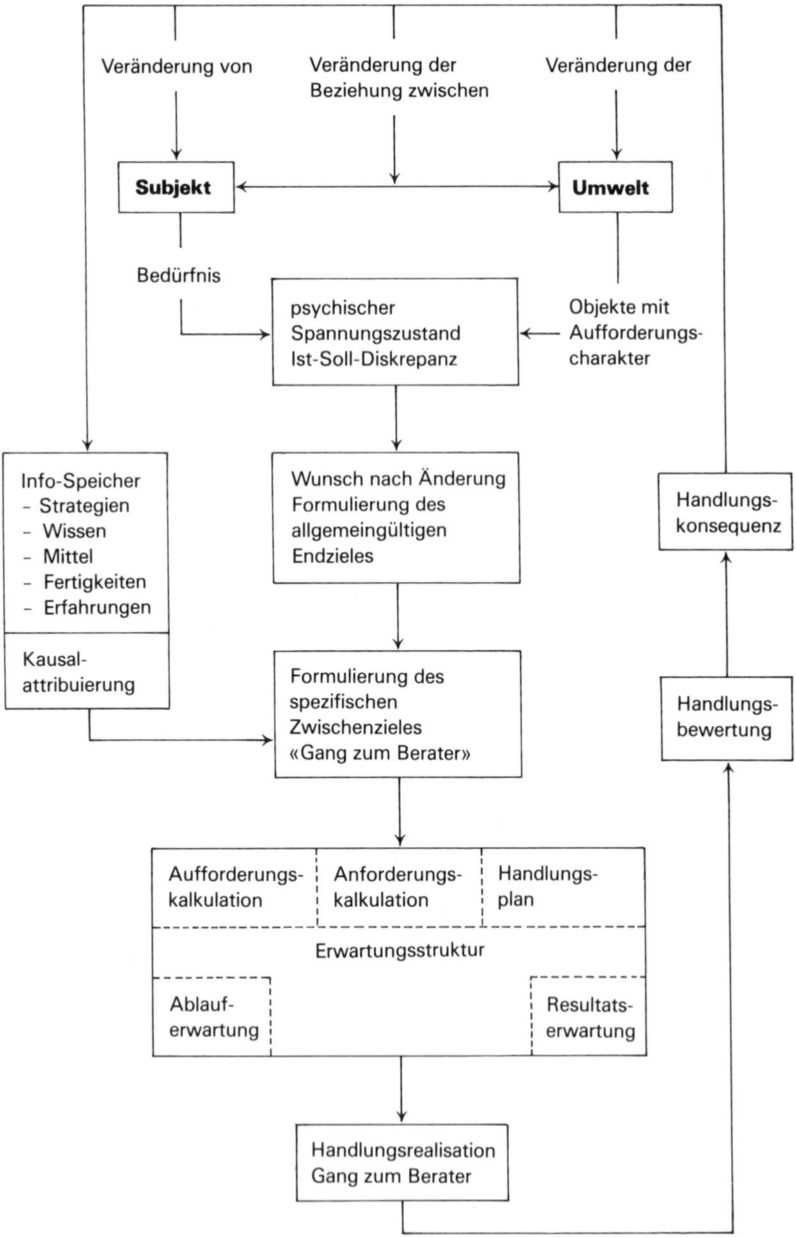

Abb.1. Ein Prozessmodell der Beratungsfähigkeit nach Becker [3].

als problematisch empfindet. In der Umschreibung «Möglichkeit professioneller Hilfe» drückt sich die Wahrscheinlichkeit aus, dass der Gang zum Berater als spezifisches Zwischenziel auf dem Weg zum Endziel «Spannungsfreiheit» betrachtet wird. Voraussetzung dafür sind Informationen über Beratungsstellen oder die Fähigkeit, sich solche zu beschaffen sowie in der Regel eine internale oder zumindestens interaktionale Kausalattribuierung der in Frage stehenden Schwierigkeiten. Im zweiten Teil der Definition werden verschiedene Elemente berücksichtigt, die als Bedingungen für das Erreichen des spezifischen Zwischenziels «Gang zum Berater» angesehen werden müssen. Neben dem «Vertrauen auf die eigenen Fertigkeiten und die des Beraters» und den damit verbundenen positiven Erwartungen hinsichtlich des Beratungserfolges sind dies das Fehlen von Erwartungsängsten und die Bereitschaft, einen gewissen finanziellen und zeitlichen Aufwand in Kauf zu nehmen, die implizit in der Formulierung «Bereitschaft zur Lösung des Problems» zum Ausdruck gebracht werden.

Die verschiedenen Definitionselemente wurden in ein Prozessmodell der Beratungsfähigkeit eingebracht (Abb.1). Den allgemeinen handlungstheoretischen Rahmen dafür liefert das Prozessmodell der Leistungsmotivierung bei Sportlern von Nitsch und Allmer [41]. Das von Becker [3] entwickelte Modell liefert diagnostisch fassbare Hypothesen, deren Klärung sehr spezifisch die Beschreibung unterschiedlicher Ausmasse von Beratungsfähigkeit erlaubt. Das Modell wurde einer ersten Bewährungsprobe im Bereich sexueller Funktionsstörungen bei Ehepartnern ausgesetzt. Mit Hilfe spezifischer Zusatzannahmen, die insbesondere der dyadisch-interaktionalen Besonderheit dieses Problemfeldes Rechnung tragen, konnte ein diagnostisches Instrument, der «Fragebogen zur Erfassung der Beratungsfähigkeit bei Paaren mit sexuellen Funktionsstörungen» entwickelt werden. Erste empirische Validierungsversuche belegen die Brauchbarkeit des Modells. Durch die sehr spezifisch diagnostizierbaren Einschränkungen der Beratungsfähigkeit ist es möglich, bei einzelnen Paaren Bedingungen zu identifizieren, die eventuell einem Beratungserfolg entgegenstehen. Die Beseitigung dieser Bedingungen kann damit explizit in die Gesamtberatungsaufgabe eingebracht werden. Weiterhin könnten epidemiologische Studien mit einem solchen Instrument sehr konkrete Hinweise darauf liefern, welchen Informationen in Aufklärungsmassnahmen zur Erhöhung von Beratungsfähigkeit in der Bevölkerung besonderes Gewicht einzuräumen wäre.

Die vorgestellte Untersuchung mag als ein Beispiel verstanden sein, wie handlungstheoretische Grundannahmen durch empirische Umsetzung für ein spezielles Praxisfeld nutzbar gemacht werden können. Derartige konkrete Umsetzungen dürften den Wert der theoretischen Auseinandersetzung auf der Modellebene wesentlich erhöhen.

4. Implikationen für Praxis, Ausbildung und Forschung

Die allmähliche Veränderung des beruflichen Tätigkeitsspektrums von psychologischen Beratern in den USA dürfte ein Indikator für Veränderungen sein, die auch hierzulande eine gewisse Wahrscheinlichkeit besitzen. Wie angedeutet, beinhalten alternative Zielbereiche, Ansatzebenen und Methoden von Beratung vielfältige Möglichkeiten der Ausdifferenzierung des Berufsfeldes und der Berufsrealität. Die vorgenannten Überlegungen erscheinen zum gegenwärtigen Zeitpunkt insbesondere deswegen angezeigt, weil Psychologenausbildung und psychologische Berufsausübung in der Bundesrepublik Deutschland Gefahr einer allzu einseitig therapeutischen Orientierung laufen. Noch sind die Regularien, denen psychotherapeutische Ausbildung und Tätigkeit unterwofen werden sollen, im Stadium der Diskussion. Um einem eingeschränkten Verständnis psychologischer Berufsausübung entgegenzuwirken, erscheint gerade jetzt eine Reflexion über ergänzende und alternative Möglichkeiten sinnvoll.

Es sollte nicht verkannt werden, dass jegliche Propagierung «alternativer» Berufsausübung für die im Beruf Stehenden ein hohes Ausmass an Identitätsbedrohung beinhaltet. Eine solche Bedrohung wird in dem Masse als weniger gravierend erlebt werden können, in dem während der Ausbildung therapiealternative Sichtweisen vermittelt wurden. Die Akzentsetzung auf korrektive Intervention und der starke Zuschnitt von Ausbildungsplänen auf den Wissenschaftsbetrieb (vgl. z.B. [50]) sind im Augenblick die Haupthindernisse, die den Blick auf veränderte Berufsrollen verstellen. Psychologen, die Aufgaben der Prävention übernehmen, die weniger direkt mit dem einzelnen Individuum arbeiten, die initiativ werden und sich nicht mit ihrer rein reaktiven Rolle im Schutz ihrer Beratungsstelle begnügen, benötigen eine Vielzahl von Kompetenzen, die bislang allenfalls ansatzweise in Ausbildungsplänen Berücksichtigung finden [14]. Die inhaltlichen und methodischen Akzente einer alternativen Ausbildung ergeben sich unschwer aus den diskutierten Perspektiven. Darüber hinaus verlangt ein verändertes Rollenverständnis aber Kompetenzen, die nicht genuin psychologischer Natur sind: z.B. Planungs-, Organisations-, Darstellungs- und Überzeugungskompetenz. Kompetenzen dieser Art werden vordringlich dann benötigt, wenn die Ansatzpunkte psychologischer Intervention in interdisziplinärer Verantwortung liegen. Gerade die Fähigkeit, psychologische Sachverhalte überzeugend, verständlich und auch unter Einbezug psychologieferner Argumentationslinien darstellen zu können, hat eine enorme Bedeutung. Besondere Aufmerksamkeit müsste in diesem Zusammenhang wohl der didaktisch-pädagogischen Aufbereitung von psychologischer Information gelten. Die Möglichkeiten der modernen Medientechnologie erscheinen für diese Zwecke bislang nur ansatzweise genutzt [32].

Es sollte deutlich geworden sein, dass eine Ausweitung der psychologischen Beratungspraxis nur in dem Masse erfolgreich sein kann, wie sie in der Forschung eine Entsprechung findet. Aufgrund der engen Verzahnung von Beratung und Therapie entspricht die Methodik der Beratungsforschung im wesentlichen der Methodik der Therapieforschung [22]. Nach ZIMMER [61] erscheint es unabdingbar, für veränderte Beratungsfragestellungen auch eine veränderte Forschungsmethodologie zu entwickeln. Unter anderem denkt er dabei an Methodenanleihen aus dem Bereich der Ethologie oder Kulturanthropologie. Insbesondere die leider immer noch eher Absicht als Wirklichkeit darstellende Evaluation von Beratungsergebnissen und Konsequenzen sollte ein entscheidendes Anliegen der Forschung darstellen [49]. Nach KNAPPER [35] hat die Öffentlichkeit ein Recht darauf zu erfahren, wie es um die Nützlichkeit beraterischer Aktivitäten in Relation zu den anfallenden Kosten steht. Berater, die nicht selbst die Nützlichkeit ihrer Arbeit belegen, laufen Gefahr, auf möglicherweise unangemessene Weise von aussen evaluiert zu werden.

Angesichts der zunehmenden Komplexität der Gesellschaft und ihrer Teilsysteme kommt dem Beratungswesen eine wichtige sozialpolitische Aufgabe zu. In diesem Beitrag wird Beratung als methodische Klammer von heterogenen - zum Teil bereits existierenden, zum Teil noch zu entdeckenden - Anwendungszusammenhängen betrachtet. Es war nicht Absicht, Spezifikationen von Beratung für diese Anwendungszusammenhänge zu leisten. Vielmehr sollte aufgezeigt werden, durch welche generellen Akzentsetzungen das Spektrum psychologischer Berufspraxis erweitert werden kann.

Ähnlich wie die Begriffe Psychotherapie oder auch Diagnostik unterliegt der Beratungsbegriff im Zuge der Entwicklung der Disziplin Psychologie jeweils gegenstandsspezifischen Bedeutungsveränderungen. Es ist ein Merkmal dogmatischen Wissenschaftsverständnisses, wenn momentane Bedeutungszuweisungen als Bedeutungsfestschreibungen betrachtet werden. Der Beratungsbegriff sollte als breites Konzept beibehalten werden, unter das vielfältige Ziele und Formen der Weitergabe von psychologischer Erkenntnis und Kompetenz subsumiert werden können. Die attributive Festlegung des jeweiligen Gegenstandes bzw. der jeweiligen Methode von Beratung muss sich aus konkreten Ansprüchen von aussen und aus den wahrgenommenen Möglichkeiten der Disziplin ergeben. Es bleibt festzuhalten, dass die Zukunft des Faches Psychologie nicht allein in einer zunehmenden Institutionalisierung von psychologischen Dienstleistungen gesehen werden darf. Gerade durch eine verstärkte Propagierung und Vermittlung von psychologischen Sichtweisen gilt es, der Disziplin Psychologie im gesellschaftlich-kulturellen Bewusstsein ein breiteres Fundament zu verschaffen.

Literatur

[1] Arnold, W. Der Beruf des Psychologen. Psychologie und Praxis, 1978, 22, 93-122.

[2] Aubrey, R.F. Historical development of guidance and counseling and implications for the future. The Personnel and Guidance Journal, 1977, 55, 288-295.

[3] Becker, H.-W. Das Konzept der Beratungsfähigkeit. Eine handlungstheoretische Analyse und exemplarische Anwendung im Bereich sexueller Funktionssstörungen. Unveröffentlichte Diplomarbeit. Trier: Fachbereich I - Psychologie - der Universität Trier, 1980.

[4] Becker, P. Prävention psychischer Störungen. In L.R.Schmidt (Ed.) Lehrbuch der Klinischen Psychologie. Stuttgart: Enke, 1978, Pp.361-378.

[5] Billmann-Mahecha, E. Die Projektarbeit im Überblick. Werkstattbericht 5 des Teilprojektes 17: Beratungsforschung - Bericht über die Tagung des Teilprojektes 17 vom 6.12. - 9.12.1978 in Bad Salzschlirf. Forschungsbericht 105 aus dem Sonderforschungsbereich Sozialisations- und Kommunikationsforschung (SFB 22) der Universität Erlangen-Nürnberg. Nürnberg, 1979.

[6] Blackham, G.J. Counseling: Theory, process, and practice. Belmont: Wadsworth, 1977.

[7] Blake, R.R., Mouton, J.S. Consultation. Reading: Addison-Wesley, 1976.

[8] Bommert, H., Plessen, U. Psychologische Erziehungsberatung. Stuttgart: Kohlhammer, 1978.

[9] Bradley, M.K. Counseling past and present: Is there a future? The Personnel and Guidance Journal, 1978, 57, 42-45.

[10] Brandtstädter, J., von Eye, A. Pädagogisch-psychologische Praxis zwischen Prävention und Korrektur. In J.Brandtstädter, G.Reinert, K.A.Schneewind (Eds.) Pädagogische Psychologie: Probleme und Perspektiven. Stuttgart: Klett-Cotta, 1979, Pp.355-379.

[11] Brandtstädter, J. Grundlagen psychologischer Prävention. In J.Brandtstädter, A. von Eye (Eds.) Psychologische Prävention. Stuttgart: Klett-Cotta, 1981 (im Druck).

[12] Breuer, F. Psychologische Beratung und Therapie in der Praxis. Heidelberg: Quelle & Meyer, 1979.

[13] Bronfenbrenner, U. Ansätze zu einer experimentellen Ökologie menschlicher Entwicklung. In R.Oerter (Ed.) Entwicklung als lebenslanger Prozess. Aspekte und Perspektiven. Hamburg: Hoffmann & Campe, 1978, Pp.33-65.

[14] Brooks, B.S. Training models for tomorrow. In C.Hatcher, B.S.Brooks. Innovations in counseling psychology. San Francisco: Jossey-Bass, 1977, Pp.325-350.

[15] Caplan, G. Principles of preventive psychiatry. New York: Basic Books, 1964.

[16] Caplan, J. The theory and practice of mental health consultation. New York: Basic Books, 1970.

[17] Dörner, D. Problemlösen als Informationsverarbeitung. Stuttgart: Kohlhammer, 1976.

[18] Drum, D., Figler, H. Outreach in counseling. In C.Hatcher, B.S.Brooks. Innovations in counseling psychology. San Francisco: Jossey-Bass, 1977, Pp.11-36.

[19] Dworkin, E.P. Changing systems through mental health consultation. In C.Hatcher, B.S.Brooks. Innovations in counseling psychology. San Francisco: Jossey-Bass, 1977, Pp.63-92.

[20] D'Zurilla, T.J., Goldfried, M.R. Problem solving and behavior modification. Journal of Abnormal Psychology, 1971, 78, 107-126.

[21] Fischer, M., Wiedl, K.H. Umweltplanung als pädagogisch-psychologische Intervention. In J. Brandtstädter, G. Reinert, K.A. Schneewind (Eds.) Pädagogische Psychologie: Probleme und Perspektiven. Stuttgart: Klett-Cotta, 1979, Pp.445–464.
[22] Gelso, C.J. Research in counseling: Methodological and professional issues. The Counseling Psychologist, 1979, 8, 7–35.
[23] Gräser, H. Entwicklungsintervention. In W. Wittling (Ed.) Handbuch der Klinischen Psychologie. Band 5. Hamburg: Hoffmann & Campe, 1980, Pp.16–49.
[24] Gurk, M.D., Wicas, E.A. Generic models of counseling supervision: Counseling/instruction dichotomy and consultation metamodel. The Personnel and Guidance Journal, 1979, 57, 402–407.
[25] Hays, D.G. 2001: A counseling odyssey. The Personnel and Guidance Journal, 1978, 57, 17–21.
[26] Heppner, P.P. A review of the problem-solving literature and its relationship to the counseling process. Journal of Counseling Psychology, 1978, 25, 366–375.
[27] Hoffmann, N. Psychotherapie als Problemlöseprozess. In W.-R. Minsel, R. Scheller (Eds.) Brennpunkte der Klinischen Psychologie. Band I: Psychotherapie. München: Kösel, 1981 (im Druck).
[28] Hussy, W. Informationsverarbeitende Strukturen und Prozesse: Versuch einer allgemein- und entwicklungspsychologischen Modellbildung. Trierer Psychologische Berichte, 1979, 6, Heft 6.
[29] Irle, M. Zur Lage der Psychologie. In L.H. Eckensberger (Ed.) Bericht über den 31. Kongress der Deutschen Gesellschaft für Psychologie in Mannheim 1978. Band 1: Grundlagen und Methoden der Psychologie. Göttingen: Hogrefe, 1979, Pp.1–23.
[30] Ivey, A.E. Professional Affairs Committee Report (Division 17 – Counseling Psychology). Washington: American Psychological Association, 1976.
[31] Ivey, A.E. Counseling psychology: The most broadly-based applied psychology specialty. The Counseling Psychologist, 1979, 8, 3–6.
[32] Jones, G.B., Harris-Bowlsbey, J.A., Tiedeman, D.V. Computer technology in counseling. In C. Hatcher, B.S. Brooks. Innovations in counseling psychology. San Francisco: Jossey-Bass, 1977, Pp.248–285.
[33] Kahnweiler, W.M. The school counselor as consultant: A historical review. The Personnel and Guidance Journal, 1979, 57, 374–380.
[34] Kaminski, G. Die Bedeutung von Handlungskonzepten für die Interpretation sportpädagogischer Prozesse. Sportwissenschaft, 1979, 9, 9–28.
[35] Knapper, E.Q. Counselor accountability. The Personnel and Guidance Journal, 1978, 57, 27–30.
[36] Kommer, D., Röhrle, B. Handlungstheoretische Perspektiven primärer Prävention. In W.-R. Minsel, R. Scheller (Eds.) Brennpunkte der Klinischen Psychologie. Band II: Prävention. München: Kösel, 1981 (im Druck).
[37] Krumboltz, J.D., Peltier, B. What identifies a counseling psychologist: Method or results? The Counseling Psychologist, 1977, 7, 57–60.
[38] Lantermann, E.D. Interaktionen. Person, Situation und Handlung. München: Urban & Schwarzenberg, 1980.
[39] Minsel, W.-R. Erziehungstraining für Lehrer unter curricularen und evaluativen Aspekten. In J. Brandtstädter, G. Reinert, K.A. Schneewind (Eds.) Pädagogische Psychologie: Probleme und Perspektiven. Stuttgart: Klett-Cotta, 1979, Pp.403–416.
[40] Morrill, W.H., Oetting, E.R., Hurst, J.C. Dimensions of counselor functioning. The Personnel and Guidance Journal, 1974, 52, 354–359.
[41] Nitsch, J.R., Allmer, H. Entwurf eines Prozessmodells der Leistungsmotivierung. In J.R. Nitsch, I. Udris. Beanspruchung im Sport. Beiträge zur psychologischen Analyse sportlicher Leistungssituation. Bad Homburg: Limpert, 1976, Pp.42–59.

[42] PATTERSON, C.H. Theories of counseling and psychotherapy. (2nd ed.) New York: Harper & Row, 1973.
[43] PERLMUTTER, F.D., VAYDA, A.M. Barriers to prevention programs in community mental health centers. Administration in Mental Health, 1978, 5, 140–153.
[5] REESE, H.W., OVERTON, W.F. Models of development and theories of development. In L.R.Goulet, P.B.Baltes (Eds.) Life-span developmental psychology. Research and theory. New York: Academic Press, 1970, Pp.115–145.
[45] REINERT, G. Pädagogische Psychologie im Kontext der menschlichen Lebensspanne. In J.Brandtstädter, G.Reinert, K.A.Schneewind (Eds.) Pädagogische Psychologie: Probleme und Perspektiven. Stuttgart: Klett-Cotta, 1979, Pp.467–496.
[46] RITTERMAN, M.K. Paradigmatic classification of family therapy theories. Family Process, 1977, 16, 29–46.
[47] SCHELLER, R. Theorien beruflichen Verhaltens in der Sackgasse? Psychologie und Praxis, 1980, 24, 41–48.
[48] SCHELLER, R., HEIL, F.E. Beratung. In T.Herrmann, P.R.Hofstätter, H.P.Huber, F.E.Weinert (Eds.) Handbuch psychologischer Grundbegriffe. München: Kösel, 1977. Pp.74–85.
[49] SCHELLER, R., HEIL, F.E. Psychologische Beratung: Alternativen zur gegenwärtigen Forschungspraxis. Psychologische Rundschau, 1978, 29, 277–286.
[50] SCHELLER, R., HEIL, F.E. Interaktion zwischen Beratungspraxis und Beratungsforschung als Voraussetzung für die Optimierung von Beratungsprozessen. In L.H. Eckensberger (Ed.) Bericht über den 31.Kongress der Deutschen Gesellschaft für Psychologie in Mannheim 1978. Band 2: Praxisfelder der Psychologie. Göttingen: Hogrefe, 1979, Pp.409–411.
[51] SCHELLER, R., HEIL, F.E. Möglichkeiten und Grenzen unterschiedlicher Beratungsansätze für die berufliche Laufbahn. In J.Brandtstädter, G.Reinert, K.A.Schneewind (Eds.) Pädagogische Psychologie: Probleme und Perspektiven. Stuttgart: Klett-Cotta, 1979, Pp.417–443.
[52] SHERTZER, B., STONE, S.C. Fundamentals of guidance. (3rd ed.) Boston: Houghton Mifflin, 1976.
[53] STAPF, K.H. Bemerkungen zur Gegenstands- und Methodendiskussion in der Umweltpsychologie. In G.Kaminski (Ed.) Umweltpsychologie. Perspektiven – Probleme – Praxis. Stuttgart: Klett, 1976, Pp.26–39.
[54] STEFFLRE, B., GRANT, W.H. (Eds.) Theories of counseling. (2nd ed.) New York: McGraw-Hill, 1972.
[55] URBAN, H.B., FORD, D.H. Some historical and conceptual perspectives on psychotherapy and behavior change. In A.E.Bergin, S.L.Garfield (Eds.) Handbook of psychotherapy and behavior change: An empirical analysis. New York: Wiley, 1971, Pp.3–35.
[56] VAN QUEKELBERGHE, R. Systematik der Psychotherapie. Vergleich und kognitiv-psychologische Grundlegung psychologischer Therapien. München: Urban & Schwarzenberg, 1979.
[57] WARNATH, C.F. Vocational theories: Direction to nowhere. The Personnel and Guidance Journal, 1975, 53, 422–428.
[58] WERBIK, H. Handlungstheorien. Stuttgart: Kohlhammer, 1978.
[59] WILLIAMS, C. The dilemma of counselling psychology. Australian Psychologist, 1978, 13, 33–40.
[60] WRENN, C.G. Landmarks and the growing edge. The Counseling Psychologist, 1977, 7, 10–13.
[61] ZIMMER, J. Concerning ecology in counseling. Journal of Counseling Psychology, 1978, 25, 225–230.

VIII. Ansätze und Ergebnisse psychoanalytischer Therapieforschung

H. Kächele unter Mitarbeit von R. Schors

Wir gehen davon aus[1], dass die klinisch-psychoanalytische Praxis und ihre wissenschaftliche Durchdringung in kaum mehr überschaubarer Weise alle Bereiche der psychodynamischen Psychotherapieformen durchdrungen hat. Zwar deckt die psychoanalytische Theorie der Behandlung das praktische Feld der psychodynamischen Psychotherapien weitgehend ab, aber innerhalb dieses Feldes werden jeweils Bestandteile der Theorie in besonderer Weise umgesetzt. Diese Tatsache findet ihren Niederschlag auch darin, dass im Gesamtbereich der psychotherapeutischen Praxis bei der Unterscheidung unspezifischer und spezifischer Faktoren sich so viele Kombinationen finden lassen, dass Abgrenzungen innerhalb und zwischen den Schulen zahlreiche Probleme aufwerfen.

In der Forschung spiegelt sich dies insoweit, als empirische Untersuchungen zur psychoanalytisch-psychotherapeutischen Behandlungstechnik weniger die Unterschiede als die Gemeinsamkeiten der verschiedenen Verfahren bearbeiten. Eine scharfe Abgrenzung ist nicht möglich, und für die Psychoanalyse hat Freud mehrere Definitionen der Psychoanalyse als Technik, als Methode und Theorie gegeben. Die allgemeinste Definition orientiert sich an den beobachtungsnahen Erfahrungen von Widerstand und Übertragung ([55], S. 54). Spezielle Bestimmungen dessen, was die Psychoanalyse ausmacht, enthalten neben Widerstand und Übertragung auch theoretische Begriffe [56], S. 223).

Selbstverständlich geht es hierbei nicht um das Definieren als Selbstzweck, sondern um die Frage der Transformierung theoretischer Konzepte in die Praxis und um das Problem der Modifikation der Technik in Anpassung an die spezielle Psychopathologie des Kranken und deren Veränderung. Entsprechende Diskussionen, die die Geschichte der Psychoanalyse von Anfang an begleiteten, haben keineswegs nur den Charakter von Schulstreitigkeiten und sind nicht nur Fragen der Gruppenzugehörigkeiten [44]. Modifikationen der Technik, die vermutlich zunächst in intuitiver Weise eine Reaktion auf die Gegebenheiten des jeweiligen Falles dar-

[1] Die Arbeit entstammt aus der langjährigen Zusammenarbeit mit Prof. Dr. H. Thomä im Rahmen des von der DFG geförderten Projektes «Psychoanalytische Prozessforschung» (Th 170).

stellen, werfen bei definitorischen Festlegungen eines standardisierten Verfahrens notwendigerweise Abgrenzungsprobleme auf: Ist diese technische Modifikation, ist diese Änderung oder Zurückweisung theoretischer Annahmen noch mit Psychoanalyse im Sinne des Werkes von FREUD zu vereinbaren? Fragen dieser Art tauchen in der Psychotherapie überall dort auf, wo Verfahren genauer festgelegt werden, und sie führen zu Diskussionen über das Selbstverständnis, über die berufliche Identität [233]. Ähnliche Kontroversen sind auch in anderen Richtungen zu beobachten.

Schon jetzt zeichnet sich ab, dass erst die weitere empirische Erforschung der psychoanalytischen Situation, also der Interaktion zwischen Patient und Analytiker klären wird, welche Unterscheidungen und Abgrenzungen sachlich begründet sind. Rein definitorische Abgrenzungen lassen keine Aussagen dahingehend zu, in welcher Weise die praktisch relevanten Bestandteile der Theorie in der Praxis, also in Behandlungen realisiert werden und welche Faktoren des therapeutischen Potentials erfolgreiche von erfolglosen Behandlungen unterscheiden.

Schon die Umfrage von GLOVER unter den Psychoanalytikern der Britischen Gesellschaft [62] konnte zeigen, wie verschieden sich die Psychoanalytiker in ihrem praktischen Verhalten sehen. Es spricht einiges dafür, dass diese Selbsteinschätzungen objektivierbar sind. Dies könnte dahingehend interpretiert werden, dass die idealtypische Festlegung der sog. klassischen Technik der Wirklichkeit nicht gerecht geworden ist. Es ist u.E. dringend erforderlich – und wie wir zeigen werden, auch ein Trend der letzten Jahre – dass die therapeutische Praxis selbst in systematischer Weise untersucht und ihre bestimmenden Strukturen durchschaubar gemacht werden.

Bei dieser Sachlage muss davon ausgegangen werden, dass diejenigen wissenschaftlichen Arbeiten, die sich mit der psychoanalytischen Praxis im engeren Sinne befassen, sich auch tatsächlich innerhalb dessen bewegen, was als «Hauptstrom der Psychoanalyse» bezeichnet wird. Andererseits ist davon auszugehen, dass die Praxis, die sich «als analytische Psychotherapie» versteht, zum Hauptstrom in einem mehr oder weniger expliziten Beziehungsnetz steht.

Hier hat die empirische Psychotherapieforschung u.E. eine besonders wichtige Funktion zu erfüllen, weil sie zu einer weiteren Entmythologisierung, zu einem Abbau der sogenannten «Uniformitätsmythen» [115] beiträgt und somit die Diskussion auf eine sachlichere Basis stellen kann. Die Liste der sogenannten Uniformitätsmythen kann und muss über die von KIESLER Benannten erweitert werden, wie wir dies an anderer Stelle vorgeschlagen haben [237]. Die empirischen Fragestellungen orientieren sich an dem paradigmatischen Ansatz, «welcher Therapeut mit welchen Methoden erzielt bei welchen Störungen welche Veränderungen». Aus unserer Sicht ist deshalb der Erfassung der primären Daten der therapeutischen Interaktion ein besonderes Gewicht zu geben, um den Fragestellungen der Psychotherapieforschung hinsichtlich ihrer spezifisch psychoanalytischen Ausprägung entsprechende Grundlagen zu verschaffen[2].

Die folgenden Ausführungen berichten über Ansätze und Ergebnisse der wissenschaftlichen Durchdringung der psychoanalytischen Therapieformen in dem hier skizzierten Sinne. Die notwendigen Einschränkungen bei der Auswahl der Arbeiten ergeben sich aus inhaltlichen und zeitlichen Gesichtspunkten: Es wird besonders der Zeitraum seit 1974 berücksichtigt. Die thematischen Schwerpunkte ergeben sich aus den einleitenden Überlegungen und auch daraus, dass andere Bereiche der Forschung in der Psychoanalyse in umfassenden Abhandlungen und Büchern dargestellt wurden [14, 84, 145].

Die vielfältigen experimentellen Untersuchungen zur allgemeinen Persönlichkeitstheorie der Psychoanalyse werden bei Kline [120] und Kiener [114] dargestellt; darüber hinaus wurden neuere Ergebnisse hierzu kürzlich von Fisher und Greenberg [50] in einem umfangreichen Literaturbericht vorgelegt.

Den in den letzten Jahren sich rasch entwickelnden Bereich der Gruppen-, Paar-, Familien- und Kindertherapien haben wir ebenfalls weitgehend ausgeklammert, da diese als eigenständige Behandlungssettings gesondert dargestellt werden müssen. Eine Darstellung der Forschungsergebnisse zu den Themen der allgemeinen und speziellen Neurosenlehre würde den Rahmen der hier gestellten Aufgabe sprengen. Zusammenfassende Übersichten der letzten Jahre zur Hysterieforschung [99, 127] zur Depression [101], zu den Borderline Störungen [86, 111, 185] und zu der Selbstpsychologie und des Narzissmus [126, 222] geben hier den aktuellen Forschungsstand wieder.

Für systematische Darlegungen der psychoanalytischen Neurosen- und Psychosenlehre siehe die ausgezeichnete Übersicht von Loch und Mitarbeitern [135]; für den Bereich der psychosomatischen Medizin gibt das von Uexküll herausgegebene Lehrbuch einen umfassend angesetzten Überblick [239]. Darüber hinaus geben die verschiedenen Bände des informatorischen Handbuches «Psychologie des 20. Jahrhunderts» eine vollständige Übersicht. Für die Psychotherapieforschung liegt inzwischen die 2. Auflage des nun von Garfield und Bergin edierten «Handbook of Psychotherapy and Behavior Change» vor [17, 58].

1. Fallstudien als Paradigmen des interaktionellen Prozesses

Aus Strotzkas interaktioneller Definition von Psychotherapie ([225], S. 4) lässt sich ableiten, dass Fallstudien als Paradigmata des interaktionellen Prozesses in der Psychotherapie jeder Provenienz im Mittelpunkt des klinischen und wissenschaftlichen Interesses stehen müssen. Dort

[2] Wegen der grossen Bedeutung, die wir diesen Grundlagen beimessen, sollen hier die ersten Diktaphonaufzeichnungen von Earl Zinn im Jahre 1933 ausdrücklich erwähnt werden (siehe [211], S. 235). Es ist gewiss ein historischer Zufall, dass gerade 1933 die Rockefeller Foundation ein Projekt zu fördern begann, das in der psychoanalytischen Therapieforschung wegweisend werden würde, währenddessen die meisten deutschen Psychoanalytiker sich auf die Emigration vorzubereiten hatten.

kommt psychotherapeutisches Denken und Handeln, das auf Veränderung ausgerichtet ist, umfassend zur Darstellung [226].

In diesem Sinne forderten auch Robert Holt und Emanuel Peterfreund in ihren programmatischen Ausführungen zu einem neuen Jahrbuch den kontinuierlichen Kontakt mit der ursprünglichen Quelle psychoanalytischer Erkenntnisse: «die intensive naturalistische Beobachtung, die nur in der psychoanalytischen Situation selbst möglich ist» ([95], S.XIII).

Psychoanalytische Forschung im engeren Sinne muss deshalb auf Daten zurückgreifen, die durch die interpretative Methode in der therapeutischen Situation entstehen. Es handelt sich um ein intensives naturalistisches Beobachtungsverfahren, das gleichzeitig mit einer therapeutischen Technologie verknüpft ist, die wiederum die unabdingbare Voraussetzung für die Aufrechterhaltung der Beobachtungssituation darstellt, da in dieser Situation ein Patient beobachtet wird, um behandelt zu werden. Diese Methode hat ausgereicht, um nach Hans Kunz [128] «der Psychoanalyse einen ersten Rang in der Reihe der das anthropologische Wissen bereichernden wissenschaftlichen Bemühungen einzuräumen» (S.45). Allerdings ist die wissenschaftstheoretische Zuordnung dieser Methode noch immer kontrovers [164, 236].

Unseres Erachtens kann der klinisch arbeitende Psychoanalytiker mit einem Entdeckungsreisenden verglichen werden, der zwar auf Klassifikationen dessen, was er vorfinden wird, durch die erarbeitete Systematik zurückgreifen kann; aber diese Taxonomien sind noch nicht so aufbereitet, dass sich aus ihnen Handlungsregeln ergeben, die in der ideographischen Anwendung, also bei dem gerade vorliegenden Fall, den bestmöglichen therapeutischen Weg markieren. Vorläufig jedenfalls teilt die Psychoanalyse ihre empirischen und wissenschaftlichen Probleme, «mit all jenen Wissenschaften, die menschliche Verhaltensweisen und ihre psychosozialen Motivationen im zwischenmenschlichen Feld untersuchen und dabei die Rolle des Beobachters und seine interpretierende Einwirkung auf die Untersuchungssituation als zentralen Faktor zu berücksichtigen haben» ([236], S.206). In diesem Sinne ist die psychoanalytische Forschung auch Aktionsforschung und als solche entsprechend zu bewerten. Darüber hinaus ist aber eine empirisch-nomothetische Forschung zu psychoanalytischen Theorien vorhanden, deren Reichweite sich sowohl auf grundlegende Konzepte einer allgemeinen Persönlichkeitspsychologie [188] als auch auf Hypothesen zur allgemeinen und speziellen Neurosenlehre beziehen [50]. Diese Forschung in der Psychoanalyse und zur Psychoanalyse muss u.E. Gebrauch von allen methodischen Möglichkeiten machen, die den gestellten Problemen angemessen sind.

Psychoanalytische Forschung im erstgenannten Sinne wird durch diesen zweiten Typus von Forschungsstrategien nicht ersetzbar. Wichtige Bereiche psychoanalytischer Grundlagenforschung z. B. im Bereich der Entwicklungspsychologie sind nur über langfristige intensive Studien einzelner Patienten (z. B. Kinder) möglich. Die Arbeiten von MAHLER [146] zur Entwicklung der Selbst- und Objektrepräsentanzenwelt im Kleinkindstadium sind hierfür ein bemerkenswertes Beispiel (vgl. [136]). Durch fortlaufende Addition von Einzelstudien therapeutischer Beziehungen bildet sich eine Beobachtungsmatrix, aus der theoretische Konstruktionen entwickelt werden können [33]. Diese lassen sich dann auch empirisch-nomothetisch überprüfen (z. B. [1]). Entsprechendes gilt für die klinisch-psychoanalytische Forschung, wo nur über die Herstellung und Aufrechterhaltung der psychoanalytischen Situation bestimmte Beobachtungen möglich werden.

So orientiert sich die psychoanalytische scientific community weiter am Vorbild FREUDS, wobei allerdings in der Regel die veröffentlichten klinischen Berichte nur Vignettencharakter haben. Bei aller sonstigen Traditionsgebundenheit wurde hier das Vorbild der FREUDschen Krankengeschichten nicht wirksam nachvollzogen. Allerdings hat sich in den letzten Jahren hier ein deutlich, auch quantitativ registrierbarer Einstellungswandel vollzogen. Kongruent mit einer Wiederentdeckung der FREUDschen Krankengeschichten im Rahmen der wissenschaftstheoretischen Diskussionen durch SHERWOOD [213], PERREZ [171] und SCHALMEY [199] wurden in den Jahren 1970–1979 eine grössere Zahl ausführlicher *Einzelfalldarstellungen* veröffentlicht, die einen guten und direkten Einblick in Behandlungsabläufe ermöglichen.

Die nachfolgende Tabelle I stellt einige dieser umfangreicheren Darstellungen zusammen. Die Angaben stammen aus einer Übersicht zur «Bedeutung der Krankengeschichte in der psychoanalytischen Forschung» [105].

Die Falldarstellung von DEWALD [29] dürfte als Musterbeispiel besondere Aufmerksamkeit verdienen. DEWALD hatte beschlossen, eine gesamte psychoanalytische Behandlung zu dokumentieren und nahm deshalb während der Sitzung stenogrammartig Notizen auf, die er nach Abschluss der Behandlung transkribierte. Das Studium des Protokolls zeigt, dass seine Aufzeichnung relativ nahe am gesprochenen Text sein dürfte. Mit etwa 600 Seiten ist diese Darstellung der psychoanalytischen Behandlung einer jungen Frau mit einer polysymptomatischen, vorwiegend angsthysterisch strukturierten Neurose, die in 347 Stunden recht erfolgreich therapiert wurde, die ausführlichste leicht zugängliche Fallpräsentation.

Die Art der Dokumentation ermöglicht es, zwischen klinischer Beobachtung durch den teilnehmenden und beteiligten Psychoanalytiker und seinen theoretischen Schlussfolgerungen so zu unterscheiden, dass Kontroversen eine andere Form als bisher gewinnen können. Diese Änderung wird an der Kritik von DOLTOS Fall Dominique durch ANTHONY [2] oder

Tab. I. Überblick über umfassende neuere Einzelfalldarstellungen der Psychoanalyse.

Autor	Fall	Datum der Behandlung	Dauer	Material	Seitenzahl
Dolto 1971	14jähriger Junge	etwa 1968	12 Stunden	Nachschrift	160
Balint 1972	43jähriger Mann	1961/1962	29 Stunden	Nachschrift	130
Dewald 1972	26jährige Frau	etwa 1966	304 Stunden	Mitschrift	620
Winnicott 1972	30jähriger Mann	etwa 1954	–	Nachschrift	240
Argelander 1972	etwa 35jähriger Mann	–	etwa 600 Stunden	Nachschrift	75
Stoller 1973	etwa 30jährige Frau	–	–	Mitschrift	400
Horowitz 1977	25jährige Frau	–	etwa 600 Stunden	Nachschrift	68
Winnicott 1978	2jähriges Mädchen	1964	14 Stunden	Nachschrift	200
Firestein 1978	25jährige Frau	–	–	Nachschrift	30
Goldberg 1978	25jähriger Mann	–	–	Nachschrift	108
Goldberg 1978	31jährige Frau	etwa 1966	etwa 600 Stunden	Nachschrift	98
Goldberg 1978	22jähriger Mann	etwa 1972	–	Nachschrift	134
Ude 1978	6jähriges Mädchen	etwa 1975	2 Jahre	Nachschrift	160
Richter 1979	etwa 20jähriger Mann	etwa 1959	–	Nachschrift	50
Pohl 1979	22jährige Frau	1973	285 Stunden	Mitschrift	60
Thomä 1980	29jähriger Mann	1959	324 Stunden	Nachschrift	17

anhand der Bemerkungen von ANZIEU [4] zu dem Fallbericht von WINNICOTT [244] deutlich.

Was hier für die psychoanalytischen Falldarstellungen gesagt wurde, gilt mutatis mutandum für die anderen therapeutischen Ansätze. STROTZKA und Mitarbeiter haben hier mit ihren «Fallstudien zur Psychotherapie» [226] einen wichtigen Beginn markiert, der einen vergleichenden Einblick in die klinische Realität der verschiedenen therapeutischen Orientierungen ermöglicht.

Über diese veröffentlichten Studien hinaus gibt es eine Fülle schwer zugänglicher Fallberichte, die im Rahmen der psychoanalytischen Ausbildungen verfertigt werden; sie stellen ein unschätzbares Reservoir an konzisen, jeweils etwa 30seitigen Berichten dar, mit denen sich eine Vielzahl von Fragen vermutlich beantworten liesse. Darüber hinaus existieren «primäre Datenbanken» [145], die durch die systematische Tonband- oder Videoaufnahme von Therapiesitzungen geschaffen werden. Im Ulmer Psychoanalysekorpus liegen bereits 4000 aufgezeichnete Behandlungsstunden von verschiedenen Therapieformen vor, von denen etwa 1200 in einer Textbank gespeichert sind [156].

Ein Versuch, die via Fallstudien mitgeteilten vielfältigen klinischen Beobachtungen hier zu skizzieren, würde an der verwirrenden Fülle scheitern. Ein systematischer Zugang zu den klinischen Forschungsthemen erschliesst sich durch die von KLUMPNER begonnene Indexforschung [121, 122, 123]. Ein Vergleich zweier Zehn-Jahres-Perioden von 1953–1962 und 1963–1972 des Indexes des ‹Journal of the American Psychoanalytic Association› zeigt eine Verschiebung des Interesses von Fragen der Psychopathologie, der allgemeinen Psychologie und der allgemein-menschlichen Erfahrungen zu einem vermehrten Interesse für Fragen der Ich-Psychologie, der Entwicklungspsychologie und therapeutischer Probleme. Das starke Interesse an Themen wie Motivation, Sexualität, Ätiologie und Pathogenese ist durch ein Vorherrschen von Diskussionen über Selbst-Objektbeziehungen, Identität, Ich und Über-Ich abgelöst worden. Weitgehend unbekannt ist der jährlich mittels Computerkompilation hergestellte Chicago-Psychoanalytic Literature Index, der etwa 5000 Literaturangaben mittels eines differenzierten Stichwortkataloges erschliesst (Kostenpunkt jährlich 55 Dollar). Die gesamte psychoanalytische Literatur der Jahre 1920–1972 ist in einem dreibändigen Werk inzwischen zugänglich gemacht worden. Auch diese Index-Aktivitäten werden von GEORGE KLUMPNER wissenschaftlich betreut und von der Bibliothek des Chicago Psychoanalytic Institute finanziell und personell getragen.

2. Untersuchungen zu den Behandlungsverfahren

In diesem Teil des Berichtes greifen wir Fragen auf, die im Rahmen der verschiedenen Behandlungsverfahren als empirische Probleme gestellt und bearbeitet wurden. Hierbei wird deutlich werden, dass in den letzten Jahren der Psychoanalytiker selbst in den Mittelpunkt des Interesses geraten ist [232]. Nachdem FREUDS Spiegelgleichnis als didaktische Empfehlung zu einer bestimmten Zeit der historischen Entwicklung begriffen werden konnte, war der Weg frei, das Tun und Handeln des Psychoanalytikers zu thematisieren. Dabei wurde deutlich, dass zwischen den Wahrnehmungs- und Verstehensprozessen und den ihnen folgenden Interventionshandlungen unterschieden werden musste. Der Analytiker als teilnehmender Beobachter wurde *ein* Forschungsthema, der Analytiker als «Handelnder» ein *anderes.* Wir gehen zunächst auf die Ansätze zu den Wahrnehmungsprozessen ein, um dann die Handlungsseite anzusprechen.

2.1 Der Analytiker als teilnehmender Beobachter

Bereits 1969 hatte PAULA HEIMANN [91] die magisch-mystische Tendenz kritisiert, das «empathische Verstehen» als ein ausreichendes Schlüsselkonzept für die Wahrnehmungstätigkeiten des Psychoanalytikers zu betrachten. Sie verwies damals auf die im deutschen Sprachraum weithin unbekannte Arbeit von ROBERT HOLT [94] über das Aufkommen der kognitiven Psychologie. Dieser Linie folgend ergänzt Argelander seinen bisherigen vorwiegend hermeneutisch-verstehenden Ansatz durch kognitionspsychologische Gesichtspunkte [7]. Auch andere Autoren beklagen die mangelnden Kenntnisse über die Datengewinnung im analytischen Prozess [179, 181], und es zeigt sich, dass zunehmend sozialpsychologische oder kommunikationspsychologische Gesichtspunkte zum Verständnis der bisher nur recht global beschriebenen Vorgänge herangezogen werden (vgl. [197]). Der gleiche Vorgang findet sich übrigens auch im Bereich der Entwicklungspsychologie, wie dies die zunehmende Auseinandersetzung mit PIAGET zeigt [3, 88, 174].

Experimentelle Untersuchungen zum klinischen Zuhören wurden von SPENCE durchgeführt, der als Schüler von GEORGE KLEIN spezielle Vorerfahrung für die Erforschung der subliminalen Wahrnehmungsvorgänge einbringen konnte. Er fokusierte seine Untersuchungen besonders auf die Rolle unterschiedlicher verbaler ‹cues› (Signale und Symbole) und experimentierte mit Veränderungen der Aufmerksamkeitseinstellung:

Entsprechend der Symptom-Kontext-Methode von LUBORSKY [138] wurden Texte einer Gruppe von College-Studenten vorgelegt, die in verschiedener Weise den Prozess des Zuhörens systematisch variierten. Es konnte gezeigt werden, dass eine echte Aufmerksamkeitseinstellung sich für die Erfassung sekundärprozesshafter Inhalte eignet, während eine abgelenkte, nicht konzentrierte Aufmerksamkeit vorbewusste und unbewusste Bedeutung eines Textes besser zum Vorschein zu bringen vermag [220, 221].

Die Methodologie solcher Untersuchungen stellt nach MAYMAN [153] und SILVERMANN [214] einen grundlegenden Beitrag zur experimentellen Fundierung psychoanalytischer Konzepte überhaupt dar.

Weiterführende experimentelle Untersuchungen zum Prozess des Zuhörens als Teil einer allgemeinen kommunikativen Kompetenz wurden von FREEDMAN und Mitarbeitern [53] durchgeführt. Sie spezifizierten die Rolle nonverbaler, motorischer Begleitreaktionen beim Zuhören und ihre Auswirkungen auf verschiedene Modalitäten des Hörens. Sie konnte hierbei fokusiertes Zuhören, rezeptives Zuhören und diskursives Zuhören unterscheiden; für ein detailliertes Verständnis des analytischen Hörens haben diese Differenzierungen eine besondere Bedeutung.

Ein anderer Ansatz, die Wahrnehmungs- und Handlungsvorgänge des Analytikers zu organisieren, kann im konzeptuellen Rahmen der künstlichen Intelligenzforschung situiert werden. PETERFREUND [172] legt eine Konzeption vor, bei der sog. innere Welten als Arbeitsmodelle des Analytikers angenommen werden. Diese dienen als Speicher für selektiv aufgenommene Informationen und werden durch neu einkommende Informationen ständig ergänzt und verändert:

A Modelle:
1. Ein allgemeines Arbeitsmodell von Leuten und Dingen unserer Kultur
2. Ein Arbeitsmodell des Analytikers selbst, seiner Vorgeschichte, Charakterzüge usw.
3. Ein Arbeitsmodell der frühkindlichen Entwicklung und ihrer spezifischen Erfahrungswelt
4. Ein Arbeitsmodell des analytischen Prozesses
5. Ein Arbeitsmodell über frühere Lernerfahrungen
6. Ein Arbeitsmodell des speziellen Patienten
7. Ein Arbeitsmodell, spezifisch ein Metamodell basierend auf gängigen klinischen Theorien
8. Ein Arbeits-Metamodell, welches verschiedene Modelle subsumiert, die aus anderen Wissenschaftszweigen stammen

Diese Arbeitsmodelle dienen in ihrer teils parallelen, teils integrativen Verschachtelung der Aufnahme und Verarbeitung der Informationen, die in der analytischen Stunde auftreten. Diese Informationen werden mit Hilfe verschiedener Strategien – teils Strategien des Zuhörens, teils Strategien zur Erreichung bestimmter Informationen – zustande gebracht:

1) Strategien des Analytikers als teilnehmender Beobachter und Zuhörer
(z.B.: arbeite dicht an der emotionalen Erfahrung des Patienten, benütze temporäre Identifikationen usw.)
2) Strategien des Analytikers als Partner des Patienten im analytischen Prozess
(entspricht der Etablierung und Sicherstellung der Arbeitsbeziehung)
3) Strategien zur Herstellung von Bedeutungen
(entdecke einzigartige persönliche Bedeutungen, suche nach ungewöhnlichen, merkwürdigen, unpassenden Abläufen im Fluss der Mitteilungen usw.)
4) Strategien allgemeiner Natur zur Bewältigung der Aufgabe
(fokusiere auf den Beziehungsaspekt und die Übertragung, arbeite mit kleinen umschriebenen Einheiten des Materials usw.).

Ein Grossteil dieser technischen Empfehlungen lässt sich schon in FREUDS Schriften identifizieren, wie dies ARGELANDER [7] zeigte. Mit einer Gruppe von Mitarbeitern am Sigmund Freud Institut konnte er etwa 200 technische Regeln zur psychoanalytischen Behandlungstechnik formulieren und zusammenstellen (S.101ff.). Es folgen einige Beispiele für Regeln zum Verständnis des Unbewussten:

Regel 1: Achte auf die Lücken in der Darstellung, um zu einer schichtweisen Ausräumung des pathogenen Materials zu gelangen.

Regel 13: Sammle Material für ein Thema stückweise zu verschiedenen Zeiten und aus verschiedenen Zusammenhängen.

Regel 15: Der Arzt hat zu erwarten und zu ergänzen, was die Analyse ihm nur in Andeutungen liefert.

Regel 16: Bei widersprüchlichen Empfindungen frage nach den früheren Beziehungen zu anderen Personen.

Über die klinisch-systematische Konzeptbildung hinaus geht ein Untersuchungsansatz von Meyer [159], bei dem 3 Psychoanalytiker unmittelbar nach einer Sitzung auf das mitlaufende Tonband einen Sitzungsrückblick sprechen. Bei dem «freien Sitzungsrückblick» soll der Analytiker alles berichten, was ihm durch den Kopf geht» (S.15). In einem zweiten Teil des Rückblicks, dem sog. Interventions-Explikations-Teil muss der Analytiker drei Interventionen nach ihrer therapeutischen Wichtigkeit priorisieren. Bei den Interventionen soll möglichst ihr Entstehungskontext (z.B. psychoanalytische Theoreme, eigene Biographie jedes Analytikers, spezifisches Arbeitsmodell des Patienten usw.), das Ziel der Intervention und der sog. Klickzeitpunkt beschrieben werden. Das in Hamburg unter Einbeziehung der in der Ulmer Arbeitsgruppe verfügbaren Dokumentation realisierte Projekt ist inzwischen über die Pilotphase hinaus und wird wichtige Hinweise auf die im Psychoanalytiker ablaufenden Vorgänge, seinen inneren Begleitkommentar und die sehr verschiedenen Arbeitsmodelle der Psychoanalytiker Auskunft geben [160].

2.2 Die Verbalen Aktivitäten des Psychoanalytikers

Die kodifizierten technischen Regeln der psychoanalytischen-psychotherapeutischen Behandlungsformen, wie sie gelehrt und tradiert werden, lassen einen grossen Spielraum bei der Realisierung [26, 232]. Glovers Umfrage ist hier unvermindert aktuell, weil nur dort, wo Analysen auf Tonband aufgenommen werden, verlässliche Informationen über das Tun und Handeln der psychoanalytischen Therapeuten vorliegen.

Die Bedeutung der sozialen Realität des psychoanalytischen Settings für die therapeutischen Prozesse wird zwar zunehmend diskutiert; zugleich hält sich diese Diskussion im Rahmen des sog. «Grundmodelles» der Psychoanalyse: den Patienten umgäbe ein emotionales und kognitives

Vakuum, das in der dyadischen psychoanalytischen Beziehung durch die vollständige oder teilweise Unsichtbarkeit des Analytikers während der Analysestunde und durch die relative Beschränkung der Reaktion auf Deutung, Klärung und andere neutrale Kunstgriffe entsteht» ([168], S.156). Empirische Untersuchungen zu den Auswirkungen dieser speziellen Kommunikationssituation, wie sie z.B. MOSCOVICI [167] für die Beziehung von Sprachstruktur und Beziehungskonfiguration vorgelegt hat, sollten u.E. dringend durchgeführt werden.

Es wird in der klinischen Diskussion der optischen Deprivation in der psychoanalytischen Situation ein grosser Raum eingeräumt. Die sehr variable Ausgestaltung der akustischen Verbindung wird dagegen bisher in ihrer Auswirkung auf die regressiven oder progressiven Prozesse unterschätzt. Darüber hinaus gibt es noch eine Vielfalt von variablen Sinnesmodalitäten, deren kommunikative Relevanz bislang von der psychoanalytischen Behandlungstheorie zu wenig beachtet wird (vgl. [151]). Bisherige Befunde und systematische Experimente hierzu stammen in der Regel aus der Interviewforschung [209], deren Analogiegrad für die psychoanalytische Situation allerdings nur geschätzt werden kann.

Darüber hinaus wird in der klinischen Literatur zu den verschiedenen Behandlungsverfahren in der Regel eher die Verschiedenheit als die Gemeinsamkeit der Verfahren thematisiert. Seit der Auseinandersetzung mit FRANZ ALEXANDERS technischen Modifikationen in den 50er Jahren kreist die Diskussion mehr um die Definition der Standardmethode [240] und ihrer Modifikationen, als um die systematische empirisch geprüfte Bestimmung einzelner wirkungsvoller *Behandlungsstrategien* und ihrer quantitativen Verteilung in Anpassung an die Gegebenheiten der Patienten. So beschreibt KUTTER [129] eine Form der konzentrierten Psychotherapie auf psychoanalytischer Grundlage, die keine Modifikation des analytischen Verfahrens sei, sondern nur eine Variante darstelle. Der Verweis auf KERNBERGS [112] Beschreibung dieses Verfahrens im Rahmen des Menninger-Projektes dürfte kaum als ausreichend angesehen werden können, da sowohl von innerpsychoanalytischer Seite aus heftige Kritik hinsichtlich der konzeptuellen Klarheit dieser Psychotherapieform geäussert wurde [25] als auch von aussen deutliches Missbehagen mit dem wenig präzisierten Behandlungsbeschreibungen des gesamten Projektes empfunden wird (s.d. [154]). Nur die zweite Definition des Verfahrens lässt im Ansatz erkennen, dass verschiedene Behandlungsparameter variiert, d.h. verkleinert, verkürzt, aber nicht vereinfacht werden ([129], S.959).

Eine exakte Beschreibung vorhandener Behandlungsformen erscheint dringender als kühne Neukonstruktionen, die mehr aus ideologisch-legitimatorischen Gründen versucht werden dürften. Eine der elementaren Beschreibungsgrössen des Therapeutenverhaltens stellt die sprachliche

Tab. II. Sprechaktivitätswerte einzelner Therapeuten.

Autoren	Jahr	Therapieart	Anzahl Behandlungen und Namenscode (Therapeut/Patient)	$N_{Std.}$	Sprechaktivität %		Verhältnis Sprechaktivität Patient/Therapeut
					Therapeut	Patient	
Matarazzo et al.	1968	Eklektische Psychotherapie	1 RGM/SM	20	16,8%	62,8%	3,74
			1 RGM/HW	33	10,3%	84,2%	8,17
			1 GS/PB	18	43,7%	56,0%	1,28
			1 GS/TM	17	26,7%	67,1%	2,51
			1 JDM/AB	11	18,4%	75,5%	4,10
			1 JDM/CD	12	19,2%	64,5%	3,36
			1 JDM/EF	50	35,6%	35,4%	0,99
Brähler et al.	1974	Analytische Psychotherapie	1 A/P_1	24	20,2%	27,6%	1,37
			1 A/P_2	35	23,8%	27,0%	1,13
			1 B/P_3	34	23,8%	40,8%	1,71
			1 B/P_4	28	27,7%	44,3%	1,60
					Sprechaktivität	$\bar{x}(s)$	Wörter/Sitzung
Dührssen et al.	1974	Dynamische Psychotherapie	11 T_{1-11}/P_{1-11}	je 1	1731 (–)	6080 (–)	3,51
		Psychoanalyse	11 T_{1-11}/P_{12-22}	je 1	645 (–)	3685 (–)	5,71
Kächele/ Mergenthaler	1980	Psychoanalyse	1 A_{t1}/P_1	55	1101 (419)	1345 (620)	1,22
			1 A_{t2}/P_2	123	768 (314)	2936 (914)	3,82
			1 A_{k1}/P_3	50	718 (299)	3594 (1411)	4,10
			1 A_{k2}/P_4	60	787 (221)	2491 (557)	3,19

Es wurden, soweit möglich, jeweils einzelne Therapeut/Patient-Dyaden aufgeführt.
$N_{Std.}$ gibt den Stichprobenumfang an, der ausgewertet wurde.
Die Vergleichbarkeit der prozentualen Angaben und der Worthäufigkeiten lassen sich schätzen, wenn man nach Geissner (1968) für das Sprechtempo von Studenten bei einer Beschreibung 5230 Wörter und bei einer Erzählung 7280 Wörter pro 50 Minuten annimmt.

Aktivität («Sprechaktivität») dar. Ohne hier ausführlich auf die von MATARAZZO und Mitarbeitern, JAFFE und FELDSTEIN und im deutschen Sprachraum von BRÄHLER und ZENZ entwickelte und realisierte Analyse des Sprech-Pausen-Verhaltens eingehen zu können [24], soll anhand einiger Befunde aus diesen und anderen Untersuchungen zur Sprechaktivität von Therapeuten in Behandlungen Stellung genommen werden. Tabelle II gibt einen Überblick über uns verfügbare Werte, die sich jeweils auf therapeutische Sitzungen beziehen. (Erstinterviewdaten wurden nicht berücksichtigt).

Zunächst werden aus einer Untersuchung von MATARAZZO et al. [150] sieben Behandlungsdyaden aufgeführt. Es handelte sich um eklektische Psychotherapien im Sitzen, bei denen jeder der drei Therapeuten sich nach Aussagen der Kollegen ungefähr so verhielt, wie sie ihn sonst kannten, und die Beziehung zum jeweiligen Patienten sehr stark die jeweiligen Sprechaktivitätswerte bestimmte.

Die zweite Untersuchung von BRÄHLER et al. [22] berichtet über 4 analytische Psychotherapien von zwei Therapeuten (A und B) mit je zwei Patienten. Für den Therapeuten A, der zwei als psychosomatisch diagnostizierte Patienten behandelte, ergab sich, dass er der vergleichsweise geringen verbalen Aktivität seiner Patienten nur das übliche Mass verbaler Beteiligung zur Verfügung stellte. Er selber empfand diese Stunden oft als mühsam und schleppend (S.161).

Ob aus dieser fehlenden Flexibilität des Therapeuten, auf den Mangel des Patienten mit einem Mehr an sprachlicher Zuwendung zu reagieren, auf einen strukturellen Mangel des Patienten geschlossen werden sollte, ist zu bezweifeln. Ein Beispiel für eine solche Kompensation zeigt einer der Ulmer Psychoanalytiker (A_{t1}), dessen Patient (P_1) schwere psychosomatische Störungen aufweist; die verbale Aktivität des Therapeuten erreicht fast den Umfang derer des Patienten. Der zweite Psychoanalytiker weist in beiden Behandlungen relativ ähnliche Werte für seine verbale Aktivität auf [107].

Die Untersuchung von DÜHRSSEN et al. [37] versucht die 1972 beschriebene Behandlungsform der «dynamischen Psychotherapie» von der klassischen Psychoanalyse durch einen Vergleich verschiedener Parameter zu differenzieren. Im Bereich der sprachlichen Aktivität ergeben sich bei der hier verwendeten Stichprobe klare Unterschiede zwischen beiden Behandlungsverfahren. Der Therapeut in der dynamischen Psychotherapie-Sitzung interveniert aktiv sowohl im formalen wie im inhaltlichen Bereich. Die Autoren sprechen von «einer grösseren Intensität des psychoanalytischen Klärungsprozesses» (37], S.15).

Allerdings zeigen die vorgelegten Daten aller 18 Therapeuten, dass die *Variationsbreiten der sprachlichen Aktivität* beträchtlich sein können. Hierbei muss sowohl eine Variabilität innerhalb einer gegebenen Therapeut-Patient-Dyade wie auch eine Variabilität des Therapeuten bei verschiedenen Patienten angenommen werden. Damit können wir eine Bestätigung für die in der Einleitung unterstellte Flexibilität von Psychotherapeuten und Psychoanalytikern aufweisen. Die Annahme einer therapieinternen Verhaltenshomogenität muss daher mit grosser Vorsicht betrachtet werden. Würden sich diese aus dem formalen Mass der Sprechaktivität gewonnenen Hinweise auch auf inhaltliche Masse übertragen lassen, so könnte eine Bestimmung, welcher Behandlungsmodalität eine bestimmte Sitzung zuzuordnen sei, nicht apriorisch vorgenommen, sondern nur aufgrund konkreter inhaltlicher Bestimmung fesgestellt werden. Solche operationalen Kriterien könnten dazu beitragen, die verschiedenen Behandlungsmodalitäten zu bestimmen. Entsprechend der von SANDIG [196] vorgeschlagenen Abgrenzung von Textsorten mittels Merkmalsopposition könnte eine schulübergreifende Klassifikation therapeutischer Gespräche durch Merkmalskombinationen versucht werden.

Couch-Sessel-Anordnung wäre dann z.B. eines unter anderen Merkmalen, welches nicht automatisch mit der Therapieart Psychoanalyse zu verbinden ist. Nach mündlichen Umfragen divergiert die Praxis erheblich; einzelne Analytiker legen ihre Patienten erst ab 3–4 Stunden auf die Couch, andere benutzen die regressive Position auch bei niederfrequenten Behandlungen, um spezielle Effekte zu erzielen. Kombiniert man dann die Couch-Sessel-Position versus face to face-Position mit dem Merkmal «wenig versus viel Sprechaktivität» erheben sich bereits vier Behandlungsformen mit vermutlich unterschiedlichen therapeutischen Einwirkungsmöglichkeiten. Die Verwendung weiterer Merkmale wie Stundenfrequenz pro Woche, Dauer der Sitzung, Interventionsstrategien, Honorarabsprachen usw. führt zu einer rasch ansteigenden Vielfalt von Typen von Behandlungsarten, denen die faktisch vorkommenden Spielarten erst einmal zuzuordnen wären. Die bislang verwendeten Bezeichnungen wie Kurztherapie, Fokaltherapie, dynamische Psychotherapie, analytische Psychotherapie würden vermutlich durch solche Konkretisierungen präziser gefasst und entsprechend würde auch die vergleichende Evaluation verschiedener Therapiearten erleichtert. Einen aufschlussreichen Einblick in Überschneidung und Verschiedenheit ergibt sich z.B. beim Vergleich der FREUDschen Behandlungstechnik und den technischen Empfehlungen, wie sie ROGERS formuliert hat. Dieser literarische Vergleich [125] der Urheber einer Technik beantwortet jedoch nicht die Frage, ob sich Therapeuten auch so verhalten, wie sie dies nach ihren schulischen Regeln sollten (vgl. [231]).

Empirische Untersuchungen hierzu wurden wohl von STRUPP [227] initiiert und von ihm 1973 zusammengefasst. KITZMANN et al. [118] konnten in einer ersten deutschen Anwendung des Strupp-Systems bestätigen, dass unerfahrene Interviewer mehr Fragen stellten und mit steigender psychotherapeutischer Erfahrung zunehmend interpretative Interventionen den Interviewablauf steuern. Darüber hinaus liess sich zeigen, dass die Tendenz zu längeren, aber seltenen Aussagen bei einem erfahrenen Interviewer (= interpretative Aussagen) zu längeren, selbstreflexiven Äusserungen bei den von ihm interviewten Patienten führt [117]. An der Giessener Psychosomatischen Klinik wurden weitere Untersuchungen zum Interaktionsstil von Therapeuten im psychoanalytischen Erstinterview durchgeführt, wobei die Strupp-Kategorisierungen zu Giessen-Test-Werten und

On-Off-Patterns in Beziehung gesetzt wurden [149]. Hierbei konnte besonders BRÄHLER zeigen [21], dass die inhaltlichen Kodierungen der Therapeuteninterventionen sehr hoch mit Kategorien der automatischen Sprech-Pausen-Analyse korrelierten. Eine Anwendung des Strupp-Systems auf Behandlungsprotokolle liegt aber u.W. noch nicht vor. Ein anspruchsvoller Katalog zur Gliederung möglicher Interventionsarten ist von ROSEN [187] vorgelegt worden. Er unterscheidet 9 Kategorien:

1. Formale Interventionen (wie Begrüssung usw.)
2. Informationsübertragende Interventionen
3. Fragende Interventionen (zur Klärung, Ergänzung usw.)
4. Nicht-Interventionen (wie Schweigen)
5. Ratgebende Interventionen
6. Konfrontierende Interventionen
7. Interpretative Interventionen (wie klarifizierende und übersetzende Aussagen)
8. Konstruktionen
9. Paraverbale Interventionen (wie grunzen, lachen usw.)

Noch differenzierter wurde von MEYER und Mitarbeitern (Hamburg) im Rahmen des Kurztherapievergleichsprojektes «psychoanalytische Fokaltherapie versus Gesprächspsychotherapie» klassifiziert. Erfolgreich konnten die schulspezifischen Gesprächsstrategien identifiziert und die zu erwartenden Unterschiede bestätig werden [83].

Eine Stichprobe von je 2 Stunden für 12 Psychoanalytiker und 13 Gesprächspsychotherapeuten ergab klare Bestätigungen dafür, dass klienten-zentrierte Therapeuten dem Patienten thematisch mehr folgen, während Psychoanalytiker öfters neue Themen oder Schritte initiieren. In beiden Schulen wird in einem gewissen Ausmass interpretiert, wobei Psychoanalytiker erwartungsgemäss dies auf einem «tieferen» Niveau tun. Nachdenkenswert ist der Hinweis, dass die Psychoanalytiker kritischer mit den Mitteilungen der Patienten umgingen. Die Gemeinsamkeiten beider Verfahren liegen jedoch im gleich umfänglichen Gebrauch von Empathie und der Erörterung von Wünschen und Bedürfnissen der Patienten (S.5).

Zur Technik der Bestätigung als eigenständiger psychoanalytischer Interventionsform haben HEIGL und TRIEBEL [90] eine bemerkenswerte klinische und experimentelle Studie vorgelegt. Nach einer Aufarbeitung der Bedeutung von Lernfaktoren im therapeutischen Prozess zeigen sie die Folgen bestätigenden Verhaltens des Therapeuten auf die korrektiven Neuerfahrungen des Patienten in einem experimentellen Design auf.

In einer ersten naturalistischen Phase registrierten sechs Psychoanalytiker aus Göttingen sechs nacheinanderfolgende Sitzungen bei je zwei ihrer Patienten mit Tonband. Dann erfolgt eine Instruktionsphase über das Konzept der Bestätigung als expliziter Technikvariable. Dann folgt die experimentelle Phase, bei der wiederum sechs nacheinanderfolgende Stunden registriert werden. Die Überprüfung der Häufigkeitswerte für korrektive Neuerfahrungen, die von unabhängigen erfahrenen Psychoanalytikern an den Protokollen eingeschätzt wurden, ergibt eine statistisch signifikante überzufällige Häufung dieser Erfahrungen in der experimentellen Phase. Abschliessend werden in sehr detaillierten klinischen Diskussionen Beispiele der Technik erörtert.

Solche Untersuchungen zeigen, dass problemadäquate Überprüfungen zentraler technischer Konzepte durchaus möglich sind, ohne dass die klinische Situation so denaturiert werden würde, dass sie daran Schaden nimmt. Die Entwicklung sensibler Klassifikationssysteme für Interventionsstrategien der Therapeuten und Reaktionsweisen der Patienten dürfte die Fragebogentechniken zur Einstellung von Therapeuten [231] in ihrer Bedeutung erheblich relativieren. Bei der Entwicklung solcher Interventionskataloge zeichnet sich darüber hinaus bereits ab, allgemeine kommunikationspsychologische Modelle als Rahmen heranzuziehen [10, 151].

2.3 Prozessuntersuchungen

«Die klinisch-kasuistische Literatur der Psychoanalyse wiederspiegelt fast unendliche Vielfalt von Phänomenen und ihrer oft einmaligen Kombinationen in gegebenen Patient-Therapeut-Beziehungen. Die Komplexität des psychoanalytischen Prozesses findet wohl ihren vollen Ausdruck in dieser unüberschaubar gewordenen klinischen Literatur» [237].

Unter psychoanalytischer Prozessforschung werden all jene Bemühungen zusammengefasst, die Beiträge zu einer Theorie des analytischen Verfahrens liefern wollen, welche über die naive, intuitive trial-and-error-Prozessforschung des klinisch tätigen Psychoanalytikers hinaus methodisch gesicherte Wege einschlagen. Im Folgenden skizzieren wir einzelne Forschungsansätze, die repräsentativen Charakter haben, da sie typische und realisierbare Wege zeigen, auf welche Weise in der Psychoanalyse eine sozialwissenschaftlich gesicherte Prozessforschung durchführbar ist.

Es besteht wohl Einigkeit darüber, dass «das Modell des Behandlungsverlaufes, der untersucht wird, nur eine partielle oder grobe Version jenes Geschehens sein kann, das ein Analytiker erlebt, der nicht an ein Forschungsprotokoll gebunden ist. Die wichtigste Frage ist nicht, ob das Modell eines Forschers richtig oder falsch ist, sondern ob es das Verständnis des Prozesses fördert. Die Brauchbarkeit einer Forschungsmethode mit all ihren notwendigen Simplifizierungen liegt in den erzielten Ergebnissen» [202], S.9).

Da in der Prozessforschung in der Regel aufwendige Datenerhebungsverfahren anzusetzen sind, ist die Wahl der Methode von entscheidender Bedeutung. In den vorwiegend als Einzelfallstudien durchgeführten Ansätzen wurden folgende Methoden angewandt:

- Aufzeichnung und Auswertung von Behandlungsnotizen und/oder Verbatimprotokollen
  [59, 90, 93, 96, 97, 98, 147, 196]

- Therapiesitzungsfragebögen
  [27, 73, 77, 102, 159, 189, 212]
- Formalisierte klinische Einschätzung umschriebener Konzepte anhand von Verbatimprotokollen
  [60, 82, 109, 124, 142, 143, 207]
- Computergestützte Inhaltsanalyse von Verbatimprotokollen
  [104, 143, 186, 218, 219, 224]

Die folgenden kurzen Berichte über einzelne Prozessforschungsprojekte stellen nicht die Methode, sondern das Forschungsziel in den Mittelpunkt.

Ein in seiner Konzeption und Durchführung gut überschaubarer Ansatz zur Erforschung einer zentralen Prozessvariablen wird seit längerem von einer Gruppe in San Francisco durchgeführt. WEISS [242] skizziert als Ergebnis eines Diskussionsprozesses klinischer Erfahrungen typische Veränderungen in der Handhabung von Abwehrprozessen im Rahmen eines Integrationsmodelles von *Abwehr.* 1971 folgt eine Fortsetzung mit stärkerer Ausrichtung einer Kritik der vor-ichpsychologischen Theorie der Behandlung: Neue Themen werden dann im Verlauf einer Analyse vom Patienten zugelassen und erlebt, wenn er sich sicher genug fühlt, dies zu tun. Diese These widerspricht teilweise den Vorstellungen von der Funktion der Frustration in der Übertragung als Mittel, unbewusste Impulse zum Vorschein zu bringen. Abwehr-Analyse wird in diesem Konzept als Mittel der Ichstärkung des Patienten betrachtet, was zu einer Bewusstwerdung vorher unbewusster Wünsche führen kann [243]. SAMPSON fasst 1976 die essentials der «control-mastery» Theorie von der Bewusstwerdung unbewusster Wünsche stringent zusammen [194].

Eine erste empirische Prüfung der klinisch entwickelten Thesen geben SAMPSON et al. [195], dann erfolgt ein umfassender Bericht von HOROWITZ et al. [97]. Sie berichten über die Entwicklung einer Methode, verdrängte Inhalte anhand von Behandlungsprotokollen durch eine sorgfältige thematische Analyse der Stunden am Anfang und im weiteren Verlauf der Behandlung zu identifizieren. Der gleiche Ansatz konnte an einem weiteren Patienten repliziert werden, von dem Verbatimprotokolle vorlagen [96]. Die Methodologie erlaubt eine einzelfallstatistische Prüfung von differenzierten psychoanalytischen Prozesshypothesen zur Veränderung von Abwehrstrukturen. Eine weitere Anwendung fand dieses Konzept der Abwehranalyse in einer Einzelfallstudie von MARDI HOROWITZ [98], der in einer Art Ablaufdiagramm die strategisch zentrale Rolle des Sicherheitsprinzips veranschaulicht (S.378).

Übertragung und *Gegenübertragung*[3] sind weitere zentrale Konzepte

[3] Da uns keine neueren empirischen Arbeiten zur Gegenübertragung im Behandlungs-

der psychoanalytischen Behandlungstheorie. Seit 1968 beschäftigt sich in Philadelphia eine Analytic Research Group des psychoanalytischen Ausbildungsinstituts mit der longitudinalen Erfassung des Übertragungskonzeptes in psychoanalytischen Behandlungen. GRAFF und CRABTREE [72] geben einen Bericht über die Entwicklung und innere Strukturierung der Arbeitsgruppe von zehn Psychoanalytikern und die spezifischen Probleme, die mit der Bildung einer solchen Forschungsgruppe verbunden sind. LUBORSKY et al. [142] berichten über erste Ergebnisse der Interrater-Übereinstimmung für fünfminütige Tonbandausschnitte, die zwar signifikant, aber numerisch nicht eindrucksvoll sind. Das Problem der konsensuellen Validität bei komplexen klinischen Konstrukten psychoanalytischer Provenienz bleibt aus sachlichen Gründen schwer lösbar (s.d. [235]).

Der nächste Bericht aus dieser Forschungsgruppe [73] referiert ausführliche Verlaufsdaten über die Entwicklung von Übertragung und Widerstand in vier psychoanalytischen Behandlungen. Die Konzepte werden in Stundenfragebögen vom Therapeuten selbst eingeschätzt. Reliabilität und Validitätsprüfungen werden indirekt durchgeführt [141]. Für die Beziehung zwischen beiden Konzepten ergibt sich – entgegen der Erwartung – dass bei den beiden erfolgreich abgeschlossenen Behandlungen gegen Ende der Therapie das Übertragungsniveau zunimmt und der Widerstandspegel abnimmt. Dieser Befund muss wahrscheinlich so interpretiert werden, dass bei günstig verlaufender Behandlung mehr Übertragungsaspekte manifest werden und besser von Patient und Analytiker verbalisiert werden können. Nachuntersuchungen haben ergeben, dass bei erfolgreich analysierten Patienten sich relativ schnell und deutlich wieder Übertragungsmanifestationen im frei assoziativ geführten katamnestischen Interview zeigen [169, 203, 204].

In Übereinstimmung mit STRUPPS Ausführungen über die generelle Bedeutung der Beziehung als therapeutisches Agens entwickelten GILL und HOFFMANN ein Scoring Manual für die Erfassung der Hier-und-Jetzt-Übertragungsaspekte anhand von Verbatimprotokollen psychoanalytischer Sitzungen [60]. Eine erste Vorstudie erprobte das Manual an einer Stichprobe von 12 Analysen mit je 15 Stunden, die DAHL zur Verfügung stellen konnte. Weitere Untersuchungen sind gegenwärtig im Gange.

Eine weitere zentrale Prozessvariable der psychoanalytischen Behandlung ist die Dimension des «*Widerstandes*». Ein indirektes Mass des Wi-

prozess bekannt sind, verweisen wir auf die Zusammenfassung der einschlägigen Forschungsliteratur durch SINGER u. LUBORSKY [215]. BECKMANNS [12] Darstellung der Übertragungsbeziehungsmuster im diagnostischen Prozess ist vermutlich für langfristige therapeutische Beziehungen nicht ungeprüft zu übernehmen.

derstandes wurde von DAHL [27] über eine faktoranalytische Strukturierung von 53 klinischen Variablen über 363 Stunden gewonnen, die die behandelnde Analytikerin nach der Sitzung jeweils einschätzte. Die hierbei zur Anwendung kommende P-Technik (von LUBORSKY 1953 in die Psychotherapieforschung eingebracht) verdeckt allerdings ein möglicherweise zentrales Problem. Ziel einer Behandlung ist die Auflösung initial bestehender, weil unbewusst fixierter, thematischer Zusammenhänge; die Annahme der P-Technik ist aber die Unveränderlichkeit dieser Beziehungen. Eine Überprüfung der aus den klinischen Kodierungen gewonnenen Verlaufseinschätzungen, die zwischen «produktiver Arbeits-» und «Widerstands-»situationen differenzierten, wurde an einer Kriterium-orientierten Stichprobe von Stunden mit computergestützter Inhaltsanalyse durchgeführt. Es ergaben sich klare Hinweise auf sprachinhaltliche Unterschiede zwischen «widerständigen» und «produktiven» Behandlungsstunden. Mehr Selbstreferenzen in guten Stunden, mehr objektgerichtete Referenzen in Widerstandsstunden. Allerdings ist die Interpretation dieser pronominalen Orientierungen recht problematisch. In eigenen Untersuchungen [200] an vier Psychoanalysen ergeben sich jeweils recht unterschiedliche Beziehungsstrukturen zwischen Selbst- und Objektreferenzen. Die Befunde im Rahmen der client-centered Schule, dass durchgehend positive Korrelationen zwischen Selbstbezug und Therapieerfolg [163] bestehen, dürften schulspezifisch durch die therapeutische Strategie erzeugt werden.

Aspekte der Abwehr als Parameter eines Behandlungsverlaufes untersucht in einer Einzelfallstudie die Boston-Gruppe [124]. Für drei Konzepte, «schmerzliche Gefühle», «Beeinträchtigung defensiver Manöver» und «Aktivierung von unbewussten, bedrohlich-konflikthaften Phantasien» wurden elaborierte Rating-Skalen entwickelt. Es wurden dann verbatim-transkribierte Sitzungsprotokolle eingestuft, die zeitlich mit «sleep sessions» des Patienten im Rahmen eines REM-Schlaftraum-Projektes koordiniert waren. Über die korrelativen Beziehungen zwischen dem klinischen Verlauf und den Traummuster-Analysen siehe GREENBERG und PEARLMAN [75].

Angst in ihren vielfältigen Erscheinungsformen ist klinisch eine der wichtigen Drehscheiben des Behandlungsgeschehens. Zur quantifizierenden Erfassung wurde hierzu von GOTTSCHALK und GLESER ein Verfahren zur manuellen Inhaltsanalyse ängstlicher und aggressiver Affekte entwickelt, das am Hamburger Sonderforschungsbereich 115 von SCHÖFER [205, 206] ins Deutsche übertragen und an verschiedenen Stichproben von Normalpersonen und Patienten geeicht wurde. Neben einer grösseren Zahl von Untersuchungen an verschiedenen klinischen Gruppen (z.B. [180]) zeigte SCHÖFER [207] die Anwendung des Verfahrens zur Verlaufsbeschreibung einer psychoanalytischen Kurztherapie von 19 Stunden. Ungelöst ist bislang das Problem der Kodierung der Sprache des Therapeuten.

Nach eigenen Vorstudien mit dem Gottschalk-Gleser-Verfahren [108] entschloss sich die Ulmer Gruppe, im Rahmen ihrer Untersuchungen zum psychoanalytischen Behandlungsprozess sprachinhaltliche Veränderungen mit Hilfe von computergestützten Sprachinhaltsanalyse-Programmen zu erfassen [109]. An einer Zeit-Stichprobe von 55 Stunden über einen Behandlungszeitraum von 500 Stunden eines angstneurotischen Patienten konnte gezeigt werden, dass sich zwischen faktoriell gewonnenen klinischen Einschätzungsdimensionen verschiedener Angstthemen und inhaltsanalytischen Kategorienbündelungen des Harvard Psycho-Sociological Dictionary [224] eine hohe Korrelation herstellen liess; aufgrund der gefundenen Beziehungen liess sich eine maschinell erstellte Verlaufsbeschreibung verschiedener Angstthemen über eine erheblich vergrösserte Stichprobe von 123 Stunden angeben [104]. Die in den letzten Jahren geleisteten Vorarbeiten mit der Implementierung des EVA-Textanalyse-Systems [80, 158], der automatischen Klassifikation von Angstthemen [79, 81, 217], dem Aufbau und der technologischen Entwicklung eines Text-Datenbanksystems [156] werden inzwischen von einer Reihe anderer Forschungsgruppen in der BRD in Anspruch genommen [78].

Im Zusammenhang mit der detaillierten Verlaufsanalyse einzelner psychoanalytischer Behandlungen wurden auch Untersuchungen zur Verlaufsstruktur des psychoanalytischen Prozesses weitergeführt, die Thomä und Kächele 1973 bereits thematisiert haben. Das psychoanalytische Behandlungsverfahren fusst auf der Annahme, dass unbewusste Konflikte sich aus verinnerlichten konflikthaften Beziehungen ergeben haben; deshalb sollen sie durch das Behandlungsarrangement wieder in ein interaktionelles Geschehen zwischen Analysand und Analytiker verwandelt werden. Fasst man in diesem Sinne die Übertragungsneurose als «interaktionelle Darstellung der innerseelischen Konflikte in der therapeutischen Beziehung» auf, so ist ihre konkrete Ausformung eine Funktion des Prozesses, dessen Vielfalt durch typologische Schritte reduziert werden kann; wohl kaum aber kann man zu *einem* typischen Ablauf kommen, wie dies Fürstenau [57] vertritt. Die Entfaltung der zwischenmenschlichen Beziehung in ihren realen und phantasierten Aspekten ist von den Gegebenheiten beider an dieser Interaktion Beteiligten abhängig. Fürstenau konzeptualisiert einen Ablauf, der im grundsätzlichen der Vorstellung folgt, dass im Behandlungsprozess die ontogenetische Entwicklung wiederholt und aufgearbeitet wird. Wir gehen statt dessen davon aus, dass jeweils zwischen beiden Partnern am analytischen Geschehen sich ein fokales Thema konstelliert, welches den je konkreten Bedingungen der aktuellen

Situation Rechnung trägt. Deshalb behaupten wir – und sind z.Zt. in der Phase der Überprüfung dieser These – dass jede Psychoanalyse eine fortgesetzte Fokaltherapie ist. Hierbei ist der Umfang des Fokus und die Zeitdauer seiner Exposition im therapeutischen Brennpunkt variabel und von einer Vielfalt situativer Bedingungen abhängig [237].

Diese Konzeption lässt sich auch für die Diskussion um die Abgrenzung des sog. Standardverfahrens von seinen Modifikationen fruchtbar machen. Das psychoanalytische Behandlungssetting wird dann eines unter anderen Settings, das in bestimmten Merkmalen besonders ausgeprägt ist, in anderen von psychotherapeutischen Settings nur wenig unterschieden ist. In diesem Sinne könnte der bereits oben erwähnte Versuch KUTTERS, eine psychoanalytische Psychotherapie zu konzipieren, dahingehend gewendet werden, dass Psychoanalysen eine Form psychoanalytischer Psychotherapie darstellen. In diesem Sinne schlagen OREMLAND et al. [170] auch vor, statt von vollständiger Analyse von einer erfolgreichen Analyse zu sprechen: «erfolgreiche Analyse» liegt dann vor, wenn der Analytiker und der Patient gemeinsam einverstanden sind, dass eine bedeutsame Verbesserung der vielfältigen offenen und verdeckten Psychopathologie durch den analytischen Prozess erreicht worden ist und ein gegenseitiges Vertrauen vorliegt, dass ein Fortbestehen gegeben ist und dass es eine gegenseitige Zustimmung und Entscheidung über die Beendigung gibt» (S.820).

Diese Wendung erlaubt auch ein neues Verständnis so zentraler Konzepte wie der *«Übertragungsneurose»*. Auch hier wird in der klinischen Literatur bisher ständig mit der Vorstellung gearbeitet, in einer Psychoanalyse entstehe eine vollständige Übertragungsneurose, in einer analytischen Psychotherapie komme es hingegen nur zu «groben Übertragungsstrukturen» ([129], S.962); eine wie auch immer geartete empirische Prüfung dieses Anspruchs wäre dringend erforderlich; nach allen bisherigen Erfahrungen mit empirischen Ansätzen zur Erforschung von Übertragungsreaktionen und organisierten Interaktionsmustern wird dieser Anspruch schwer einzulösen sein. Statt kategorialer Unterschiede dürften sich u.E. quantitative Unterschiede in verschiedenen Dimensionen eines Konzeptes von «Übertragungsneurose» feststellen lassen, welches für die verschiedenen Behandlungssettings sich unterschiedlich entfaltet [60].

Von den inhaltsanalytischen Methoden zur Erfassung psychotherapeutischer Prozesse lassen sich die *linguistischen* Untersuchungsansätze zwar nicht immer deutlich abgrenzen, aber diese stellen im Selbstverständnis der sie benutzenden Forscher eine grundsätzlich verschiedene Annäherungsweise an den Gegenstandsbereich dar. Wie FLADER/WODAK-LEOPOLDER [51] aufzeigen, hat sich das linguistische Interesse am psychoanalytischen Gespräch (und anderen verbal-intensiven Formen von Psychotherapie) in den letzten Jahren sowohl in angelsächsischen Ländern wie im deutschsprachigen Bereich sehr verstärkt und eine Reihe von Untersuchungsansätzen hervorgebracht, die sich zunehmend auf diskurs-analytische Verfahren hin orientieren. Wir haben hier auf eine Einbeziehung dieser Prozessforschungsansätze verzichtet, weil diese eine eigenständige Darstellung auf dem Hintergrund theoretischer Konzeptionen zur Sprache und ihrer therapeutischen Funktionen erfordern [38, 51, 54, 68, 69, 119, 130, 131, 134].

3. Ergebnisse

3.1 Dokumentation

Vorbedingung für systematische Untersuchungen sind dokumentarische Möglichkeiten, bei denen die Daten grösserer Patientenkollektive gespeichert und ausgewertet werden können. Manuelle Auswertungen von Krankenakten [34] oder Hollerith-Lochkartenverfahren [19] sind Vorläufer der Dokumentationssysteme, die mit EDV-Methoden arbeiten [16, 35, 241]. Seit 1967 wird von einigen psychotherapeutischen Kliniken (Mainz, Göttingen, Stuttgart u.a.) eine gemeinsame Basisdokumentation durchgeführt, bei der soziale Daten und psychometrisch erhobene Befunde zentral gespeichert werden [64].Bei einem Vergleich zweier Institutionen mit dem Freiburger Persönlichkeits-Inventar erwies sich das Krankengut als nahezu identisch [43]. Weitere Auswertungen über insgesamt 1000 Patienten von drei Kliniken zeigen erhebliche Unterschiede bei den sozialen Daten der Patienten und den institutionellen Variablen wie Behandlungsverfahren usw. [66]. In einem nächsten Schritt werden Dokumentationssysteme interaktiv verwendet, um im klinischen Ablauf unmittelbar stützend eingreifen zu können [157]. Als Erhebungsinstrumente zur Befunddokumentation haben sich in den letzten Jahren besonders der FPI und der Giessen-Test bewährt. Als spezielles Instrument zur standardisierten Dokumentation des Befundes, der mit der biographischen Anamnese bei neurotisch und psychosomatisch Kranken erhoben werden kann, wurde von Rudolf [190] der «Psychische und Sozialkommunikative Befundbogen» (PSKB) entwickelt. Eine erste faktorielle Überprüfung der 84 Items ergab 6 klinisch gut interpretierbare Faktoren [191].

Neben anderen Daten (Sozialdaten, Prognosen und Diagnosen) wird der PSKB als Teil eines umfassenden Dokumentationssystems zur vergleichenden Therapieforschung bei verschiedenen psychogenen Erkrankungen herangezogen [36]. Die psychosomatischen, d.h. körperbezogenen Beschwerden, über die fast alle Patienten psychosomatischer oder psy-

Tab. III. Bestandsübersicht zum Ulmer Archiv.

Video/Tonbandarchiv (Stand: 31.12.1980)
174 Videobänder, 993 Tonbänder

Textsorte	Zahl der Stunden	Zahl der Patienten	Zahl der Therapeuten
Kurztherapie	161	12	7
Analytische Psychotherapie	391	15	8
Psychoanalyse	3303	26	14
Paartherapie	5	3[1]	2
Familientherapie	37	4[1]	3
Gruppentherapie	143	6[1]	5
Erstinterview-Diagnostik	283	176	21
Balintgruppe	151	6[1]	3
	4474	251[2]	54[2]

Textbank (Stand: 31.12.1980)

Textsorte	Ungefähre Anzahl der Wörter	Anzahl der Texte bzw. Zahl der Stunden	Zahl der Patienten	Zahl der Therapeuten
Psychoanalyse	etwa 3,2 Mio	535	14	5
Gruppentherapie	756 000	84	12	4
Visitengespräche	500 000	532	100	44
Balintgruppen	500 000	45	15	8
Erstinterview-Diagnostik	1,4 Mio	282	282	16

[1] Es wurde pro Gruppe bzw. Paar ein Patient gerechnet.
[2] Diese Summe wurde nicht aufaddiert, sondern dem Patienten- bzw. Therapeutenkatalog entnommen, da die einzelnen Patienten und Therapeuten in mehreren Textsorten auftreten.

chotherapeutischer Ambulanzen klagen, lassen sich mit dem Giessener Beschwerdebogen (GBB) erfassen, der inzwischen im Rahmen einer Erhebung an einer repräsentativen Stichprobe der Bevölkerung der BRD standardisiert ist [23]. An einer umfangreichen Stichprobe der Psychosomatischen Poliklinik Giessen (n=4076) wurden auf faktorenanalytischem Wege 4 Skalen ermittelt (F1: Erschöpfung, F2: Magensymptomatik, F3: Gliederschmerzen, F4: Herzbeschwerden). Der in allen Beschwerdelisten enthaltene Generalfaktor «allgemeine Klagsamkeit» wird als 5. Skala als Summe aller 24 Items geführt. Für dieses Instrument steht aufgrund der jahrelangen Vorarbeiten nun eine Fülle von Vergleichswerten für einzelne klinische Gruppen und verschiedene Institutionen zur Verfügung. Im Rahmen der erwähnten Repräsentativerhebung wurde auch der Giessen-Test neu standardisiert. Berichte über bisherige Verwendung des Giessen-Tests als Forschungs- und therapeutisches Instrument, über vielfältige Standardtabellen zum GT geben BECKMANN und RICHTER [15]. Besonders die sonst relativ vernachlässigte Verlaufsdokumentation des Behandlungsprozesses in Einzel-, Paar- und Gruppentherapie wird mit dem GT relativ gut durchführbar [13, 165, 166, 184, 201].

Darüber hinaus bedarf die Verlaufsdokumentation auch umfangreicher Sammlungen von Tonbandaufzeichnungen und Verbatimtranskripten; Tabelle III gibt eine Bestandsübersicht des Ulmer Archivs.

3.2 Indikation

Das Problem der Indikationsstellung für die verschiedenen psychoanalytischen-psychotherapeutischen Verfahren ist nach HEIGLS [89] ausführlicher Zusammenstellung der klinischen Erfahrungsvariablen empirisch wenig weitergekommen. Für viele Institutionen gilt die «pragmatische Indikation», die ein realisierbares Behandlungsziel mit realisierbaren Therapieangeboten in Abstimmung bringt [48, 63]. Für einzelne selbständig arbeitende Psychotherapeuten trifft die «interaktionelle Indikation» den Sachverhalt mit der Feststellung eines Therapeuten, «mit dem Patienten könne er arbeiten» (zit. nach HAHN [85], S. 808). Zu dem allseitig beruhigenden Gefühl kontrastieren die Ergebnisse experimenteller Untersuchungen zum Urteilsverhalten bei der Indikationsstellung. So zeigte BLASER [18], dass die idealen Eignungskriterien für eine Psychoanalyse Merkmale des Behandlungszieles aufweisen. Dabei handelt es sich um eine stereotype Wahrnehmungstendenz, die die verschiedenen psychoanalytischen Behandlungsverfahren nicht deutlich unterscheidet. Es sind «weit mehr Therapieformen vorhanden, als umschriebene Indikationsvorstellungen dazu angegeben werden» (S. 226). Eine Replikation der in Bern durchgeführten Untersuchung von LEUZINGER [132] in Zürich mit 80 Beurteilern und einer im Videointerview gezeigten Patientin bestätigte zwar die Bedeutung des ersten Eindruckes. Auch in dieser Untersuchung stellt die Mehrheit der Beurteiler schon nach den ersten 8 Minuten des Interviews ihre definitive Indikation. Aufgrund anderer Modellvorstellungen interpretiert Leuzinger diesen Sachverhalt aber nicht als Stereotypie, sondern «als Produkt einer durch frühere Erfahrungen gesteuerten, funktionalen Wahrnehmungsfähigkeit: mit zunehmender klinischer Erfahrung werden auffällige Gestalten in einer Menge von Informationen treffsicherer erkannt und führen evtl. schon nach kurzer Zeit zu Hypothesen» (S.475). Das YAVIS-Stereotyp jedoch wurde von den Zürichern nicht bestätigt. Obwohl die Patientin als nicht erfolgreich und schwer leidend beurteilt wurde, schlugen 69 von 85 Beurteilern ein psychoanalytisches Verfahren vor. An diesen widersprüchlichen Ergebnissen wird deutlich, dass hier die Indikationsforschung der Komplexität der klinischen Beurteilungssituation noch mehr gerecht werden muss, als dies bisher der Fall zu sein scheint. Faktoren des realen Settings dürften in weitaus grösserem Masse auch in diese Vorgänge hineinspielen, als dies bisher in die Forschungsansätze aufgenommen worden ist.

Eines dieser Spezialprobleme, die stark von Settingfaktoren her bestimmt werden, ist die Identifizierung von Patienten, die als *«Ausbildungsfall»* geeignet erscheinen. Über die generelle Sorge hinaus, für ein aufwendiges Behandlungsverfahren Patienten zu finden, die dieses für sich auch nutzen können, geht in die Entscheidung auch eine Ausbildungsverantwortung ein. BACHRAFF und LEAFF [8] legen eine umfassende Literaturübersicht von 24 Arbeiten vor. Methodisch handelt es sich vorwiegend um retrospektive Auswertungen von Patientenkollektiven. Die Übersichtstabelle (Tab. IV) gibt eine Kurzcharakterisierung der Arbeiten der letzten Jahre.

Die Ergebnisse unterstreichen, dass Ausbildungsanalysen besonders dann einen günstigen Verlauf zeigen, wenn es sich bei dem Patienten um einen introspektionsfähigen jungen Erwachsenen handelt, der die Fähigkeit hat, stabile Realbeziehungen einzugehen. Diese Patienten suchen in der Regel (in den USA) eine psychoanalytische Behandlung, um neben Symptombesserungen auch ein besseres Verständnis ihrer eigenen Person zu erreichen. Diese Charakteristika werden mit dem in diesem Kontext missverständlichen Konzept der «Ichstärke» genannt; eine ausgeprägte Ichstärke schliesst schwere neurotische Leidenszustände keineswegs aus. Gesunde, verfügbare Ichfunktionen sind für die Entscheidung, ob eine Psychoanalyse indiziert werden kann, wichtiger als die Frage, ob eine oedipale oder präoedipale Pathologie vorliegt ([100], S.105). Als Methoden, um diese Persönlichkeitsmerkmale zu erheben, werden sowohl psy-

Tab. IV. Empirische Studien der Analysierbarkeit aus den Jahren 1970–1979.

Untersuchung	Jahr	Datenbasis	Methode zur Erfassung der «Analysierbarkeit»	Ergebniskriterien
KERNBERG et al. [113]	1972	21 Psychoanalyse- 21 Psychotherapie-Patienten	Lebensgeschichte/ Interviews/ Psychodiagnostik	Ausmass innerseelischer und sozialer Veränderungen beurteilt durch unabhängige Forschergruppe
LOWER et al. [137]	1972	40 Bewerber für eine (kostenlose) Ausbildungsanalyse	Lebensgeschichte/ Interview durch 2 Analytiker	Annahme bzw. Ablehnung als Ausbildungsfall
HUXSTER et al. [100]	1975	18 Ausbildungsfälle	Lebensgeschichte/Interview bei 2 Analytikern	Beurteilung durch Supervisor nach dem ersten Jahr der Behandlung
WEBER et al. [242]	1974	271 abgeschlossene Ausbildungsfälle	Lebensgeschichte/Interview/ Gruppenbeurteilung	Klinische Beurteilung und Rating verschiedener Variablen
SASHIN et al. [199]	1975	183 Ausbildungsfälle unter Kontrolle	Lebensgeschichte/Interview/ klinische Beurteilungen unabhängiger Analytiker	Art und Weise der Beendigung der der Behandlung
KANTROWITZ, J. et al. [110]	1975	30 Ausbildungsfälle	Beurteilung von 4 Konzepten aufgrund psychologischer Testdaten durch 2 Beurteiler	Noch nicht näher spezifiziert
ERLE, J. [45]	1979	40 Ausbildungsfälle 42 Patienten von niedergelassenen Analytikern	Klinische Beurteilung durch Supervisor, Erfassung der Dauer der Behandlung	Behandlungserfolg im Urteil des behandelnden Therapeuten

chodiagnostische [5, 40, 110] wie auch Rating-Verfahren [39, 46, 76, 190, 212] bevorzugt; generell zeigt sich eine zurückhaltende Bewertung der Validität der Interaktionsdiagnostik für diese Fragen. So taucht in verschiedenen Studien der Hinweis auf, dass die direkt beteiligten Interviewer eher eine zu positive Bewertung der Analysierbarkeit abgeben als ein Komitee, dem ein schriftlicher Bericht vorgelegt wird. Bei der Untersuchung der Philadelphia Psychoanalytic Clinic [137] wurden von 40 Patienten 28 vom Interviewer nach dem Erstinterview für eine Analyse empfohlen; von einem Klinikgremium wurden 18 Patienten akzeptiert, die vorwiegend nicht aufgrund interaktioneller Kriterien, sondern lebensgeschichtlicher Abläufe ausgewählt wurden. Drei Jahre später ergibt die Nachuntersuchung [100], dass bei 15 der 18 Patienten ein zufriedenstellender analytischer Prozess erreicht worden ist. Es bestätigte sich, dass *weder* die Art der Psychopathologie *noch* die Natur des Symptoms oder das Niveau der psychosexuellen Entwicklung, *noch* die spezifische Abwehrstruktur entscheidend für das Zustandekommen des analytischen Prozesses waren, sondern dass entwicklungspsychologische Kriterien wie die Fähigkeit zur Objektkonstanz, der Grad der Differenzierung von Selbst und Objektrepräsentanzen und die Toleranz für unlustvolle Affekte entscheidend waren (s.a. [5, 8]).

Diese neueren Ergebnisse bleiben jedoch insofern enttäuschend, als sie offensichtlich für die psychoanalytische Behandlung nicht sehr spezifisch sind. Sie decken sich inhaltlich in fast allen Einzelpunkten mit dem Ergebnis der von Luborsky et al. [140] getroffenen Feststellungen für psychotherapeutische Verfahren verschiedenster Provenienz. Es handelt sich dabei wohl um das oben bereits erwähnte analytische Indikationsstereotyp [18], das für alle irgendwie auf «Veränderung durch Einsicht» orientierte Verfahren günstige Merkmale bündelt.

Unsere grundsätzliche Kritik geht dahin, dass die Frage der Indikation im Sinne eines adaptiven Indikationsmodelles gestellt werden muss. Es ist u.E. zu fragen, für welche Zielvorstellungen eine ein- oder zweistündige Psychotherapie im Sitzen unter angemessener Handhabung von psychodynamischen technischen Gesichtspunkten (Übertragungs- und Widerstandsanalyse) aus ausreichend betrachtet werden kann und welche Ziele nur mit einer hochfrequenten, 3–4–5stündigen Behandlungsmethode, der klassischen Psychoanalyse, zu erreichen sind. Hier steht die empirische Forschung noch hinter der klinisch wohlbegründeten Erfahrung zurück.

Tab. V. Empirische Untersuchungen zum Therapie-Ergebnis.
Abkürzungen: O = Oberschicht, M = Mittelschicht, U = Unterschicht, ET = Einzelther
GT = Gruppentherapie, PT = Psychotherapie, Th = Therapie

Ort	Lfd. Nr.	Autor	Jahr	Pat. N	Erkrankungen/ Fallzahl		Geschlecht ♂	♀	Ø-Al Jahr
Berlin	T1	RÜEGER [192]	1976/ 1977	21	–		12	9	25–4
	T2	PETRI, THIEME [173]	1978	78	beginnende Neurosen ausgeprägte Neurosen dazu diverse andere Diagnosen	43 35			Kind und Ju- gend
	T3	RUDOLF [191]	1980	30	neurotisch bzw. psychosomatisch		–	–	–
Giessen	T4	BECKMANN et al. [13]	1976/ 1977	13	psychosomatische Patienten Neurosen	11 2	–	–	–
	T5	RICHTER, WIRTH [184]	1978	48	Paarkonflikte		24	24	–
	T6	MOELLER, MOELLER-G. [166]	1978	8	Paarkonflikte		4	4	–
	T7	RUPP [193]	1979	25 (+13)	organische und funktionelle psychosomatische Störungen		24	14	30
Hamburg	T8	MEYER, A.E. et al. [20, 30, 83, 116, 161, 230]	1980	68	Patienten einer Psychosomatischen Ambulanz		41%	59%	28,1
Heidel- berg	T9	SELLSCHOPP, R. [210]	1977	45	neurotisch psychosomatisch	19 26			
	T10	ENGEL, SIMONS [42]	1978	22	neurotisch psychotisch	18 4	17	5	25,6

:.Schicht d. Jahren)	Therapieform	Dauer	Methoden	Ergebnisse
'66–1970)	Gruppentherapie (GT)	2–2½ Jahre	Befragung, Klinische Einstufung	Th-Ergebnis: 2/3 sehr befriedigend, 2 Abbrüche, 2 unbefriedigend
26,9% 42,3% 30,8%	ambulante analytische Psychotherapie (PT)	–20h 10% 20–80h 43% 80h 47%	Klin. Einstufung durch Therapeuten, Autoren, Patienten und Eltern	beendete Th besser als Abbrüche, auch nach Abbrüchen günstige Entwicklung
	ambulante dynamische PT	$\bar{x} = 20$ h im Laufe von 2 Jahren	Quantifizierende Befundbeschreibung «PSKB»	gutes Ergebnis bei wenigen Stunden auf lange Behandlungszeit
	stationäre PT	4 Monate	Giessen-Test in verschiedenen Variationen	Ergebnisse der Th gut, über 4 Jahre stabil
	Paartherapie	12 Doppelstunden in 14 Tagen	4 Tests bzw. Fragebögen	günstige Beurteilung verschiedener Effekte durch Patienten (75–90%)
	Paargruppentherapie	1 Jahr 80 Sitzungen	Giessen-Test	Änderungen in den Paarbeziehungen
M, U 71–1976)	stationäre PT	5–7 Monate	Giessen-Test, MMPI, Katamnese 1–6 Jahre nach Th	Th-Erfolg gut, zeitstabil, Besserung auch nach Th
6% 79% 15% 72/1973)	Fokaltherapie vs. Gesprächspsychotherapie	2 h/Woche über 15 Wochen	Test und klinische Einstufung (Pat., Therapeut, Forscher), Nachuntersuchung 1, 2, 3 Jahre	Wenig signifikante Unterschiede zwischen beiden Th-Formen, Gesprächspsychotherapie manchmal besser
	stationäre GT	5 h/Woche über 3 Monate	Fragebögen, Klinische Einstufung	Ergebnisse der GT auch für psychosomatisch Kranke gut
	Selbstsicherheitstraining in Gruppensitzungen	6 Wochen mit je 2 × 1½ h	Q-sort-Test	Zunahme der Selbstachtung

Ort	Lfd. Nr.	Autor	Jahr	Pat. N	Erkrankungen/ Fallzahl		Geschlecht ♂	♀	Ø-Alt Jahr
	T11	ENGEL et al. [40]	1979	160	neurotisch	91	63	97	18–4
					psychosomatisch	66			
					sonstige	3			
München	T12	MATTUSEK, TRIEBEL [152]	1974	44	Schizophrenie		22	22	30
	T13	POHLEN, BAUTZ [178]	1974	54	Schizophrenie	19	14	5	30
					Hysterie	13	1	12	28
					Depression	14	8	6	33
					Zwang	8	3	5	32
	T14	POHLEN, BAUTZ [177]	1978	40	s.o.	s.o.			
	T15	SCHWARZ [208]	1979	32	neurotisch-depressiv	20	9	11	31
					zwangsneurotisch	12	4	8	31
Stuttgart	T16	ERMANN [47]	1974	50	Neurosen		19	31	18–4
	T17	GÖLLNER et al. [67]	1978	100	-		33	67	87% zw. 18 u
Ulm	T18	WOLFSTELLER, KÄCHELE [246]	1980	72	Psychoneurosen		36	36	
Basel	T19	BECK, LAMBELET [11]	1972	30	Kopfschmerzen		16	14	33,4
					Herzbeschwerden Sexualstörungen	29			
					Magen-Darm-Erkrankungen				
					Ängste	17			
	T20	MEYER, R. [162]	1978	28	unspezifisch		10	18	31,4
					«vegetative»	12			
					Herzneurose	11			
					psychosomatisch	5			

:.Schicht d. Jahren)	Therapieform	Dauer	Methoden	Ergebnisse
	GT und ET, stationär und ambulant	–	Objektive Daten, Psychodiagnostik, Klin. Rating, goal attaintment scaling	Liegen noch nicht vor; geplant für 200 Patienten
M, U 65–1970)	Einzeltherapie (ET) und GT	1–4 Jahre	Klinische Einstufung (nicht Therapeuten)	ET besser als GT, lange Th besser als kurze, Anzahl der Sitzungen entscheidend
U	stationäre geschlossene GT 32, offene GT 22	4 Monate	Giessen-Test, 16-PF-Test, Beschwerdebogen	Kein Unterschied zwischen offenen und geschlossenen Gruppen
.	stationäre GT	s. o.	s. o.	Unterschiedliche Therapeuten erzielen im gleichen Setting identische Ergebnisse
68–1973)	stationäre GT	4 Monate	Klin. Einstufung (nicht Therap.), 16-PF-Test, Beschwerdebogen	⅔ Besserung, lange Th hat bessere Erfolge
	stationäre PT (ET und GT)	175 Tage	Beschwerdenliste «Giessener Fassung»	Abnahme der Beschwerden während der Th
69–1975)	stationäre PT	4 Monate	FPI, Beschwerdenliste, goal attaintment scaling	Zwischenauswertung, geplant für 250 Patienten, Besserungsquote 45% (bzw. 30%)
:0% 0% 70–1976)	Kurztherapie 40 analytische Psychoth. 24 Psychoanalyse 8	96 ± 123	Fragebogen zur Therapieerfahrung (Strupp)	58,3% (sehr) zufrieden 22,2% unentschieden 19,4% (sehr) unzufrieden
	analytische PT	3–52 h $\bar{x} = 16$ h	Klinische Einstufung durch Untersucher, Therapeut und Patient	⅔ gebessert ⅓ ungebessert 8 Besserungen nach 6–10 h Th
	ambulante analytische PT	7–32 h $\bar{x} = 12$ h	Klinische Einstufung (nicht Therapeut)	Th-Resultat nach mindestens 2 Jahren gehalten oder gebessert (1 Ausnahme)

Ort	Lfd. Nr.	Autor	Jahr	Pat. N	Erkrankungen/ Fallzahl	Geschlecht ♂	♀	Ø-Alt Jahr
London	T21	MALAN [147]	1976	30	Ängste 12 Hysterie 5 Charakterstörung 5 andere 8	15	15	33
	T22	MALAN et al. [148]	1976	55	Neurosen			20–4
Baltimore	T23	LIBERMAN [133]	1978					
		FRANK et al. [52]	1957	91	Psychoneurosen, «personality disorder»	35	56	29,7
		HOEHN-Saric et al. [92]	1964	40	Neurosen (Patienten einer Psychiatr. Ambulanz)	17	23	30
Philadelphia	T24	SLOANE et al. [216]	1975	94	Neurosen 64 Persönlichkeitsstörungen 25 verschiedene 5	40%	60%	Anf
Topeka	T25	HARTY, HORWITZ [87] s.a. KERNBERG [113] APPELBAUM [5]	1976 1972 1977	37	– –	–	–	–

Schicht i. Jahren)	Therapieform	Dauer	Methoden	Ergebnisse
	analytische PT	38–400 h	Klinische Einstufung durch 4 Beurteiler, Rorschach, TAT (Variante)	stat. gesehen Th-Minimum 10 h, in Einzelfällen auch Besserung nach 1 h. Längere Th erfolgreicher
	Gruppenanalyse		Klinische Einstufung 2–14 Jahre nach GT	Wenige Patienten (mit vorangehender ET) haben profitiert, Mehrzahl ist enttäuscht.
3/1954)	*Gruppe A:* Einzeltherapie vs. GT vs. «minimal contact therapy»	 1 h/Woche 1½ h/Woche ½ h 14tägig	 Tests (HSCL, Social Ineffectiveness)	 Besserung nach 5, 10 und 20 Jahren bei allen Therapieformen
3)	*Gruppe B:* Einzeltherapie mit Role Induction Interview	 1 h/Woche 4 Monate	 wie oben, zusätzlich Target Complaints	 Besserung nach 5 und 10 Jahren stabil. Im Vergleich Gr. A/B kein Unterschied. 5 und 10 Jahre nach Th Befinden besser als am Ende der Therapie
M.	analytische Kurztherapie vs. Verhaltenstherapie	4 Monate	Tests und Klinische Einstufung (Untersucher und Verwandter der Patienten), Wartelistengruppe als Kontrolle, Nachuntersuchung nach 1 und 2 Jahren	Besserung bei allen Teilnehmern, Therapie-Patienten profitieren sign. mehr als Wartelisten-Patienten, Erfolg über 1 und 2 Jahre stabil
	15 Analysen 22 PT	–	Test, Klinische Einschätzung (Patient, Therapeut, Beurteiler)	Therapieziel erreicht: Therapeut 65% Patient 54% Beurteiler 38%

3.3 Evaluation

Weder eine generell positive noch eine generell negative Einstellung zur Wirksamkeit psychotherapeutischen Handelns dürfte berechtigt sein [65, 228]. BERGINS fachkundige Übersicht von 1971 hat die früheren heftigen Kontroversen obsolet werden lassen [17]. Die gegenwärtigen Probleme liegen in der Schwierigkeit, spezifische Effekte für spezifische Massnahmen nachzuweisen:

> «Trotz langwieriger Anstrengungen, Veränderungsmasse zu definieren und zu dimensionieren, sind wir immer noch unfähig, zuverlässige qualitative Unterscheidungen zwischen Veränderung, die aus zehn Sitzungen supportiver Psychotherapie, durchgeführt von einem Anfänger in einer Ambulanz, und Veränderung, die als Folge von 250 Stunden intensiv dynamisch orientierter Psychotherapie oder gar Psychoanalyse, von einem Psychoanalytiker mit 25jähriger Erfahrung durchgeführt, herrührt zu treffen» ([229], S.13).

Dieses Problem belastet auch die abschliessende Bewertung des aufwendigen Therapieprojektes der Menninger-Klinik in Topeka [112, 113]. Obwohl viel Mühe auf eine differenzierte klinische und psychodiagnostische Beurteilung aufgewendet worden war, erwies sich die einfache Beurteilung des Schweregrades der Symptomatologie als nahezu ausreichendes Kriterium für die bedingten Prognosen der Behandlungsergebnisse. Trotzdem haben sich neben vielfältigen interessanten Einzelergebnissen besonders die methodischen Ansätze – testpsychologische Diagnostik [5], multidimensionale Skalierung klinischer Urteile und nonmetrische Raumanalysen [112] für die weitere Forschung als fruchtbar erwiesen. Wir geben im Folgenden eine Übersicht (Tabelle V) über neuere Ergebnisse von Outcome-Untersuchungen, die hier nur kurz kommentiert werden können. (Wir haben die Arbeiten durchnumeriert (Nr. T1– T25) und verweisen im Folgenden ebenso auf die entsprechenden Tabellen-Nummern.)

Als Trend ist erkennbar, dass sich die Ergebnisuntersuchungen als Bestätigungsverfahren durchgeführter Behandlungen verstehen. Kontrollierte Studien und vergleichende Untersuchungen von verschiedenen Therapieverfahren sind selten. Allerdings bestätigen sowohl die Philadephia Studie von SLOANE et al. [216], die Verhaltenstherapie und psychodynamische Kurztherapie verglich, wie auch die Hamburg-Studie von MEYER und BOLZ [20, 30, 83, 116, 161, 230], die Gesprächspsychotherapie und psychoanalytische Fokaltherapie verglich, in der generellen Tendenz das sogenannte «dodo bird verdict» von LUBORSKY et al. [144]: «Everbody has won and all must have prizes». Wie nach GOLDBERGER et al. [71] für die Symptombesserungsraten verschiedener Techniken und GLASS und SMITH [61] für Veränderungsraten allgemein bei Sekundäranalysen von einer grossen Zahl von Outcome-Untersuchungen ergeben die vergleichenden Zusammenstellungen ermüdend ähnliche Werte. Die Bedeutung der

Schulvergleichsstudien liegt deshalb zum gegenwärtigen Zeitpunkt u.E. weitaus mehr in dem Gewinn an differentiellem Verständnis für die Stärken und Schwächen der verschiedenen Behandlungsmethoden als dass sie geeignet wären, die bessere Methode zu identifizieren [31, 74, 175].

Die Übersicht ergibt neben methodisch aufwendig geplanten Untersuchungen (Nr. T8, T11, T13, T14, T17, T21, T23, T24) eine grössere Zahl von einfachen Nachuntersuchungen. Generell fällt auf, dass die Beschreibungen der Behandlungsmethoden sehr pauschal sind. Angaben wie «stationäre Psychotherapie über 4 Monate» lassen nur bei genauer Kenntnis der betreffenden Institutionen Vermutungen über die Art und Qualität der durchgeführten Behandlungen zu. Stellt man die Angaben zusammen, so ergibt sich folgendes Bild (Tabelle VI).

Tab. VI. Therapieformen der 25 in Tabelle V angeführten Studien.

	Einzel-Therapie	Gruppen-Therapie	zusammen
ambulant	10	4	14
stationär	6	11	17
zusammen	16	15	31

Zahl der Nennungen übersteigt 25, Mehrfachangaben pro Studie möglich.

Von den 25 Studien werden ambulante Therapieformen 14mal, stationäre Settings 17mal genannt. Im stationären Bereich werden gruppentherapeutische Techniken bevorzugt erforscht; im ambulanten dominieren in der Outcome-Forschung die Einzeltherapien. Möglicherweise spiegelt sich die in den letzten Jahren deutlich zu beobachtende Entwicklung der stationär-gruppentherapeutischen Psychotherapie als *eine* Antwort auf die drängenden Probleme der regional unterschiedlichen Versorgungslage [43]. Im stationären Bereich werden in diesen Untersuchungen vorwiegend psychosomatische Krankheiten und schwerere neurotische Störungen behandelt, für die ein stationäres Setting mit Gruppentherapie besonders für den Einstieg in die Behandlung als günstig betrachtet wird (Nr. T4, T7, T9, T11). Weiterhin werden kürzere Behandlungen eher achuntersucht als längere. Hier schlagen sich wohl forschungspraktische Gesichtspunkte durch. Nur wenige Institutionen dürften den langen Atem der Menninger-Klinik (und die Resourcen) haben, um eine Projektauer von 20 Jahren zu realisieren. Gleichzeitig entspringen die Untersuchungen zur Kurztherapie wiederum auch dem Versorgungsproblem. Es zeichnet sich ein Trend ab, gerade bei prognostisch nicht besonders günstigen Patientengruppen kürzere und aktivere Behandlungstechniken einzusetzen. Aus verschiedenen Untersuchungen ergibt sich (Nr. T3, T8,

T18, T19, T20, T21, T24), dass unabhängig von der Diagnose die Dauer der Symptome bei Beginn der Behandlung ein zuverlässiges prognostisches Kriterium darstellt.

So fanden BECK und LAMBELET [11], dass bei psychosomatisch erkrankten Patienten Kurztherapien dann erfolgreich waren, wenn die Symptomdauer 5 Jahre nicht wesentlich überschritten hatte. Alle «therapieresistenten Versager» von R. MEYER [162] wiesen eine Symptomdauer von über 8 Jahren auf. Diese Befunde unterstreichen die Forderung nach Frühdiagnostik und frühzeitiger Behandlung. Leider wird nur in wenigen Untersuchungen (z.B. Nr. T12) die Dauer der Behandlung mit dem Ergebnis korreliert. Die Ergebnisse der Psychotherapie Schizophrener (je länger die Behandlung, desto sicherer der Erfolg) sind sicher nicht zu generalisieren, da die therapeutische Funktion des Faktors «Zeit» bei unterschiedlichen Störungen sehr verschiedene Auswirkungen haben kann. Nicht von ungefähr haben die zeitlimitierenden Behandlungsformen eine wachsende Attraktivität gefunden (SIFNEOS, MANN, u.a.). Die Dauer der therapeutischen Sitzung als Therapievariable wird noch ganz vernachlässigt (Ausnahme Nr. T23), obwohl in der internationalen Literatur bereits eine Reihe von interessanten Hinweisen zu finden ist [155], S. 354ff.). Die durchschnittliche Grösse der untersuchten Patientenkollektive beträgt $\bar{X} = 54$ ($S = 44$), Diagnostische Angaben werden selten genau ausgeführt. In der Regel beschränken sich die Angaben auf die Dichotomie «psychoneurotisch» versus «psychosomatisch» (Ausnahmen Nr. T13, T15, T19, T21). Die Beurteilung der Veränderung erfolgt fast in allen Untersuchungen auf zweifache Weise. Einmal werden klinische Beurteilungen durch den Therapeuten, den Patienten oder einen neutralen Beurteiler erhoben. Dabei zeichnet sich ab, und wird auch inzwischen akzeptiert, dass der Therapeut nicht selbst die Katamnese durchführen soll. Nach HARTY et al. [87] besteht eine deutliche Tendenz des Therapeuten, gerade bei ungünstig verlaufenden Behandlungen eine zu positive Einschätzung vorzunehmen. Deshalb wird das Fremdurteil über das Behandlungsergebnis bevorzugt (Nr. T2, T8, T12, T15, T19, T24). Bei expliziten Katamneseprogrammen hat sich für das katamnestische Interview das goal attainment scaling [41, 67] bewährt (Nr. T8, T11, T17, T21). Psychodiagnostische Verfahren wie GT, FPI, HIT u.a. und standardisierte Befundbögen wie GBB und PSKB werden in fast allen Nachuntersuchungen inzwischen eingesetzt.

Als generelle Tendenz lässt sich abschliessend zusammenfassen, dass die Methoden der psychoanalytischen Psychotherapie bei einer Vielfalt von schweren seelischen und psychosomatischen Störungen eingesetzt werden. Das dringende Bedürfnis nach flexiblen und kurzen effektiven Behandlungsstrategien prägt auch die psychoanalytische Diskussion. Das meist vorherrschende Stereotyp der psychoanalytischen Behandlung al einer sich über Jahre hinziehenden Therapie repräsentiert nicht die wirkliche Verteilung der therapeutischen Strategien. 30 bis 40% der Patienten werden mit kurztherapeutischen Verfahren, weitere 30 bis 40% mit mittellangen Verfahren und nur wenige Patienten werden mit Psychoanalyse behandelt [106]. Im Mittelpunkt der wissenschaftlichen Diskussion stehen entsprechend die kurzen Methoden, die eine kreative Anwendung psychoanalytischen Denkens in der ärztlichen Praxis erfordern [28].

Literatur

[1] ABELIN, E.L. Some further observations and comments on the earliest role of the father. International Journal of Psychoanalysis, 1975, 56, 293–302.

[2] ANTHONY, E.J. Rezension von Dolto, F.: Dominique: The analysis of an adolescent. New York. Psychoanalytic Quarterly 1974, 43, 681–684.

[3] ANTHONY, E.J. Freud, Piaget and Human Knowledge: Some comparisons and contrasts. The Annual of Psychoanalysis, 1976, 4, 253–277.

[4] ANZIEU, A. Rezension zu D.W.Winnicott: Fragment of an analysis. Bulletin der Europäischen Psychoanalytischen Föderation, London, 1977.

[5] APPELBAUM, S. Psychotherapy: The anatomy of change. New York: Plenum Press, 1977.

[6] ARGELANDER, H. Der Flieger. Frankfurt: Suhrkamp, 1972.

[7] ARGELANDER, H. Die kognitive Organisation psychischen Geschehens. Ein Versuch zur Systematisierung der kognitiven Organisation in der Psychoanalyse. Stuttgart: Klett, 1979.

[8] BACHRACH, H.M., LEAFF, L.A. «Analyzability»: A systematic review of the clinical and quantitative literature. Journal of the American Psychoanalytic Association, 1978, 26, 881–920.

[9] BALINT, M., ORNSTEIN, P.H., BALINT, E. Fokaltherapie, ein Beispiel angewandter Psychoanalyse. Frankfurt: Suhrkamp, 1973.

[10] BASTINE, R. Ansätze zur Formulierung von Interventionsstrategien in der Psychotherapie. In P. Jankowski, D. Tscheulin, H.-J. Fietkau, F. Mann (Eds.) Klientenzentrierte Psychotherapie heute. Kongress Würzburg 1974. Göttingen: Hogrefe, 1976, Pp. 192–207.

[11] BECK, D., LAMBELET, L. Resultate der psychoanalytisch orientierten Kurztherapie bei 30 psychosomatisch Kranken. Psyche, 1972, 26, 265–285.

[12] BECKMANN, D. Der Analytiker und sein Patient. Untersuchungen zur Übertragung und Gegenübertragung. Stuttgart: Huber, 1974.

[13] BECKMANN, D., BERGER, F., LEISTER, G., STEPHANOS, S. A 4-year follow-up study of in-patient psychosomatic patients. Psychotherapy and Psychosomatics, 1976/77, 27, 168–178.

[14] BECKMANN, D., MÜLLER-BRAUNSCHWEIG, H., PLAUM, F.G. Forschung in der Psychoanalyse. In W.J. Schraml, U. Baumann (Eds.) Klinische Psychologie II. Bern: Huber, 1974, 168–208.

[15] BECKMANN, D., RICHTER, H.E. (Hrsg.) Erfahrungen mit dem Giessen-Test (GT). Praxis, Forschung und Tabellen. Bern: Huber, 1979.

[16] BECKMANN, D., SCHEER, J. Probleme der Dokumentation in Psychosomatik und Psychotherapie. Zeitschrift für psychosomatische Medizin und Psychoanalyse, 1973, 19, 35–45.

[17] BERGIN, A.E. The evaluation of therapeutic outcomes. In A.E. Bergin and S. Garfield (Ed.) Handbook of psychotherapy and behavior change. New York: Wiley, 1971, 217–270.

[18] Blaser, A. Der Urteilsprozess bei der Indikationsstellung zur Psychotherapie. Bern: Huber, 1977.

[19] Boor de, C., Künzler, E. Die psychosomatische Klinik und ihre Patienten (Erfahrungsbericht der psychosomatischen Uni-Klinik Heidelberg). Stuttgart: Klett, 1963.

[20] Bolz, W., Meyer, A.E. The Hamburg short psychotherapy comparison experiment. I. The general setting. Psychotherapy and Psychosomatics, 1980 (im Druck).

[21] Brähler, E. Die Erfassung des Interventionsstils von Therapeuten durch die automatische Sprachanalyse. Zeitschrift für psychosomatische Medizin, 1978, 24, 156-168.

[22] Brähler, E., Overbeck, G., Braun, D., Junker, H. Was kann die automatische Analyse des Sprech-Pausen-Verhaltens (on-off-pattern) von Arzt und Patient für die Beurteilung von Psychotherapien leisten? Zeitschrift für psychosomatische Medizin, 1974, 20, 148–163.

[23] Brähler, E., Scheer, J.W. Skalierung psychosomatischer Beschwerdekomplexe mit dem Giessener Beschwerdebogen (GBB). Psychotherapie Medizinische Psychologie, 1979, 29, 14–27.

[24] Brähler, E., Zenz, H. Apparative Analyse des Sprechverhaltens in der Psychotherapie. Zeitschrift für psychosomatische Medizin und Psychoanalyse, 1974, 20, 328-336.

[25] Calef, V., Weinshel, E. The new psychoanalysis and psychoanalytic revisionism Book review essay on «Borderline condition and pathological narcissism». Psychoanalytic Quarterly, 1979, 48, 470–491.

[26] Cremerius, J. Gibt es zwei psychoanalytische Techniken? Psyche, 1979, 33, 577-599.

[27] Dahl, H. A quantitative study of a psychoanalysis. In R. Holt, E. Peterfreund (Eds. «Psychoanalysis and Contemporary Science», Bd. 1, New York: Macmillan Publ. 1972, 237–257.

[28] Davanloo, H. (Ed.) Basic principles and techniques in short-term dynamic psychotherapy. New York: Spectrum Publications, 1978.

[29] Dewald, P.A. The psychoanalytic process: A case illustration. New York: Basic Books, 1972.

[30] Deneke, F., Gabel, H., Meyer, A.E., Bolz, W., Stuhr, U. The Hamburg short psychotherapy comparison experiment. III. Usefulness and adequacy of our focus formulations for therapy. Psychotherapy and Psychosomatics, 1980 (im Druck).

[31] Di Loreto, A.O. Comparative psychotherapy. Chicago.

[32] Dolto, F. Le cas Dominique. Paris 1971, deutsche Ausgabe: Der Fall Dominique Frankfurt: Suhrkamp, 1973.

[33] Donnellan, G. Single-subject research and psychoanalytic theory. Bulletin Menninger Clinic, 1978, 42, 352–357.

[34] Dührssen, A. Analytische Psychotherapie in Theorie, Praxis und Ergebnissen Göttingen: Vandenhoeck & Ruprecht, 1972.

[35] Dührssen, A. Probleme und Möglichkeiten der Dokumentation im Bereich der analytischen Psychotherapie. Zeitschrift für psychosomatische Medizin und Psychoanalyse, 1977, 23, 103–118.

[36] Dührssen, A. Probleme der vergleichenden Psychotherapieforschung bei psychogenen Erkrankungen. Zeitschrift für psychosomatische Medizin und Psychoanalyse, 1979, 25, 303–309.

[37] Dührssen, A., Jorswieck, E., Fahrig, H., Harling, H.O., Rudolf, G. Ein Vergleich verschiedener psychotherapeutischer Techniken mit Hilfe psycholinguistischer Methoden. Zeitschrift für psychosomatische Medizin und Psychoanalyse 1974, 20, 1–24.

[38] EDELSON, M. Language and interpretation in psychoanalysis. New Haven: Yale University Press, 1975.
[39] ENGEL, K., HAAS, F., v.RAD, M., SENF, W., BECKER, H. Zur Einschätzung von Behandlungen mit Hilfe psychoanalytischer Konzepte (Heidelberger Rating). Medizinische Psychologie, 1979, 5, 253-268.
[40] ENGEL, K., v.RAD, M., BECKER, H., BRÄUTIGAM, W. Das Heidelberger Katamneseprogramm. Medizinische Psychologie, 1979, 5, 124-137.
[41] ENGEL, K., SCHEIBLER, D. Forschungsstrategien der klinisch-psychologischen Outcome Forschung. Teil A: Allgemeine theoretische Fragen. Arbeitspapier, Psychosomatische Klinik Heidelberg, 1979.
[42] ENGEL, K., SIMONS, H. Änderungen des Selbstkonzeptes als Ergebnis eines therapeutischen Selbstsicherheitstrainings. Gruppenpsychotherapie und Gruppendynamik, 1978, 13, 64-74.
[43] ENKE, H., GÖLLNER, R. Bestimmt das Krankheitsbild die Psychotherapieform? Ein überregionaler Vergleich zweier Kliniken. Zeitschrift für Psychotherapie und Medizinische Psychologie, 1971, 21, 182-187.
[44] ENKE, H., WALTER, H.J. Zur Identität des Psychoanalytikers und der psychoanalytischen Schulen. Gruppendynamik, 1976, 7, 120-132.
[45] ERLE, J. An approach to the study of analyzability: Analyses: The course of forty consecutive cases selected for supervised analysis. Psychoanalytic Quarterly, 1979, 48, 198-228.
[46] ERLE, J., GOLDBERG, A. Problems in the assessment of analyzability. Psychoanalytic Quarterly, 1979, 48, 48-84.
[47] ERMANN, M. Verlaufsbeobachtung zur körperlichen Symptomatik bei stationär behandelten Neurotikern. Zeitschrift für psychosomatische Medizin und Psychoanalyse, 1974, 20, 378-383.
[48] ERMANN, M., ERMANN, G. Differentialindikation im klinischen Feld. Zeitschrift für psychosomatische Medizin und Psychoanalyse, 1976, 22, 342-355.
[49] FIRESTEIN, S.K. Termination in psychoanalysis. New York: International Universities Press, 1978.
[50] FISHER, S., GREENBERG, R.P. The scientific credibility of Freud's theories and therapy. New York: Basic Books, 1977.
[51] FLADER, D., WODAK-LEODOLTER, R. (Eds.) Therapeutische Kommunikation. Ansätze zur Erforschung der Sprache im psychoanalytischen Prozess. Königstein: Scriptor, 1979.
[52] FRANK, J.D., GLIEDMAN, L.H., IMBER, S.D., NASH, E.H., STONE, A.R. Why patients leave psychotherapy. Archives of Neurology and Psychiatry, 1957, 77, 282-299.
[53] FREEDMAN, N., BARROSO, F., BUCCI, W., GRAND, S. The bodily manifestations of listening. Psychoanalysis and Contemporary Thought, 1978, 1, 157-194.
[54] FREEDMAN, N., GRAND, S. (Eds.) Communicative structures and psychic structures. New York: Plenum Press, 1977.
[55] FREUD, S. Zur Geschichte der psychoanalytischen Bewegung. GW X. Frankfurt: Fischer, 1963, 43-113.
[56] FREUD, S. Psychoanalyse und Libidotheorie. GW XIII. Frankfurt: Fischer, 1963, 210-233.
[57] FÜRSTENAU, P. Praxeologische Grundlagen der Psychoanalyse. In L. Pongratz (Ed.) Handbuch der Psychologie, Bd. 8. 1: Klinische Psychologie. Göttingen: Hogrefe, 1977, 847-888.
[58] GARFIELD, S., BERGIN, A.E. The handbook of psychotherapy and behavior change. (Second Edition) New York: Wiley, 1978.

[59] Geist, W., Kächele, H. Zwei Traumserien in einer psychoanalytischen Behandlung. Jahrbuch für Psychoanalyse, 1979, 11, 138–165.
[60] Gill, M.M., Hoffmann, I. The investigation of transference or patient's experiences of the relationship and how the therapist deals with it. Unpublished paper, University of Chicago, 1977.
[61] Glass, G., Smith, M.L. Meta-analysis of psychotherapy outcome studies. American Psychologist, 1977, 32, 752–760.
[62] Glover, E. The technique of psychoanalysis. New York: International University Press, 1955.
[63] Göllner, R. Ambulante und stationäre Psychotherapie: Ein Beitrag zur psychotherapeutischen Versorgung. Zeitschrift für Psychotherapie und medizinische Psychologie, 1977, 27, 165–176.
[64] Göllner, R. Quantifizierung und Dokumentation tiefenpsychologischer Informationen. Zeitschrift für psychoanalytische und psychosomatische Medizin, 1973, 19, 370–378.
[65] Göllner, R., Deter, H.Ch. Bemerkungen zu Verlaufs- und Erfolgskontrollen. In P.Hahn (Ed.) Psychologie des XX.Jahrhunderts, Band 9, Zürich: Kindler, 1979.
[66] Göllner, R., Langen, D., Streeck, U. Psychotherapeutische Kliniken im überregionalen Vergleich. Zeitschrift für Psychotherapie und Medizinische Psychologie, 1980, im Druck.
[67] Göllner, R., Volk, W., Ermann, M. Analyse von Behandlungsergebnissen eines zehnjährigen Katamneseprogrammes. In F.Beese (Ed.) Stationäre Psychotherapie. Modifiziertes psychoanalytisches Behandlungsverfahren und therapeutisch nutzbares Grossgruppengeschehen. Göttingen: Verlag für Medizinische Psychologie, 1978.
[68] Goeppert, H.C., Goeppert, S. Sprache und Psychoanalyse. Reinbek b.Hamburg: Rowohlt, 1973.
[69] Goeppert, S., Goeppert, H.C. Redeverhalten und Neurose. Reinbek b.Hamburg: Rowohlt, 1975.
[70] Goldberg, A. The psychology of the self – A casebook. New York: International University Press, 1978.
[71] Goldberger, L., Reuben, R., Silberschatz, G. Symptom removal in psychotherapy: A review of the literature. In T.Shapiro (Ed.) Psychoanalysis and Contemporary Science, 5, 1976, 513–536.
[72] Graff, H., Crabtree, L. Vicissitudes in the development of a psychoanalytic research group. Journal of the American Psychoanalytic Association, 1972, 20, 820–830.
[73] Graff, H., Luborsky, L. Long-term trends in transference and resistance: A report on a quantitative method applied to four psychoanalyses. Journal of the American Psychoanalytic Association, 1977, 25, 471–490.
[74] Grawe, K. Differentielle Psychotherapie I. Bern: Huber, 1976.
[75] Greenberg, R., Pearlmen, C. REM sleep and the analytic process: A psychophysiologic bridge. Psychoanalytic Quarterly, 1975, 44, 392–403.
[76] Greenspan, S., Cullander, C. A systematic metapsychological assessment of the personality – Its application to the problem of analyzability. Journal of the American Psychoanalytic Association, 1973, 21, 303–327.
[77] Greenspan, S., Cullander, C. A systematic metapsychological assessment of the course of an analysis. Journal of the American Psychoanalytic Association, 1975, 23, 107–128.
[78] Grünzig, H.-J. Problemstellungen der Inhaltsanalyse in der Psychotherapie. Referat der Arbeitsgruppe «Forschungsfelder computerunterstützer Inhaltsanalyse» des 19.Dt. Soziologentages, Berlin, 1979 (erscheint im Kongressbericht).

[79] GRÜNZIG, H.-J. Untersuchungen zur computerunterstützten inhaltsanalytischen Operationalisierung psychoanalytischer Angstthemen. DFG-Bericht, Abteilung Psychotherapie, Universität Ulm, 1980.
[80] GRÜNZIG, H.-J., HOLZSCHECK, K., KÄCHELE, H. EVA – Ein Programmsystem zur maschinellen Inhaltsanalyse von Psychotherapieprotokollen. Medizinische Psychologie, 1976, 2, 208–217.
[81] GRÜNZIG, H.-J., KÄCHELE, H. Zur Differenzierung psychoanalytischer Angstkonzepte. Ein empirischer Beitrag zur automatischen Klassifikation klinischen Materials. Zeitschrift für klinische Psychologie, 1978, 7, 1–17.
[82] GRÜNZIG, H.-J., KÄCHELE, H., THOMÄ, H. Zur klinisch-formalisierten Beurteilung von Angst, Übertragung und Arbeitsbeziehung. Medizinische Psychologie, 1978, 4, 138–152.
[83] HAAG, A., BÖNSTRUPP, A., MEYER, A.E., BOLZ, W., STUHR, U. Individual and school differences in therapeutic interventions in client-centered versus focal therapy. Vortrag auf dem Int. Kongress für Psychotherapie, Paris. Psychotherapy and Psychosomatics, 1980 (im Druck).
[84] HÄMMERLING-BALZERT, C. Grundlagen, Probleme und Ergebnisse der psychoanalytischen Therapie. In L.Pongratz (Ed.) Handbuch der Psychologie, Bd.8.2: Klinische Psychologie, Göttingen: Hogrefe, 1978, 1884–1910.
[85] HAHN, P. Probleme der Indikationsstellung. In P.Hahn (Ed.) Psychologie des 20.Jahrhunderts, Bd.9, Zürich: Kindler, 1979, 807–817.
[86] HARTOCOLLIS, P. (Ed.) Borderline personality disorders. The concept, the syndrome, the patient. New York: International Universities Press, 1977.
[87] HARTY, M., HORWITZ, L. Therapeutic outcome as rated by patients, therapists and judges. Archives of General Psychiatry, 1976, 33, 957–961.
[88] HAYNAL, A. Freud und Piaget. Parallelen und Differenzen zweier Entwicklungspsychologien. Psyche, 1975, 29, 242–272.
[89] HEIGL, F. Indikation und Prognose in Psychoanalyse und Psychotherapie. Göttingen: Vandenhoeck & Ruprecht, 1972.
[90] HEIGL, F., TRIEBEL, A. Lernvorgänge in psychoanalytischer Therapie. Bern: Huber, 1977.
[91] HEIMANN, P. Gedanken zum Erkenntnisprozess des Psychoanalytikers. Psyche, 1969, 23, 2–24.
[92] HOEHN-SARIC, R., FRANK, J.D., IMBER, S.D., NASH, E.H., STONE, A.R., BATTLE, C.C. Systematic preparation of patients for psychotherapy. I.Effects on therapy behavior and outcome. Journal of Psychiatric Research, 1964, 2, 267–281.
[93] HOFFMANN, K., POLLER, H. Untersuchungen zum Selektionsprozess in psychoanalytischen Behandlungsprotokollen. Unveröffentlichte Medizinische Dissertation, Universität Ulm, 1978.
[94] HOLT, R. The emergence of cognitive psychology. Journal of the American Psychoanalytic Association, 1964, 12, 650–665.
[95] HOLT, R., PETERFREUND, E. Psychoanalysis and contemporary science. An annual of integrative and interdisciplinary studies. New York: MacMillan, 1972.
[96] HOROWITZ, L. Two classes of concomitant change in a psychotherapy. In [54].
[97] HOROWITZ, L., SAMPSON, H., SIEGELMAN, E., WOLFSON, A., WEISS, J. On the identification of warded-off mental contents: An empirical and methodological contribution. Journal of Abnormal Psychology, 1975, 84, 545–558.
[98] HOROWITZ, M. Structure and the process of change. In M.Horowitz (Ed.) Hysterical Personality. New York: Aronson, 1977.
[99] HOROWITZ, M. (Ed.) Hysterical Personality, New York: Aronson, 1977.
[100] HUXTER, H., LOWER, R., ESCOLL, P. Some pitfalls in the assessment of analyzability

in a psychoanalytic clinic. Journal of the American Psychoanalytic Association, 1975, 23, 90–106.

[101] Jacobson, E. Depression. Comparative studies of normal, neurotic, and psychotic conditions. New York: International University Press, 1971. Deutsche Ausgabe: Depression. Frankfurt: Suhrkamp, 1977.

[102] Kächele, H. Untersuchungen zum formalisierten klinischen Urteil in der psychoanalytischen Prozessforschung. Interner Arbeitsbericht zum DFG-Projekt Th 170, Abteilung Psychotherapie, Universität Ulm, 1970.

[103] Kächele, H. Die Beurteilung des Behandlungserfolges in der Psychotherapie. In P. Hahn, E. Herdieckerhoff (Eds.) Materialien zur Psychoanalyse und analytisch orientierten Psychotherapie. Sektion C, Heft 12. Göttingen: Verlag f. med. Psychologie, 1975.

[104] Kächele, H. Die maschinelle Inhaltsanalyse in der psychoanalytischen Prozessforschung. Unveröffentlichte Med. Habilitationsschrift, Universität Ulm, 1976.

[105] Kächele, H. Die Bedeutung der Krankengeschichte in der klinisch-psychoanalytischen Forschung. Jahrbuch für Psychoanalyse XII, 1980 (im Druck).

[106] Kächele, H. Kapazitätsermittlung einer psychotherapeutischen Ambulanz. Vortrag an der Abteilung Psychotherapie und Psychosomatik, Universität Freiburg, 1980.

[107] Kächele, H., Mergenthaler, E. Wortschatzmasse als Parameter der Aktivität des Psychoanalytikers. Vortrag auf der 3. Werkstatt für Forschung in der Psychoanalyse, Ulm, 1980.

[108] Kächele, H., Schaumburg, C., Thomä, H. Verbatimprotokolle als Mittel in der psychotherapeutischen Verlaufsforschung. Psyche, 1973, 27, 902–927.

[109] Kächele, H., Thomä, H., Schaumburg, C. Veränderungen des Sprachinhalts in einem psychoanalytischen Prozess. Schweizer Archiv für Neurologie, Neurochirurgie und Psychiatrie, 1975, 116, 197–228.

[110] Kantrowitz, J., Singer, J., Knapp, P. Methodology for a prospective study of suitability for psychoanalysis: The role of psychological tests. Psychoanalytic Quarterly, 1975, 44, 371–391.

[111] Kernberg, O. Borderline conditions and pathological narcissism. New York. Deutsche Ausgabe: Borderline Störungen und pathologischer Narzissmus. Frankfurt: Suhrkamp, 1978.

[112] Kernberg, O. Some methodological and strategic issues in psychotherapy research: Research implications of the Menninger Foundations psychotherapy research project. In R. Spitzer, D. Klein (Eds.) Evaluation of Psychological Therapies. Baltimore: Hopkins University Press, 1976.

[113] Kernberg, O., Burstein, E., Coyne, L., Appelbaum, A., Horowitz, L., Voth, H. Psychotherapy and psychoanalysis. Final report of the Menninger Foundation's psychotherapy research project. Bulletin of the Menninger Clinic, 36.1/2, 1972.

[114] Kiener, F. Empirische Kontrolle psychoanalytischer Thesen. In L. Pongratz (Hrsg.) Handbuch der Psychologie, Bd. 8.2: Klinische Psychologie, Göttingen: Hogrefe, 1978, 1200–1241.

[115] Kiesler, D. J. Some myths of psychotherapy research and the search for a paradigm. Psychological Bulletin, 1966, 65, 110–136.

[116] Kimm, H. J., Bolz, W., Meyer, A. E. The Hamburg short psychotherapy comparison experiment. II. The patient sample; overt and covert selection factors and prognostic prediction. Psychotherapy and Psychosomatics, 1980, (im Druck).

[117] Kitzmann, A., Kächele, H., Thomä, H. Sprachformale Interaktionsprozesse in psychoanalytischen Erstinterviews. Zeitschrift für psychosomatische Medizin und Psychoanalyse, 1974, 20, 25–36.

[118] Kitzmann, A., Kächele, H., Thomä, H. Zur quantitativen Erfassung von Explorationen und Interpretationen in psychoanalytischen Erstinterviews. Zeitschrift für psychosomatische Medizin und Psychoanalyse, 1974, 20, 101–115.
[119] Klann, G. Psychoanalyse und Sprachwissenschaft. In F.Hager (Ed.) Die Sache der Sprache. Stuttgart: Metzler, 1977.
[120] Kline, P. Fact and fantasy in Freudian theory. London: Methuen, 1972.
[121] Klumpner, G.H. A review, comparison and evaluation of psychoanalytic indexes. Journal of the American Psychoanalytic Association, 1975, 23, 603–642.
[122] Klumpner, G.H. Changes in psychoanalytic practice and experience as reflected in psychoanalytic indexes. International Review of Psychoanalysis, 1976, 3, 241–252.
[123] Klumpner, G.H., Gedo, J.E. Toward a conceptual index of psychoanalytic terms: A method to develop a psychoanalytic thesaurus. Journal of the American Psychoanalytic Association, 1976, 24, 409–424.
[124] Knapp, P.H., Greenberg, R., Pearlman, C., Cohen, M., Kantrowitz, J., Sashin, J. Clinical measurement in psychoanalysis. Psychoanalytic Quarterly, 1975, 44, 404–432.
[125] Köhler-Weisker, A. Freuds Behandlungstechnik und die Technik der klienten-zentrierten Gesprächspsychotherapie. Psyche, 1978, 32, 827–847.
[126] Kohut, H. The restoration of the self. Deutsche Ausgabe: Die Heilung des Selbst. Frankfurt: Suhrkamp, 1977.
[127] Krohn, A. Hysteria: The elusive neurosis. Psychological Issues 45/46, New York: International University Press, 1978.
[128] Kunz, H. Die Erweiterung des Menschenbildes in der Psychoanalyse Sigmund Freuds. In H.G.Gadamer, P.Vogler (Eds.) Neue Anthropologie, Bd.4. Stuttgart: Thieme, 1973, 44–113.
[129] Kutter, P. Konzentrierte Psychotherapie auf psychoanalytischer Grundlage. Psyche, 1977, 31, 957–974.
[130] Labov, W., Fanshel, D. Therapeutic discourse. Psychotherapy as conversation. New York: Academic Press, 1977.
[131] Lenga, G., Gutwinski, J. Sprache als Medium in Balint-Gruppen. Ein linguistischer Ansatz zur Untersuchung von Balint-Gruppen-Gesprächen. Gruppenpsychotherapie und Gruppendynamik, 1979, 14, 228–240.
[132] Leuzinger, M. Kognitive Prozesse bei der Indikation psychotherapeutischer Verfahren. Manuskript zur Promotion zum Dr.phil., Universität Zürich, 1980.
[133] Liberman, B.L. The maintenance and persistance of change: Long-term follow-up investigations of psychotherapy. In J.D.Frank, R.Hoehn-Saric, S.D.Imber, B.L. Liberman, A.R.Stone (Eds.) Effective ingredients of successful psychotherapy. New York: Brunner/Mazel, 1978.
[134] Litowitz, B.E., Litowitz, N.S. The influence of linguistic theory on psychoanalysis. A critical historical survey. International Review of Psychoanalysis, 1977, 4, 419–448.
[135] Loch, W. (Hrsg.) Die Krankheitslehre der Psychoanalyse. Stuttgart: Hirzel, 1977.
[136] Loevinger, J. Ego development. San Francisco: Jossey-Bass, 1977.
[137] Lower, R., Escoll, P., Huxster, H. Bases for judgements of analyzability. Journal of the American Psychoanalytic Association, 1972, 20, 610–621.
[138] Luborsky, L. Momentary forgetting during psychotherapy and psychoanalysis: A theory and a research method. In R.Holt (Ed.) Motives and thought. Psychological essays in honor of David Rapaport. Psychological Issues, Bd.5.2/3, New York: International University Press, 1967, Pp.175–217.
[139] Luborsky, L. Measuring a pervasive psychic structure in psychotherapy: The core conflictual relationship. In [54], 367–396.

[140] LUBORSKY, L., CHANDLER, M., AUERBACH, A.H., BACHRACH, H., COHEN, J. Factors influencing the outcome of psychotherapy: A review of quantitative research. Psychological Bulletin, 1971, 75, 145-168.

[141] LUBORSKY, L., CRABTREE, L., CURTIS, H., RUFF, G., MINTZ, J. The concept «space» of transference for eight psychoanalysts. British Journal of Medical Psychology, 1975, 48, 65-70.

[142] LUBORSKY, L., GRAFF, H., PULVER, S., CURTIS, H. A clinical-quantitative examination of consensus on the concept of transference. Archives of General Psychiatry, 1973, 29, 69-75.

[143] LUBORSKY, L., MINTZ, J. What sets off momentary forgetting during a psychoanalysis. Investigations of symptom-onset conditions. Psychoanalysis and Contemporary Science, 1974, 3, 233-268.

[144] LUBORSKY, L., SINGER, B., LUBORSKY, L. Comparative studies of psychotherapies. Archives of General Psychiatry, 1975, 32, 995-1008.

[145] LUBORSKY, L., SPENCE, D. Quantitative research on psychoanalytic therapy. In A.E.Bergin, S.Garfield (Eds.) Handbook of psychotherapy and behavior change. New York: Wiley, 1971, Pp.408-438.

[146] MAHLER, M. The psychological birth of the human infant. New York: Basic Books, 1975.

[147] MALAN, D.H. Toward the validation of dynamic psychotherapy: a replication. New York: Plenum Press, 1976.

[148] MALAN, D.H., BALFOUR, F.H.G., HOOD, V.G., SHOOTER, A.M.N. Group psychotherapy. A long-term follow-up study. Archives of General Psychiatry, 1976, 33, 1303-1315.

[149] MARX, I., OVERBECK, G., BRÄHLER, E., BECKMANN, D. Untersuchungen zum Interaktionsstil von Therapeuten in psychoanalytischen Erstinterviews. Medizinische Psychologie, 1978, 2, 107-120.

[150] MATARAZZO, J.D., WIENS, A., MATARAZZO, R., SASLOW, G. Speech and silence behavior in clinical psychotherapy and its laboratory correlates. In J.M.Shlien (Ed.) Research in psychotherapy. American Psychological Association, Washington, D.C., 1968, Pp.347-394.

[151] MATTEJAT, F., BRUMM, J. Kommunikationspsychologische Grundlagen. In L.Pongratz (Ed.) Handbuch der Psychologie, Bd.8.1. Göttingen: Hogrefe, 1977, Pp.715-843.

[152] MATUSSEK, P., TRIEBEL, A. Die Wirksamkeit der Psychotherapie bei 44 Schizophrenen. Nervenarzt, 1974, 45, 569-575.

[153] MAYMAN, M. Psychoanalytic Research. Three approaches to the experimental study of subliminal processes. Psychological Issues, Vol.VIII, No.2, Monogr.30, New York: International Universities Press, Inc., 1973.

[154] MCNAIR, D. Discussion: Comments on the Menninger project. In O.L.Spitzner and D.F.Klein (Eds.) Evaluation of psychological therapies. Baltimore: John Hopkins University Press, 1976, Pp.57-61.

[155] MELTZOFF, J., KORNREICH, M. Research in Psychotherapy. New York: Atherton Press, 1970.

[156] MERGENTHALER, E. Das Textkorpus in der psychoanalytischen Forschung. In: Bergenholtz, H., Schaeder, B. (Ed.): Empirische Textwissenschaft: Aufbau und Auswertung von Text-Corpora. Königstein/Ts: Scriptor, 1979, 131-147.

[157] MERGENTHALER, E. PADOS - Ein System zur forschungsbezogenen Dokumentation der Daten ambulanter Psychotherapiepatienten. Universität Ulm, Abteilung Psychotherapie, 1981.

[158] MERGENTHALER, E., BÜSCHER, U. Elektronische Verbalanalyse (EVA-Textanalyse

System). Benutzerhandbuch, Ulmer Version, 1978, Universität Ulm, Abteilung Psychotherapie.
[159] MEYER, A.E. Psychoanalytische Prozessforschung zwischen der Skylla der «Verkürzung» und der Charybdis der systematischen akustischen Lücke. Vorstellung eines Forschungsvorhabens. Vortrag auf der 2. Werkstatt für Forschung in der Psychoanalyse, Universität Ulm, 1979.
[160] MEYER, A.E. Zur Taxonomie von psychoanalytischen Interventionen. Vortrag an der Abteilung Psychotherapie, Universität Ulm, Februar 1980.
[161] MEYER, A.E., BOLZ, W. The Hamburg short psychotherapy comparison experiment. O. Foreword and introduction. Psychotherapy and Psychosomatics, in print, 1980.
[162] MEYER, R. Analytische Kurzpsychotherapie mit psychosomatisch Kranken. Psyche, 1978, 32, 551-928.
[163] MINSEL, W.R. Beziehungen zwischen dem Erfolg von Psychotherapie und Sprachmerkmalen der Psychotherapeuten sowie ihrer Klienten. In G. Nickel (Hrsg.): Kongressbericht der 2. Jahrestagung der Gesellschaft für angewandte Linguistik. Heidelberg: Groos, 1971.
[164] MOELLER, H.-J. Methodenkritische Untersuchung zu hermeneutischen und teleologischen Forschungsansätzen in der psychoanalytisch orientierten Psychosomatik. Fortschritte der Neurologie und Psychiatrie, 1977, 45, 579-595.
[165] MOELLER, M.L. Der Giessen-Test im therapeutischen Dialog. In [15], Pp.37-88.
[166] MOELLER, M.L., MOELLER-GAMBAROFF, M. Veränderungen von Paarbeziehungen durch Gruppenanalyse. Familiendynamik, 1978, 3, 47-66.
[167] MOSCOVICI, S. Communication processes and the properties of language. In: L. Berkowitz, (Ed.): Advances in experimental social psychology, Bd. 3, New York.
[168] NERENZ, K. Die Bedeutung der äusseren Realität für die psychoanalytische Situation. Zeitschrift für psychosomatische Medizin und Psychoanalyse, 1977, 23, 152-169.
[169] NORMANN, H.F., BLACKER, K.H., OREMLAND, J.D., BARRETT, W.G. The fate of the transference neurosis after termination of a satisfactory analysis. Journal of the American Psychoanalytic Association 1976, 24, 471-498.
[170] OREMLAND, J., BLACKER, K., NORMANN, H. Incompleteness in «successful» psychoanalysis. A follow up study. Journal of the American Psychoanalytic Association, 1975, 23, 819-844.
[171] PERREZ, M. Ist die Psychoanalyse eine Wissenschaft? (2. Aufl.) Bern: Huber, 1979.
[172] PETERFREUND, E. How does the analyst listen. On models and strategies in the psychoanalytic process. In D. Spence (Ed.) Psychoanalysis and Contemporary Science, Vol. IV. New York: International Universities Press, 1975, Pp.59-102.
[173] PETRI, H., THIEME, E. Katamnese zur analytischen Psychotherapie im Kindes- und Jugendalter. Pyche, 1978, 32, 21-51.
[174] PIAGET, J. The affective unconscious and the cognitive unconscious. Journal of the American Psychoanalytic Association, 1973, 21, 249-261.
[175] PLOG, U. Differentielle Psychotherapie II. Bern: Huber, 1976.
[176] POHL, H. Zur Psychodynamik der Urtikaria. Materialien zur Psychoanalyse und analytisch orientierten Psychotherapie V, 1979, Heft 1.
[177] POHLEN, M., BAUTZ, M. Die Rolle des Therapeuten im Münchener Kooperationsmodell. Gruppenpsychotherapie und Gruppendynamik, 1978, 13, 1-24.
[178] POHLEN, M., BAUTZ, M. Gruppenanalyse als Kurzpsychotherapie. Eine empirische Vergleichsuntersuchung bei spezifisch inhomogenen Gruppen von Psychotikern und Neurotikern. Nervenarzt, 1974, 4, 514-533.
[179] POHLEN, M., WITTMANN, L. Konzeptabhängige Wahrnehmungsweise in der Gruppenanalyse. Gruppenpsychotherapie und Gruppendynamik, 1979, 14, 117-131.

[180] RAD, M. von. Das psychosomatische Phänomen. Eine empirische Vergleichsuntersuchung psychosomatischer und psychoneurotischer Patienten. Unveröffentlichte Med. Habilitationsschrift, Universität Heidelberg, 1977.
[181] RAMZY, I., SHEVRIN, H. The nature of the inference process in psychoanalytic interpretation; a critical review of the literature. International Journal of Psychoanalysis, 1976, 57, 151–160.
[182] RICHTER, H.E. Der Gotteskomplex. Hamburg: Rowohlt, 1979.
[183] RICHTER, H.E. Die Anwendung des Giessen-Tests in der analytischen Zwei-Wochen-Therapie. In [15], 17–36.
[184] RICHTER, H.E., WIRTH, H.J. 7 Jahre Erfahrung mit der analytischen Zwei-Wochen-Paartherapie. Familiendynamik, 1978, 3, 20–46.
[185] ROHDE-DACHSER, C. Das Borderline Syndrom. Bern: Huber, 1979.
[186] ROISTACHER, E.M. A computer-based content analysis of a psychotherapy using the general inquirer. Dissertations Abstracts International, 1975, 36 (6-B), 3067–3068.
[187] ROSEN, V. The nature of verbal interventions in psychoanalysis. In L.Goldberg, V.Rosen (Eds.) Psychoanalysis and Contemporary Science, Vol.III. New York: International Universities Press, 1974, Pp.189–209.
[188] ROSENBLATT, A.D., THICKSTUN, J.T. Modern psychoanalytic concepts in a general psychology. Psychological Issues, Vol.XI, 2–3. New York: International Universities Press, 1977.
[189] ROSENKÖTTER, L., THOMÄ, H. Fragebogen zur Erfassung der Arbeitsbeziehung in psychoanalytischen Stunden. Auswertung einer Pilotstudie, in [102].
[190] RUDOLF, G. Psychischer und sozial-kommunikativer Befund. Ein Instrument zur standardisierten Erfassung neurotischer Befunde. Weinheim: Beltz, 1979.
[191] RUDOLF, G. Wie messen sich Krankheit und Gesundheit in einem standardisierten Befund? Ergebnisse einer katamnestischen Untersuchung nach dynamischer Psychotherapie. Praxis der Psychotherapie und Psychosomatik, (im Druck) 1980.
[192] RÜGER, U. Ergebnisse einer katamnestischen Nachuntersuchung an 21 Patienten fünf Jahre nach Abschluss einer ambulanten Gruppentherapie. Eine methodenkritische Studie. Gruppenpsychotherapie und Gruppendynamik, 1976, 10, 313–330.
[193] RUPP, T. Vergleich zweier Katamnesen bei stationär behandelten Patienten mit psychosomatischen Erkrankungen. Unveröffentlichte Med.Dissertation, 1979, Giessen.
[194] SAMPSON, H. A critique of certain traditional concepts in the psychoanalytic theory of therapy. Bulletin of the Menninger Clinic, 1976, 40, 255–262.
[195] SAMPSON, H., WEISS, J., MLODNOSKY, L., HAUSE, E. Defense analysis and the emergence of warded-off mental contents. Archives of General Psychiatry, 1972, 26, 524–532.
[196] SANDIG, B. Zur Differenzierung gebrauchssprachlicher Textsorten im Deutschen. In E.Gülich, W.Raible (Eds.) Textsorten. Frankfurt: Athenäum, 1972.
[197] SANDLER, J. Gegenübertragung und Rollenübernahme. Psyche, 1976, 30, 297–305.
[198] SASHIN, J., ELDERED, S., AMERONGEN, VAN S. A search for predictive factors in institute supervised cases: A retrospective study of 183 cases from 1959–1966 at the Boston Psychoanalytic Institute. International Journal of Psychoanalysis, 1975, 56, 343–359.
[199] SCHALMEY, P. Die Bewährung psychoanalytischer Hypothesen. Kronberg: Scriptor, 1977.
[200] SCHAUMBURG, C. Personalpronomina als Indikatoren interpersonaler Beziehungen. Eine empirische Untersuchung über Verläufe und Zusammenhänge von Personalpronomina und Arbeitsbeziehung, Übertragung und Angst in psychoanalytischen Behandlungen. Unveröffentlichte Dissertation, Ulm, 1980.

[201] Scheer, J.W. Ein faktorenanalytisches Verfahren zur Untersuchung von Gruppenstrukturen mit dem Giessen-Test. In [15], 117–153.
[202] Schlesinger, H.J. Problemes of doing research on the therapeutic process. Journal of the American Psychoanalytic Association 1974, 22, 3–13.
[203] Schlessinger, N., Robbins, F. Assessment and follow-up in psychoanalysis. Journal of the American Psychoanalytic Association 1974, 22, 542–567.
[204] Schlessinger, N., Robbins, F. The psychoanalytic process: recurrent patterns of conflict and change in ego functions. Journal of the American Psychoanalytic Association 1975, 23, 761–782.
[205] Schöfer, G. Das Gottschalk-Gleser-Verfahren: Eine Sprachinhaltsanalyse zur Erfassung und Quantifizierung von aggressiven und ängstlichen Affekten. Zeitschrift für psychosomatische Medizin und Psychoanalyse, 1977, 23, 86–102.
[206] Schöfer, G. Gottschalk-Gleser Sprachinhaltsanalyse, Band 1: Theorie und Technik zur Messung von ängstlichen und aggressiven Affekten. Weinheim: Beltz, 1979.
[207] Schöfer, G. Erfassung affektiver Veränderungen im Psychotherapieverlauf durch die Gottschalk-Gleser-Inhaltsanalyse. Zeitschrift für klinische Psychologie und Psychotherapie, 1977, 25, 203–218.
[208] Schwarz, F. Ergebnisse nach stationärer Gruppenpsychotherapie neurotisch depressiver und zwangsneurotischer Patienten. Nervenarzt 1979, 50, 379–386.
[209] Seidenstücker, E., Seidenstücker, G. Interviewforschung. In W.Schraml, U. Baumann (Eds.) Klinische Psychologie II. Methoden, Ergebnisse und Probleme der Forschung. Bern: Huber, 1974, Pp.377–398.
[210] Sellschopp-Rüppell, A. Behavioral characteristics in in-patient group psychotherapy with psychosomatic patients. Psychotherapy and Psychosomatics, 1977, 21, 316–322.
[211] Shakow, D. Schizophrenia: Selected papers. Psychological Issues No.38. New York: International Universities Press, 1977.
[212] Sharp, V., Bellak, L. Ego function assessment of the psychoanalytic process. Psychoanalytic Quarterly, 1978, 47, 52–72.
[213] Sherwood, M. The logic of explanation in psychoanalysis. New York: Academic Press, 1962.
[214] Silverman, L. On the role of laboratory experiments in the development of the clinical theory of psychoanalysis: Data on the subliminal activation of aggressive and merging wishes in schizophrenic. International Review of Psychoanalysis, 1975, 2, 43–64.
[215] Singer, B., Luborsky, L. Countertransference: The status of clinical versus quantitative research. In A.Gurman, A.Razin (Eds.) Effective psychotherapy. A handbook of research. Oxford: Pergamon-Press, 1977, 433–451.
[216] Sloane, R.B., Staples, F.R., Cristol, A.H., Yorkston, N.J., Whipple, K. Psychotherapy versus behavior therapy. Cambridge: Harvard University Press, 1975.
[217] Speidel, H. Entwicklung und Validierung eines Wörterbuches zur maschinell-inhaltsanalytischen Erfassung psychoanalytischer Angstthemen. Unveröffentlichte Psychologische Diplom-Arbeit, Universität Konstanz, 1979.
[218] Spence, D.P. Tracing a thought stream by computer. In B.B.Rubinstein (Ed.) «Psychoanalysis and Contemporary Science», Vol.2. New York: Macmillan Publishing, 1973, Pp.188–204.
[219] Spence, D.P. Lexical derivatives in patient's speech: some new data on displacement and defence. In [54], Pp.397–418.
[220] Spence, D.P., Grieff, B. An experimental study of listening between the lines. Journal of Nervous and Mental Diseases, 1970, 151, 179–186.
[221] Spence, D.P.,, Lugo, M. The role of verbal clues in clinical listening. In R.Holt,

E. Peterfreund (Eds.) Psychoanalysis and contemporary science. An annual of integrative and interdisciplinary studies, Vol. I, New York: Macmillan, 1972, 109–133.
[222] STEIN, H. Psychoanalytische Selbstpsychologie und die Philosophie des Selbst. Meisenheim: Hain-Verlag, 1979.
[223] STOLLER, R. Splitting. A case of female masculinity. New York: Quadrangle Books, 1973.
[224] STONE, PH., DUNPHY, D.C., SMITH, M.S., OGILVIE, D.M. The general inquirer: a computer approach to content analysis. Cambridge: MIT Press, 1966.
[225] STROTZKA, H. (Ed.) Psychotherapie, Grundlagen, Verfahren, Indikationen. (2. Aufl.) München: Urban & Schwarzenberg, 1978.
[226] STROTZKA, H. Fallstudien zur Psychotherapie. München: Urban & Schwarzenberg, 1978.
[227] STRUPP, H.H. Psychotherapy: Clinical, research and theoretical issues. New York: Aronson, 1973.
[228] STRUPP, H.H. Psychotherapy: For better or worse. New York: Aronson, 1977.
[229] STRUPP, H.H. Themes in psychotherapy research. In J. Claghorn (ed.) Successful psychotherapy. New York: Brunner-Mazel, 1977, 3-23.
[230] STUHR, U., MEYER, A.E., BOLZ, W. The Hamburg short psychotherapy comparison experiment. V outcome in psychological tests. Psychotherapy and Psychosomatics, (im Druck), 1980.
[231] SUNDLAND, D.M. Theoretical orientations of psychotherapists. In A. Gurman, A. Razin (Eds.) Effective psychotherapy. A handbook of research. Oxford: Pergamon Press, 1977, 189–219.
[232] THOMÄ, H. Zur Rolle des Psychoanalytikers in psychotherapeutischen Interaktionen. Psyche 1974, 28, 381–394.
[233] THOMÄ, H. Identität und Selbstverständnis des Psychoanalytikers. Psyche 1977, 31, 1–42.
[234] THOMÄ, H. Über die Unspezifität psychosomatischer Erkrankungen am Beispiel einer Neurodermitis mit zwanzigjähriger Katamnese. Psyche 1980, 34, (im Druck).
[235] THOMÄ, H., GRÜNZIG, H.-J., BÖCKENFÖRDE, H., KÄCHELE, H. Das Konsensusproblem in der Psychoanalyse. Psyche, 1976, 30, 978–1027.
[236] THOMÄ, H., KÄCHELE, H. Wissenschaftstheoretische und methodologische Probleme der klinisch-psychoanalytischen Forschung. Psyche, 1973, 22, 205–236 und 309–355.
[237] THOMÄ, H., KÄCHELE, H., GRÜNZIG, H.-J. Über einige Probleme und Ergebnisse der psychoanalytischen Prozessforschung. Vortrag auf der 1. Werkstatt «Forschung in der Psychoanalyse», Universität Ulm, 1978.
[238] UDE, A. Betty, Protokoll einer Kinderpsychotherapie. Stuttgart: Deutsche Verlagsanstalt, 1975.
[239] UEXKÜLL, TH., VON, (Hrsg.) Lehrbuch der psychosomatischen Medizin. München: Urban & Schwarzenberg, 1979.
[240] VALENSTEIN, A.F. The concept of «classical» psychoanalysis. Journal of the American Psychoanalytic Associatin, Suppl. Vol. 113, 1979, New York.
[241] WEBER, J., BRADLOW, P., MOSS, L., ELINSON, J. Predictions of outcome in psychoanalysis and analytic psychotherapy. Psychiatric Quarterly, 1974, 48, 117-149.
[242] WEISS, J. The integration of defenses. International Journal of Psychoanalysis, 1967, 48, 520–524.
[253] WEISS, J. The emergence of new themes: a contribution to the psychoanalytic theory of therapy. International Journal of Psychoanalysis, 1971, 52, 459–467.
[244] WINNICOTT, D.W. Fragment of an analysis. In P. Giovacchini (Ed.) Tactics and techniques in psychoanalytic therapy. London: Hogarth Press, 1972, Pp. 455–693.

[245] WINNICOTT, D.W. The piggle. An account of the psychoanalytic treatment of a little girl. London: Hogarth Press, 1978.
[246] WOLFSTELLER, H.J., KÄCHELE, H. Behandlungserfahrungen im Rückblick. Eine Nachuntersuchung von 72 Patienten mit dem Struppschen Fragebogen. Unveröffentlichter Arbeitsbericht, Abteilung Psychotherapie, Universität Ulm, 1980.

E. Klinische Gruppen

IX. Schizophrenie

R. Cohen, E. Plaum

1. Probleme der Klassifikation

1.1 Diagnose und Epidemiologie

Psychische Störungen werden voneinander im wesentlichen nach folgenden Gesichtspunkten unterschieden: Ursache (Somato- vs. Psycho- bzw. Soziogenese), betroffene Funktionen und Art der Störung (Symptomatik), sowie zeitliche Aspekte – einmal den Verlauf betreffend (z. B. bipolare Zyklen, subchronisch – chronisch), zum anderen aber im Hinblick auf Entwicklungsstadien des Individuums (etwa frühkindlicher Autismus, Involutionsdepressionen). Van Praag [112] fügt noch die Pathogenese hinzu, womit er vor allem biochemische Bedingungen meint, welche Abnormitäten des Verhaltens oder Erlebens zur Folge haben, unabhängig davon, ob diese auf somatische Schädigungen (z. B. Intoxikationen) oder psychosoziale Einflüsse zurückzuführen sind. Obwohl selten ausdrücklich erwähnt, spielt ausserdem noch die Schwere der Störung eine Rolle – im Sinne genereller Beeinträchtigung, des Ausprägungsgrades einzelner Symptome oder auch der Resistenz gegenüber therapeutischen Massnahmen.

Die neuesten Klassifikationssysteme der Weltgesundheitsbehörde (ICD, 1979) oder der American Psychiatric Association (DSM III, 1980) versuchen diesen verschiedenen Gesichtspunkten teilweise getrennt voneinander Rechnung zu tragen, was zu einem Kompromiss zwischen dimensionaler und kategorialer Einschätzung führte. Es bleibt dem Kliniker aber noch heute weitgehend selbst überlassen, welchen der genannten Unterscheidungsmerkmalen er bei seinen Diagnosen wieviel Gewicht beimisst. Die Bedeutung solcher Klassifikationssysteme ist nicht danach zu beurteilen, ob sie einer unbekannten «wahren» Einteilung der Phänomene gerecht werden, sondern inwieweit sie der Kommunikation über Patienten und spezifische Wirksamkeit therapeutischer Massnahmen dienen (vgl. [57]). Wie zwei gross angelegte Vergleichsstudien psychiatrischer Erstaufnahmen in New York und London zeigten, lässt sich durch den Einsatz standardisierter Interviews und fester Auswertungsprogramme die Objektivität und Reliabilität psychiatrischer Diagnosen ganz beträchtlich steigern, womit die eklatanten Unterschiede in der Häufigkeit der Diagnosen «Schizophrenie» und «Depression» in den USA und England verschwinden [26]. Die Diskrepanzen lassen sich offenbar – obwohl die Patienten nach soziokulturellen Merkmalen ganz beträchtlich differieren – nicht auf die Symptomatik und auch kaum auf Unterschiede in der Sensitivität der Psychiater für bestimmte Störungen zurückführen, sondern vor allem auf unterschiedlich strenge Kriterien für die Diagnose «Schizophrenie». Das in den USA gängige, europäischen Psychiatern recht weit erscheinende Konzept der Schizophrenie dürfte auch massgebend dafür gewesen sein, wenn sich die aufgrund des Fallregisters von Monroe County jüngst errechnete Morbiditätsquote von 6,9% [63] im Vergleich zu der üblichen, entscheidend auf europäischen Daten basierenden Schätzung von knapp 1% geradezu grotesk ausnimmt.

Eine in neun, ethnisch höchst unterschiedlichen Ländern durchgeführte Längsschnittsuntersuchung [122, 123] mit der Present State Examination als standardisiertem Interview, erlaubte inzwischen die Definition einer offenbar in allen Kulturen anzutreffenden Kerngruppe «schizophrener» Patienten. Ihre vorrangigen Kennzeichen sind «mangelnde Krankheits-Einsicht», «akustische Halluzinationen», «Beziehungswahn» und «Affektverflachung» [122]. 72% derjenigen Patienten, die auch bei der Nachuntersuchung zwei Jahre später als psychotisch galten, wurden aufgrund der standardisierten Befund-Erhebung und -Verarbeitung wieder in dieselbe diagnostische Kategorie wie bei der Erstuntersuchung eingeordnet [89]. Allerdings fand sich hier, wie in anderen Studien, dass im Verlauf der Krankheit produktive, paranoide Phänomene seltener werden und negative oder Defizit-Symptome an Bedeutung gewinnen [30, 105]. Obwohl kein einziges der Symptome Ersten Ranges nach K. Schneider auch nur bei 30% der klinisch als «schizophren» Diagnostizierten festgestellt wurde, zeigten 58% dieser Patienten zumindest eines dieser Symptome. Ein ähnliches Bild ergab sich bei einer Kreuzvalidierung der 12 diskriminationsfähigsten Symptome aufgrund des standardisierten Interviews [17]. Recht unterschiedliche Störungen führen offenkundig – mit hoher Interrater-Reliabilität – bei verschiedenen Patienten zu derselben Diagnose. Dieser Umstand mag testpsychologisch Geschulte zunächst irritieren, für das Wiedererkennen eines Menschen oder Berges aus unterschiedlicher Perspektive, oder gar für Experten-Urteile über Intelligenz oder die Qualität exotischer Küchen dürfte kaum anderes gelten.

Auf Hughlings Jackson geht die Einteilung der Manifestationen einer Psychose in «positive» und «negative» Störungen bzw. «Plus»- und «Minus»-Symptomatik zurück; bei den ersteren handelt es sich um sogenannte «qualitativ» abnorme Phänomene, wie Wahnvorstellungen oder Halluzinationen, bei den letzteren um ein Fehlen oder eine «quantitative» Reduktion normaler Funktionen. Überwiegen «negative» Störungen, so liegt meist ein generalisiertes Defizit vor, welches differentialdiagnostisch noch unspezifischer ist als die sog. «Plussymptomatik». Der Gedanke scheint verlockend, zwischen diesen Hauptformen der Störung und den Befunden von FRANZÉN und INGVAR [33] gewisse Parallelen zu sehen, nach denen chronisch Schizophrene sowohl unter Ruhebedingungen als auch beim Benennen von Bildern oder dem Raventest eine frontal ungewöhnlich reduzierte, postzentral aber überraschend erhöhte Hirndurchblutung fanden, was sie als «hypointentionales» bzw. «hypergnostisches» Syndrom interpretierten. Empirische Befunde, die eine solche Parallele stützen könnten, liegen allerdings nicht vor.

Trotz der unbestreitbaren Verbesserungen hinsichtlich Objektivität und Reliabilität psychiatrischer Diagnosen ist der prognostische Wert der meisten Einteilungen noch sehr gering. Zum Teil mag dies daran liegen, dass sich das Bild schizophrener Erkrankungen gewandelt hat. Im Unterschied zur Jahrhundertwende treten die schweren chronischen Verläufe nur noch in etwa 5% der Fälle auf, während die grosse Mehrzahl der Patienten eine eher günstige Prognose hat [8, 102]. Grosse Beachtung fand in jüngster Zeit das Konzept der Vulnerabilität [126]. Durch den intraindividuellen Vergleich innerhalb und ausserhalb schizophrener Episoden wird versucht, Kenngrössen für das Mass der Gefährdung sowie zur Abgrenzung akuter Episoden zu gewinnen. Über Vergleiche mit gesunden Verwandten erhofft man Hinweise darauf, ob diese Besonderheiten wohl eher als Ursachen oder Folgen der Episoden aufzufassen sind. Bislang sind nur Spekulationen darüber möglich, auf welche Weise derartige funktionelle Auffälligkeiten unter bestimmten äusseren oder inneren Belastungssituationen dann zur Auslösung gerade jener Symptome führen, die eine Behandlung notwendig erscheinen lassen.

KENDELL [57] behandelt eingehend die wichtigsten inhaltlichen und methodischen Probleme psychiatrischer Klassifikation. Die polemisch oft hochgespielte Frage um medizinisches oder soziologisches Krankheitsmodell tritt dabei sinnvollerweise in den Hintergrund vor der Frage, wie man im Hinblick auf das Verständnis und die Therapie des jeweiligen Patienten am besten über ihn kommunizieren und von bisherigen Erfahrungen mit anderen Patienten profitieren kann. Die Diskussion um das bestmögliche Krankheitsmodell ist ohnehin im Hinblick auf den unbestreitbaren, aber recht geringen Anteil genetischer Determination (vgl. [41]), die Häufung schizophrener Erkrankungen speziell in der untersten Sozialschicht grosser Städte (vgl. [62]) oder die biochemische Forschung [112] insofern recht müssig, als vermutlich kein Modell, das Interaktionen zwischen diesen und anderen Faktoren ignoriert, auch nur den bereits jetzt bekannten Tatsachen gerecht werden kann.

1.2 Differentialdiagnose gegenüber anderen psychotischen und hirnorganisch bedingten Störungen

Ältere psychologische Untersuchungen zielten in erster Linie auf die testpsychologische Erfassung schizophrener Symptomatik ab. Zumeist konzentrierte man sich dabei auf subtilere Charakteristika, die über das hinausgehen, was mit den gängigen Verfahren der Exploration und klinischen Verhaltensbeobachtung erfassbar erscheint (vgl. [24]). Die meisten Befunde erwiesen sich leider als differentialdiagnostisch wenig ergiebig (vgl. z.B. [38]). Nachdem eine Reihe von Untersuchungsergebnissen – etwa zur ‹Overinclusion› – Anlass zu Hoffnungen gegeben hatte, wissen wir heute [80], dass die gefundenen Besonderheiten weder ausschliesslich Schizophrene kennzeichnen, noch bei allen Untergruppen derselben vorkommen.

Klinka und Papageorgis [60] wollten beispielsweise die weitverbreitete Annahme überprüfen, dass assoziative Interferenzen ein differentialdiagnostisch bedeutsames Kennzeichen Schizophrener seien. Sie verwendeten zwei hinsichtlich Reliabilität und Diskriminationsfähigkeit vergleichbare Mehrfachwahl-Wortschatztests (wobei die vorgegebenen Alternativen unterschiedlich lose mit dem jeweils vorgegebenen Wort zusammenhingen). Sowohl schizophrene wie nichtschizophrene Patienten zeigten bei längerer Dauer der Erkrankung eine erhöhte Anfälligkeit für assoziative Interferenzen. Demnach kann also keine Rede davon sein, dass derartige Phänomene typisch für Schizophrenie seien.

Lassen sich dennoch einmal Schizophrene von anderen Patientengruppen statistisch abgesichert voneinander unterscheiden (z.B. [83]), ist es meist schwer zu bestimmen, inwieweit es dabei um für das Krankheitsbild pathognomonische Merkmale geht oder ob die Ergebnisse darauf zurückzuführen sind, dass verschiedene Krankheitsgruppen nun einmal hinsichtlich der prämorbiden Anpassung, des Alters, der Chronizität und der Sekundärschäden in der Regel nicht streng vergleichbar sind. Würde man versuchen, die Stichproben nach solchen Kriterien zu parallelisieren, wäre der Erkenntnisgewinn ebenfalls fragwürdig: Man hätte notwendigerweise für einzelne Krankheitsgruppen untypische Fälle miteinander verglichen!

Ein differentialdiagnostisch geradezu aufregend insensitives Mass ist die mittlere Reaktionszeit. Alle Gruppen psychotisch, neurotisch oder hirnorganisch beeinträchtigter Personen haben im Durchschnitt verlängerte Reaktionszeiten und innerhalb jeder dieser Gruppen haben wiederum die klinisch schwerer geschädigten Personen längere mittlere Reaktionszeiten als die leichter gestörten [59]. Dabei korrelierte in einer prädiktiven Studie die mittlere Reaktionszeit .50 mit der Länge der Hospitalisierung in den 3 Jahren nach der Erstaufnahme [16]. Solche Befunde sollten allerdings nicht dazu verleiten, die Reaktionszeit als übergreifendes Mass der «Schwere» zu verwenden. Ein derartiges Vorgehen liesse nicht nur die Vieldeutigkeit des Konzeptes der «Schwere» unberücksichtigt, sondern würde ausser acht lassen, dass überaus unterschiedliche Störungen dieselbe Verhaltensauffälligkeit bewirken können. Wie ähnlich müssen verschiedene Patienten sein, um sinnvollerweise demselben Typus zugerechnet zu werden, bzw. wie heterogen muss eine Gruppe sein, damit der Nachweis von Gemeinsamkeiten nicht zur Trivialität wird? Selbst klar abzugrenzende körperliche Krankheitsbilder wie das Parkinsonsyndrom oder die meisten Formen der Aphasie weisen bei näherem Zusehen eine kaum überschaubare Vielfalt auf.

Die zur Unterscheidung schizophrener Untergruppen, etwa nach der Dauer der Erkrankung, der Art des Beginns, dem Anteil paranoider Symptomatik oder dem Grad der prämorbiden Anpassung, verwendeten Merkmale sind meist selbst überaus vieldeutig und mögen mehr Varianz erklären als die diagnostische Gruppenzugehörigkeit, zu deren Differenzierung sie beitragen sollten. Arbeiten zur prämorbiden Anpassung bzw. der Dimension Prozess- vs. reaktive Schizophrenie (vgl. [35]) sollen beispielhaft erwähnt werden: Ausgehend von der Annahme, dass eine übermässige Empfindlichkeit gegenüber Kritik oder Bestrafung für das Leistungsdefizit Schizophrener eine entscheidende Rolle spielt, liess Magaro [71] prämorbid «gut» und «schlecht» angepasste Patienten kurzzeitig dargebotene Variationen einerseits von Bildern mit Auseinandersetzungen zwischen Eltern- und Kind-Figuren und andererseits neutrale Objekt-Darstellungen voneinander unterscheiden. Die Resultate liessen erkennen, dass – unabhängig von der sozialen Schicht – die prämorbid schlecht angepassten Patienten bei den kritischen Bildern mehr falsche Gleichheitsurteile abgaben als eine gesunde Kontrollgruppe, aber auch als prämorbid gut angepasste Schizophrene. Wagener und Hartsough [116] überprüften mit der gleichen Versuchsanordnung Unterschiede zwischen hospitalisierten Schizophrenen, Alkoholikern und Gesunden unterschiedlicher Grade prämorbider Anpassung (nach der Life Experience Scale); was bei Magaro als typisch für Schizophrenie galt, erwies sich als Produkt jener Bedingungen, die mit dem Grad der prämorbiden Anpassung in Zusammenhang stehen, gleichgültig ob der Proband ein Schizophrener, ein Alkoholiker oder ein psychisch Gesunder war.

In verschiedenen Literaturübersichten (z.B. [19, 77]) wird die Frage aufgeworfen, ob sich die üblichen Unterteilungen schizophrener Patienten nicht lediglich auf die Schwere der Erkrankung beziehen. Wie bereits erwähnt, lässt sich diese aber nicht als eine einzige Dimension fassen. Zum Teil wird die Schwere der Störung im Zusammenhang mit Verlaufsmerkmalen gesehen, doch haben sich prognostisch relevante Variable in der

Regel nicht als differentialdiagnostisch verwertbar erwiesen [111]. Auch die Life-event-Forschung (vgl. [46]) hat bislang noch keine schizophreniespezifischen Gegebenheiten eruieren können. Vielfach nachgewiesen ist jedoch ein «soziales Defizit» Schizophrener, etwa das Interaktionsverhalten betreffend (z. B. [90]). Wie vor allem die Untersuchungen von VAUGHN und LEFF [113], aber auch GOLDBERG et al. [37] belegen, muss schliesslich bei Patienten, die ohne Neuroleptika behandelt werden, die Dichte, Dauer und Emotionalität des Kontaktes mit anderen Personen als nicht unbeträchtlicher Risikofaktor für Rückfälle angesehen werden (vgl. [119]).

Wie auch STRAUSS et al. [104] aufweisen, ist der prognostische Wert der Diagnose «Schizophrenie» von nur geringem Wert; die Entstehung jeder Art psychischer Abnormität muss als Teil der individuellen Lebensgeschichte verstanden werden, welche allgemeinen Regeln der Entwicklung folgt und bei der die frühe Kindheit, die soziale Umwelt, die schulische und berufliche Situation sowie äussere Ereignisse in ihren Wirkungen kaum zu trennen sind von genetischen und biochemischen Faktoren (vgl. [117]). Wo im Laufe solcher Entwicklungen die Weichen für schizophreniespezifische Störungen gestellt werden, ist dabei weitgehend offen. Unterschiede in der Entwicklungsgeschichte sowie äussere Ereignisse tragen schliesslich vermutlich auch entscheidend bei zu den grossen interindividuellen Differenzen in Ausmass und Art der intraindividuellen Variabilität, sowohl was die Aufeinanderfolge einzelner Episoden, die jeweilige Symptomatik und Schwankungen innerhalb der Episoden selbst anbetrifft.

2. Psychopathologische Grundlagenforschung

2.1 Ältere Forschungsansätze

CHAPMAN und CHAPMAN [19] weisen auf die Gefahr eines Zirkelschlusses hin, die gegeben ist, wenn die Auswahl von Patienten für Untersuchungen mit dem Ziel einer befriedigenderen Klassifikation nach den heute gebräuchlichen Diagnoseschemata erfolgt. Es wäre daher zu fordern, dass empirische Resultate und Klassifikationsgesichtspunkte immer wieder neu und wechselweise mit modifizierendem Effekt aufeinander bezogen werden. Aufgrund experimentalpsychologischer Untersuchungen ist es bisher nicht gelungen, allgemein anerkannte Verbesserungen der Klassifikation des psychisch Abnormen zu erreichen. Dies gilt sowohl im Hinblick auf den Grad der Normabweichungen, die Ätiologie oder Pathogenese und Verlaufsmerkmale, als auch bezüglich gestörter Bereiche. Man hat aber auch vermutet, dass Schizophrene gar nicht unter originären Defiziten leiden, sondern durch abnorm wirkende Verhaltensweisen darauf abzielen, bei ihrer mitmenschlichen Umgebung maximale Schonung und Freisprechen von Verantwortung zu bewirken (vgl. [19]). Dies «Impression-management-Theorie» ist empirisch kaum zu halten. Je schwerer die Symptomatik, je pathologischer das Erscheinungsbild, umso weniger sind die Patienten in der Lage, etwa in Assoziationsversuchen je nach Bedingung besonders übliche oder unübliche Antworten zu bringen [70, 82].

Ende der Sechzigerjahre haben verschiedene Autoren wie Broen [11] und Callaway [15] Theorien mit dem Ziel aufgestellt, recht unterschiedliche Ansätze und Befunde der Forschung in einem grösseren theoretischen Zusammenhang zu sehen. Gegenüber den beziehungslos nebeneinanderstehenden und oft inkommensurablen Arbeiten in verschiedenen Bereichen – mit teilweise nur vage definierten Konzepten wie «Abstraktion» oder «Aufmerksamkeit» (vgl. [78]) – bedeuteten diese übergreifenden Integrationsversuche zweifellos einen Fortschritt. Doch zeigten sich dabei sehr bald ebenfalls recht widersprüchliche Forschungsergebnisse, und Befunden, welche die eine Theorie zu stützen schienen, wurden andere an die Seite gestellt, die man gegenteilig interpretieren konnte:

Bei Gesunden kann man mit einer Steigerung der Fehlerrate rechnen, wenn eine Differenzierung verschiedener (in der jeweiligen Situation angemessenen und unangemessenen) Antwortmöglichkeiten – etwa durch die Einführung von Assoziationen, die auf eine falsche Fährte führen – zunehmend erschwert wird. Broen hatte angenommen, dass bei Schizophrenen die Auftretenswahrscheinlichkeit «dominanter» (d.h. besonders gut gelernter) Reaktionen durch ein «response-strength-ceiling» begrenzt sei und durch diese unüberwindliche Beschränkung ein Zusammenbruch der gesamten Response-Hierarchie stattfinde. Während nun Gesunde durch von der richtigen Lösung ablenkende Assoziationen – abgesehen von Extrembedingungen – immer mit der für sie dominanten (aber falschen) Antwort reagieren, müssten Schizophrene jedoch keine weitere Zunahme von Fehlern mehr zeigen, wenn eine über ein bestimmtes Ausmass hinausgehende Einschränkung der Bedingungen für eine Differenzierung richtiger und falscher Antwortmöglichkeiten erreicht wird. Denn die Auftretenswahrscheinlichkeit der dominanten (falschen) Reaktionen soll ja nach Broen (als Folge der Erkrankung) – eher als bei Gesunden – nicht mehr zunehmen. Roberts und Schuham [87] überprüften diese Annahme Broens, indem sie eine Sortieraufgabe verwendeten, wobei in einem Multiple-Choice-Verfahren Wörter bestimmten (ebenfalls verbal vorgegebenen) Kategorien zugeordnet werden mussten; die Alternativen variierten bei verschiedenen Subtests nach der Ausprägung ihres von der richtigen Lösung ablenkenden Charakters. Schizophrene liessen (im Gegensatz zu Alkoholikern) keinesweg das nach Broen zu erwartende Plateau in der Fehlerkurve bei besonders stark ablenkenden Assoziationen erkennen, sondern eine fortlaufende Gerade. ROBERTS und SCHUHAM sahen ihre Resultate in Übereinstimmung mit BOLAND und CHAPMAN [10], welche im Unterschied zu BROEN eine Akzentuierung «normaler» Fehlertendenzen annahmen. – BLANEY [6] stellt der CHAPMANschen Hypothese, wonach Schizophrene dem jeweiligen Kontext eines Reizwortes überhaupt nur ungenügende Beachtung schenken, die aus den Arbeiten von SALZINGER sowie CROMWELL und DOKECKI abgeleitete Annahme, dass die Patienten den Kontext zwar beachten, aber eher unmittelbar vorangehende Cues als weiter zurückliegende berücksichtigen, gegenüber. Mit Verfahren, die auf CHAPMAN (Darbietung von Sätzen mit einem nicht eindeutigen Element und Auswahl der «richtigen» Bedeutung aus vorgegebenen Antwortmöglichkeiten) und SALZINGER (Hinzufügen des «richtigen» ausgelassenen Wortes innerhalb unterschiedlich langer Satzpassagen) zurückgehen, konnte der Autor CHAPMANS Annahmen lediglich für (chronisch) «desorganisierte» Patienten bestätigen und auch nur dann, wenn die Ambiguität lexikalische Aspekte betraf, die zweite Annahme wurde – unabhängig von Patientensubgruppen – allein bezüglich eines semantischen (und nicht etwa auf die grammatikalische Satzstruktur bezogenen) Kontextes gestützt. – In Anbetracht derartiger Befunde gesteht man heute weitgehend zu – wie auf anderen psychologischen Teilgebieten auch – dass es bislang eine generelle Überlegenheit einer theoretischen Formulierung über andere nicht gibt, sondern jeder Ansatz unter bestimmten Voraussetzungen seinen besonderen Erklärungswert hat (vgl. z.B. [77]).

2.2 Systematische Suche nach der «Lokalisation» von Störungen im Informationsverarbeitungsprozess

Obgleich die psychologischen Schizophrenietheorien der Sechzigerjahre durch das Bemühen gekennzeichnet waren, Resultate aus verschiedensten Forschungsbereichen zu integrieren und im Rahmen eines Modells der Informationsverarbeitung zu verstehen, zielten doch alle auf die Identifikation einer Primärstörung ab, welche alle weiteren Auffälligkeiten erklären sollte. So sah z.B. BROEN [11] das Wesentliche schizophrener Abweichungen in Störungen des «Output» begründet, während YATES [124] eine Verlangsamung der Verarbeitung als entscheidend erachtete; CROMWELL [29] unterschied eine «high-redundancy»-Gruppe (gekennzeichnet durch Ausblenden von Stimuli und folglich weitgehender Konstanz des Input) von einer solchen mit einer «low redundancy» (d.h. Patienten, welche auf ein sehr breites Spektrum von Reizgegebenheiten reagieren und eher zu einer «Plussymptomatik» tendieren).

Nachdem das Modell einer gestörten Informationsverarbeitung in der Vergangenheit von heuristischem Wert gewesen ist, bedient man sich heute gerne entsprechender Modelle der Allgemeinen Psychologie, vermeidet jedoch Hypothesen bezüglich bestimmter Beeinträchtigungen, sondern versucht, systematisch abzutasten, an welcher «Stelle» des Informationsverarbeitungsprozesses die Störungen der Schizophrenen zu finden sein mögen. Diese Neuorientierung der Schizophrenieforschung befindet sich gegenwärtig noch in den Anfangsstadien (vgl. [65]).

Die Beliebtheit von Gedächtnis-Modellen in der neueren Allgemeinen Psychologie, sowie die Unterscheidung verschiedener «Speicher» und/ oder «Tiefen der Verarbeitung» (vgl. [28]) liess zahlreiche Psychologen nach spezifischen Defiziten – sei es bei Enkodierungs-, sei es bei Abruf-Prozessen – suchen. Das Ergebnis war bislang eher unbefriedigend: Die Feststellung eines differentiellen Defizits von Reproduktions- gegenüber Wiedererkennungsleistungen (z.B. [61]) ist einerseits nicht unwidersprochen geblieben, andererseits lässt sich als Kritik anführen, dass Schizophrene umso eher Minderleistungen zeigen, je mühevoller und schwieriger sich die Aufgabe (hier die Reproduktionsleistung) darstellt. Es scheint allerdings, als hätten Schizophrene besondere Schwierigkeiten, zusammenhanglose Inhalte gezielt in eine einfache und für den Abruf günstige Ordnung zu bringen. Weingartner et al. [118] liessen Wörter kategorisieren und stellten fest, dass Schizophrene bei Wörterlisten, die sich leicht nach bestimmten Kategorien ordnen liessen, bezüglich Art und Anzahl derselben ebenso wie Gesunde sortierten, für unzusammenhängende Items verwendeten die Patienten jedoch wesentlich mehr Kategorien. Die genannten Autoren schliessen aus diesem Ergebnis auf Schwierigkeiten bei aktiven Bemühungen um eine Gedächtnisorganisation, wobei die Fähigkeit hierfür möglicherweise erhalten bleibt. Vergleichbar lose Organisationsstrukturen fand man auch bei anderen Sortieraufgaben (vgl. [19]); sie zeigen sich allerdings ebenfalls bei Hirngeschädigten, wobei Schizophrene kaum auffälliger erscheinen als etwa Wernicke-Aphasiker [56].

Fehler beim Sortieren sind in recht unterschiedlicher Weise interpretiert worden, einmal als Abstraktionsdefizit (Goldstein), dann aber auch im Sinne der Overinclusion [79], d.h. pathologische Ausweitung üblicher Konzepte. Diese gegensätzlichen Standpunkte versuchten Chapman und Chapman [19] auf einen gemeinsamen Nenner zu bringen, indem sie Konkretheit nach Goldstein als «Overexclusion» (Ausschluss von Objekten bei Kategorien, zu denen sie tatsächlich gehören) ansahen und beide Fehlerarten auf die Neigung Schizophrener zurückführten, dominante Bedeutungen (bzw. Assoziationen) überzubewerten, wobei je nach Aufgabenstellung (entweder nach eng gefassten oder weiten Kategorien zu sortieren) «Overinclusion» oder «Overexclusion» resultiere [19]. Besonderheiten Schizophrener bei der mehr oder weniger willkürlichen kognitiven Strukturierung vorgegebenen Materials könnten also Phänomene sein, welche sich nicht nur bei Gedächtnisaufgaben (im engeren Sinne) zeigen. Derartige Schwierigkeiten mögen gleichermassen Folgen wie Ursache der von BROEN [11] POLJAKOV [81] und SÜLLWOLD [107] betonten Probleme bei der Verwertung bisheriger Lebenserfahrungen zur Unterscheidung relevanter und irrelevanter Aspekte in einer konkreten Situation sein.

Die Annahme beeinträchtigter Gedächtnisfunktionen im Sinne einer inadäquaten Verwertung bisheriger Lebenserfahrungen steht keineswegs im Widerspruch zu älteren Annahmen, wonach schizophrene Störungen in einer Beeinträchtigung «höherer» geistiger Funktionen bestehen sollten, vor allem solcher, welche mit zwischenmenschlichen Beziehungen und Rollenverhalten zusammenhängen. In diesem Zusammenhang sind experimentelle Belege für Leistungsminderung speziell dort, wo den Reizen soziale Bedeutung beigemessen wird, zu nennen (hierzu etwa [36]). Fragen der sprachlichen Kommunikation haben vor allem B.D. COHEN [23] und ROCHESTER [88] untersucht. Beide Autoren gehen von Störungen der zwischenmenschlichen Beziehungen aus und glauben, dass Masse, welche die kommunikative Funktion der Sprache betreffen, eher dem schizophrenen Defizit gerecht werden als linguistische Variable, die sich diesbezüglich als recht unergiebig erwiesen haben [72]. COHEN et al. führten eine Reihe von Experimenten durch (siehe [23]), wobei die Probanden als «Sprecher» potentiellen «Hörern» verbal mitteilen sollten, welches aus einer den Hörern und Sprechern gleichermassen bekannten Gruppe von Objekten (z.B. eines von zwei Farbblättchen mit jeweils unterschiedlicher Ähnlichkeit im Farbton) vom Versuchsleiter als zu beschreibender Stimulus angegeben worden war. Die Ergebnisse legten den Schluss nahe, dass bei Schizophrenen ein «Self-editing deficit» in dem Sinne vorliegt, dass schizophrene Sprecher (als «Hörer» unterscheiden sich die Patienten nicht von «Normalen»!) zwar über ein Assoziationsrepertoire verfügen, das demjenigen Gesunder durchaus vergleichbar ist, aber weniger als diese in der Lage sind, unangemessene Reaktionen herauszufiltern. Für akut Schizophrene ist dabei anscheinend kennzeichnend, dass sie grösste Schwierigkeiten haben, eine als inadäquat erlebte Reaktion zu verwerfen. Um dem perseverativen Auftauchen immer derselben Einfälle zu entgehen, bilden sie lose Assoziationsketten, wobei die jeweiligen Antworten vorwiegend an der vorangehenden eigenen Äusserung orientiert und daher zunehmend weniger mit dem zu beschreibenden Stimulus in Zusammenhang zu bringen sind. Die Ergebnisse erscheinen insofern von besonderer Bedeutung, als sie im Unterschied zu den meisten Befunden eine gegenüber Gesunden eher vermehrte als reduzierte Bemühung um gute Kommunikationsleistung bekunden. Chronische Patienten dagegen scheinen eher einem «impulsive speaker model» zu entsprechen, d.h. sie bemühen sich nicht um einen «self-editing»-Prozess, sondern bringen eine Beschreibung – ohne auf den Vergleich mit den übrigen Stimuli zu achten – und lassen es dabei bewenden.

Es war lange Zeit üblich, angeregt durch die «Double-Bind»-Theorie, die Ursachen schizophrener Kommunikationsstörungen in den sozialen Beziehungen der Patienten (v.a. innerhalb der Familie) zu vermuten. Belege für diese Sichtweise sind am ehesten in den überraschend hohen Übereinstimmungen zu sehen, die SINGER und WYNNE bei der «blinden» Zuordnung von Protokollen «projektiver» Tests, welche mit Eltern schizophrener und nichtschizophrener Probanden durchgeführt wurden, zu entsprechenden klinischen Befunden der zugehörigen Kinder erzielen konnten [97]. Die Befunde konnten von anderen Arbeitsgruppen leider nie repliziert werden; es ist auch unklar, inwieweit die «desorganisierten» Äusserungen der Eltern psychotischer Kinder auf eine spezifische Testangst zurückgehen [91] oder vorwiegend auf vermehrte Verbalisierung zurückzuführen sind [50]. – Nur in Interaktionen mit dem Grad der prämorbiden Anpassung und dem Schwierigkeitsgrad der Aufgabe lässt sich auch nur wenigstens einige Evidenz für die im Zusammenhang mit der Soziogenese schizophrener Kommunikationsstörungen oft behauptete Annahme finden, Schizophrene seien gegenüber Kritik übermässig sensibel [53]. – ROCHESTER [88] bringt die gefundenen Auffälligkeiten des Sprachverhaltens eher mit Störungen der Informationsverarbeitung und des Kurzzeitgedächtnisses als mit einem primären Mangel an sozialer Kontaktnahme in Verbindung.

Es ergibt sich also die Frage, ob die geschilderten Besonderheiten «höherer» Funktionen rückführbar sind auf weitgehend automatisiert ablaufende Prozesse der unmittelbaren Reizverarbeitung. In diesem Zusammenhang gewinnen Hinweise auf ein Defizit sehr «niedriger» Niveaus des Informationsverarbeitungsprozesses Bedeutung. Diskrepanzen zwischen Schizophrenen und Gesunden bei Wahrnehmungsaufgaben sind oft als Unterschiede in der Motivation bzw. der subjektiven Entscheidungskriterien interpretiert worden (siehe [27]), doch kann diesen Einwänden mit den Ansätzen der Signal-Detection-Theorie begegnet werden: Wenn LEVINE und WHITNEY [68] bei Schizophrenen zunächst im akustischen Bereich erhöhte Wahrnehmungs- und erniedrigte Unangenehmheits-Schwellen feststellten, liess sich in einer methodisch auf die Signal-Detection-Theorie zurückgehenden Untersuchung von BRUDER et al. [12] eine verringerte Sensitivität für akustische Reize nur bei solchen «Schizophrenen» feststellen, die nach standardisierten Interview- und Klassifikationsprozeduren als «Depressive» einzustufen waren. Beobachtbare Unterschiede im Vergleich zu Gesunden sind in jedem Fall geringfügig, was jedoch möglicherweise zum Teil auf gegenläufige Abweichungen innerhalb der Gesamtgruppe der Patienten zurückzuführen ist: RAPPAPORT et al. [84] fanden beispielsweise bei Paranoiden Anzeichen einer geringeren sensorischen Empfindlichkeit, wenn akustische Signale vor dem Hintergrund weissen Rauschens zu entdecken waren, während nichtparanoide Schizophrene eher hypersensitiv erschienen, wobei durch die gleiche antipsychotische Medikation beide Gruppen eine Normalisierung dieser unterschiedlichen Tendenzen erkennen liessen.

Derartigen Abweichungen kommt jedoch kaum Erklärungswert hinsichtlich der sehr massiven sinneshaften Störungen zu, über die Patienten im Verlauf schizophrener Episoden klagen [42]. Dies gilt allerdings nicht für die gutgesicherten Beeinträchtigungen der Propriozeption; mit recht verschiedenartigen Methoden (Fragebögen, Gewichtsdiskriminationstests, Korrektur verzerrter Spiegelbilder) konnten immer wieder signifikante Differenzen im Vergleich zu Gesunden und zum Teil auch anderen klinischen Gruppen festgestellt werden [22].

WISHNER, STEIN und PEASTREL [121] haben unlängst auf die Möglichkeit eines generellen Desorganisationsfaktors bei Schizophrenen hingewiesen, welcher nicht auf ein einziges Stadium der Informationsverarbeitung beschränkt ist: Die Probanden wurden mit einzelnen Ziffern konfrontiert, hatten diese jeweils mit einer vorher gelernten Reihe zu vergleichen («serial comparison»), zu entscheiden, ob die vorgegebene Ziffer zu dieser gehörte («binary decision») und dementsprechend einen von zwei Knöpfen zu drücken («translation and response organization»). Der Umfang der Ziffernreihe («rate of memory search» bzw. «serial comparison») und die Benutzung von einer oder zwei Händen («motor coordination» bzw. «translation and response organization») beeinflussten die Reaktionszeiten Schizophrener mehr als bei Gesunden unabhängig voneinander, wodurch sich in der Kombination bereits vier Haupttypen bezüglich der feststellbaren Störungen ergeben würden.

NUECHTERLEIN [77] kommt in einem hervorragenden Überblicksreferat zu Reaktionszeit-Studien und verschiedenen theoretischen Erklärungsmöglichkeiten derselben, zu dem Schluss, dass Reaktionszeitmessungen – da sie bisher recht konsistente Resultate ergeben haben – besonders gut geeignet seien, Fortschritte im Rahmen neuerer Modelle zur Informationsverarbeitung zu bringen (vgl. auch [58]). So ist z.B. immer wieder festgestellt worden, dass Gesunde schneller reagieren, wenn die zeitlichen Abstände zwischen einem Vorwarnsignal und dem imperativen Signal gleichbleibend (d.h. vorhersehbar), als wenn die Intervalle variabel sind. Bei Schizophrenen gilt dies nur für kurze Zeitabstände. Sind diese länger als 3–5 Sekunden, dann haben die Patienten – im Vergleich zu unregelmässigen Serien – längere Reaktionszeiten (d.h. die Kurven der Reaktionszeiten für regelmässige und unregelmässige Intervalle, als eine Funktion der zeitlichen Abstände aufgetragen, überkreuzen einander). Dieser sogenannte «Crossover-Effekt» ist als ein besonders reliables Unterscheidungsmerkmal vor allem chronisch Schizophrener angesehen worden. Schizophrene scheinen in extremer Weise am jeweils vorangehenden Intervall orientiert zu sein und übergeordnete Gesetzlichkeiten kaum in Rechnung stellen zu können. Dabei profitieren Schizophrene weniger als Gesunde, wenn man sie jeweils im voraus informiert, nach welchem Intervall welcher Reiz zu erwarten ist. SHAKOW betrachtete als Ursache dieses Phänomens die Unfähigkeit der Patienten, eine aufgabenadäquate Einstellung («mental set») über sehr kurze Zeitintervalle hinaus aufrechtzuerhalten, während STEFFY die Redundanz der Information in regelmässigen Serien als leistungsverschlechternd betrachtet. Wie WING [120] im Zusammenhang mit dem Vergleich verschiedener Kliniken betonte, scheint hier auch in Reaktionszeitversuchen deutlich zu werden, wie sehr Schizophrene sowohl durch zuviel als auch durch zuwenig Abwechslung in der jeweiligen Reizkonstellation beeinträchtigt werden.

Ähnlich stabil, schizophreniespezifisch und schwer zu erklären wie der «Crossover-Effekt» ist die Verlangsamung Schizophrener beim Wechsel zwischen Licht- und Ton-Reizen, auf die mit demselben Knopfdruck zu reagieren ist [108]. Selbst wenn man ihnen anzeigt, ob als nächster Reiz ein Ton oder ein Licht gegeben wird, ist ihre Reaktionszeit verlängert, wann immer ein Licht von einem Ton gefolgt ist. An einer physiologischen Bahnung kann der Effekt genauso wenig wie an der Überraschung liegen, denn die Verlangsamung beim Modalitätswechsel nimmt mit der Anzahl gleicher vorangehender Reize nicht zu.

Viel Beachtung im Zusammenhang mit Fragen der willkürlichen und unwillkürlichen Aufmerksamkeit fanden Berichte von HOLZMAN et al. (vgl. [51]), nach denen die gleichmässigen Bewegungen der Augen beim Verfolgen eines schwingenden Pendels bei der grossen Mehrzahl schizophrener Patienten durch einschiessende Sakkaden oder hochfrequente Augenbewegungen geringer Amplitude unterbrochen sind. Zumindest die erste Art dieser Störung lässt sich reduzieren, aber nicht beheben, wenn Zahlen von dem schwingenden Pendel abzulesen sind [94]. Das Phänomen – zum ersten Mal 1909 von DIEFENDORF und DODGE beschrieben – findet sich beträchtlich gehäuft in der nächsten Verwandtschaft der Schizophrenen [51, 64] und ist bei monozygoten Zwillingen – diskordant für Schizophrenie – häufiger als bei dizygoten. Es ist allerdings auch bei anderen psychiatrischen und zahlreichen neurologischen Krankheitsbildern anzutreffen; von der neuroleptischen Medikation scheint es weitgehend unabhängig zu sein [99].

2.3 Psychophysiologische Untersuchungen

Die psychophysiologische Forschung ist heute noch mehr von einzelnen, eher lose zusammenhängenden Fragestellungen als von elaborierten Modellvorstellungen geleitet. Bereits früh (vgl. [66]) war deutlich geworden, dass sich die verbreitete Meinung, akut Schizophrene hätten ein erhöhtes Angst- und Aktivationsniveau mit lange nachklingenden Erregungsphasen psychophysiologisch kaum stützen liess; wenn überhaupt, so sind es vor allem die chronisch Schizophrenen, die zumindest bezüglich der Herzfrequenz erhöhte Werte aufweisen, was sich mit Lacey eventuell als Abwehrhaltung gegenüber äusseren Reizen interpretieren liesse. Dabei ist allerdings zu bedenken, dass auch die meisten Neuroleptika eine tonische Erhöhung der Herzfrequenz bei reduzierter Reagibilität bewirken [99]. Hinsichtlich des Erregungsverlaufes fand man nicht nur bei vielen manifest Erkrankten (u.a. [44, 73]), sondern auch bei solchen Kindern schizophrener Mütter, die später selbst schizophren wurden – entgegen der Erwartung – sowohl schnellere als auch kürzere elektrodermale Reaktionen [75]. Biologische und soziale Faktoren spielen bezüglich der Erholungsfunktionen offenbar aufs engste zusammen: der Unterschied zu gesunden Kindern findet sich nur dort, wo die Risiko-Kinder in «nicht-intakten» Familien aufwuchsen [74].

Durch kognitive Strukturierungshilfen kaum zu beheben [34, 86] erwies sich das beträchtliche Defizit chronisch Schizophrener in der Ausbildung konditionierter Reaktionen [3]. Dabei erscheint beachtenswert, dass die Schizophrenen auf aversive Reize zumeist nicht wie Gesunde mit einem eher für Adrenalinausscheidung und Angst, sondern mit einem eher für Noradrenalinausscheidung und Wut charakteristischen Erregungsmuster reagieren [2]. Qualitative Unterschiede zwischen Gesunden und Schizophrenen fanden u.a. auch Spohn et al. [100] und Zahn [125], und zwar für den Zusammenhang zwischen Kennwerten autonomer Aktivation und Leistung. Von Gesunden auf Kranke zu schliessen ist hier schlichtweg unhaltbar. Generell muss man erwarten, dass die Anzahl und Amplitude elektrodermaler Reaktionen weit weniger als bei Gesunden mit den Leistungsanforderungen der jeweiligen Situation kovariiert [125]. Diese geringe Kopplung des phasischen Aktivationsverlaufes an äussere Anforderungen mag auch für die erstaunlich geringe Variationsbreite der integrierten EEG-Amplituden über die Zeit verantwortlich sein [39, 54]. Ansonsten zeigten verschiedene Frequenzanalysen des EEG übereinstimmend eine Vermehrung im 3–4 Hz sowie im 24–33 Hz Band auf Kosten der schnellen Alpha-Aktivität [54]. Dasselbe Muster wurde nach der Einnahme von LSD-25 sowie von Kindern schizophrener Mütter berichtet [55].

GRUZELIER und VENABLES [44] lenkten die Aufmerksamkeit auf ein bis heute kaum verstandenes, für die Schizophrenieforschung aber u.E. überaus bedeutungsvolles Phänomen: Rund die Hälfte der schizophrenen Patienten zeigte auf intensive (85 db), hinsichtlich etwaiger Handlungsimplikationen aber unbestimmte Töne keinerlei elektrodermale Reaktionen («non-Responder»), die meisten Patienten der anderen Hälfte reagierten durchgehend bis zum 15. Ton. Kaum ein Patient zeigte den aus der Literatur über Gesunde bekannten Habituationsverlauf. Bei keiner anderen diagnostischen Gruppe fand man bislang einen ähnlich hohen Anteil von Non-Respondern [5]. Das Ausbleiben elektrodermaler Reaktionen korreliert mit einer Vielzahl anderer psychophysiologischer und verhaltensmässiger Kennwerte; es kann nicht auf die Wirkung der Neuroleptika zurückgeführt werden und scheint auch kein Artefakt der Institutionalisierung zu sein [99, 114]. Im Anschluss an Arbeiten von BAGSHAW und KIMBLE mit amygdalektomierten und hippocampektomierten Affen versucht VENABLES [114] das Ausbleiben elektrodermaler Orientierungsreaktionen bzw. üblicher Habituationsverläufe als Dysfunktion des Limbischen Systems zu begreifen.

Es gibt noch keine Daten, die eine Entscheidung zuliessen, inwieweit zwischen den genannten Auffälligkeiten und den oft erhöhten Amplituden des Visuellen Evozierten Potentials bei schwachen bzw. den reduzierten Amplituden bei intensiven Lichtreizen [13] oder paradoxen Abschwächungen psychophysiologischer Reaktionen gerade bei unangenehmen Reizen [85] ein Zusammenhang besteht, wie er durch sowjetische Arbeiten über protektive Inhibition bei Überlastungen des Nervensystems nahegelegt wird. Auszuschliessen ist eine Interpretation durch perzeptive Dysfunktionen: Schizophrene unterscheiden sich in der Regel nicht von Gesunden in den frühen Komponenten Evozierter Potentiale, die im wesentlichen von sensorischen und perzeptiven Faktoren abhängen; in einigen Untersuchungen fand man hier sogar erhöhte Amplituden, die SHAGASS [93] als Hinweis auf gestörte Filtermechanismen interpretiert. Ausnahmslos erniedrigt erscheinen hingegen bei allen Untergruppen Schizophrener – allerdings auch vieler anderer psychiatrischer – Patienten die Amplituden späterer Komponenten, die vor allem durch selektive Aufmerksamkeit und kognitive Mechanismen der Informationsverarbeitung determiniert sind (vgl. [95]). Insbesondere die späte positive Komponente, deren Amplitude durch subjektive Wahrscheinlichkeit, Bedeutsamkeit der Aufgabe und Aufgabenrelevanz des einzelnen Reizes abhängt, verschwindet bei Schizophrenen im Laufe eines Versuches sehr schnell, während eine mittelfrühe, mehr perzeptive Komponente, die bei Gesunden eher habituiert, zeitlich erstaunlich stabil erscheint [115]. Reduzierte und zeitlich verlängerte kortikale Negativierungen zwischen einem Warnsignal und einem imperativen Stimulus wurden nicht nur für Schizophrene, sondern auch andere Gruppen psychiatrischer Patienten berichtet [109, 110]. Ähnlich den Untersuchungen mit elektrodermalen und anderen psychophysiologischen Indikatoren belegen diese Arbeiten mit Evozierten Potentialen eindrucksvoll, in welchem Masse schizophrene Patienten sich von der äusseren Welt abwenden können, ohne dass dies mit einer Einbusse der sensorischen Informationsaufnahme einherginge. Die Gesetzlichkeiten dieser Mechanismen näher zu bestimmen und zu begreifen, ist mit den Methoden der Psychophysiologie und Psychophysik vielleicht eher möglich als mit mehr klinischen, von der sprachlichen Kommunikation in höherem Masse abhängigen Verfahren.

Ende der sechziger Jahre verwies FLOR-HENRY [32] nachdrücklich auf gewisse Parallelen zwischen schizophrener Symptomatik und linksseitiger Temporallappen-Epilepsie, die ihn zum Vergleich der EEG-Spektren psychiatrischer Patienten veranlassten. Obwohl es seither Mode wurde, individuelle Unterschiede mit Unterschieden zwischen den Hemisphären in Verbindung zu bringen, blieben die Ergebnisse bezüglich schizophrener Störungen eher spärlich. Die erzielten Befunde wurden allerdings übereinstimmend als Hyper- oder Dysfunktion der linken Hemisphäre interpretiert: vermehrte Linkshändigkeit [69], erhöhtes Erkrankungsrisiko bei Linkshändern unter schizophrenie-diskordanten Zwillingen [9], bessere Leistungen der rechten Hemisphäre in tachistoskopischen Versuchen auch bei verbalen Aufgaben und – ebenfalls aufgabenunabhängige – Tendenz zur Rechtswendung der Augen [47], leicht reduziertes und sowohl im Laufe eines Tages als auch über Wochen sehr variables Diskriminationsvermögen speziell des rechten Ohres [43], sowie an der linken Hand abgeschwächte elektrodermale Reaktionen bei in der Variabilität erhöhtem Ausgangsniveau [45]. Erwähnenswert erscheinen diese Befunde nur wegen ihrer gleichsinnigen Tendenz und im Hinblick darauf, dass man bei Depressiven in der Regel eher Dysfunktionen der rechten Hemisphäre findet und es einige Hinweise dafür gibt, dass das bei Schizophrenien bewährte Neuroleptikum Chlorpromazin die Aktivität speziell der linken Hemisphäre zu beeinflussen scheint [40].

3. Zukunftsperspektiven

3.1 Allgemeine methodische Probleme

Weitere Fortschritte in der psychologischen Schizophrenieforschung werden zunächst einmal von der Bewältigung methodischer Schwierigkeiten abhängen. Probleme, die besonders bei der Untersuchung psychopathologischer Gruppen auftreten, sind in jüngster Zeit immer wieder betont worden [7, 20, 49, 67]. Jede experimentalpsychologische Arbeit mit Schizophrenen ist notwendigerweise unvollständig und sei es nur deshalb, weil eine Parallelisierung der Probandengruppen nach bestimmten relevanten Merkmalen mit Sicherheit wiederum einen Bias in anderer Hinsicht mit sich bringt (vgl. [105, 106]). CHAPMAN und CHAPMAN [19] haben in diesem Zusammenhang nachdrücklich auf Fehler durch die statistische Regression zur Mitte hingewiesen – da Schizophrene fast überall schlechtere Ergebnisse erzielen als Gesunde, führt die Parallelisierung nach einem Leistungsmass vermutlich zu einer unrepräsentativen Auswahl der vergleichsweise «besten» Patienten und der vergleichsweise «schlechtesten» «Normalen» in diesem einen Leistungsmass, so dass die Patienten bei der abhängigen Variablen des Experimentes dann eher wieder weniger leisten als die Gesunden. Mindestens ähnlich häufig findet man in der Literatur Behauptungen über differentielle Leistungsdefizite Schizophrener berichtet, die allein darauf beruhen, dass ein Test seiner Reliabilität und Schwierigkeitsverteilung nach besser zu diskriminieren vermag als der andere. Bei sorgfältiger Analyse solcher methodischer Probleme muss man zu dem Schluss kommen, dass viele bislang unangefochtene Ergebnisse der Schizophrenieforschung kaum zu halten sind, was z.B. SCHWARTZ [92] für aussergewöhnliche Wortassoziationen meint zeigen zu können.

Wie ungeheuer schwierig es ist, die Wirkung der Neuroleptika oder der Hospitalisierung von den Wirkungen schizophrener Störungen zu trennen, ist hinlänglich bekannt. SPOHN und FITZPATRICK [98] belegen, dass man nicht davon ausgehen kann, jene Patienten, die damit einverstanden sind, einige Wochen ohne Neuroleptika behandelt zu werden, und bei denen das ärztliche und pflegerische Personal solchen Massnahmen zustimmt, seien repräsentativ für jene Patienten, die mit der Diagnose Schizophrenie stationär oder ambulant behandelt werden. Allerdings sind die Unterschiede auch wieder weit geringer, als man erwartet hätte.

Im Hinblick auf die Modelle der Informationsverarbeitung wäre darauf hinzuweisen, dass ohne eine enge Kooperation von Forschern im Bereich der Experimentellen und der Klinischen Psychologie die psychopathologische Grundlagenforschung wohl immer den Fortschritten in der Allgemeinen Psychologie hinterherhinken wird. Heute sind global zu verstehende Paradigmen der Informationsverarbeitung kaum noch angemessen, da für die meisten Teilbereiche überaus differenzierte und zum grossen Teil konkurrierende Modellvorstellungen entwickelt wurden. Ob es allerdings sinnvoll ist, immer gerade den neuesten Modellvorstellungen genügen zu wollen, mag dahingestellt sein. Allzu leicht gehen bei der dabei notwendigen Beschränkung auf Detailprobleme die grösseren Zusammenhänge verloren, weshalb eine Ergänzung experimenteller Untersu chungen durch ein mehr phänomenologisches Vorgehen sinnvoll sein kann.

Zunehmend werden die methodischen Vorteile erkannt, welche mit der Entdeckung von Leistungen gegeben sind, die Kranke im Vergleich zu Gesunden *besser* bewältigen können [58, 101]. Gelänge es nämlich, nicht nur Leistungsschwächen, sondern auch *-stärken* der Patienten nachzuweisen, so hätte man damit das Problem unspezifischer Minderleistungen umgangen und wäre unter Umständen charakteristischen Veränderungen der Informationsaufnahme und -verarbeitung sehr viel näher gekommen.

Nun ist es zwar recht einfach, in den unterschiedlichsten Bereichen Defizite der Patienten zu finden, der Nachweis einer Überlegenheit gegenüber «Normalen» scheint jedoch ausgesprochen schwierig zu sein. Bisher gelang dies lediglich im Hinblick auf das zeitliche Diskriminationsvermögen: Während es bei Gesunden keinen Einfluss auf die Reaktionszeit hat, ob zwei 2 msec währende Lichtreize durch ein Intervall von ebenfalls 2 msec getrennt ist oder nicht, führt letztere Bedingung bei Schizophrenen zu signifikant verlängerten Reaktionszeiten: Das Zeitintervall, über das hinweg Reizenergie integriert wird, ist bei Schizophrenen offenbar verkürzt – oder anders ausgedrückt, die Patienten sind in der Lage, eine Differenzierung der unterschiedlichen experimentellen Gegebenheiten vorzunehmen, welche Gesunden offenbar nicht möglich ist.

Auch beim dichotischen Hören ergeben sich Vorteile für Schizophrene, wenn das zunächst unter der Instruktion der Nichtbeachtung Dargebotene später gelernt werden muss [101]. Bessere Resultate im Zusammenhang mit «höheren» psychischen Funktionen konnte Poljakov [81] aufweisen. Schizophrene Patienten erwiesen sich Gesunden überlegen, wenn eine Problemlösungsaufgabe die Beachtung üblicherweise nicht berücksichtigter Aspekte eines Gegenstandes erforderlich machte; ausserdem konnten die Kranken besser als Gesunde tachistoskopisch dargebotene Wörter erkennen, die vom Kontext her nicht zu erwarten waren. – Diese wenigen Ergebnisse erlauben noch keine weitgehenden Schlussfolgerungen. Weitere Untersuchungen wären hier dringend notwendig.

3.2 Neue inhaltliche Fragestellungen

Besonderheiten der Emotionalität Schizophrener sind bisher experimentell kaum untersucht worden. Einerseits sind Experimente in diesem Bereich schwerer durchführbar als auf dem Gebiet kognitiver Störungen, andererseits werden Veränderungen der Gefühle häufig nicht als Primärsymptome betrachtet (z.B. von Kurt Schneider oder Broen). Bereits Kraepelin und Bleuler hatten jedoch die Freud- und Lustlosigkeit schizophrener Patienten beschrieben und sowohl von psychoanalytischer als auch biochemischer Seite wurde diese «Anhedonie» als Basisstörung angesehen, die andere Auffälligkeiten der Kranken erklären könne. CHAPMAN, CHAPMAN und RAULIN [21] haben diesen Ansatz aufgegriffen und einen Anhedonie-Fragebogen zur Erfassung des Erkrankungs-Risikos für Schizophrene konstruiert. CHAPMAN [18] hat aufgrund differenzierter Interviews ein breites Spektrum von Auffälligkeiten darzustellen versucht, welche er als «Frühsymptome» der Schizophrenie bezeichnete, wobei er Beeinträchtigungen im affektiven Bereich nur als Sekundärerscheinungen betrachtete. LILO SÜLLWOLD [107] hat diesen Ansatz systematisiert und einen Fragebogen entwickelt, der schizophrene von neurotischen, nicht jedoch hirnorganisch geschädigten Patienten recht gut trennt (siehe [4]). Es zeigte sich dabei ebenfalls eine sehr grosse Vielfalt unterschiedlicher Störungen von Veränderungen der Wahrnehmung über Gedankenblockierungen bis zum «Vergessen» erlernter Gewohnheiten und «durchdringendem Unlustgefühl».

Gemäss der in Interviews und mit Hilfe des genannten Fragebogens gewonnenen Selbstaussagen der Patienten sind anscheinend fast alle Stadien der Informationsverarbeitung betroffen. Nicht nur «höhere» Funktionen des sprachlichen oder kommunikativen Verhaltens, sondern auch das Langzeitgedächtnis (Vergessen von Gewohnheiten) und elementare Wahrnehmungsprozesse werden vom Patienten als in entscheidender Weise verändert erlebt. Innerhalb einer heterogenen Gruppe von 200 Schizophrenen (alle unter 48 Jahre alt) korrelierten die intuitiv nach der Ähnlichkeit einzelner Items zusammengestellten Unterskalen des SÜLLWOLD-schen Fragebogens teilweise bis zu etwa .70 miteinander. Eine anschliessend durchgeführte Faktorenanalyse führte zu deutlich unterscheidbaren, aber voneinander abhängigen Dimensionen. Vielleicht weisen diese Selbstaussagen der experimentalpsychologischen Forschung wieder den Weg zu den ursprünglichen, von den grossen Klinikern behandelten Problemen.

SÜLLWOLD [107] betont im Zusammenhang mit den von ihr beschriebenen «Basisstörungen» den episodischen Charakter derselben und die starke Fluktuation der psychotischen Symptomatik überhaupt. Intraindividuelle Schwankungen sind nicht nur im Laufe eines Lebens zu beachten (etwa den Wechsel von akuten Stadien und Remissionen betreffend), sondern auch innerhalb der Episoden und sogar ganz kurzfristig, im Verlauf einer Untersuchungssituation bzw. eines Experimentes. Man muss damit rechnen, dass die Defizite von einem Moment zum anderen beträchtlich variieren (hierzu [14, 52, 103]).

Längsschnittuntersuchungen zielen zumeist auf langfristige Verlaufsbeobachtungen ab, die sowohl von den verwendeten Methoden als auch vom zeitlichen Erhebungsplan kurzfristige Schwankungen der Informationsverarbeitungsprozesse gar nicht zu erfassen vermögen. «High-Risk»-Studien und Langstreckenkatamnesen müssten durch die Untersuchung rasch verlaufender Oszillationen ergänzt werden. Entsprechende Arbeiten liegen bislang nicht vor. FISHKIN et al. [31] fanden eher zufällig beträchtliche intraindividuelle Schwankungen im WHITAKERschen Schizophrenie-Denk-Index (d.h. bei der Auswahl von Synonymen bzw. Definitionen zu vorgegebenen Wörtern). Es wäre denkbar, dass sich bei ein und demselben Patienten zu unterschiedlichen Zeitpunkten einmal diese, das andere Mal jene Defizite feststellen lassen könnten. Möglicherweise sind parallel dazu voneinander unabhängige Schwankungen verschiedener biochemischer Prozesse beobachtbar [99]. Die heterogenen und oft widersprüchlichen Ergebnisse der psychologischen Schizophrenieforschung fänden von daher zumindest eine partielle Erklärung.

Hinweise auf mögliche Basisstörungen kann man auch erhalten, wenn Normabweichungen ausserhalb akut-psychotischer Stadien betrachtet werden. So haben SILVERSTEIN und HARROW [96] klinisch auffällige Symptome (zum Teil sogar solche «ersten Ranges» im Sinne K. SCHNEIDERS) nach Abklingen der akuten Phase festgestellt. Im Objektsortiertest waren bestimmte Denkstörungen («idiosyncratic thinking») auch nach der Entlassung vorhanden, während andere («conceptual overinclusion») nur das akute Stadium kennzeichneten [48]. Gewisse Beeinträchtigungen früher Stadien der Informationsverarbeitung – feststellbar etwa mit Hilfe tachistoskopisch dargebotener Buchstaben (unter verschiedenen «Backward-Masking»-Bedingungen) – fanden sich auch bei Schizophrenen in der Remission [76]. Auch in Leistungsprüfungen (Span of Apprehension Test und Continuous-Performance Test) zeigten sich Defizite remittierter Patienten, wobei im übrigen Ähnlichkeiten mit «High-risk»-Gruppen gefunden wurden [1].

Die Anforderungen an eine erfolgversprechende Forschung sind in den vergangenen Jahren sehr deutlich geworden. Ihr Ziel – das Verständnis schizophrener Patienten auch in ihrer Pathogenese sowie die Identifikation therapeutisch wirksamer Massnahmen – erscheint heute noch unerreichbar weit. Auch in Zukunft wird wissenschaftliche Arbeit notwendigerweise immer wieder auf Irrwegen ergebnislos verlaufen. Man unterliegt heute gewiss weniger als früher der Gefahr, irgendwelche Gruppenunterschiede fälschlich als pathognomonisch für Schizophrenie zu halten, muss sich nun aber auf umso mehr Enttäuschungen und fälschliches Beibehalten von Nullhypothesen gefasst machen. Eine wissenschaftlich vertretbare Alternative ist nicht erkennbar. Gleichermassen orientiert an dem breiten, phänomenologisch fundierten Erfahrungsschatz der Kliniker, wie den Spezifizierungen allgemeiner Problemstellungen und intraindivuellen Forschungsstrategien müssten sich durch die experimentelle Forschung in der Klinischen Psychologie Verbesserungen im Verständnis psychischer Störungen erreichen, die unerlässliche Voraussetzung für die Erfassung spezifischer ätiologischer Gegebenheiten sowie prophylaktischer und therapeutischer Massnahmen sind.

Literatur

[1] ASARNOW, R.F., MCCRIMMON, D.J. Residual performance deficit in clinically remitted schizophrenics: a marker of schizophrenia? Journal of Abnormal Psychology, 1978, 87, 597–608.

[2] AX, A.F. Emotional learning deficits common to schizophrenia and other motivational disorders. Biological Psychiatry, 1970, 2, 251–260.

[3] AX, A.F., BAMFORD, J.L., BECKETT, P.G.S., PRETZ, N.F., GOTTLIEB, J.S. Autonomic conditioning in chronic schizophrenia. Journal of Abnormal Psychology 1970, 76, 140–154.

[4] BERGELSON, A. Schizophrenie versus hirnorganische Schädigung – eine Vergleichsstudie mit Hilfe des Frankfurter Beschwerde-Fragebogens. Unveröff. Diplomarbeit, Fachbereich Psychologie der Universität Frankfurt a.M., 1978.

[5] BERNSTEIN, A.S., PATTERSON, T., STRAUBE, E., GRUZELIER, J., VENABLES, P.H., ZAHN, T.P., FRITH, C. An analysis of the skin conductance orienting response in samples of british, american and german schizophrenics. In preparation.

[6] BLANEY, P.H. Two studies on the language behavior of schizophrenics. Journal of Abnormal Psychology, 1974, 83, 23–31.

[7] BLANEY, P.H. Schizophrenic thought disorder: Why the lack of answers? St. Schwartz (Ed.) Language and cognition in schizophrenia. Hillsdale, N.J.: Erlbaum, 1978, Pp.101–116.

[8] BLEULER, M. Die schizophrenen Geistesstörungen im Lichte langjähriger Kranken- und Familiengeschichten. Stuttgart: Thieme, 1972.

[9] BOKLAGE, C.E. Schizophrenia, brain asymmetry development and twinning. Biological Psychiatry, 1977, 12, 19–35.

[10] BOLAND, T.B., CHAPMAN, L.J. Conflicting predictions from Broen's and Chapman's theories of schizophrenic thought disorder. Journal of Abnormal Psychology, 1971, 78, 52–58.

[11] BROEN, W.E. Jr. Schizophrenia. Research and theory. New York: Academic Press, 1968.

[12] BRUDER, G., SUTTON, S., BABKOFF, H., GURLAND, B.J., YOSAWITZ, A., FLEISS, J.L. Auditory signal detectability and facilitation of simple reaction time in psychiatric patients and non-patients. Psychological Medicine, 1975, 5, 260–272.

[13] BUCHSBAUM, M.S. Self regulation of stimulus intensity: Augmenting/reducing and the average evoked response. In G.E.Schwartz, D.Shapiro (Eds.) Consciousness and self-regulation. New York: Plenum Press, 1976, Pp.101–135.

[14] BUNNEY, W.E., MURPHY, D.L. The behavioral switch process and psychopathology. In J.Mendels (Ed.) Biological Psychiatry. New York: Wiley, 1973, Pp.345–367.

[15] CALLAWAY, III, E. Schizophrenia and interference. An analogy with a malfunctioning computer. Archives of General Psychiatry, 1970, 22, 193–208.

[16] CANCRO, R., SUTTON, S., KERR, J., SUGERMAN, A.A. Reaction time and prognosis in acute schizophrenia. Journal of Nervous and Mental Disease, 1971, 153, 351–359.

[17] CARPENTER, W.T. Jr., STRAUSS, J.S., BARTKO, J.J. ... the diagnosis and understanding of schizophrenia. Part I. Use of signs and symptoms for the identification of schizophrenic patients. Schizophrenia Bulletin, 1974, Issue No.11, 37–49.

[18] Chapman, J. The early symptoms of schizophrenia. British Journal of Psychiatry, 1966, 112, 225-251.
[19] Chapman, L.J., Chapman, J.P. Disordered thought in schizophrenia. Englewood Cliffs, N.J.: Prentice-Hall, 1973.
[20] Chapman, L.J., Chapman, J.P. Selection of subjects in studies of schizophrenic cognition. Journal of Abnormal Psychology, 1977, 86, 10–15.
[21] Chapman, L.J., Chapman, J.P., Raulin, M.L. Scales for physical and social anhedonia. Journal of Abnormal Psychology, 1976, 85, 374-382.
[22] Chapman, L.J., Chapman, J.P., Raulin, M.L. Body-image aberration in schizophrenia. Journal of Abnormal Psychology, 1978, 87, 399–407.
[23] Cohen, B.D. Referent communication disturbances in schizophrenia. In St. Schwartz (Ed.) Language and cognition in schizophrenia. New York: Erlbaum, 1978, Pp.1–34.
[24] Cohen, R., Meyer-Osterkamp, S. Experimentalpsychologische Untersuchungen in der psychopathologischen Forschung (dargestellt an Arbeiten zur Eigenart schizophrener Verhaltensstörungen). In W.J.Schraml, U.Baumann (Eds.) Klinische Psychologie II. Bern: Huber, 1974, Pp.457–485.
[25] Collins, P.J., Kietzman, M.L., Sutton, S., Shapiro, E. Visual temporal integration in psychiatric patients. In L.C.Wynne, R.L.Cromwell, St.Matthysse (Eds.) The nature of schizophrenia. New York: Wiley, 1978, Pp.244-253.
[26] Cooper, J.E., Kendell, R.E., Gurland, B.J., Sharpe, L., Copeland, J.R.M., Simon, R. Psychiatric diagnosis in New York and London. London: Oxford University Press, 1972.
[27] Corbett, L. Perceptual dyscontrol: a possible organizing principle for schizophrenia research. Schizophrenia Bulletin, 1976, 2, 249–265.
[28] Craik, F.I., Lockhart, R.S. Levels of processing: a framework for memory research. Journal of Verbal Learning and Verbal Behavior, 1972, 11, 671–684.
[29] Cromwell, R.L. Strategies for studying schizophrenic behavior. Psychopharmacologia (Berl.), 1972, 24, 121–246.
[30] Depue, R.A., Woodburn, L. Disappearance of paranoid symptoms with chronicity. Journal of Abnormal Psychology, 1975, 84, 84–86.
[31] Fishkin, St.M., Lovallo, W.R., Whitaker, L.C., Pishkin, V. Randomness and the «streaking» phenomenon: attentional anomalies in performance on the Whitaker Index of Schizophrenic Thinking. (WIST). Journal of Clinical Psychology, 1979, 35, 289–295.
[32] Flor-Henry, P. Lateralized temporal-limbic dysfunction and psychopathology. Annals of the New York Academy of Sciences, 1976, 280, 777–795.
[33] Franzén, G., Ingvar, D.H. Absence of activation in frontal structures during psychological testing of chronic schizophrenics. Journal of Neurology, Neurosurgery and Psychiatry, 1975, 28, 1027–1032.
[34] Fuhrer, M.J., Baer, P.E. Preparatory instructions in the differential conditioning of the galvanic skin response of schizophrenics and normals. Journal of Abnormal Psychology, 1970, 76, 482–484.
[35] Garmezy, N. Process and reactive schizophrenia: some conceptions and issues. In M.M.Katz, J.O.Cole, W.E.Barton (Eds.) The role and methodology of classification in psychiatry and psychopathology. Washington D.C., Superintendent of Documents, U.S. Government Printing Office, 1968, Pp.419–466.
[36] Gillis, J.S. Schizophrenic thinking in a probabilistic situation. Psychological Record, 1969, 19, 211–224.
[37] Goldberg, S.C., Schooler, N.R., Hogarty, G.E., Roper, M. Prediction of relapse in schizophrenic outpatients treated by drug and sociotherapy. Archives of General Psychiatry 1977, 34, 171–184.

[38] Goldstein, G. Cognitive and perceptual differences between schizophrenics and organics. Schizophrenia Bulletin, 1978, 4, 161–185.

[39] Goldstein, L., Murphree, H.B., Sugerman, A.A., Pfeiffer, C.C., Jenney, E.H. Quantitative electroencephalographic analysis of naturally occuring (schizophrenic) and drug-induced psychotic states in human males. Clinical Pharmacology and Therapeutics, 1963, 4, 10–21.

[40] Goldstein, L., Stoltzfus, N.W. Psychoactive drug-induced changes of interhemispheric EEG amplitude relationships. Agents and actions. Swiss Journal of Pharmacology, 1973, 3, 124–132.

[41] Gottesman, I.I., Shields, J. Schizophrenia and genetics. New York: Academic Press, 1972.

[42] Gross, G., Huber, G. Sensorische Störungen bei Schizophrenien. Archiv für Psychiatrie und Nervenkrankheiten, 1972, 216, 119–130.

[43] Gruzelier, J.H., Hammond, N.V. Gains, losses and lateral differences in the hearing of schizophrenics. British Journal of Psychology, 1979, 70, 319–330.

[44] Gruzelier, J.H., Venables, P.H. Skin conductance orienting activity in a heterogeneous sample of schizophrenics. Journal of Nervous and Mental Disease, 1972, 155, 277–287.

[45] Gruzelier, J.H., Venables, P.H. Bimodality and lateral asymmetry of skin conductance orienting activity in schizophrenics: Replication and evidence of lateral asymmetry in patients with depression and disorders of personality. Biological Psychiatry, 1974, 8, 55–73.

[46] Gunderson, E.K.E., Rahe, R.H. (Eds.) Life stress and illness. Springfield (Ill.): Thomas, 1974.

[47] Gur, R.E. Left hemisphere dysfunction and left hemisphere over-activation in schizophrenia. Journal of Abnormal Psychology, 1978, 87, 226–238.

[48] Harrow, M., Harkavy, K., Bromet, E., Tucker, G.J. A longitudinal study of schizophrenic thinking. Archives of General Psychiatry, 1973, 28, 179–182.

[49] Herron, W.G. Necessary and sufficient conditions for schizophrenia research. Psychological Reports, 1977, 41, 891–923.

[50] Hirsch, S.R., Leff, J.P. Abnormalities in parents of schizophrenics. London: Oxford University Press, 1975.

[51] Holzman, P.S., Levy, D.L. Smooth pursuit eye movements and functional psychoses: a review. Schizophrenia Bulletin, 1977, 3, 15–27.

[52] Huber, G. Reine Defektsyndrome und Basisstadien endogener Psychosen. Fortschritte der Neurologie, Psychiatrie und ihrer Grenzgebiete, 1966, 34, 409–426.

[53] Irwin, L., Renner, E. Effect of praise and censure on the performance of schizophrenics. Journal of Abnormal Psychology, 1969, 74, 221–226.

[54] Itil, T.M., Saletu, B., Davis, S. EEG findings in chronic schizophrenics based on digital computer period analysis and analog power spectra. Biological Psychiatry, 1972, 5, 1–13.

[55] Itil, T.M. Qualitative and quantitative EEG findings in schizophrenia. Schizophrenia Bulletin, 1977, 3, 61–79.

[56] Kelter, St., Cohen, R., Engel, D., List, G., Strohner, H. The conceptual structure of aphasic and schizophrenic patients in a nonverbal sorting task. Journal of Psycholinguistic Research, 1977, 6, 279–303.

[57] Kendell, R.E. Die Diagnose in der Psychiatrie. Stuttgart: Enke, 1978.

[58] Kietzman, M.L., Sutton, S.C. Reaction time as a psychophysical method in psychiatric research. Schizophrenia Bulletin, 1977, 3, 429–436.

[59] King, H.E. Psychomotor correlates of behavior disorders. In M.L.Kietzman, S.Sutton, J.Zubin (Eds.) Experimental approaches to psychopathology. New York: Academic Press, 1975, Pp.421–450.

[60] KLINKA, J., PAPAGEORGIS, D. Associative intrusions in the vocabulary of schizophrenic and other patients. British Journal of Psychiatry, 1976, 129, 584–591.

[61] KOH, S.D., PETERSON, R.A. Encoding orientation and the remembering of schizophrenic young adults. Journal of Abnormal Psychology, 1978, 87, 303-313.

[62] KOHN, M.L. The interaction of social class and other factors in the etiology of schizophrenia. American Journal of Psychiatry, 1976, 133, 177–180.

[63] KRAMER, M. Population changes and schizophrenia 1970–1975. In L.C.Wynne, R.L.Cromwell, St.Matthysse (Eds.) The nature of schizophrenia. New York: Wiley, 1978, Pp.545–571.

[64] KUECHENMEISTER, C.A., LINTON, P.H., MUELLER, T.V., WHITE, H.B. Eye tracking in relation to age, sex, and illness. Archives of General Psychiatry, 1977, 34, 578–579.

[65] KUKLA, F. Zum Konzept der Informationsverarbeitung bei der Untersuchung und Erklärung kognitiver Störungen. – Ein Überblick unter besonderer Berücksichtigung der Schizophrenie. Probleme und Ergebnisse der Psychologie, 1980, 73, 75–94.

[66] LANG, P.J., BUSS, A.H. Psychological deficit in schizophrenia: II. Interference and activation. Journal of Abnormal Psychology, 1965, 70, 77–106.

[67] LEWINE, R.R.J. Choosing control groups in the study of schizophrenic subtypes. Schizophrenia Bulletin, 1978, 4, 244–247.

[68] LEVINE, F.M., WHITNEY, N.: Absolute auditory threshold and threshold of unpleasantness of chronic schizophrenic patients and normal controls. Journal of Abnormal Psychology, 1970, 75, 74–77.

[69] LISHMAN, W.A., MCMEEKAN, E.R.L. Hand preference patterns in psychiatric patients. British Journal of Psychiatry, 1976, 129, 158–166.

[70] LISMAN, S.A., COHEN, B.D. Self-editing deficits in schizophrenia: a word-association analogue. Journal of Abnormal Psychology, 1972, 79, 181–188.

[71] MAGARO, P.A. Perceptual discrimination performance of schizophrenics as a function of censure, social class, and premorbid adjustment. Journal of Abnormal Psychology, 1967, 72, 415–420.

[72] MAHER, B. The language of schizophrenia: a review and interpretation. British Journal of Psychiatry, 1972, 120, 3–17.

[73] MARICQ, H.R., EDELBERG, R. Electrodermal recovery rate in a schizophrenic population. Psychophysiology, 1975, 12, 630–633.

[74] MEDNICK, S.A. Berkson's fallacy and high-risk research. In L.C.Wynne, R.L. Cromwell, St.Matthysse (Eds.) The nature of schizophrenia. New York: Wiley, 1978, Pp.442–452.

[75] MEDNICK, S.A., SCHULSINGER, F. Some premorbid characteristics related to breakdown in children with schizophrenic mothers. Journal of Psychiatric Research, 1968, 6, Supplement 1, 267-291.

[76] MILLER, St., SACUZZO, D., BRAFF, D. Information processing deficits in remitted schizophrenics. Journal of Abnormal Psychology, 1979, 88, 446–449.

[77] NUECHTERLEIN, K.H. Reaction time and attention in schizophrenia: a critical evaluation of the data and theories. Schizophrenia Bulletin, 1977, 3, 373–428.

[78] OLTMANNS, TH.F., NEALE, J.M. Abstraction and schizophrenia: problems in psychological deficit research. In B.A.Maher (Ed.) Progress in experimental personality research. Vol.8. New York: Academic Press, 1978, Pp.197–243.

[79] PAYNE, R.W. Cognitive defects in schizophrenia: overinclusive thinking. In J.Hellmuth (Ed.) Cognitive Studies, Vol.II. New York: Brunner/Mazel, 1971, Pp.53–89.

[80] PAYNE, R.W., HAWKS, D.V., FRIEDLANDER, D., HART, D.S. The diagnostic significance of overinclusive thinking in an unselected psychiatric population. British Journal of Psychiatry, 1972, 120, 173–182.

[81] Poljakov, J. Schizophrenie und Erkenntnistätigkeit. Stuttgart: Hippokrates, 1973.
[82] Price, R.H. Psychological deficit versus impression management in schizophrenic word association performance. Journal of Abnormal Psychology, 1972, 79, 132–137.
[83] Purisch, A.D., Golden, Ch.J., Hammeke, Th.A. Discrimination of schizophrenic and brain-injured patients by a standardized version of Luria's neuropsychological tests. Journal of Consulting and Clinical Psychology, 1978, 46, 1266–1273.
[84] Rappaport, M., Hopkins, H.K., Silverman, J., Hall, K. Auditory signal detection in schizophrenics. Psychopharmacologia, 1972, 24, 6–28.
[85] Rist, F. Psychophysiologische Aktivierung und verbale Reaktionen von chronisch Schizophrenen, Alkoholkranken und Gesunden bei der Bearbeitung affektiv bedeutungshaltigen Reizmaterials. Universität Konstanz, 1977, unveröffentl. Dissertation.
[86] Rist, F., Baumann, W., Cohen, R. Effects of awareness and motor-involvement on autonomic conditioning in chronic schizophrenics. Psychophysiology, 1980 (im Druck).
[87] Roberts, M.A., Schuham, A.I. Word associations of schizophrenics and alcoholics as a function of strength of associative distracter. Journal of Abnormal Psychology, 1974, 83, 426–431.
[88] Rochester, S.R. Are language disorders in acute schizophrenia actually information-processing problems? In L.D.Wynne, R.L.Cromwell, St.Matthysse (Eds.) The nature of schizophrenia. New York: Wiley, 1978, Pp.320–328.
[89] Sartorius, N., Jablensky, A., Strömgren, E., Shapiro, R. Validity of diagnostic concepts across cultures. In L.D.Wynne, R.L.Cromwell, St.Matthysse (Eds.) The nature of schizophrenia. New York: Wiley, 1978, Pp.651–669.
[90] Schooler, C., Parkel, D. The overt behavior of chronic schizophrenics and its relationship to their internal state and personal history. Psychiatry, 1966, 29, 67–77.
[91] Schopler, E., Loftin, J. Thinking disorders in parents of young psychotic children. Journal of Abnormal Psychology, 1969, 74, 281–287.
[92] Schwartz, St. Do schizophrenics give rare word associations? Schizophrenia Bulletin, 1978, 4, 248–251.
[93] Shagass, C. An electrophysiological view of schizophrenia. Biological Psychiatry, 1976, 11, 3–30.
[94] Shagass, C., Amadeo, M., Overton, D.A. Eye tracking performance in psychiatric patients. Biological Psychiatry, 1974, 9, 245–260.
[95] Shagass, C., Ornitz, E., Sutton, S., Tueting, P. Event related potentials and psychopathology. In E.Callaway, P.Tueting, S.H.Koslow (Eds.) Event-related brain potentials in man. New York: Academic Press, 1978, Pp.443–509.
[96] Silverstein, M.L., Harrow, M. First-rank symptoms in the postacute schizophrenic: a follow-up study. American Journal of Psychiatry, 1978, 135, 1481–1486.
[97] Singer, M.T., Wynne, L.C., Toohey, M.L. Communication disorders and the families of schizophrenics. In L.C.Wynne, R.L.Cromwell, St.Matthysse (Eds.) The nature of schizophrenia. New York: Wiley, 1978, Pp.499–511.
[98] Spohn, H.E., Fitzpatrick, T. Informed consent and bias in samples of schizophrenic subjects at risk for drug withdrawal. Journal of Abnormal Psychology, 1980, 89, 79–92.
[99] Spohn, H.E., Patterson, T. Recent studies of psychophysiology in schizophrenia. Schizophrenia Bulletin, 1979, 5, 581–611.
[100] Spohn, H.E., Thetford, P.E., Woodham, F.L. Span of apprehension and arousal in schizophrenia. Journal of Abnormal Psychology, 1970, 75, 113–124.
[101] Spring, B., Zubin, J. Attention and information processing as indicators of vulner-

ability to schizophrenic episodes. In L.D.Wynne, R.L.Cromwell, St.Matthysse (Eds.) The nature of schizophrenia. New York: Wiley, 1978, Pp.366–375.
[102] STEPHENS, J.H. Long term prognosis and followup in schizophrenia. Schizophrenia Bulletin, 1978, 4, 25–47.
[103] STRAUSS, J.S., CARPENTER, W.T. Jr., BARTKO, J.J. ... the diagnosis and understanding of schizophrenia. Part.III. Speculations on the process that underlie schizophrenic symptoms and signs. Schizophrenia Bulletin, 1974, Issue No.11, 61–69.
[104] STRAUSS, J.S., KOKES, R.F., CARPENTER, W.T. Jr., RITZLER, B.A. The course of schizophrenia as a developmental process. In L.C.Wynne, R.L.Cromwell, St. Matthysse (Eds.) The nature of schizophrenia. New York: Wiley, 1978, Pp.617–630.
[105] STRAUSS, M.E. Behavioral differences between acute and chronic schizophrenics: course of psychosis, effects of institutionalization or sampling biases? Psychological Bulletin, 1973, 79, 271–279.
[106] STRAUSS, M.E., SIROTKIN, R.A., GRISELL, J. Length of hospitalization and rate of readmission of paranoid and nonparanoid schizphrenics. Journal of Consulting and Clinical Psychology, 1974, 42, 105–110.
[107] SÜLLWOLD, L. Symptome schizophrener Erkrankungen. Berlin: Springer, 1977.
[108] SUTTON, S., SPRING, B.J., TUETING, P. Modality shift at the crossroads. In L.C.Wynne, R.L.Cromwell, St.Mathysse (Eds.) The nature of schizophrenia. New York: Wiley, 1978, Pp.262–269.
[109] TECCE, J.J., COLE, J.O. The distraction-arousal hypotheses. CNV and schizophrenia. In D.I.Mostofsky (Ed.) Behavior control and modification of physiological activity. New York: Prentice Hall, Inc., 1976, Pp.162–219.
[110] TIMSIT-BERTHIER, J.C., DELAUNOY, J., ROUSSEAU, J.C. Some problems and tentative solutions to questions raised by slow potential changes in psychiatry. In W.C. McCallum, J.R.Knott (Eds.) The responsive brain. Bristol: John Writh, 1976, Pp.138–143.
[111] VAILLANT, G.E. The distinction between prognosis and diagnosis in schizophrenia: a discussion of Manfred Bleuler's paper. In L.C.Wynne, R.L.Cromwell, St.Matthysse (Eds.) The nature of schizophrenia. New York: Wiley, 1978, 637–640.
[112] VAN PRAAG, H.M. Depression and schizophrenia. A contribution on their chemical pathologies. New York: Spectrum Publ., 1977.
[113] VAUGHN, C.E., LEFF, J.P. The influence of family and social factors on the course of psychiatric illness: a comparison of schizophrenic and depressed neurotic patients. British Journal of Psychiatry, 1976, 129, 125–137.
[114] VENABLES, P.H. The electrodermal psychophysiology of schizophrenics and children at risk for schizophrenia: controversies and developments. Schizophrenia Bulletin, 1977, 3, 28–48.
[115] VERLEGER, R., COHEN, R. Effects of certainty, modality shift and guess outcome on evoked potentials and reaction times in chronic schizophrenics. Psychological Medicine, 1978, 8, 81–93.
[116] WAGENER, J.M., HARTSOUGH, D.M. Social competence as a process-reactive dimension with schizophrenics, alcoholics, and normals. Journal of Abnormal Psychology, 1974, 83, 112–116.
[117] WATT, N.F., FRYER, J.H., LEWINE, R.R.J., PRENTKY, R.A. Toward longitudinal conceptions of psychiatric disorder. In B.A.Maher (Ed.) Progress in experimental personality research. Vol.9. New York: Academic Press, 1979, Pp.199–283.
[118] WEINGARTNER, H., VAN KAMMEN, D.P., DOCHERRY, J., WHITE, R. The schizophrenic thought disorder: structure, storage, and retrieval of information from memory. Journal of Abnormal Psychology, 1980 (im Druck).

[119] WING, J.K. Social influences on the course of schizophrenia. In L.C.Wynne, R.L. Cromwell, St.Matthysse (Eds.) The nature of schizophrenia. New York: Wiley, 1978, Pp.599–616.

[120] WING, J.K., BROWN, G.W. Institutionalism and schizophrenia. London: Cambridge Univ. Pr., 1970.

[121] WISHNER, J., STEIN, M.K., PEASTREL, A.L. Stages of information processing in schizophrenia: Sternberg's paradigm. In L.C.Wynne, R.L.Cromwell, St.Matthysse (Eds.) The nature of schizophrenia. New York: Wiley, 1978, Pp.233–243.

[122] *World health organization:* Report of the International Pilot Study of Schizophrenia. Geneva, 1973, WHO.

[123] *World health organization:* Schizophrenia: An international follow-up study. New York: Wiley-Interscience, 1979.

[124] YATES, A.J. Data processing levels and thought disorder in schizophrenia. Australian Journal of Psychology, 1966, 18, 103–117.

[125] ZAHN, T.P. Psychophysiological concomitants of task performance in schizophrenia. In M.L.Kietzman, S.C.Sutton, J.Zubin (Eds.) Experimental approaches to psychopathology. New York: Academic Pr., 1975, Pp.109–131.

[126] ZUBIN, J., SPRING, B. Vulnerability – a new view of schizophrenia. Journal of Abnormal Psychology, 1977, 86, 103–126.

X. Sexualstörungen

F. Pfäfflin, U. Clement

1. Definition

Im klinischen Bereich werden unter Sexualstörungen gemeinhin zwei grosse Gruppen auffälliger Phänomene zusammengefasst, die nach Symptomatik, Ätiologie, sozialer Bedeutung und Therapiemöglichkeiten in sich und untereinander sehr heterogen sind; (a) die sogenannten *sexuellen Funktionsstörungen,* deren gemeinsames Kennzeichen im formalen Sinne darin liegt, dass entweder Geschlechtsverkehr nicht möglich (schwere Formen vorzeitiger Ejakulation, Erektionsstörung; Scheidenkrampf) oder die Erlebnisfähigkeit beim Geschlechtsverkehr beeinträchtigt ist (Erregungs- und Orgasmusstörungen; verzögerte oder ausbleibende Ejakulation); (b) und die sogenannten *Perversionen,* deren gemeinsames Merkmal nach der klassischen Definition von Freud [38] darin besteht, dass sich das sexuelle Verlangen ausschliesslich oder mit hoher Präferenz abweichend vom Regelfall des heterosexuellen Geschlechtsverkehrs entweder ein anderes Ziel (Partialtriebbefriedigung, z.B. Exhibitionismus, Voyeurismus) oder ein anderes Objekt (z.B. Fetischismus, Pädophilie) sucht.

Während die Sexualwissenschaft in ihren Anfängen die Perversionen zu ihrem fast ausschliesslichen Forschungsgegenstand wählte, engte sich der Begriff der Sexualstörung im allgemeinen und im klinischen Sprachgebrauch in den letzten beiden Jahrzehnten kontinuierlich ein auf die sogenannten sexuellen Funktionsstörungen. Der folgende Beitrag wird sich mit den Therapietrends für diese zuletzt genannte Gruppe befassen und gleichzeitig die begriffliche Einengung problematisieren.

Der Begriff «Sexualstörungen» lässt sich nämlich in zweifacher Richtung verstehen: einmal kann es sich um Störungen der Sexualität, der sexuellen Funktionsfähigkeit, des sexuellen Erlebens usw. handeln. Unter diesem eingeengten Blickwinkel findet der Begriff gewöhnlich im klinischen Bereich Verwendung. Ausgangspunkt ist hier die Vorstellung von gestörter Sexualität. Im Gegensatz dazu kann der Begriff der Sexualstörung auch so verstanden werden, dass die Sexualität selbst als Störfaktor begriffen wird, als eine das Individuum und die Gesellschaft entweder destruierende Kraft oder eine Macht, die eine von Grund auf gestörte Gesellschaftsordnung potentiell zu revolutionieren oder zu integrieren in der

Lage ist. In diesem Sinne wurde der Begriff eher ausserhalb der Klinik in gesellschaftspolitischen Utopien entfaltet [10, 11, 84, 105, 110, 111].

Beide Varianten implizieren, dass es so etwas wie eine ungestörte, gesunde, normale und gewissermassen natürliche Sexualität gäbe, beziehungsweise dass ein Konsensus darüber bestehe, was als solche zu bezeichnen sei. Unberücksichtigt bleibt dabei die Tatsache, dass Sexualität erst um die Zeit der industriellen Revolution und der Anfänge des Kapitalismus vor gut 200 Jahren zur Sprache und auf den Begriff kommt [127], etwa gleichzeitig mit der Kategorie der Lohnarbeit [119]; und dass die Ausgestaltung sexueller Vollzüge und des sexuellen Erlebens in viel stärkerem Masse kulturell als biologisch geprägt sind [12, 114]. Was als Sexualstörung verstanden wird, unterliegt einem ständigen geschichtlichen Wandel.

Stellvertretend für die anderen Störungen lässt sich dies leicht an zwei Beispielen zeigen: (a) während noch bis Anfang dieses Jahrhunderts die selbst von einem ansonsten fortschrittlichen Sozialmediziner wie ACTON [1] vertretene These von der Asexualität der Frau mehr oder weniger gängige Lehrmeinung war – das Vorurteil gegenüber Hexen erhielt hier seine wissenschaftliche Weihe – und dementsprechend eine sexuell appetente, aktions- und reaktionsfähige Frau als in sexueller Hinsicht gestört und behandlungsbedürftig angesehen wurde, gilt heute das Gegenteil. (b) Eine entsprechend radikale Wandlung findet sich im Bereich der Perversionen bei der Einstellung z.B. zur männlichen Homosexualität. Lange Zeit als Straftatbestand verfolgt, mit sogenannter freiwilliger ebenso wie mit Zwangskastration oder Psychotherapie «kuriert», wird sie heute von vielen Autoren entweder aus dem Bereich der Perversionen ganz herausgenommen, als Norm propagiert [29, 50] oder als eine der heterosexuellen Lösungen durchaus vergleichbare konstruktive Lösung frühkindlicher Beziehungskonflikte verstanden [28, 94].

Unter wirkungsgeschichtlichen Gesichtspunkten hat die psychoanalytische Konzeption FREUDS und seiner Schüler die Vorstellungen über Sexualität am nachhaltigsten beeinflusst. Im Rahmen einer in sich geschlossenen Persönlichkeitstheorie wird der Sexualität eine für die Entwicklung des einzelnen und der Gattung Mensch kritische Stellung beigemessen. Die berechtigten Kritiken am FREUDschen Konzept (Frauenfeindlichkeit, biologische Triebkonzeption, Vernachlässigung der soziologischen Aspekte usw.) bleiben insofern vielfach kurzatmig, als sie verleugnen, dass sie erst in der Atmosphäre des durch die Psychoanalyse ermöglichten Sprechens über Sexualität gedeihen und verwelken können. Was heute als verschrobener Triebdualismus von Lebens- und Todestrieben gerne mit Nasenrümpfen schnell ad acta gelegt wird, kann auch als Formulierung der Dialektik von Natur und Geschichte begriffen werden, die in ihrer

Methaphorik vielleicht spröde und missverständlich, in ihrer therapeutischen Zielsetzung mit Sicherheit aber weniger blauäugig ist als der hemdsärmelige Pragmatismus in einigen der im folgenden noch darzustellenden sexualtherapeutischen Konzepte. Die Psychoanalyse stellt keinen Trend der Therapie von Sexualstörungen dar. So wenig wie sie Sexualstörungen als isolierbare Krankheitsentitäten definiert, verfügt sie über eine spezielle Technik zu ihrer Behebung. Die Psychoanalyse schafft aber die Voraussetzung für die in den 70er Jahren einsetzende Entwicklung, die im folgenden unter dem Gesichtspunkt des jeweiligen Konzeptes von Sexualität geordnet werden soll.

2. Sexualitäts- und Therapiekonzepte

Das jeweils individuelle Leiden des in seiner Sexualität gestörten Einzelnen ist auch der Niederschlag der gesellschaftlich mit Sexualität assoziierten Befürchtungen und Erwartungen. In den jeweils vorherrschenden Therapieangeboten spiegeln sich diese Befürchtungen und Erwartungen in ihrer historisch wandelbaren Gestalt. Angesichts des immer breiter gefächerten Therapiespezialitätenmarktes für Sexualstörungen geht leicht der Blick dafür verloren, dass Therapie sexueller Störungen insgesamt erst ein junges Phänomen ist [120]. Die Vielfalt der therapeutischen Techniken verstellt den Zugang zur Frage nach Funktion und Sinn von Therapie bei solchen «Störungen». Anstatt die verschiedenen Einzeltechniken aufzuzählen und nachzuzeichnen, wollen wir daher im folgenden die vorherrschende Sexualitäts- und Therapiekonzepte skizzieren.

2.1 Konzept der verschütteten Triebe

Die einfachste Vorstellung ist die, dass jeder Mensch mit Sexualität ausgestattet ist und dass sich dieser «Trieb» ungehindert entfalten kann, sofern nicht Hemmungen da sind, die sich hinderlich in den Weg legen. Dies ist, etwas vereinfacht, das Konzept von Masters und Johnson [88]. Mit den Arbeiten dieser Autoren und dem von ihnen entwickelten Therapiemodell beginnt Therapie sexueller Störungen im oben beschriebenen engeren Sinne in gesellschaftlichem Massstab Bedeutung zu erlangen. Masters und Johnson haben ihr Konzept nicht von theoretischen Prinzipien der Psychologie her entwickelt. Vielmehr handelt es sich um eine pragmatische, eklektizistische Kompilation von Verfahren, die bis dahin einzeln und unsystematisch angewendet worden waren[1], und aus Erfahrungen aus ihrer gynäkologischen Praxis und ihrer physiologischen Untersuchungen über die sexuelle Reaktion (1966). Die von ihnen vorgeschlagene Paartherapie und ihre zahllosen Varianten sind die heute am meisten angewandten und vermutlich auch die erfolgversprechensten Therapieverfahren bei sexuellen Störungen [101]. Alle späteren Ansätze gehen von ihrem Konzept aus, reichern es um technische Veränderungen an oder setzen andere Akzente, bleiben aber im Prinzip dem MASTERS-JOHNSONschen Konzept verpflichtet (vgl. vor allem [2, 7, 18, 53, 78, 79]).

Die Rahmenbedingungen ihres Konzeptes sind mit den Begriffen Paar-, Team- und Intensivtherapie zu umreissen. MASTERS und JOHNSON behandeln, wenn immer es möglich ist - d.h. wenn eine feste Partnerschaft besteht, die beide Partner fortsetzen wollen und der symptomfreie Partner kooperationswillig ist - das *Paar,* da «es so etwas wie einen unbeteiligten Partner in einer Partnerschaft, in der sexuelle Funktionsstörungen aufgetreten sind, nicht gibt» (zitiert nach der Deutschen Ausgabe 1973, S.2). Sexuelle Probleme manifestieren sich zwischen zwei Menschen; sollen sie behoben werden, müssen beide Partner sich ändern und zur Veränderung ihrer (sexuellen) Beziehung beitragen. Das Paar wird von einem Therapeuten*team,* einem Mann und einer Frau, behandelt, weil dadurch beide Partner «einen Vertreter und gleichzeitig einen Interpreten» (S.4) haben, der sie aufgrund der eigenen primären Erfahrungen als Mann bzw. als Frau besonders gut verstehen kann. Daran knüpfen sich weitere Erwartungen. Ein Therapeutenteam soll mehr wahrnehmen können als ein Einzeltherapeut; die beiden Therapeuten sollen sich gegenseitig korrigieren und kontrollieren können. Schliesslich sollen der Therapie abträgliche Übertragungs- und Gegenübertragungsprozesse sozusagen durch die «Paarbeziehung» der Therapeuten gebunden oder doch zumindest in Grenzen gehalten werden. *Intensiv* nennen MASTERS und JOHNSON ihre Therapie deshalb, weil sie quasi-stationär durchgeführt wird: Sie dauert bei täglichen Sitzungen zwei bis drei Wochen, während derer die Patienten nicht arbeiten und ausserhalb ihrer häuslichen Umgebung und Verpflichtungen leben, um sich der Therapie ganz widmen zu können. So hat das Paar keine Möglichkeit, der Konfrontation mit seinen Schwierigkeiten dadurch auszuweichen, dass es sich hinter den alltäglichen Ablenkungen, Belastungen und Sorgen versteckt. Die Paare erhalten für neue Erfahrungen sofort therapeutische Rückmeldung. Während

[1] Während bereits vor MASTERS und JOHNSON verschiedene Therapeuten mit sexuellen Verhaltenshierarchien gearbeitet haben [16, 23, 24, 25, 39, 41, 46, 52, 65, 66, 68, 69, 112 136], die in vitro, also in der Phantasie, vorgegeben wurden, zum Teil kombiniert mit Muskelentspannungsübungen und Psychopharmaka, war mit MASTERS und JOHNSON die Wende zur systematischen Desensibilisierung in vivo eingeleitet worden.

der Therapie auftretende Schwierigkeiten können umgehend bearbeitet werden. Schliesslich soll das Setting der Kurztherapie die Gefahr reduzieren, dass nicht zu bearbeitende Übertragungs- und Gegenübertragungsphänomene auftreten. Das eigentliche therapeutische Agens der Paarbehandlung nach MASTERS und JOHNSON besteht in einer Reihe systematisch *aufeinanderfolgender Verhaltensanweisungen* für sogenannte «Übungen», die das Paar zwischen den Sitzungen durchführt. Die Erfahrungen mit diesen Übungen werden in der jeweils nächsten Therapiesitzung besprochen und ausgewertet. Der «Schwierigkeitsgrad» der Übungen steigt dabei im Sinne einer halbstandardisierten systematischen Desensibilisierung im Laufe der Therapie an: Vom abwechselnden Streicheln des ganzen Körpers mit Ausnahme der Genitalregion («sensate focus») über sechs bis acht Zwischenstufen (z.B. erkundendes Streicheln der Genitalien, stimulierendes Streicheln und Spiel mit der Erregung, Petting bis Orgasmus, Einführung des Penis ohne Bewegung, Koitus mit erkundenden Bewegungen) bis hin zur nicht mehr durch Verhaltensanleitungen limitierten sexuellen Betätigung nach den individuellen Wünschen der Partner. Während der Behandlungszeit bleibt die sexuelle Betätigung im engeren Sinne auf die jeweiligen Übungen beschränkt, d.h. es besteht vorübergehend ein Petting- und ein Koitusverbot.

Für die Behandlung von Männern mit vorzeitiger Ejakulation und Frauen mit Vaginismus wird dieses Grundschema der Verhaltensanleitungen durch spezielle Anweisungen ergänzt. Darüber hinaus gilt generell, dass die Verhaltensanweisungen selbstverständlich in angemessener Weise entsprechend den jeweiligen Bedingungen des einzelnen Paares adaptiert und ggf. auch modifiziert werden müssen (vgl. [47]).

MASTERS und JOHNSON verzichten auf eine theoretische Explikation ihres Konzeptes von Sexualität. Ihrem pragmatischen Vorgehen liegt die Vorstellung einer natürlichen sexuellen Triebhaftigkeit zugrunde, deren genussvolle Realisierung durch Prüderie, moralische Hemmung, Informationsmängel, Verbote und Tollpatschigkeit gehemmt ist. Die «inadequacy» wird durch Information, Aufklärung und Übung vom Schutt der Hindernisse befreit: Der Trieb kann reibungslos in der sexuellen Funktion zur Konkretion kommen. Die Einbeziehung des jeweiligen Partners des Symptomträgers soll den Prozess der Entrümpelung erleichtern, entspringt dagegen nicht, wie man zunächst zu glauben geneigt ist, einem Interaktionskonzept von Sexualität auf der Beziehungsebene: wo nämlich kein Partner vorhanden ist, wird ein sogenannter Surrogatpartner, ein bezahlter Therapiehelfer, mit dem Patienten ins Bett geschickt. Mit der Beseitigung der Hemmungen des Patienten hat er seine Funktion erfüllt und kann abtreten. Nicht wegen ethischer oder psychologischer Bedenken, sondern wegen juristischer wurde dieses Vorgehen, das exemplarisch das beschränkte Sexualitätskonzept von MASTERS und JOHNSON beleuchtet, von diesen wieder aufgegeben.

Unter therapieorganisatorischen Gesichtspunkten wurde das Vorgehen von MASTERS und JOHNSON inzwischen vielfach variiert und die Effektivität der verschiedenen Settings im Hinblick auf den Therapieausgang überprüft. Es scheint erwiesen, dass therapieorganisatorische Unterschiede (einer oder zwei Therapeuten; Sitzungen einmal, zweimal pro Woche oder auch täglich usw.) nicht zu nennenswerten Unterschieden in Hinsicht auf den Therapieausgang führen [15, 19, 44, 51, 53, 78, 90, 91].

Zu ergänzen sind hier die Gruppentherapien für Paare und für Einzelpersonen. Die bisher in der Literatur beschriebenen Versuche mit *Paargruppen* unterscheiden sich hinsichtlich des therapeutischen Vorgehens nicht prinzipiell von der verhaltenstherapeutisch orientierten Einzelpaartherapie. Auch hier liegt der Schwerpunkt auf der Desensibilisierung von Angst und dem reconditioning von Erregung und Orgasmus (vgl. Abschnitte 2.2 und 2.4) durch Verhaltensanleitungen und Gespräche. Erste Erfahrungen mit Paargruppen scheinen ermutigend [49, 55, 71, 92, 133]. Insgesamt ist diese Form aber noch im Experimentierstadium.

Das gleiche gilt für *Gruppen,* in denen *Patienten ohne Partner* behandelt werden. Diese Gruppen sind in der Regel nach Massgabe des Symptoms zusammengefasst, so dass es sich mit wenigen Ausnahmen [57, 63] um reine Männer- oder Frauengruppen handelt [6, 8, 9, 62, 70, 71, 97, 98, 115, 130, 131, 138]. Die oft in der Partnerschaft liegenden oder durch die Partnerschaft verstärkten Störungen können hier nicht nach dem Muster der von MASTERS und JOHNSON eingeführten Desensibilisierungsstufen behoben werden, die ja die Mitarbeit des Partners voraussetzen.

Bei *Frauengruppen,* die vorwiegend für Frauen mit Orgasmusstörungen durchgeführt wurden [9, 130], wird daher therapeutisch der Schwerpunkt gelegt auf den Aufbau eines positiven Körpergefühles, eines unbefangeren Umganges mit der Masturbation und die Stärkung von Selbstvertrauen, das unabhängig von der Anerkennung durch einen Partner ist. Der Orgasmus beim Geschlechtsverkehr tritt als Therapieziel in den Hintergrund, vor allem wenn es sich um die Therapie von primären Orgasmusstörungen handelt, bei Frauen also, die noch nie einen Orgasmus erlebt haben. Das Vorgehen ist ausser für alleinstehende Frauen auch für Frauen geeignet, die zwar in einer festen Partnerschaft leben, aber nicht bereit sind, ihre Sexualität nur im Zusammenhang einer Partnerschaft zu verstehen.

Bei *Gruppen von Männern* mit sexuellen Problemen stehen weniger die körperliche Selbstakzeptierung, sondern meist Unsicherheiten im Kontakt mit Frauen im Vordergrund [6, 62]. Daher konzentriert sich das therapeutische Vorgehen hier mehr auf assertives Training, auf den Ausbau der Fähigkeit, Kontakte mit Frauen aufzunehmen und auszubauen. LOBITZ und BAKER [77], HEINRICH [49], GOLDEN u.a. [42] betonen daher die Notwendigkeit der Teilnahme weiblicher Therapeuten an den Sitzungen, um den Patienten in der geschützten Atmosphäre der Therapie den Umgang mit Frauen zu erleichtern. Die Anwesenheit weiblicher Therapeuten in Männergruppen ist ebenso hilfreich wie die Anwesenheit männlicher Therapeuten in Frauengruppen störend ist. Diese therapiepragmatische Tatsache verweist auf die unterschiedliche Einbettung der sexuellen Funktion bei den beiden Geschlechtern, ein Problem, auf das wir hier nicht näher eingehen können.

Die im folgenden noch zu beschreibenden Sexualitäts- und Therapiekonzepte haben in unterschiedlichem Ausmass auch Eingang in die verschiedenen organisatorischen Formen des Therapieangebots gefunden.

2.2 Konzept der trainierbaren Erregung

Mit der Erfahrung, dass die einfache Hemmungsbeseitigung nicht regelmässig zum Therapieerfolg führt und mit der Einsicht, dass die Abwesenheit von Ängsten zwar eine notwendige, aber keine hinreichende Voraussetzung für sexuelle Befriedigung ist, setzte die Suche nach neuen Techniken ein, die unter dem Stichwort «arousal reconditioning» zuerst in grossem Umfang von LO PICCOLO und LOBITZ [79] angewendet wurden. Die Frage nach den verschütteten Trieben tritt in den Hintergrund; Sexualität und Erregung werden als machbar und manipulierbar technisch in den Griff genommen.

Mit Hilfe von arousal-reconditioning-Techniken wird das Programm von Masters und Johnson jetzt ergänzt mit dem erklärten Ziel, sexuelle Ansprechbarkeit und Erregbarkeit zu trainieren. Im Mittelpunkt stehen dabei *Masturbationstechniken* und *körperliche Selbsterfahrungsübungen* [9, 36, 47, 64, 70, 79, 90, 91, 95, 115, 128, 130], die zunehmend in die Therapie einbezogen werden, vor allem bei der Behandlung orgasmus- und erregungsgestörter Frauen, für die sie inzwischen zum Standard geworden sind [47].

Neben Gleitmitteln als zusätzlichen *mechanischen Hilfsmitteln* werden starke mechanische Stimulation mit Vibratoren bei Orgasmusstörungen [79] und bei ausbleibender Ejakulation [128] empfohlen. Penisplethysmographen werden zum Biofeedback eingesetzt: optisch und akustisch wird der Patient über Zunahme bzw. Abnahme seines Penisvolumes informiert, während er potentiell sexuell erregenden optischen Stimuli ausgesetzt wird oder sich in möglicherweise erregenden Phantasien übt [26].

Enthemmende *Rollenspiele* sollen die Erregung steigern, orgasm-role-play, das Spielen eines exaltierten Orgasmus in der Therapiesitzung [78] den Weg zur gemeinsamen Ekstase bahnen. Im sogenannten sexual-assertion-training wird offensiv verbaler und praktischer Umgang mit der Sexualität eingeübt [41, 75, 90, 97, 117] z.B. via lautstarkem Skandieren tabuisierter Wörter aus der Sexualsphäre oder dem aktiven Umwerben und Umturteln eines Partners im Rollenspiel.

Schliesslich wird versucht, *Kognitionen* und *Phantasien* therapeutisch zu beeinflussen [84]. Entsprechende Techniken, als fantasy-shaping, thought-stopping, thought-management oder thought-substitution beschrieben, wurden zunächst in der Therapie sexueller Abweichungen, bald aber auch bei der Behandlung sexueller Funktionsstörungen angewendet [35, 41, 86, 96, 134, 135]. Insbesondere werden Masturbationsphantasien, auch bizarre und deviante, im Sinne einer klassischen Konditionierung der Steigerung sexueller Erregung dienstbar gemacht, ohne dass man versucht oder es auch nur für nötig hält, die emotionalen und kognitiven Sperren der Patienten durchzuarbeiten.

Zusammenfassend dargestellt sind die Techniken des arousal reconditioning bei LOBITZ und LO PICCOLO [78], LO PICCOLO und LOBITZ [79], KAPLAN [53], LO PICCOLO und LO PICCOLO [80].

2.3 Konzept der defizitären Körperlichkeit

Neben den und gegen die vornehmlich verhaltenstherapeutisch orientierten Einzeltechniken und Trainingsprogramme unternimmt die somatische Medizin erneute Anstrengungen, den ihr entgleitenden Markt sexuell gestörter Patienten wieder an sich zu ziehen, indem die sexuellen Schwierigkeiten zu somatischen Handikaps umgedeutet und mit somatischen Massnahmen zu heilen versucht werden. Sexualität wird als natürliche Funktion eines gesunden Körpers verstanden. Erlebnisstörungen im sexuellen Bereich werden als Ausdruck defizitärer körperlicher Modi beschrieben. Implizit handelt es sich um eine simple Fortschreibung des klassischen Triebmodells, wobei «der Trieb» konkretisiert vorgestellt wird in intakten erogenen Körperzonen, ausbalancierten hormonellen Verhältnissen usw.

Die therapeutischen Methoden knüpfen nahtlos an die verstümmelnde Tradition der sexualfeindlichen Medizin des letzten Jahrhunderts an: während onanierenden Frauen vor 100 Jahren häufig und auch noch im letzten Jahrzehnt in unserem Lande – von anderen Kulturkreisen ganz zu schweigen [27] – die Klitoris chirurgisch entfernt, wegkauterisiert oder die Schamlippen zugenäht wurden [120], wird jetzt der Scheideneingang z.B. bei Vaginismus chirurgisch geweitet oder Klitoris und Scheideneingangswinkel werden bei orgasmusgestörten Frauen chirurgisch verlegt, damit die Reibung zwischen Penis und Klitoris erhöht und damit ein Orgasmus erzielt werden kann [17]. Während noch immer Männer wegen ihrer «Hypersexualität» chemisch und chirurgisch kastriert werden, versucht man, erektionsgestörte Männer mit Hormonpräparaten aufzupäppeln und ihnen immersteife oder auch pneumatische, aufpumpbare Penisimplantate einzupflanzen (Literaturübersichten bei [106, 124] oder ihre Blutzirkulation im Genitalbereich medikamentös oder chirurgisch zu verbessern [93]. Psychopharmaka, anfangs eher als dämpfende Mittel gegen sexuell umtriebige Personen benutzt, dienen als Stimulanzen. In kontrollierten Studien werden z.B. Tranquillizer wie Valium und männliche Sexualhormone in ihrer positiven Auswirkung auf die Orgasmusfähigkeit von Frauen getestet [89].

Wie sich die Medizin der funktionellen Sexualstörungen, die nach allgemeiner Ansicht zu 95% nicht somatisch bedingt sind (vgl. [121]) bemächtigt, so dringt die Psychotherapie in den Bereich der somatischen Medizin vor. Arbeitsgruppen entstehen, die sich mit der Sexualität Behinderter befassen. Seit 1978 widmet sich eine spezielle Zeitschrift dem Thema Sexualität und Behinderung (Sexuality und Disability). Entsprechend der Unzahl körperlicher Beeinträchtigungen (Blindheit, Herzinfarkt, Querschnittslähmungen usw.) wächst die Zahl spezieller sexualtherapeutischer Techniken, auf die jedoch hier im einzelnen nicht eingegangen werden soll. Übersichten finden sich bei Comfort [22] und in der genannten Zeitschrift.

2.4 Konzept des optimierten Lustkonsums

Die in den beiden vorausgehenden Abschnitten beschriebenen Einzeltechniken werden entwickelt und angewandt, ohne dass die Arbeitsgruppen in der Regel - darauf wurde bereits verwiesen - ihr Konzept von Sexualität reflektieren oder im historischen Kontext diskutieren. Es geht um Sexualität als freiverfügbare Masse im Gefühlshaushalt des einzelnen, um Sexualität als Ware. Die einzelnen Techniken werden nur selten ausschliesslich, meist dagegen in Kombinationen angewandt, auf den Einzelfall abgestimmt oder aber standardisiert [2, 3, 18]. Die Technisierung der Sexualität erlaubt die Kombination im Baukastensystem, verkauft unter dem Markennamen «Integrative Sexualtherapie» [131, 132]. Integriert ist hier nichts, nur addiert im Sinne einer Optimierung des Umsatzes.

Mit Hilfe von programmierten Instruktionen wird versucht, die Kosten niedrig zu halten, dabei sogar weitgehend auf Therapeuten verzichtet. Die Patienten bekommen schriftliche Übungsanweisungen nach Hause, die Therapeuten stehen während der Behandlung nur telefonisch zur Verfügung [48, 49, 83, 89, 139].

Der organisatorische Rahmen des Therapieangebotes verbreitert sich, sogenannte Sexkliniken schiessen wie Pilze aus dem Boden. Schätzungen für die USA liegen bei 3000 bis 5000 solcher meist privater Kliniken. Der Boom profitiert vom Mythos des Medizinmannes. Was angeboten wird, hat mit Medizin in der Regel genausowenig zu tun wie mit Psychotherapie.

Das Interesse der Therapeuten verlagert sich aus der Klinik heraus in sogenannte marital-enrichment-, sexual-enhancement- und human-growth-Programme. Das Angebot reicht vom Volkshochschulseminar über Encounter und Wochenendworkshop zum Marathon. Die Alltagssexualität soll durch sensibility-, awareness- und arousal-training erlebnisreicher und aufregender werden. Therapie wird zur sexualisierten Massage.

In einer Übersicht berichtet OTTO bereits 1975 über mindestens 180 000 Paare, die in den USA solche Kurse mitgemacht haben [102]. Die Zahl dürfte inzwischen mehrfach überboten worden sein. Erfasst wird lückenlos. Auch älteren Menschen werden Gruppen zur sexuellen Bereicherung des Lebens angeboten [109, 125]. Die Veranstaltungen sind von einer vagen Vorstellung von «sexual growth» getragen, der persönlichen Entfaltung und Sinnlichkeitsgestaltung auf sexuellem Gebiet mit Anleihen am Menschenbild der humanistischen Psychologie [43, 45, 56, 57, 60, 80, 126, 129].

Maschinen zur Messung physiologischer Grössen, wie sie MASTERS und JOHNSON z.B. zur Erforschung der genital-physiologischen Vorgänge bei sexueller Erregung benutzten, kommen als handliche *Vaginalcomputer* auf den Markt: Am Orgasmusdetektor ist die sexuelle Erregung ablesbar und nur die dort aufgezeichnete Lustkurve ist beweiskräftig [113]. Das Patent für den Taschenphallograph ist angemeldet.

Aber auch die klinischen Arbeitsgruppen bleiben vom Optimierungsdruck nicht verschont. Eine empirische *Psychotherapieforschung* macht sich daran, den Erfolg der verschiedenen Techniken einzeln oder im Vergleich zu messen. Es wird versucht, prognostisch günstige Faktoren für den Therapieerfolg zu isolieren. Dabei konzentriert sich das Interesse der Untersuchungen auf die Symptomatik, auf psychische Merkmale bzw. psychiatrische Diagnosen der Patienten [99, 100], ohne bisher zuverlässige Ergebnisse zu zeitigen. Dies gilt auch für den Vergleich verschiedener therapeutischer Konzepte [34, 62, 74, 76, 92, 97, 98, 107].

2.5 Konzept des Konfliktfeldes Sexualität

Neben den beschriebenen Entwicklungen verläuft ein weiterer Trend, der zwar auch in den Erfahrungen von Masters und Johnson anknüpft, die halbstandardisierten Verhaltensanleitungen als Gerüst der Therapie benutzt und insofern am Paradigma der gehemmten Sexualität orientiert ist, darüber hinaus aber die psychodynamische Funktion der Sexualität und ihrer Störungen für den Patienten und im Beziehungsgefüge mit dem Partner bzw. der Partnerin reflektiert und thematisiert.

Dieses Konzept wird zuerst von Kaplan [53, 54] ausgearbeitet. Während Masters und Johnson noch Partnerkonflikte, neurotische Reaktionen oder psychiatrische Auffälligkeiten ausdrücklich als Kontraindikationen für die Therapie betrachtet hatten – und sich dementsprechend in der Therapie damit nicht zu befassen brauchten – sieht Kaplan [53] in den Konflikten eines Partners oder zwischen den Partnern die Hauptursache der sexuellen Störung. Dabei argumentiert sie pragmatisch: Die Psychodynamik eines Verhaltens oder einer Partnerbeziehung wird nur zum Thema der Therapie, wenn sie in direktem Bezug zur sexuellen Symptomatik steht. Dabei muss die zugrunde liegende neurotische Struktur nicht unbedingt durchgearbeitet werden, um das Symptom zu beseitigen: «good sexual functioning can co-exist with emotional conflicts and marital difficulties» (S.92). Schliesslich kann ebenso wie bei der sexuellen Störung auch der ungestörten Sexualität eine neurotische Konfliktstruktur zugrunde liegen [4]. Sogenannte bypass- oder Umgehungsmechanismen sollen die Entkoppelung der neurotischen Konflikte vom sexuellen Symptom ermöglichen. Die neurotische Ursache der Störung wird dabei gewissermassen ausgegrenzt.

Kaplan erweitert das Konzept der Sexualtherapie um psychodynamische Aspekte. Den praktischen Übungen und Verhaltensanleitungen kommt die Funktion zu, unbewusstes psychodynamisches Material zum Vorschein zu bringen und damit der Bearbeitung zugänglich zu machen. Gleichzeitig wird die Konfliktbearbeitung erleichtert, indem bisher angstvoll vermiedene Erfahrungen gezielt gemacht werden und schliesslich dienen die Verhaltensanleitungen zum Differenzierungslernen im Hinblick auf Gefühle.

Andere Autoren orientieren sich mehr an kognitiven Aspekten der gestörten Paardynamik und weisen auf irrationale belief-systems hin, in die eine sexuelle Symptomatik eingebettet sein kann und die der Bearbeitung bedürfen [13, 14, 40]. Für Ellis [30, 31, 32, 33] liegt im kognitiven System der diagnostisch wie therapeutisch entscheidende Ansatz. Das praktische Vorgehen ist im wesentlichen verhaltenstherapeutisch orientiert.

Die Erweiterung der symptomorientierten Therapie durch ein Konfliktmodell, das intrapsychische und interpersonelle Konflikte auf den kognitiven oder psychodynamischen Ebene zu bearbeiten sucht, wird von vielen Autoren als hilfreiche Ergänzung propagiert [5, 7, 13, 14, 16, 21, 30, 31, 32, 33, 72, 73, 76]. Gemeinsam ist diesen Ansätzen die Erweiterung des ätiologischen Verständnisses, dass die sexuelle Störung nicht mehr als quasi mechanisch gebremsten Sexualtrieb sieht, sondern die Funktion des Symptoms in einen psychodynamischen oder kognitiven Zusammenhang versteht, ohne dass damit die Symptombeseitigung als erklärtes Therapieziel aufgegeben würde.

Gemeinsam ist diesen Ansätzen, und am deutlichsten von Arentewicz und Schmidt [7] herausgearbeitet, dass eine isolierte Betrachtung von Sexualstörungen als Krankheitsentitäten unsinnig ist. Entsprechendes gilt für Sexualtherapie. Sexualtherapie ist keine ehrbare Schulrichtung. Kaplans [53] Buchtitel «The New Sex Therapy» führt in die Irre. Sexualität ist eine Erlebnisdimension, die alle anderen Lebensbereiche potentiell beeinflusst und vice versa. Das ganze Spektrum psychischer und sozialer Beeinträchtigungen kann sich auch in sexuellen Funktionsstörungen niederschlagen, ebenso wie diese Beeinträchtigungen in anderen Erlebnisdimensionen nach sich ziehen können. Als offenbar besonders leicht störbarer Erlebnisbereich eignet sich Sexualität als Ausdrucksmittel konflikthaften Erlebens auf den verschiedensten Ebenen: Selbstwertproblematik, zwanghaftes oder phobisches Verhalten, Abgrenzungs- und Fusionsprobleme, Nähe-Distanz-Ambivalenz, Macht und Ohnmacht, Quälen und Sich-quälen-Lassen, aggressive Impulsdurchbrüche oder Impulskontrolle, Beziehungslosigkeit oder Bezogen-Sein, Identität als Mann oder Frau. Wir wählen dieses zufällige Sammelsurium von Konfliktfeldern auf den unterschiedlichsten Abstraktionsebenen absichtlich, um zu unterstreichen, wie vielfältig verflochten sexuelles Erleben ist. Entsprechend wirkt sich Therapie, die Sexualität zum Fokus nimmt, auch in anderen Lebensbereichen aus. Besonders nachdrücklich wurde dies in der Untersuchung von Arentewicz und Schmidt [7] belegt. Diese Arbeitsgruppe hat sich bei der Aufname von Patienten in ihr Therapieprogramm lediglich an formalen Kriterien orientiert (z.B. Bereitschaft beider Partner, an der Behandlung teilzunehmen; Ausschluss somatischer Ursachen der Funktionsstörung; keine parallel laufenden anderen Therapien; Bereitschaft und Möglichkeit der Patienten, regelmässig zu kommen) und auch psychiatrische Patienten, ausser in akuten psychotischen Phasen oder bei fortgeschrittener akuter Alkohol- oder Drogenabhängigkeit mit aufgenommen [103, 104]. Die therapeutisch bedingten Veränderungen im sexuellen Bereich waren begleitet von ebenso kleinen oder grossen Veränderungen in anderen Lebensbereichen beim sogenannten Symptomträger wie beim Partner [20]. Therapie wurde als Psychotherapie im weitesten Sinne verstanden und fokussiert um das Konfliktfeld Sexualität.

3. Diskussion

Im Bilde einer Landschaft kann man die Entwicklung der beiden letzten Jahrzehnte so beschreiben: Das Konzept von MASTERS und JOHNSON [88] mutet konservativ an; Bäuerin und Bauer schicken sich an, von Unkraut überwuchertes Land wieder urbar zu machen. LO PICCOLO und LOBITZ [79] und ihre Mitstreiter wollen mit Hilfe von arousal-reconditioning-Techniken einen Ziergarten anlegen. Im folgenden überwuchert dieser mit Kunstblumen, immergrünen Bäumen, bestückt mit elektronischen Sensoren, die blinken und piepsen, Orgasmus und Ejakulation in optische und akustische Signale verwandeln. Was handwerklerisch begonnen hat, weitet sich aus zu kleinen Manufakturbetrieben, wird zunehmend technisiert und in Sexkliniken und Forschungsprojekten industrialisiert. Daneben die Entwicklung von Sextherapie zur Psychotherapie, die den Bereich der Sexualität nicht weiter ausklammert, im Gegenteil diesen Bereich zum Fokus nimmt, anstelle sexueller Akrobatik Lebenskunst - oder einfach Leben anvisiert [7].

Sexualität als Ausdrucksmittel unterliegt in dieser Entwicklung einer mehrfachen Metamorphose, die synchron, zum Teil quer zu den beschriebenen Etappen verläuft. Wir wollen uns damit zum Schluss in fünf Thesen befassen:

3.1 Entintimisierung

An erster Stelle ist eine zunehmende Entintimisierung der Sexualität zu beobachten. Was man vor 20 Jahren mit niemandem besprochen hätte, vielleicht einmal mit dem Hausarzt, wenn auch ohne Hoffnung oder Aussicht auf Hilfe, wird zum tolerierten und tolerablen Gegenstand von Therapie. Geheime Wünsche sollen auf den Tisch, nicht nur zwischen Partnern, auch zwischen Therapeuten, ja zwischen Therapeutenteam und Patientenpaar. Acht Ohren hören mehr als zwei.

Sexualstörungen sind nicht länger ein Makel. Man kann sich damit sehen lassen. Und man kann als Therapeut davon leben. Tabus gibt es hier nicht mehr, genieren braucht sich keiner. Im Gegenteil scheint es besonders angesehen, sich hier seine Sporen zu verdienen.

3.2 Technisierung

Die Entintimisierung geht einher mit einer scheinbar unaufhaltsamen Technisierung. Sicher zählen dazu auch die Gleitcremes, Vibratoren, Dilatatoren, Phallometer und synchron ablaufende Lehr- und Pornofilme bei Marathons. Die Verdinglichung ist hier am offensichtlichsten. Doch kennt die Technisierung auch sublimere Ausdrucksformen: standardisierte Verhaltensanleitungen; das Manual für die Übung zu Hause; das Tonband mit den Entspannungsübungen, die warme Stimme des Therapeuten lockert die Muskeln; fünf Minuten streichelt sie, dann kommt er dran; der Sensate Fokus erlaubt noch nicht die Berührung von Genitalien und Brüsten; zweimal in der Woche ist Pflicht, man kennt den Satz schon von Luther her und doch hat er einen anderen Klang; auch Orgasmus ist Pflicht, selbst wenn die Therapeuten das Gegenteil ständig betonen, den Erfolg ihrer Methode bemessen sie danach.

3.3 Sexualisierung

Technisierung und Entintimisierung stehen im Dienst einer generellen Sexualisierung. Die therapeutischen Entwicklungen der 60er und 70er Jahre fallen in die Spätphase der sogenannten sexuellen Liberalisierung, in der das traditionelle Repressionsmodell verdrängt wird durch eine expansive Offenlegung, Erschliessung und wirtschaftliche Ausbeutung von Sexualität. Die Erschliessung des Therapiemarktes Sexualität ist Teil dieser Sexualisierung und Folge ineins. Unter dem Konsumdruck und dem Druck der Performance, die vom einzelnen erwartet wird und die er, weil internalisiert, von sich selber erwartet, steigt die Chance, das eigene Erleben unter dem Vorzeichen des Mangels und der Reparaturbedürftigkeit zu begreifen. Wo er es nicht selbst begreift, sorgt schon sein Partner dafür. Insofern ist der Therapiemarkt Folge, wohl auch notwendige Folge der Sexualisierung. Indem sich Sextherapie missionarisch einer behavioristischen, in Einzelschritte zerlegbaren normierten Sexualität verschreibt, deren Feinbild eine durch Sozialisation verstümmelte, unterdrückte und starr konditionierte Sexualität ist, schafft sie sich ihre Klientele selber und trägt zur Sexualisierung bei.

3.4 Entsinnlichung

Tabuisierung von Sexualität zielt auf Enttabuisierung. Schon der Gott des Alten Testamentes wusste diesen Mechanismus zu nutzen: die Frucht vom Baum der Erkenntnis bezog ihren Reiz aus dem Verbot. FOUCAULT [37] hat nachgezeichnet, wie die Geschichte der Sexualität von Anfang an in Gestalt ihres beredten Verschweigens die Sexualisierung anvisiert und die staatsapparative Kontrolle auf die Bereiche des Erlebens, Fühlens und

Denkens ausdehnt. Macht und Kontrolle schleichen sich in die letzten Winkel von Phantasie und Träumen. Einbezug von Masturbationsphantasien, auch der devianten [85] und fantasy-shaping nehmen die Sinnlichkeit in ihren therapeutischen Würgegriff. Zur Kopulationsmotorik und zu orgasm-role-play degeneriert, geht ihr der Atem aus. Die Hoffnung auf eine Gesellschaft, die sich über ihre Sexualität befreit, stürzt wie ein Kartenhaus zusammen. Sinnlichkeit entzieht sich der Machbarkeit.

3.5 Therapeutisierung

Therapie sexueller Störungen ist Gratwanderung. Dem individuellen Leiden wird man sich nicht verschliessen können. Dabei wird man sich auch einzelner therapeutischer Techniken bedienen müssen. Was aber ist das Ziel solcher Therapie und welche Hoffnungen knüpfen Patienten, Therapeuten und die diffuse Grösse der Gesellschaft insgesamt an eine funktionierende Sexualität? Sexualtherapie ohne breiteren psychotherapeutischen Hintergrund ist absurd. Die globale Erweiterung zur Psychotherapie – auf Schulddifferenzen wollen wir hier gar nicht eingehen – löst das Dilemma jedoch auch nicht, verschiebt es nur auf eine allgemeinere Ebene. Die Therapeutisierung einer Gesellschaft beschreibt mit anderen Mitteln den Notstand, der sich schon in den zu behandelnden Symptomen ausdrückt. Das Symptom ist Signal des Leidens und ein Versuch zu seiner Lösung. Psychotherapie mildert allenfalls das Leiden, wird aber nie seine Bedingungen beseitigen können.

Literatur

[1] Acton, W. Prostitution. Washington (N.Y.): Praeger, 1968.

[2] Annon, J.S. Behavioral treatment of sexual problems: Brief therapy. Hagerstown: Harper & Row, 1976.

[3] Annon, J.S. The PLISSIT Model: A Proposed Conceptual Scheme for the Behavioral Treatment of Sexual Problems. In J.Fischer, H.C.Gochros (Eds.) Handbook of behavior therapy with sexual problems, Vol.1, General Procedures. New York: Pergamon Press, 1977, Pp.70–83.

[4] Apfelbaum, B. On the etiology of sexual dysfunction. Journal of Sex and Marital Therapy, 1977, 3, 50–62.

[5] Apfelbaum, B. A contribution to the development of the behavioral-analytic sex therapy model. Journal of Sex and Marital Therapy, 1977, 3, 128–138.

[6] Arentewicz, G., Höflich, B., Eck, D. Therapie soziosexueller Ängste von Männern. Erste Erfahrungen mit einer verhaltenstherapeutisch orientierten Gruppentherapie. Sexualmedizin, 1978, 7, 639–644.

[7] Arentewicz, G., Schmidt, G. (Eds.) Sexuell gestörte Beziehungen. Berlin: Springer, 1980.

[8] Auerbach, R., Kilmann, P.R. The effects of group systematic desensitization on secondary erectile failure. Behavior Therapy, 1977, 8, 330–339.

[9] BARBACH, L.G. Group treatment of preorgasmic women. Journal of Sex and Marital Therapy, 1974, 1, 139–145.
[10] BATAILLE, G. Der heilige Eros. Frankfurt: Ullstein, 2974.
[11] BATAILLE, G. Das obszöne Werk. Reinbek: Rowohlt, 1977.
[12] BEACH, F.A. (Ed.) Human Sexuality in four perspectives. Baltimore: Johns Hopkins University Press, 1978.
[13] BENZ, A.E., AUSLÄNDER, J. Analytisch orientierte Kurz-Psychotherapie der Impotenz und Ejaculatio praecox. Psyche, 1979, 5, 395–406.
[14] BIEBER, I. The psychoanalytic treatment of sexual disorders. Journal of Sex and Marital Therapy, 1974, 1, 5–15.
[15] BLAKENEY, P., KINDER, B.N., CRESON, D., POWELL, L.C., SUTTON, C. A short-term, intensive workshop approach for the treatment of human sexual inadequacy. Journal of Sex and Marital Therapy, 1976, 2, 124–129.
[16] BRADY, J.P. Psychotherapy by a combined behavioral and dynamic approach. Comprehensive Psychiatry, 1968, 9, 536–543.
[17] BURT, J. Surgical procedure for treatment of coital anorgasmia. International Academy of Sex Research, 3rd Annual Meeting July 31–August 3, 1977, Bloomington Indiana, USA.
[18] CAIRD, W., WINCZE, J.P. Sex Therapy. A behavioral approach. New York: Harper & Row, 1977.
[19] CLEMENT, U., SCHMIDT, G. Therapieergebnisse. In G.Arentewicz, G.Schmidt (Eds.) Sexuell gestörte Beziehungen. Berlin: Springer, 1980, Pp.60–133.
[20] CLEMENT, U., PFÄFFLIN, F. Personality changes amongst couples subsequent to sex therapy. Archives of Sexual Behavior, 1980, 9.
[21] COEN, S.J. Sexual interviewing, evaluation, and therapy: Psychoanalytic emphasis on the use of sexual fantasy. Archives of Sexual Behavior, 1978, 7, 229–241.
[22] COMFORT, A. Sexual consequences of disability. Philadelphia: Stickley & Co., 1979.
[23] COOPER, A.J. A factual study of male potency disorders. British Journal of Psychiatry,1968, 114, 719–731.
[24] COOPER, A.J. Disorders of sexual potency in the male: A clinical and statistical study of some factors related to short-term prognosis. British Journal of Psychiatry, 1969, 115, 709–719.
[25] COOPER, A.J. Outpatient treatment of impotence. Journal of Nervous and Mental Disease, 1969, 149, 360–371.
[26] CSILLAG, E.R. Modification of penile erectile response. Journal of Behaviour Therapy and Experimental Psychiatry, 1976, 7, 27–29.
[27] DALY, M. Gyn/Ecology: The Metaethics of radical feminism. Boston: Beacon Press, 1978.
[28] DANNECKER, M. Der Homosexuelle und die Homosexualität. Frankfurt: Syndicat, 1978.
[29] DIECKMANN, B. Über die Schwulen. Basel: Stroemfeld/Roter Stern, 1979.
[30] ELLIS, A. The treatment of sex and love problems in women. In V.Franks, V.Burtle (Eds.) Women in therapy: New psychotherapies for a changing society. New York Brunner/Mazel, 1974, Pp.441.
[31] ELLIS, A. An informal history of sex therapy. Counseling Psychologist, 1975, 5 9–13.
[32] ELLIS, A. The rational-emotive approach to sex therapy. Counseling Psychologist 1975, 5, 14–21.
[33] ELLIS, A. The treatment of sexual disturbance. Journal of Marriage and Family Counseling, 1975, 1, 111–121.
[34] EVERAERD, W. Comparative studies of short-term treatment methods for sexual in

adequacies. In R.Green (Ed.) Progress in Sexology. New York: (1976 International Congress of Sexology, Montreal, October 28–31, 1976) 1977. Pp.153–165.
[35] FLOWERS, J.V., BOORAEM, C.B. Imagination training in the treatment of sexual dysfunction. Counseling Psychologist, 1975, 5, 50–51.
[36] FORDNEY, D. Dyspareunia and Vaginismus. Clinical Obstetrics and Gynecology, 1978, 21, 205–221.
[37] FOUCAULT, M. Sexualität und Wahrheit. Frankfurt: Suhrkamp, 1977.
[38] FREUD, S. Drei Abhandlungen zur Sexualtheorie. Wien: Verlag Franz Deutike, 1905.
[39] FRIEDMAN, D.E. The treatment of impotence by brietal-relaxation therapy. Behavior Research and Therapy, 1968, 6, 257–261.
[40] FRIEDMAN, M. Success phobia and retarded ejaculation. American Journal of Psychotherapy, 1973, 27, 78–84.
[41] GARFIELD, Z.H., MCBREARTY, J.F., DICHTER, M. A case of impotence successfully treated with desensitization combined with in vivo operant training and thought substitution. In R.Rubin, C.M.Franks (Eds.) Advances in behavior therapy. New York, Academic Press, 1968, Pp.97–103.
[42] GOLDEN, J.S., PRICE, S., HEINRICH, A.G., LOBITZ, W.C. Group vs. couple treatment of sexual dysfunctions. Archives of Sexual Behavior, 1978, 7, 593–602.
[43] GUNTHER, B. Sensory awakening and sensuality. In H.Otto (Ed.) The new sexuality. Palo Alto (California): Science & Behavior Books, 1971.
[44] HARNS, G.G., WAGNER, N.N. Treatment of sexual dysfunction and casework techniques. Clinical Social Work Journal, 1973, 1, 244–250.
[45] HARTMANN, W.E., FITHIAN, M.A. Enhancing sexuality through nudism. In H.Otto (Ed.) New Sexuality. Palo Alto (California): Science & Behavior Books, 1971.
[46] HASLAM, M.T. The treatment of psychogenic dyspareunia by reciprocal inhibition. British Journal of Psychiatry, 1965, 111, 280–282.
[47] HAUCH, M., ARENTEWICZ, G., GASCHAE, M. Manual zur Paartherapie sexueller Funktionsstörungen. In G.Arentewicz, G.Schmidt (Eds.) Sexuell gestörte Beziehungen. Berlin: Springer, 1980, Pp.188–282.
[48] HEINRICH, A.G. The effect of group and self-directed behavioral-educational treatment of primary orgasmic dysfunctions in females treated without their partners. Dissertation Abstracts International, 1976, 37, 1902.
[49] HEINRICH, A.G. Innovations in Sex Therapy: Group and self-directed approaches. Paper read at the 9th European Congress of Behaviour Therapy, Sept. 4–7, 1979, Paris.
[50] HOCQUENHEM, G. Das homosexuelle Verlangen. München: Hanser, 1974.
[51] HOGAN, D.R. The effectiveness of sex therapy: A review of the literature. In J. LoPiccolo, L.LoPiccolo (Eds.) Handbook of sex therapy. New York, London: Plenum press, 1978. Pp.57–84.
[52] JOHNSON, J. Prognosis of disorder of sexual potency in the male. Journal of Psychosomatic Research, 1965, 9, 195–200.
[53] KAPLAN, H.S. The new sex therapy. New York: Brunner/Mazel, 1974.
[54] KAPLAN, H.S. Disorders of sexual desire. New York: Brunner/Mazel, 1980.
[55] KAPLAN, H.S., KOHL, R.N., POMEROY, W.B., OFFIT, A.K., HOGAN, B. Group treatment of premature ejaculation. Archives of Sexual Behavior, 1974, 3, 443–452.
[56] KAUFMAN, G., KRUPKA, J. Integrating one's sexuality: Crisis and change. International Journal of Group Psychotherapy, 1973, 23, 445–464.
[57] KAUFMAN, G., KRUPKA, J. A sexual enrichment program for couples. Psychotherapy: Theory, Research and Practice, 1975, 12, 317–319.
[58] KILMANN, P.R. The treatment of primary and secondary orgasmic dysfunction: A

methodological review of the literature since 1970. Journal of Sex and Marital Therapy, 1978, 4, 155–176.
[59] Kilmann, P.K., Auerbach, R. Treatments of premature ejaculation and psychogenic impotence: A critical review of the literature. Archives of Sexual Behavior, 1979, 8, 81–100.
[60] Kilmann, P.K., Julian, A., Moreault, D. The impact of a marriage enrichment porgram on relationship factors. Journal of Sex and Marital Therapy, 1978, 4, 298–303.
[61] Kinder, B.N., Blakeney, P. Treatment of sexual dysfunction: A review of outcome studies. Journal of Clinical Psychology, 1977, 33, 523–530.
[62] Kockott, G., Dittmar, F., Nusselt, L. Systematic desensitization of erectile impotence: A controlled study. Archives of Sexual Behavior, 1975, 4, 495–500.
[63] Kockott, G. Behavior therapy in groups of patients without partners and couples suffering from sexual dysfunctions. International Symposium on Practical Applications of Learning Theories in Psychiatry, April 12–16, 1980, Chania.
[64] Kohlenberg, R.J. Directed masturbation and the treatment of orgasmic dysfunction. In J.Fischer, H.L.Gochros (Eds.) Handbook of behavior therapy with sexual problems. New York Pergamon Press, 1977, Pp.338–343.
[65] Kraft, T., Al-Issa, I. Behavior therapy and the treatment of frigidity. American Journal of Psychotherapy, 1967, 21, 116–120.
[66] Kraft, T., Al-Issa, I. The use of methohexitone sodium in the systematic desensitization of premature ejauclation. British Journal of Psychiatry, 1968, 114, 351–352.
[67] Lansky, M.R., Davenport, A.E. Difficulties in brief conjoint treatment of sexual dysfunction. American Journal of Psychiatry, 1975, 132, 177–179.
[68] Lazarus, A.A. The treatment of chronic frigidity by systematic desensitization. Journal of Nervous and Mental Disease, 1963, 136, 71–79.
[69] Lazarus, A.A. The treatment of a sexually inadequate man. In L.P.Ullmann, L.Krasner (Eds.) Case studies in behavior modification. New York: Holt, Rinehart & Winston, 1965, Pp.243–245.
[70] Leiblum, S., Ersner-Hershfield, R. Sexual enhancement groups for dysfunctional women: an evaluation. Journal of Sex and Marital Therapy, 1977, 3, 139–152.
[71] Leiblum, S.R., Rosen, R.C., Pierce, D. Group treatment format: Mexed sexual dysfunctions. Archives of Sexual Behavior, 1976, 5, 313–322.
[72] Levay, A.N., Kagle, A. A study of treatment needs following sex therapy. American Journal of psychiatry, 1977, 34, 970–973.
[73] Levay, A.N., Kagle, A. Ego deficiencies in the areas of pleasure, intimacy, and cooperation: Guidelines in the diagnosis and treatment of sexual dysfunctions. Journal of Sex and Marital Therapy, 1977, 3, 10–18.
[74] Levay, A.N., Kagle, A. Recent advances in sex therapy: Integration with the dynamic therapies. Psychiatric Quarterly, 1978, 50, 5–16.
[75] Leventhal, A.M. Use of a behavioral approach within a traditional psychotherapeutic context: A case study. Journal of Abnormal Psychology, 1968, 73, 178–182.
[76] Levine, S.B., Agle, D. The effectiveness of sex therapy for chronic secondary psychological impotence. Journal of Sex and Marital Therapy, 1978, 4, 235–258.
[77] Lobitz, W.C., Baker, E.L. Group treatment of single males with erectile dysfunction. Archives of Sexual Behavior, 1979, 8, 127–138.
[78] Lobitz, W.C., LoPiccolo, J. New methods in the behavioral treatment of sexual dysfunction. Journal of Behavior Therapy and Experimental Psychiatry, 1972, 3, 265–271.
[79] LoPiccolo, J., Lobitz, W.C. The role of masturbation in the treatment of orgasmic dysfunction. Archives of Sexual Behavior, 1972, 2, 163–171.

[80] LoPiccolo, J., LoPiccolo, L. (Eds.) Handbook of sex therapy. New York, London: Plenum Press, 1978.
[81] LoPiccolo, J., Miller, V.H. Procedural outline: Sexual enrichment groups. Counseling Psychologist, 1975, 5, 46–49.
[82] LoPiccolo, J., Miller, V.H. A program for enhancing the sexual relationship of normal couples. Counseling Psychologist, 1975, 5, 41–45.
[83] Lowe, J.C., Mikulas, W.L. Use of written material in learning self-control of premature ejaculation. Psychological Reports, 1975, 37, 295–298.
[84] Marcuse, H. Triebstruktur und Gesellschaft. Frankfurft: Suhrkamp, 1967.
[85] Marquis, J.N. Orgasmic reconditioning: Changing sexual object choice through controlling masturbation fantasies. Journal of Behavior Therapy and Experimental Psychiatry, 1970, 1, 262–271.
[86] Marshall, W.C. Reducing masturbatory guilt. Journal of Behavior Therapy and Experimental Psychiatry, 1975, 6, 260–261.
[88] Masters, W.H., Johnson, V.E. Human sexual inadequacy. Boston: Little, Brown, 1970.
[89] Mathews, A. Treatment of female sexual dysfunction: psychological and hormone factors. International Symposium on Practical Applications of Learning Theories in Psychiatry, April 12–16, 1980, Chania.
[90] McCarthy, B.W. Strategies and techniques for the reduction of sexual anxiety. Journal of Sex and Marital Therapy, 1977, 3, 243–248.
[91] McCarthy, B. A modification of Masters and Johnson sex therapy model in a clinical setting. In J.Fischer, H.L.Gochros (Eds.) Handbook of Behavior Therapy with Sexual Problems. New York: Pergamon Press, 1977, Pp.41–45.
[92] McGovern, K.B., Kilpatrick, C.C., LoPiccolo, J. A behavioral group treatment program for sexually dysfunctional couples. Journal of Marriage and Family Counseling, 1976, 2, 397–404.
[93] Michal, V., Pospîchal, J., Ruźbarský, V., Lachman, M. Vasculogenic impotence. Vortrag auf dem Fifth Annual Meeting der International Academy of Sex Research, 20.–22.8.1979 in Prag.
[94] Morgenthaler, F. Homosexualität. In V.Sigusch (Ed.) Therapie sexueller Störungen. Stuttgart: Thieme, 1980, Pp.329–367.
[95] Munjack, D, Cristol, A., Goldstein, A., Phillips, D., Goldberg, A., Whipple, K., Staples, F., Kanno, P. Behavioural treatment of orgasmic dysfunction: A controlled study. British Journal of Psychiatry, 1976, 129, 497–502.
[96] Nims, J.P. Imagery, shaping, and orgasm. Journal of Sex and Marital Therapy, 1975, 1, 198–203.
[97] Obler, M. Systematic desensitization in sexual disorders. Journal of Behavior Therapy and Experimental Psychiatry, 1973, 4, 93–101.
[98] Obler, M. Multivariate approaches to psychotherapy with sexual dysfunctions. Counseling Psychologist, 1975, 5, 55–60.
[99] O'Connor, J., Stern, L. Developmental factors in functional sexual disorders. New York State Journal of Medicine, 1972, July 15, 1838–1843.
[100] O'Connor, J.F., Stern, L.O. Results of treatment in functional sexual disorders. New York State Journal of Medicine, 1972, August 1, 1927–1934.
[101] O'Connor, J.F. Sexual problems, therapy, and prognostic factors. In J.K.Meyer (Ed.) Clinical management of sexual disorders. Baltimore: Williams & Wilkins, 1976.
[102] Otto, H.A. Marriage and family enrichment programs in North America – Report and analysis. Family Coordinator, 1975, 24, 137–142.
[103] Pfäfflin, F., Thiessen-Liedtke, G., Bulla-Küchler, R. Schwierige Therapiever-

läufe. In G. Arentewicz, G. Schmidt (Eds.) Sexuell gestörte Beziehungen. Berlin: Springer, 1980, Pp. 134–167.

[104] PFÄFFLIN, F. Couple therapy with psychiatric patients. International Symposium on Practical Application of Learning Theoreis in Psychiatry. 12–16, 1980, Chania.

[105] REICH, W. Die sexuelle Revolution. Frankfurt: Europäische Verlagsanstalt, 1966.

[106] RIEBER, J. Die chirurgische Implantation von Penisprothesen bei Männern mit Erektionsstörungen. Eine kritische Bestandsaufnahme. In V. Sigusch (Ed.) Sexualität und Medizin. Köln: Kiepenheuer & Witsch, 1979.

[107] REISINGER, J. J. Effects of erotic stimulation and masturbatory training upon situational orgasmic dysfunction. Journal of Sex and Marital Therapy, 1978, 4, 177–185.

[108] REYNOLDS, B. S. Psychological treatment models and outcome results for erectile dysfunction: A critical review. Psychological Bulletin, 1977, 84, 1218–1238.

[109] ROWLAND, K. F., HAYNES, S. N. A sexual enhancement program for elderly couples. Journal of Sex and Marital Therapy, 1978, 4, 91–113.

[110] SADE, L. D. F. A. Justine oder das Missgeschick der Tugend. Hamburg: Merlin. o. J.

[111] SADE, L. D. F. A. Die Philosophie im Boudoir. Hamburg: Merlin. o. J.

[112] SALZMAN, L. Premature ejaculation. International Journal of Sexuality, 1954, 8, 69–76.

[113] SARREL, P. A casset-recorder for physiological monitoring of sex response. Vortrag auf dem Annual Meeting der International Academy of Sex Research, 2.–4. August 1976 in Hamburg.

[114] SCHMIDT, G. Sexuelle Motivation und Kontrolle. Sexualmedizin, 1974, 3, 60–65.

[115] SCHNEIDMAN, B., MCGUIRE, L. Group therapy for nonorgastic women: Two age levels. Archives of Sexual Behavior, 1976, 5, 239–247.

[116] SEWELL, H. H., ABRAMOWITZ, S. J. Flexibility, persistence, and success in sex therapy. Archives of Sexual Behavior, 1979, 8, 497–506.

[117] SHUSTERMAN, L. R. The treatment of impotence by behavior modification techniques. In J. Fischer, H. L. Gochros (Eds.) Handbook of behavior therapy with sexual problems. New York: Pergamon Press, 1977, Pp. 263–273.

[118] SIGUSCH, V. Medizin und Sexualität. Sieben Thesen zur kiritschen Reflexion ihres Verhältnisses. Die Medizinische Welt, 1970, 21, 2158–2170.

[119] SIGUSCH, V. Thesen über Natur und Sexualität. Konkret Sexualität, 1979, 46–47.

[120] SIGUSCH, V. Therapie und Politik. Konkret Sexualität, 1980, 10–17.

[121] SIGUSCH, V. Bemerkungen zum Verhältnis von sogenannter Sexualtherapie und Gesellschaft. In V. Sigusch (Ed.) Therapie sexueller Störungen. Stuttgart: Thieme 1980, Pp. 389–413.

[122] SOTILE, W. M., KILMANN, P. R. Treatments of psychogenic female sexual dysfunctions. Psychological Bulletin, 1977, 84, 619–633.

[123] SOTILE, W. M., KILMANN, P. R. Effects of group systematic desensitization on female orgasmic dysfunction. Archives of Sexual Behavior, 1978, 7, 477–491.

[124] SPENGLER, A. Penisprothesen. Münchner medizinische Wochenschrift, 1980, 122 560–562.

[125] SVILAND, M. A. P. Helping elderly couples become sexually liberated: Psychosocial issues. Counseling Psychologist, 1975, 5, 67–72.

[126] TIMMERS, R. L., SINCLAIR, L. G., JAMES, J. R. Treating goal-directed intimacy. Social Work, 1976, 21, 401–402.

[127] USSEL, J. von. Sexualunterdrückung. Reinbek: Rowohlt, 1970.

[128] VOGT, H. J. Behandlung der Anorgasmie des Mannes. Der Hausarzt, 1975, 26, 593 597.

[129] VOSS, J. R., MCKILLIP, J. Program evaluation in sex education: Outcome assessment of sexual awareness weekend workshops. Archives of Sexual Behavior, 1979, 8 507–522.

[130] WALLACE, D.H., BARBACH, L.G. Preorgasmic group treatment. Journal of Sex and Marital Therapy, 1974, 1, 146–154.

[131] WENDT, H. Die Angst vor der Lust. Sexualmedizin, 1978, 6, 475–480.

[132] WENDT, H. Integrative Sexualtherapie. München: Pfeiffer, 1979.

[133] WICKERT, I., THIESSEN-LIEDTKE, G. Paargruppen. In G.Arentewicz, G.Schmidt (Eds.) Sexuell gestörte Beziehungen. Berlin: Springer, 1980, Pp.168–174.

[134] WISH, P.A. The use of imagery-based techniques in the treatment of sexual dysfunction. Counseling Psychologist, 1975, 5, 52–55.

[135] WISHNOFF, R. The application of the self-management principles to the treatment of sexual dysfunctions. Journal of Sex and Marital Therapy, 1977, 3, 212–219.

[136] WOLPE, J. Psychotherapy by reciprocal inhibition. Stanford: University Press, 1958.

[137] WRIGHT, J., PERREAULT, R., MATHIEU, M. The treatment of sexual dysfunction: A review. Archives of General Psychiatry, 1977, 34, 881–890.

[138] ZEISS, A.M., ROSEN, G.M., ZEISS, R.A. Orgasm during intercourse: A treatment strategy for women. Journal of Consulting and Clinical Psychology, 1977, 45, 891–895.

[139] ZEISS, R.A. Self-directed treatment for premature ejaculation: Preliminary case reports. Journal of Behavior Therapy and Experimental Psychiatry, 1977, 8, 87–91.

[140] ZILBERGELD, B. Group treatment of sexual dysfunction in men without partners. Journal of Sex and Marital Therapy, 1975, 1, 204–214.

Sachregister

Klinische Psychologie – Trends in Forschung und Praxis

Herausgegeben von U. Baumann, H. Berbalk, G. Seidenstücker
im Verlag Hans Huber, Bern/Stuttgart/Wien.

Beiträge im Band 1 (1978):

A. Grundlagen

I. Ökopsychologie und Klinische Psychologie
(G. Kaminski)
II. Genetische Aspekte psychischer Störungen
(E. Zerbin-Rüdin)

B. Methodik

III. Wissenschaftstheoretische Grundlagen Klinischer Psychologie
(H. Westmeyer)

C. Diagnostik

IV. Multimethodale Diagnostik
(G. Seidenstücker, U. Baumann)

D. Therapie

V. Gruppenpsychotherapie
(G.-W. Speierer)

E. Klinische Gruppen

VI. Zwangsstörungen
(L. Süllwold)
VII. Psychosomatik
(H. Berbalk)

Klinische Psychologie – Trends in Forschung und Praxis

Herausgegeben von U. Baumann, H. Berbalk, G. Seidenstücker im Verlag Hans Huber, Bern/Stuttgart/Wien.

Beiträge im Band 2 (1979):

A. Grundlagen

I. Biochemische Aspekte psychischer Störungen
(E. Fähndrich, M. Linden, B. Müller-Oerlinghausen)

B. Methodik

II. Bioelektronik
(H. J. Kenkmann)

III. Zur Systematisierung von Methodenkriterien für Psychotherapiestudien
(G. Köhnken, G. Seidenstücker, U. Baumann)

C. Diagnostik

IV. Klinisch-psychiatrische Selbstbeurteilungs-Fragebögen
(D. von Zerssen)

D. Therapie

V. Partnertherapie
(S. Hessdörfer)

E. Klinische Gruppen

VI. Psychologische Aspekte des Alkoholismus
(I. Demel)

VII. Altersstörungen
(U. Lehr, H. Thomae)

VIII. Schulische Lernstörungen als normdiskrepante Lernprozesse
(D. Eggert, I. Titze)

Klinische Psychologie – Trends in Forschung und Praxis

Herausgegeben von U. Baumann, H. Berbalk, G. Seidenstücker im Verlag Hans Huber, Bern/Stuttgart/Wien.

Beiträge im Band 3 (1980):